21世纪普通高等院校系列规划教材
四川省"十二五"普通高等教育本科规划教材

税收理论与实务

SHUISHOU LILUN YU SHIWU

（第六版）

主 编 郑[illegible]LS
副主编 李君

西南财经大学出版社
中国 · 成都

图书在版编目(CIP)数据

税收理论与实务/郑勋主编;李君副主编.—6 版 .—成都:西南财经大学出版社,2022.6(2024.1 重印)
ISBN 978-7-5504-5369-2

Ⅰ.①税… Ⅱ.①郑…②李… Ⅲ.①税收理论—中国—教材②税收管理—中国—教材 Ⅳ.①F812.42

中国版本图书馆 CIP 数据核字(2022)第 087333 号

税收理论与实务(第六版)
主　编　郑　勋
副主编　李　君

策划编辑:李邓超
责任编辑:王　琳
责任校对:冯　雪
封面设计:杨红鹰　张姗姗
责任印制:朱曼丽

出版发行	西南财经大学出版社(四川省成都市光华村街 55 号)
网　　址	http://cbs. swufe. edu. cn
电子邮件	bookcj@ swufe. edu. cn
邮政编码	610074
电　　话	028-87353785
照　　排	四川胜翔数码印务设计有限公司
印　　刷	郫县犀浦印刷厂
成品尺寸	185mm×260mm
印　　张	18. 25
字　　数	442 千字
版　　次	2022 年 6 月第 6 版
印　　次	2024 年 1 月第 2 次印刷
印　　数	3001— 4000 册
书　　号	ISBN 978-7-5504-5369-2
定　　价	45. 00 元

▶▶ 第六版前言

本书在前五版的基础上，适应经济形势的变化和教学需求，根据截至2022年5月的税法新变化、新内容，对教材内容进行了补充和调整，突出了日常应用中的各税种的具体政策，彰显教材“全面”“求新”“实用”的风格。

本次修订的主要内容有：

（1）税收基础知识方面，补充完善了以国家法律形式发布实施的税种。

（2）企业所得税方面，新增了制造企业研究开发费用加计扣除政策，新增小型微利企业2022年1月1日至2024年12月31日的相关优惠政策。

（3）个人所得税方面，调整了全年一次性奖金个人所得税的税收政策期限，将其延长至2023年12月31日；新增3岁以下婴幼儿照护个人所得税专项附加扣除。

（4）印花税方面，根据《中华人民共和国印花税法》对内容进行了完善。

本次再版，各章编写与修订人员略有调整，西华大学郑劬副教授担任主编，西华大学李君副教授担任副主编，具体分工如下：西华大学郑劬编写和修订第一、二章，西华大学罗剑编写和修订第三章，西华大学芮光正编写和修订第四、九章，西华大学刘燕编写和修订第五、六章，西华大学李君编写和修订第七章，西华大学刘宇编写和修订第八章，成都信息工程大学李绚丽编写和修订第十章，西华大学倪永红编写和修订第十一章，西华大学王翊编写和修订第十二、十三章。郑劬设计全书的修改方案并统稿。

在此谨向给予本书关心和支持的人以及各方面的读者表示真诚的感谢！由于编者水平有限，在修订过程中难免出现一些疏漏之处，恳请读者予以指正。

编　者

2022年5月于成都

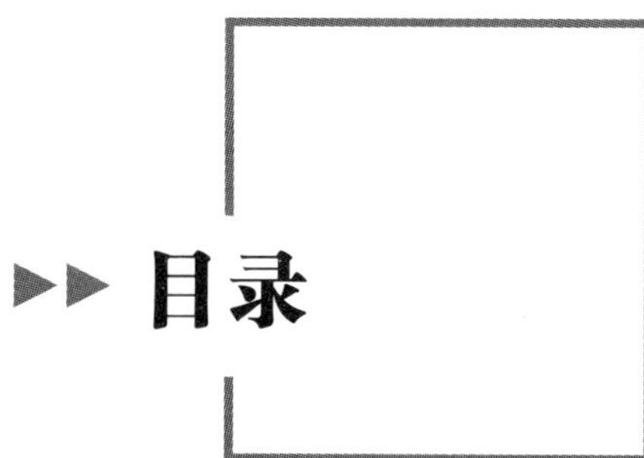

目录

第一章 税收基础知识

■学习目标

本章为本课程的入门篇。通过本章的学习，学生应熟悉税收与税法的基本概念和特征，了解我国税收的分类、税收管理体制，重点掌握税法的构成要素，形成税法知识的基本框架，为学习以后各章内容打下基础。

■导入案例

减税降费促发展 缓税缓费强信心

“2021 年，我们打出了一套税费优惠政策‘组合拳’，既有减税降费政策又有缓税缓费措施，既助力稳住经济增长又着力增强企业发展后劲。2021 年全年新增减税降费约 1.1 万亿元，为制造业中小微企业办理缓缴税费 2 162 亿元，为煤电和供热企业办理‘减、退、缓’税 271 亿元。”12 月 26 日，国家税务总局副局长王道树在国新办发布会上表示。

国家税务总局收入规划核算司司长蔡自力表示，2021 年，税务部门聚焦支持中小微企业、科技创新、实体经济发展，继续落实落细各项减税降费政策，取得了积极效果：

加大小微企业税费优惠力度，促进了市场主体活力提升。支持小微企业发展税收优惠政策新增减税 2 951 亿元，其中实施小规模纳税人增值税起征点从月销售额 10 万元提高到 15 万元政策，新增减税 667 亿元，惠及 405 万户纳税人；实施小规模纳税人增值税征收率由 3%降至 1%政策，新增减税 1 853 亿元，惠及 895 万户纳税人。

允许企业提前享受研发费用加计扣除政策，促进了创新发展。全国有 32 万户企业提前享受研发费用加计扣除政策优惠，减免税额 3 333 亿元。

落实增值税增量留抵退税和企业购买设备器具一次性税前扣除政策，促进了制造业发展。税务部门累计为3.1万户制造业企业办理留抵退税1 322亿元；实施企业购买不超过500万元的设备器具一次性企业所得税税前扣除政策，新增减税781亿元。

落实社保费降费政策，促进了就业稳定。税务部门会同人社部门积极落实阶段性降低失业保险、工伤保险费率政策，全年新增降费1 504亿元，有效减轻了企业社保缴费负担。

"2021年，税务部门全年组织税费收入超过24万亿元，圆满完成预算确定的收入目标。"王道树说。

数据显示，2021年全国税务部门组织税收收入（已扣除出口退税）完成154 573亿元，占全国一般公共预算收入比重达76.3%，比2020年提高1.5个百分点。税务部门征收的社会保险费收入完成66 838亿元，同时还组织非税收入和其他收入19 727亿元，为民生发展提供了重要保障。随着减税降费力度继续加大，去年全国一般公共预算收入中的税收收入占GDP比重为15.1%，比2020年略降0.1个百分点，比2015年下降3个百分点，市场主体税收负担进一步减轻。

（来源：人民日报，2022年1月27日）

第一节　税收的概念

税收是经济活动和日常生活中常见的现象，在现代社会里，税收和人们的生活息息相关，经营单位和个人向政府交税的经济现象大家都很熟悉。经营单位有了经营收入要按一定比例交税，个人有了特定收入也要按一定比例交纳税金，等等。那么，什么是税收呢？为什么要向国家纳税呢？哪些人、哪些企业要纳税呢？我们国家有哪些税种呢？为什么很多人往往把税收看成经济过程中外部强加于纳税人的一种额外负担，从而不能树立自觉纳税意识呢？这些都是我们学习税收首先要了解的问题。

一、税收的本质

税收的本质问题应该分为两个层次：第一层次是税收最本质的规定性，它说明税收在社会产品分配中属于哪一部分的分配，这种分配的根本性质是什么。第二层次是由第一层次所决定的税收的具体形式特征，它说明税收与其他分配在形式上有什么区别。两个层次共同说明税收的本质，缺一不可。

（一）税收是满足社会公共需要的分配形式

从现象上看，人们向政府交税是价值量的单方面转移。和商品交换中的一手交钱一手交货不一样，税收是一个分配问题。因此要说明税收的本质首先必须对社会产品分配过程做简单的描述。

1. 社会产品的分配过程

任何社会分配都是社会再生产过程的一个重要环节。在自给自足的自然经济条件下，社会再生产过程由生产、分配和消费等环节构成。而在商品经济条件下，中间多了一个交换环节，即社会再生产过程由生产、分配、交换和消费环节构成。可见，任何社会，从社会再生产过程看，分配处于生产和消费之间，社会产品只有经过分配，才能进入消费，再生产才算最终实现。

因此，分配就是指社会产品价值量的分割，即解决社会产品归谁占有、支配，以及占有、支配多少的问题。社会产品按最终用途来划分，通常可以分为补偿、积累和消费三个部分。这种概括还不能清晰说明税收属于社会产品分配中的哪个部分。社会产品的最终用途，我们可从另一个角度来划分，使税收的本质问题变得更加清晰明了。

（1）满足生产的需要。

满足生产的需要包括简单再生产的补偿和扩大再生产的追加。简单再生产的补偿部分，由生产经营者直接从所生产和实现的社会产品价值中以成本形式扣除，然后为生产经营者自己支配使用，显然，这部分分配是在生产经营单位内部进行的。扩大再生产的追加部分，由生产经营者从实现的社会产品价值中以利润追加投资形式来进行，这也是在生产经营单位内部进行的。

（2）满足生产者及其家属的个人生活需要。

在商品经济条件下，这部分需要一般是按劳动报酬形式由生产经营单位分配给劳动者本人，构成生产经营单位产品或劳务成本的组成部分。从个体劳动者来说是直接从他所实现的产品或劳务的价值中扣除。显然，这部分分配是在生产经营单位内部进行的。

（3）满足社会公共需要。

社会公共需要是不同社会形态所共有的一种客观存在，是不以人的意志为转移的。这部分不论在何种社会，都不可能在生产者内部进行，而必须通过作为社会管理者的国家来集中分配。这是由公共需要的性质和特征决定的。

2. 社会公共需要的特征

社会公共需要就是不能通过市场机制提供的由社会成员共同享用的事业，在西方经济学中通常称为“公共产品”或“公共物品”。在现代生活中，诸如国防、安全、环境保护、气象、公共卫生、义务教育、公共道路等都是公共需要。

社会公共需要具有以下三方面特征：

（1）公共需要消费的非排他性。

不论是公共需要的设施还是公共需要的服务，对社会成员来说都是共享的。一个单位或一个人享受公共需要事业提供的利益不能排斥别的单位和个人同时也享受该公共需要事业提供的利益。如国防服务，除非某一居民迁出国境，否则他一定会享受到国防的保护，而且不管他愿意与否都不可拒绝接受国防保护。这是因为公共需要的效用是不能分割的。这和企业生产消耗的生产资料与个人消费的消费品显著不同。

（2）社会成员享受公共需要的利益是不直接付费的。

既然公共需要的利益是非排他的享用，即使不付费也能享用，消费者在享用某项公共需要利益时自然不愿像购买日用品一样直接付费。退一步说，即使消费者愿意直接付费，但由于具体社会成员享用公共需要的具体的量无法确定，从而也无法按有偿原则直接付费。

（3）社会公共需要事业只能是非经营性、非营利性的事业。

公共需要的消费是不直接付费的，那么它就不可能像生产经营事业那样建立“产出—销售—收入—补偿”的直接的资金循环。

社会公共需要的上述特征决定了公共需要事业不能按市场交换机制来建立，从而除少数慈善事业外，不可能由个人或单位来举办。也就是说，社会公共需要事业只能由作为社会管理者的国家通过非市场方法筹集费用来集中举办。

3. 税收是满足社会公共需要的分配形式

我们知道，从现象看，分配是价值量的单方面转移，和市场的直接等价交换一手交钱一手交货不同，分配的结果，总是关系到利益的得失。任何分配，除馈赠和捐献外，都要发生财富所有权、占有权或支配权的转移，涉及相关方面的经济利益，这就决定了任何分配的实现都要以一定的权力为依托。要从分配中取得收入，不同的经济主体总是要凭借一定的权力才能实现。

在现实经济中参与分配的权力不外有三个方面：①财产所有者凭借财产所有权参与分配。财产所有权在分配上的体现就是收益权，即财产所有者可以直接分享生产经营成果。我国现阶段，在所有制多元的情况下，对国有经济，国家是所有者终极代表，在国有企业所有权与经营管理权分离的情况下，企业作为法人也可以凭借经营管理权支配和使用相应部分的经营成果，这种经营管理权是从属财产所有权的，是财产所有权派生出来的一种权力。②劳动者取得工资薪金收入是凭借劳动力的所有权。③国家作为社会管理者凭借社会赋予的公共权力参与分配。这种公共权力在国家存在的条件下，表现为国家的政治权力。这种权力是因全体公民需要委托一个公共管理者管理公共事务而授予政府的。公民委托政府管理公共事务和向政府纳税是出于权利与义务的对等，一方面，国家公共权力要靠征税取得赖以存在的物质基础；另一方面，征税又必须以各种强制性的公共权力作后盾。这种分配形式就是税收。

由此，什么是税收的概念就比较清楚了。税收是作为社会管理者的国家为满足社会公共需要凭借政治权力按法定标准所进行的分配。

（二）税收的形式特征

在现代社会中，财政分配除税收外还有其他形式，如国有企业的各种形式的利润上缴、国债以及货币发行等。税收和其他财政分配形式是根本不同的，因此要解决税收的本质问题，还要进行第二层次的剖析，即税收的形式特征。

1. 税收的无偿性

税收的无偿性是指国家征税以后对具体纳税人既不需要直接偿还，也不支付任何直接形式的报酬，纳税人从政府支出所获利益通常与其支付的税款不完全成一一对应的比例关系。无偿性是税收的关键特征，它使税收明显地区别于国债等财政收入形式，决定了税收是国家筹集财政收入的主要手段，并成为调节经济和矫正社会分配不公的有力工具。

2. 税收的强制性

税收的强制性是指税收是国家凭借政治权力，通过法律形式对社会产品进行的强制性分配，而非纳税人的一种自愿交纳，纳税人必须依法纳税，否则会受到法律制裁。强制性是国家的权力在税收上的法律体现，是国家取得税收收入的根本前提。它也是与税收的无偿性特征相对应的一个特征。正因为税收具有无偿性，才需要通过税收法律的形式规范征纳双方的权利和义务，对纳税人而言依法纳税既是一种权利，更是一种义务。

3. 税收的固定性

税收的固定性是指税收是国家通过法律形式预先规定了对什么征税及其征收比例等税制要素，并保持相对的连续性和稳定性，即使税制要素的具体内容也会因经济发展水平、国家经济政策的变化而进行必要的改革和调整，但这种改革和调整也总是要通过法律形式事先规定，而且改革调整后要保持一定时期的相对稳定。基于法律的税收固定性始终是税收的固有形式特征，税收固定性对国家和纳税人都具有十分重要的意义。对国家来说，可以保证财政收入的及时、稳定和可靠，可以防止国家不顾客观经济条件和纳税人的负担能力，滥用征税权力；对于纳税人来说，可以保护其合法权益不受侵犯，增强其依法纳税的法律意识，同时也有利于纳税人通过税收筹划选择合理的经营规模、经营方式和经营结构等，降低经营成本。

税收的“三性”是一个完整的统一体，它们相辅相成、缺一不可。其中，无偿性是核心，强制性是保障，固定性是对强制性和无偿性的一种规范和约束。

二、税收的产生和发展

税收作为一个分配范畴，经历了不同生产方式的社会，逐渐从简单到复杂，从原始形式到现代形式，归根到底是由社会生产力以及生产关系的发展决定的。其产生和存在是由四个条件共同决定的。

（一）剩余产品是税收产生和存在的物质前提

剩余产品是相对于必要产品而言的。它是全社会一定时期的总产品扣除补偿经济活动中的物化劳动耗费和活劳动耗费以后的剩余部分。税收分配的物资来源在数量规定上只能是剩余产品。因为，社会产品中用于补偿物化劳动耗费和活劳动耗费部分在产品分配中必须首先满足，否则简单再生产就无法维持，这是生产活动自身的客观要求。从历史的逻辑看，在人类社会早期，生产力极端低下，获取食物除维持生存而别无剩余的情况下，是绝没有税收问题的。

但是，剩余产品只是税收产生和存在的一个前提条件，并不是剩余产品一出现就引致税收的产生。从历史发展看，剩余产品存在的历史是远早于税收的，税收的产生还需要其他决定性条件。

（二）经常化的公共需要是税收产生和存在的社会前提

税收作为一种分配形式，本质上是以满足公共需要为目的的，如果不存在公共需要当然也就不会有税收。社会公共需要是早在原始社会中期就已经存在的一种人类社会的客观需要，如调节氏族部落之间的纠纷、宣战，举行宗教仪式，以及水利灌溉等。这些公共事务，有的是直接属于集体劳动的组成部分，有的必须从共同劳动成果中拿出一部分来专门满足这种需要，当这种公共需要成为经常化时，客观上就要求分配要从满足生产和生活的分配中分离出来成为独立的分配。

当然，经常化的公共需要只是税收产生和存在的一个社会前提，并不是说经常化的公共需要的存在一定同时决定税收的存在。

（三）独立经济利益主体的存在是税收产生和存在的经济前提

独立的利益主体是一定生产力条件下社会分工发展的结果。社会分工使原来必须由氏族和部落的集体生产逐渐被以家庭为单位的个体生产所替代，即整个社会的经济活动由处于分散状态下的经济单位（如家庭）和个人进行。社会分工还促进了交换的发展，加速了私有制的发展，原来需要靠集体生产才能获得生活上所需的东西，现在可以靠交换来解决。

分工和交换的发展，逐渐破坏了生产和占有的共同性，使私人占有逐渐占了优势。经济利益独立化的结果，使经济组织和社会成员为维持生产和生活的客观需要必然分离为内部条件和外部条件。内部条件是生产过程直接消耗的生产要素，即生产工具、劳动力以及劳动对象。外部条件就是各经济组织和社会成员共同享用的公共设施和公共服务。内部条件即生产要素的再生产由经济组织内部自主完成，靠内部分配来解决；外部条件即公共设施和公共服务的再生产，由于公共需要的共享性，要由外部分配来解决，即由社会公共职能机构完成。如果社会没有分解为许多具有独立经济利益的经济主体，生产资料共同占有，共同生产、共同消费，那么，社会总需要和实现这种需要的客观条件及再生产就不会分为内部条件和外部条件，也就不会有内部分配和外部分配的划分，当然更不会有税收。

还要指出，独立经济利益主体在原始社会中期就已经出现，并不是随之就产生了税收。

（四）强制性的公共权利是税收产生和存在的上层条件

税收是一种分配，分配和交换不一样，是价值量的单方面转移，分配的结果是经济利益的此得彼失。这决定了税收分配必须有超越于所有者权力的某种权力的介入，征税权是以强制性的公共权力为后盾的。

强制性的公共权力从历史来说都是由具有政治权力的国家来代表。国家是阶级矛盾不可调节的产物。国家和氏族制度的区别，除了国家是按地区来划分它的国民外，最重要的就在于特殊的公共权力的设立。国家的公共权力和氏族机关的权力的根本区别在于前者是统治阶级的机器，具有强制手段，而后者则没有。即氏族机关的权力是靠氏族成员自由的自愿的尊敬来维护，而国家权力则要靠法律的强制手段来维护。正是由于原始社会的公共职能机关没有这种强制手段，所以在国家产生以前，尽管已经存在公共需要和独立的经济利益主体，但还没有条件产生税收。

国家出现以后，政治权力与一般的社会公共权力结合在一起，并以社会代表的名义实行阶级统治。国家化的社会公共权力有一整套强制机关，包括武装人员、监狱、法庭等。这种强制性公共权力的存在为税收的产生和存在提供了最后的决定性条件。一方面，社会公共权力国家化所派生出来的“公共需要”是庞大的和经常的，需要税收这种规范的分配来满足；另一方面，也是最重要的方面，这种公共权力为税收的存在提供了可能的条件，即强制性的征税权。

三、税收的分类

税收的分类是按一定的标准将性质相同或相近的税种划归为一类，以同其他税种加以区别。科学合理的税收分类，有助于研究各类税种的性质、特点、作用和它们之间的内部联系，有助于分析各种税制的结构，有助于发挥税收的杠杆作用，有助于分析税源的分布和税收负担的状况。

（一）按征税对象的性质分类

按征税对象的不同，可将税种划分为流转税、所得税、资源税、财产税和行为税五大类，这是一种最基本的分类方法。

1. 流转税

流转税是指以商品交换或提供劳务为前提，以商品流转额或劳务流转额为征税对象的税种。商品流转额是指在商品买卖过程中发生的交易额。劳务流转额是指企业、事业单位以及个体经济因其向社会提供交通运输、邮电通信、金融保险、文化体育、娱乐与服务等劳务服务所取得的收入额。我国现行税制中的增值税、消费税、关税属于流转税系。

2. 所得税

所得税是指以所得额为征税对象的税种的统称，是国家调节企业收入和居民个人收入的重要手段。所得税是世界各国普遍开征的税种，也是许多国家特别是发达国家的主要财政收入来源，我国现行税制中的企业所得税和个人所得税属于所得税系。

3. 资源税

资源税是对占有和开发国有自然资源获取的收入为征税对象建立的一类税收。自然资源是指未经人类加工而可以利用的天然物质资源，包括地下、地上和空间资源，各国对资源的征税是有选择的，而不是对所有的资源都征税。开征资源税是为了保护和合理使用国家自然资源，为了促使人类合理开发和节约使用自然资源，避免资源的无效损耗，调节资源的级差收入。我国现行税制中的资源税、城镇土地使用税、土地增值税、耕地占用税属于资源税类。

4. 财产税

财产税是以纳税人拥有或支配的财产为征税对象开征的一类税收。财产包括动产和不动产，从世界各国税收实践看，主要是以不动产征税为主。我国现行税制中的房产税、契税、车船税属于财产税系。

5. 行为税

行为税是以某些特定行为为征税对象建立的一类税收。开征行为税一是为了加强对某些特定行为的监督、限制、管理，或是对某些特定行为的认可，从而实现国家政治上或经济上的某种特定目的或管理上的某种需要。二是为了开辟财源，增加财政收入，特别是为地方政府筹措财政资金。从世界范围来看，各国开征行为税的名目繁多，如一些国家开征的赌博税、彩票税、狩猎税等。我国现行税制中的印花税、城市维护建设税属于行为税。

（二）按税收计税标准分类

按税收计税标准不同，可将税种分为从价税、从量税和复合税。从价税是以征税对象的价值或价格为计税依据征收的一种税，是现代税收的基本税种，如增值税、企业所得税等；从量税是以征税对象的重量、体积、面积等实物数量为计税依据的一种税，如资源税、耕地占用税等；复合税是对征税对象采取从量和从价相结合的计税方式征收的一种税，如对白酒、卷烟征收的消费税。

（三）按税收与价格的组成关系分类

以计税价格中是否包含税款为依据，可将从价计征的税种分为价内税和价外税。凡税金构成商品或劳务价格组成部分的，称为价内税，如消费税；凡税金不构成商品或劳务价格组成部分的，称为价外税，如增值税。

（四）按税收负担能否转嫁分类

按照税收负担的最终归宿，即税负能否转嫁为标准，税收可分为直接税和间接税。

直接税是指税负不能由纳税人转嫁出去，必须由自己负担的各税种，如所得税、财产税和社会保险税等。间接税是指税负可以由纳税人转嫁出去，由他人负担的各税种，如增值税、消费税等。

（五）按税收管理和受益权限分类

按税收管理和受益权限的不同，可将税种划分为中央税、地方税及中央和地方共享税。中央税是指属于中央财政固定收入，归中央政府支配和使用的税种，如我国现行税制中的关税、消费税等；地方税是指属于地方财政固定收入，归地方政府支配和使用的税种，如我国现行税制中的房产税、土地增值税等；中央和地方共享税则是指属于中央政府和地方政府共同享有，按一定比例分成的税种。如现行税制中的增值税。

第二节　税法概述

一、税法的概念

税法是国家制定的用以调整国家与纳税人之间在征纳税方面的权利及义务关系的法律规范的总称。它是国家及纳税人依法征税、依法纳税的行为准则，其目的是保障国家利益和纳税人的合法权益，维护正常的税收秩序，保证国家的财政收入。

税法与税收密不可分，税法是税收的法律表现形式，税收则是税法所确定的具体内容。有税必有法，有税无法是一种不正常的现象。税法充分体现了税收的强制性、无偿性、固定性的特征。国家税务机关征税和纳税人纳税，都必须按法律标准或规定的程序进行，任何一方违反税法，都要承担法律责任。国家向纳税人无偿地取得货币或实物，如果没有法律的强制力予以保证，是行不通的。税与法具有共存性。

税法与税收制度存在密切的关系。税收制度是在税收分配活动中税收征纳双方所应遵守的行为规范的总和。其内容主要包括各税种的法律法规以及为了保证这些税法得以实施的税收征管制度和税收管理体制。税法是税收制度的核心内容，其目的、本质、性质、作用等方面的内容与税收制度是一致的，都是国家对税收分配所做的具体规定。任何税制都必须经过立法，得到国家和政府的确认、保护和推动，才能充分发挥其职能作用。因而，古今中外的税制改革总是与制定、修订税法联系在一起，税制建设与税收法制建设密不可分。税制决定税法，税法为税制服务；税法是税收制度的法律体现形式，税法付诸实施后，就转化为税收制度，成为国家社会经济秩序的有机组成部分。

二、税法的作用

税法调整的对象涉及社会经济活动的各个方面，与国家的整体利益及企业、单位、个人的直接利益有着密切的关系，正确认识税法的功能价值，对于我们在实际工作中准确地把握和认真执行税法的各项规定，促进税收法制水平，推动税收事业，具有重要意义。

（一）税法是国家组织财政收入的法律保障

为了维护国家机器的正常运转以及促进国民经济健康发展，必须筹集大量的资金，即组织国家财政收入。为了保证税收组织财政收入职能的发挥，必须通过制定税法，以法律的形式确定企业、单位和个人履行纳税义务的具体项目、数额和纳税程序，惩治偷逃税款的行为，防止税款流失，保证国家依法征税，及时足额地取得税收收入。

（二）税法是国家宏观调控经济的法律手段

我国建立和发展社会主义市场经济体制，一个重要的改革目标，就是国家从过去习惯运用行政手段直接管理经济，向主要运用法律、经济的手段宏观调控经济转变。税收作为国家宏观调控的重要手段，通过制定税法，以法律的形式确定国家与纳税人之间的利益分配关系，调节社会成员的收入水平，调整产业结构和社会资源的优化配置，使之符合国家的宏观经济政策；同时，以法律的平等原则，公平纳税人的税收负担，鼓励平等竞争，为市场经济的发展创造良好的条件。

（三）税法是维护经济秩序的法律工具

由于税法的贯彻执行，涉及从事生产经营活动的每个单位和个人，一切经营单位和个人通过办理税务登记、建账建制、纳税申报，其各项经营活动都将纳入税法的规范制约和管理范围，都将较全面地反映纳税人的生产经营情况。这样税法就确定了一个规范有效的纳税秩序和经济秩序，监督经营单位和个人依法经营，加强经济核算，提高经营管理水平；同时，税务机关按照税法规定对纳税人进行税务检查，严肃查处偷逃税款及其他违反税法规定的行为，也将有效地打击各种违法经营活动，为国民经济的健康发展创造一个良好、稳定的环境。

（四）税法是保护纳税人合法权益的法律依据

由于国家征税直接涉及纳税人的切身利益，如果税务机关随意征税，就会侵犯纳税人的合法权益，影响纳税人的正常经营，这是法律所不允许的。因此，税法在确定税务机关征税权力和纳税人履行纳税义务的同时，相应规定了税务机关必尽的义务和纳税人享有的权利，如纳税人享有延期纳税权、申请减税免税权、多缴税款要求退还权、不服税务机关的处理决定申请复议或提起诉讼权等；税法还严格规定了对税务机关执法行为的监督制约制度，如进行税收征收管理必须按照法定的权限和程序行事，造成纳税人合法权益损失的要负赔偿责任等。所以说，税法不仅是税务机关征税的法律依据，同时也是纳税人保护自身合法权益的重要法律依据。

（五）税法是维护国家权益，促进国际经济交往的法律保证

在国际经济交往中，任何国家对在本国境内从事生产、经营的外国企业或个人都拥有税收管辖权，这是国家权益的具体体现。我国自 1978 年实行对外开放以来，在平等互利的基础上，不断扩大和发展同各国、各地区的经济交流与合作，利用外资、引进技术的规模、渠道和形式都有了很大发展。我国在建立和完善涉外税法的同时，还同 80 多个国家（地区）签订了避免双重征税的协定。这些税法规定既维护了国家的权益，又为鼓励外商投资，保护国外企业或个人在华合法经营，发展国家间平等互利的经济技术合作关系，提供了可靠的法律保证。

三、税法的原则

税法的原则反映了税收活动的根本属性，是税收法律制度建立的基础，它包括税法基本原则和税法适用原则。

（一）税法基本原则

税法基本原则是统领所有税收规范的基本准则，包括税收立法、执法、司法在内的一切税收活动都必须遵守。

1. 税收法定原则

税收法定原则也称税收法定主义，是指税收主体的权利义务必须由法律加以规定，税法的各类构成要素都必须且只能由法律予以明确。

2. 税收公平原则

税收公平原则源于法律上的平等性原则，一般包括税收横向公平和纵向公平，即税收负担必须根据纳税人的负担能力分配，负担能力相等，税负相同；负担能力不等，税负不同。

3. 税收效率原则

税收效率原则包含两方面：一是指经济效益，要求税法的制定要有利于资源的有效配置和经济体制的有效运行；二是指行政效率，要求提高税收行政效率。

4. 实质课税原则

实质课税原则是指应根据客观事实确定是否符合课税要件，并根据纳税人的真实负担能力决定纳税人的税负，而不能仅考虑相关外观和形式。

（二）税法适用原则

税法适用原则是指税务行政机关和司法机关运用税收法律规范解决具体问题所必须遵循的准则。税法适用原则并不违背税法基本原则，而且在一定程度上体现着税法基本原则。但是与其相比，税法适用原则含有更多的法律技术性准则，更为具体化。

1. 法律优位原则

法律优位原则的基本含义为法律的效力高于行政立法的效力。法律优位原则明确了税收法律的效力高于税收行政法规的效力，对此还可以进一步推论为税收行政法规的效力优于税收行政规章的效力。效力低的税法与效力高的税法发生冲突，效力低的税法即是无效的。

2. 法律不溯及既往原则

法律不溯及既往原则是绝大多数国家所遵循的法律程序技术原则，其基本含义为：一部新法实施后，对新法实施之前人们的行为不得适用新法，只能沿用旧法。在税法领域内坚持这一原则，目的在于维护税法的稳定性和可预测性，使纳税人能在知道纳税结果的前提下做出相应的经济决策，其税收的调节作用才会较为有效。

3. 新法优于旧法原则

新法优于旧法原则也称后法优于先法原则，其含义为：新法、旧法对同一事项有不同规定时，新法的效力优于旧法。其作用在于避免因法律修订带来新法、旧法对同一事项有不同的规定而给法律适用带来的混乱，为法律的更新与完善提供法律适用上的保障。

4. 特别法优于普通法原则

特别法优于普通法原则的含义为：对同一事项两部法律分别订有一般和特别规定时，特别规定的效力高于一般规定的效力。特别法优于普通法原则打破了税法效力等级的限制，即居于特别法地位级别较低的税法，其效力可以高于作为普通法的级别较高的税法。

5. 实体从旧，程序从新原则

实体从旧，程序从新原则的含义包括两个方面：一是实体税法不具备溯及力，二是程序性税法在特定条件下具备一定的溯及力，即对于一项新税法公布实施之前发生的纳税义务，在新税法公布实施之后进入税款征收程序的，原则上新税法具有约束力。

6. 程序优于实体原则

程序优于实体原则是关于税收争讼法的原则，其基本含义为：在诉讼发生时税收程序法优于税收实体法适用。适用这一原则，是为了确保国家课税权的实现，不因争议的发生而影响税款的及时、足额入库。

四、税收法律关系

税收法律关系是税法所确认和调整的，国家与纳税人之间、国家与国家之间以及各级政府之间在税收分配过程中形成的权利与义务关系。国家征税与纳税人纳税形式上表现为利益分配的关系，但经过法律明确其双方的权利与义务后，这种关系实质上已上升为一种特定的法律关系。了解税收法律关系，对于正确理解国家税法的本质，严格依法纳税、依法征税都具有重要的意义。

（一）税收法律关系的构成

税收法律关系在总体上与其他法律关系一样，都是由税收法律关系的主体、客体和内容三方面构成的，但在三方面的内涵上，税收法律关系又具有一定的特殊性。

1. 税收法律关系的主体

法律关系的主体是指法律关系的参加者。税收法律关系的主体即税收法律关系中享有权利和承担义务的当事人。在我国税收法律关系的主体包括征纳双方，一方是代表国家行使征税职责的国家行政机关，包括国家各级税务机关和海关；另一方是履行纳税义务的人，包括法人、自然人和其他组织，在华的外国企业、组织、外籍人、无国籍人，以及在华虽然没有机构、场所但有来源于中国境内所得的外国企业或组织。纳税人的确定，在我国采取的是属地兼属人的原则。

在税收法律关系中权利主体双方法律地位平等，只是因为主体双方是行政管理者与被管理者的关系，所以双方的权利与义务不对等。因此，与一般民事法律关系中主体双方权利与义务平等是不一样的，这是税收法律关系的一个重要特征。

2. 税收法律关系的客体

客体即税收法律关系主体的权利、义务所共同指向的对象，也就是征税对象。例如，所得税法律关系客体就是生产经营所得和其他所得；财产税法律关系客体即是财产；流转税法律关系客体就是货物销售收入或劳务收入。税收法律关系客体也是国家利用税收杠杆调整和控制的目标，国家在一定时期根据客观经济形势发展的需要，通过扩大或缩小征税范围调整征税对象，以达到限制或鼓励国民经济中某些产业、行业发展的目的。

3. 税收法律关系的内容

税收法律关系的内容就是主体所享有的权利和所应承担的义务，这是税收法律关系中最实质的东西，也是税法的灵魂。它规定权利主体可以有什么行为，不可以有什么行为，若违反了这些规定，须承担相应的法律责任。

税务机关的权利主要表现在依法进行征税、税务检查以及对违章者进行处罚；其义务主要是向纳税人宣传、咨询、辅导解读税法，及时把征收的税款解缴国库，依法受理纳税人对税收争议的申诉等。

纳税义务人的权利主要有多缴税款申请退还权、延期纳税权、依法申请减免税权、申请复议和提起诉讼权等。其义务主要是按税法规定办理税务登记、进行纳税申报、接受税务检查、依法缴纳税款等。

（二）税收法律关系的产生、变更与消灭

税法是引起税收法律关系的前提条件，但税法本身并不能产生具体的税收法律关系。税收法律关系的产生、变更和消灭必须有能够引起税收法律关系产生、变更或消灭的客观情况，也就是由税收法律事实来决定。税收法律事实可以分为税收法律事件和税收法律行为，税收法律事件是指不以税收法律关系权力主体的意志为转移的客观事件，例如，自然灾害可以导致税收减免，从而改变税收法律关系内容的变化。税收法律行为是指税收法律关系主体在正常意志支配下做出的活动，例如，纳税人开业经营即产生税收法律关系，纳税人转业或停业就造成税收法律关系的变更或消灭。

（三）税收法律关系的保护

税收法律关系是同国家利益及企业和个人的权益相联系的。保护税收法律关系，实质上就是保护国家正常的经济秩序，保障国家财政收入，维护纳税人的合法权益。税收法律关系的保护形式和方法是很多的，税法中关于限期纳税、征收滞纳金和罚款的规定，《中华人民共和国刑法》（以下简称《刑法》）对构成逃税、抗税罪给予刑罚的规定，以及税法中对纳税人不服税务机关征税处理决定，可以申请复议或提出诉讼的规定等都是对税收法律关系的直接保护。税收法律关系的保护对权利主体双方是平等的，不能只对一方保护，而对另一方不予保护。同时对其享有权利的保护，就是对其承担义务的制约。

五、税收立法和税法的实施

税法的制定和实施就是我们通常所说的税收立法和税收执法。税法的制定是税法实施的前提，有法可依，有法必依，执法必严，违法必究，是税法制定与实施过程中必须遵循的基本原则。

（一）税收立法

税收立法是指有权的机关依据一定的程序，遵循一定的原则，运用一定的技术，制定、公布、修改、补充和废止有关税收法律、法规、规章的活动。税收立法是税法实施的前提，有法可依，有法必依，执法必严，违法必究，是税收立法与税法实施过程中必须遵循的基本原则。

1. 税收立法机关

我们平时所说的税法，有广义和狭义之分。广义概念上的税法包括所有调整税收关系的法律、法规、规章和规范性文件，是税法体系的总称；而狭义概念上的税法是特指由全国人民代表大会及其常务委员会制定和颁布的税收法律。由于制定税收法律、法规和规章的机关不同，其法律级次不同，因此其法律效力也不同。下面简单地予以介绍。

（1）全国人民代表大会和全国人民代表大会常务委员会制定的税收法律。

我国税收法律的立法权由全国人大及其常委会行使，其他任何机关都没有制定税收法律的权力。在国家税收中，凡是基本的、全局性的问题，例如，国家税收的性质，税收法律关系中征纳双方权利与义务的确定，税种的设置，税目、税率的确定等，都需要由全国人大及其常委会以税收法律的形式制定实施，并且在全国范围内普遍适用。在现行税法中，如《中华人民共和国企业所得税法》（以下简称《企业所得税法》）、《中华人民共和国个人所得税法》（以下简称《个人所得税法》）、《中华人民共和国税收征收管理法》（以下简称《税收征收管理法》）等都是税收法律。除《中华人民共和国宪法》（以下简称《宪法》）外，在税收法律体系中，税收法律具有最高的法律效力，是其他机关制定税收法规、规章的法律依据，其他各级机关制定的税收法规、规章，都不得与《宪法》和税收法律相抵触。

（2）全国人民代表大会或全国人民代表大会常务委员会授权立法。

授权立法是指全国人民代表大会及其常务委员会根据需要授权国务院制定某些具有法律效力的暂行规定或者条例。授权立法与制定行政法规不同。国务院经授权立法所制定的规定或条例等，具有国家法律的性质和地位，它的法律效力高于行政法规，在立法程序上还需报全国人大常委会备案。为待条件成熟上升为法律做好准备。例如《中华人民共和国增值税暂行条例》等。

（3）国务院制定的税收行政法规。

国务院作为最高国家权力机关的执行机关，是最高的国家行政机关，拥有广泛的行政立法权。我国《宪法》规定，国务院可“根据宪法和法律，规定行政措施，制定行政法规，发布决定和命令”。行政法规作为一种法律形式，在中国法律形式中处于低于宪法、法律和高于地方法规、部门规章、地方规章的地位，也是在全国范围内普遍适用的。行政法规的立法目的在于保证《宪法》和法律的实施，行政法规不得与宪法、法律相抵触，否则无效。国务院发布的《企业所得税法实施条例》《税收征收管理法实施细则》等，都是税收行政法规。

（4）地方人民代表大会及其常委会制定的地方性税收法规。

根据《中华人民共和国地方各级人民代表大会和地方各级人民政府组织法》的规定，省、自治区、直辖市的人民代表大会以及省、自治区的人民政府所在地的市和经国务院批准的较大的市的人民代表大会有制定地方性法规的权力。由于我国在税收立法上坚持“统一税法”的原则，因此地方权力机关制定税收地方法规不是无限制的，而是要严格按照税收法律的授权行事。目前，除了海南省、民族自治地区按照全国人大授权立法规定，在遵循宪法、法律和行政法规的原则基础上，可以制定有关税收的地方性法规外，其他省、市一般都无权自定税收地方性法规。

（5）国务院税务主管部门制定的税收部门规章。

有权制定税收部门规章的税务主管机关是财政部、国家税务总局及海关总署。其制定规章的范围包括：对有关税收法律、法规的具体解释、税收征收管理的具体规定、办法等，税收部门规章在全国范围内具有普遍适用效力，但不得与税收法律、行政法规相抵触。例如，财政部颁发的《增值税暂行条例实施细则》、国家税务总局颁发的《税务代理试行办法》等都属于税收部门规章。

（6）地方政府制定的地方税收规章。

《中华人民共和国地方各级人民代表大会和地方各级人民政府组织法》规定：省、自治区、直辖市以及省、自治区的人民政府所在地的市和国务院批准的较大的市的人民政府，可以根据法律和国务院的行政法规，制定规章。按照“统一税法”的原则，上述地方政府制定税收规章，都必须在税收法律、法规明确授权的前提下进行。并且不得与税收法律、行政法规相抵触。没有税收法律、法规的授权，地方政府是无权自定税收规章的，凡越权自定的税收规章没有法律效力。例如，国务院发布实施的城市维护建设税、车船税、房产税等地方性税种暂行条例，都规定省、自治区、直辖市人民政府可根据条例制定实施细则。

2. 税收立法程序

税收立法程序是指有权的机关，在制定、认可、修改、补充、废止等税收立法活动中，必须遵循的法定步骤和方法。目前我国税收立法程序主要包括以下几个阶段：

（1）提议阶段。

无论是税法的制定，还是税法的修改、补充和废止，一般均由国务院授权其税务主管部门（财政部或国家税务总局）负责立法的调查研究等准备工作，并提出立法方案或税法草案上报国务院。

（2）审议阶段。

税收法规由国务院负责审议。税收法律在经国务院审议通过后，以议案的形式提交全国人民代表大会常务委员会的有关工作部门，在广泛征求意见并做修改后，提交全国人民代表大会或其常务委员会审议通过。

（3）通过和公布阶段。

税收行政法规，由国务院审议通过后，以国务院总理名义发布实施。税收法律，在全国人民代表大会或其常务委员会开会期间，先听取国务院关于制定税法议案的说明，然后经过讨论按程序表决通过后，以国家主席名义发布实施。

（二）税法的实施

税法的实施即税法的执行。它包括税收执法和守法两个方面：一方面要求税务机关和税务人员正确运用税收法律，并对违法者实施制裁；另一方面要求税务机关、税务人员、公民、法人、社会团体及其他组织严格遵守税收法律。

六、税法的分类

税法体系中按各税法的基本内容和效力的不同、职能作用的不同、税收管辖权的不同，可分为不同类型的税法。对于税法的分类不具有法定性，但是在税收理论研究和税制建设方面的用途较广泛。

（一）按照税法的基本内容和效力的不同，可分为税收基本法和税收普通法

税收基本法是税法体系的主体和核心，在税法体系中起着税收母法的作用。其基本内容一般包括：税收制度的性质、税务管理机构、税收立法与管理权限、纳税人的基本权利与义务、税收征收范围（税种）等。我国目前还没有制定统一的税收基本法，随着我国税收法制建设的发展和完善，今后，将研究制定税收基本法。税收普通法是根据税收基本法的原则，对税收基本法规定的事项分别立法实施的法律。如个人所得税法、税收征收管理法等。

（二）按照税法的职能作用的不同，可分为税收实体法和税收程序法

税收实体法主要是指确定税种立法，具体包括规定各税种的征收对象、征收范围、税目、税率、纳税地点等。例如，《企业所得税法》《个人所得税法》就属于税收实体法。税收程序法是指税务管理方面的法律，主要包括税收管理法、纳税程序法、发票管理法、税务机关组织法、税务争议处理法等。《税收征收管理法》就属于税收程序法。

（三）按照主权国家行使税收管辖权的不同，可分为国内税法、国际税法

国内税法一般是按照属人或属地原则，规定一个国家的内部税收制度。国际税法是指国家间形成的税收制度，主要包括双边或多边国家间的税收协定、条约和国际惯例等，一般而言，其效力高于国内税法。

七、我国现行税法体系

我国的现行税制就其实体法而言，是1949年新中国成立后经过几次较大的改革逐步演变而来的，按其性质和作用大致分为五类：

（一）流转税类

流转税类包括增值税、消费税和关税，主要在生产、流通或者服务业中发挥调节作用。

（二）资源税和环境保护税类

资源税类包括资源税、环境保护税和城镇土地使用税；主要是对因开发和利用自然资源差异而形成的级差收入发挥调节作用；是为了保护和改善环境，减少污染物排放，推进生态文明建设。

（三）所得税类

所得税类包括企业所得税、个人所得税和土地增值税。主要是在国民收入形成后，对生产经营者的利润和个人的纯收入发挥调节作用。

（四）特定目的税类

特定目的税类包括城市维护建设税、车辆购置税、耕地占用税、船舶吨税和烟叶税，主要是为了达到特定目的，对特定对象和特定行为发挥调节作用。

（五）财产和行为税类

财产和行为税类包括房产税、车船税、印花税、契税，主要是对某些财产和行为发挥调节作用。

上述税种共有18个，除企业所得税、个人所得税、车船税、烟叶税、环境保护税、船舶吨税、车辆购置税、耕地占用税、资源税、契税、城市维护建设税和印花税是以国家法律的形式发布实施外，其他各税种都是经全国人民代表大会授权立法，由国务院以暂行条例的形式发布实施的。这些法律法规共同组成了我国的税收实体法体系。

除税收实体法外，我国对税收征收管理适用的法律制度，是按照税收管理机关的不同而分别规定的：

（1）由税务机关负责征收的税种的征收管理，按照全国人大常委会发布实施的《税收征收管理法》执行。

（2）由海关机关负责征收的税种的征收管理，按照《中华人民共和国海关法》及《进出口关税条例》等有关规定执行。

上述税收实体法和税收征收管理的程序法的法律制度构成了我国现行税法体系。

第三节　税法的构成要素

税法的构成要素是指各种单行税法具有的共同的基本要素的总称。一般包括总则、纳税义务人、征税对象、税目、税率、纳税环节、纳税期限、纳税地点、减税免税、罚则、附则等项目。

一、总则

总则主要包括立法依据、立法目的、适用原则等。

二、纳税人

纳税人又叫纳税主体，是税法规定的直接负有纳税义务的单位和个人。任何一个税种首先要解决的就是国家对谁征税的问题，明确税收任务和法律责任，如我国增值税、消费税等暂行条例的第一条规定的都是该税种的纳税义务人。

纳税人有两种基本形式：法人和自然人。法人是指依法成立，能够独立支配财产，能以自己的名义享有民事权利和承担民事义务的社会组织。自然人是基于自然规律而出生的，有民事权利和义务的主体，包括本国公民，也包括外国人和无国籍人。

与纳税人紧密联系的三个概念：①负税人，是指实际承担税款的单位和个人。在实际生活中，有的税款由纳税人自己负担，纳税人本身是负税人，如个人所得税；有的税款虽然由纳税人缴纳，但实际是由别人负担的，纳税人就不再是负税人，这就是通常所说的税负转嫁。所谓税负转嫁是指纳税人将其所缴纳的税款通过各种方式（提高商品售价或压低原材料供应价格等）转移给他人负担，从而产生纳税人与负税人不一致的现象。如香烟的消费税纳税人主要是生产烟的单位和个人，但负担税款的却是香烟的消费者，即“烟民”。②代扣代缴义务人，是指虽不承担纳税义务，但依照有关规定，在向纳税人支付收入、结算货款、收取费用时有义务代扣代缴其应纳税款的单位和个人。如出版社代扣作者稿酬所得的个人所得税等。如果代扣代缴义务人按规定履行了代扣代缴义务，税务机关将支付一定的手续费。反之，未按规定代扣代缴税款，造成应纳税款流失或将已扣缴的税款私自截留挪用、不按时缴入国库，一经税务机关发现，将要承担相应的法律责任。③代收代缴义务人，是指虽不承担纳税义务，但依照有关规定，在向纳税人收取商品或劳务收入时，有义务代收代缴其应纳税款的单位和个人。如消费税条例规定，委托加工的应税消费品，由受托方在向委托方交货时代收代缴委托方应该缴纳的消费税。

三、征税对象

征税对象又称课税对象、征税客体，指税法规定对什么征税，是征纳税双方权利义务共同指向的客体或标的物，是区别一种税与另一种税的重要标志。

征税对象是税法最基本的要素。这是因为：①征税对象是一种税区别于另一种税的重要标志，即税种的不同最主要是起因于征税对象的不同。正是由于这一原因，各种税的名称通常都是根据征税对象确定的。如增值税是对商品生产和流通中各环节的新增价值进行征税，所得税是对获取的所得额进行征税。②征税对象体现着征税的最基本界限，决定着某一种税的基本征税范围，如消费税是对烟、酒等应税消费品征税。③其他税制要素的内容一般都是以征税对象为基础确定的。如纳税人，国家开征一种税，所以要选择这些单位和个人作为纳税人，而不选择其他单位和个人作为纳税人，其原因是这些单位和个人拥有税法中规定的征税对象，或者是发生了规定的课税行为。可见，纳税人同征税对象相比，征税对象是第一性的。凡拥有征税对象或发生课税行为的单位和个人，才有可能成为纳税人。又如税率这一要素，也是以征税对象为基础确定的。税率本身表示对征税对象征税的比率或征收数额，没有征税对象，也就无从确定税率。此外，纳税环节、减税免税等，也都是以征税对象为基础确定的。

与征税对象相关的两个基本概念是计税依据和税目。

1. 计税依据

计税依据又称税基，是据以计算征税对象应纳税款的直接数量依据，它解决对征税对象课税的计算问题，是对征税对象的量的规定。计税依据按照计量单位的性质划分，有两种基本形态：价值形态和实物形态。价值形态包括应纳税所得额、销售收入、营业收入等，实物形态包括面积、体积、容积、重量等。以价值形态作为计税依据，称为从价计征，即按征税对象的货币价值计算，如生产销售化妆品应纳消费税税额是由化妆品的销售收入乘以适用税率计算产生，其税基为销售收入，属于从价计征的方法。以实物形态为计税依据，即直接按征税对象的自然单位计算，称为从量计征，如城镇土地使用税应纳税额是由占用土地面积乘以每单位面积应纳税额计算产生，其税基为占用土地的面积，属于从量计征的方法。

2. 税目

税目是在税法中对征税对象分类规定的具体的征税项目，反映具体的征税范围，是征税对象的具体化。设置税目的目的首先是明确具体的征税范围，凡列入税目的即为应税项目；未列入税目的，则不属于应税项目。其次，划分税目是贯彻国家税收调节政策的需要，国家可根据不同项目的利润水平以及国家经济政策等为依据制定高低不同的税率，以体现不同的税收政策。并非所有税种都需规定税目，有些税种不分征税对象的具体项目，一律按照征税对象的应税数额采用同一税率计征税款，因此一般无须设置税目，如企业所得税。有些税种具体征税对象比较复杂，需要规定税目，如消费税，一般都规定有不同的税目。

四、税率

税率是对征税对象的征收比率或征收额度，是计算税额的尺度，也是衡量税负轻重与否的重要标志，解决征多少的问题。

我国现行的税率主要有比例税率、定额税率和累进税率。

1. 比例税率

比例税率即对同一征税对象，不分数额大小，规定相同的征收比例。我国的增值税、城市维护建设税、企业所得税等采用的是比例税率。比例税率在具体运用中又可分为三种具体形式：

（1）单一比例税率，是指对同一征税对象的所有纳税人都适用同一比例税率。如企业所得税适用税率为25%。

（2）差别比例税率，是指对同一征税对象的不同纳税人适用不同的比例征税。如现行消费按产品设置差别比例税率。

（3）幅度比例税率，是指对同一征税对象，税法只规定最低税率和最高税率，各地区在该幅度内确定具体的适用税率。如契税税率为3%~5%。

比例税率具有计算简单、税负透明度高、有利于保证财政收入、有利于纳税人公平竞争、不妨碍商品流转额或非商品营业额扩大等优点，符合税收效率原则。但比例税率不能针对不同的收入水平实施不同的税收负担，在调节纳税人的收入水平方面难以体现税收的公平原则。

2. 定额税率

定额税率按征税对象确定的计算单位，直接规定一个固定的税额。一般适用于从量计征的税种。目前采用定额税率的有城镇土地使用税、车船税等。

定额税率的优点：①从量计算，有利于鼓励企业提高产品质量和改进包装。在优质优价、劣质劣价的情况下，优质优价的产品相应税负轻，劣质劣价的产品相对税负重。企业在改进包装后，售价提高而税额不增，避免了从价税这方面的缺点。②计算简便，只要有征税对象数量，就可直接计算应纳税额。③税额不受征税对象价格变化的影响，负担相对稳定。缺点：由于税额一般不随征税对象价值的增长而增长，在调节收入和适用范围上有局限性。只适用于价格稳定、质量和规格标准比较统一的产品，应用范围不广。

3. 累进税率

累进税率是指随着征税对象数量增大而随之提高的税率，即按征税对象数额的大小划分为若干等级，不同等级分别规定由低到高的不同税率，征税对象数额越大，适用税率越高。累进税率可以充分体现对纳税人收入多的多征、收入少的少征、无收入的不征的税收原则，从而有效地调节纳税人的收入，正确处理税收负担的纵向公平问题。

实行累进税率，注意理解累进依据和累进方法。

（1）累进依据。

累进依据是指对征税对象划分级数时所依据的指标形式，表示征税对象的指标形式有绝对额和相对率两种。因此，累进税率的累进依据也分为绝对额和相对率两种形式，即额累和率累。额累是以征税对象的绝对额为依据划分级数，分级累进征税。如个人所得税，按所得额大小分级累进征税。率累是以征税对象的相对率为依据划分级数，分级累进征税。如土地增值税，按土地增值额的增长率为依据，分级累进征税。

（2）累进方法。

累进税率在累进方法上可分为全累和超累。全累税率是指纳税人的全部征税对象都按照与之相应的那一等级的税率计算应纳税额；超累税率是指把纳税人的全部征税对象按规定划分为若干等级，每一等级分别采用不同的税率，分别计算税款（见表1-1）。

表1-1　累进税率表

级数	全年应纳税所得额	税率/%	速算扣除数/元
1	不超过15 000元的部分	5	0
2	超过15 000~30 000元的部分	10	750
3	超过30 000~60 000元的部分	20	3 750

【例1-1】纳税人甲和纳税人乙全年应税所得额分别为29 800元和30 100元。要求根据表1-1的税率，按照全累和超累的方法，分别计算甲、乙的应纳税额。

【解析】

（1）全累方法

纳税人甲应纳税额 = 29 800×10% = 2 980（元）

纳税人乙应纳税额 = 30 100×20% = 6 020（元）

两者相比，我们不难发现，纳税人乙比甲全年应税所得额仅多300元，但应纳税额却增加3 040元。可见，全累税率计算方法简便，但税收负担不合理，特别是在划分级距的临界点附近，税负呈跳跃式递增，甚至会出现税额增加超过征税对象数额增加的不合理现象，对纳税人增产增收具有过强的限制作用。

（2）超累方法

纳税人甲应纳税额=15 000×5%+（29 800-15 000）×10%=2 230（元）

纳税人乙应纳税额=15 000×5%+（30 000-15 000）×10%+

（30 100-30 000）×20%=2 270（元）

和全累税率相比，超累税率计算方法较复杂，纳税人的征税对象数量越大，包括的级次越多，计算步骤也越多，但是累进幅度缓和，税收负担较为合理，特别是在征税对象数额刚刚跨入较高一级的级数时，不会发生增加的税额超过增加的征税对象数额的不合理现象。

将不同的累进依据和累进方法交叉组合，可形成全额累进税率、超额累进税率、全率累进税率和超率累进税率四种累进税率，我国目前采用了超额累进税率和超率累进税率两种。

超额累进税率是指把征税对象按数额的大小分成若干等级，每一等级规定一个税率，税率依次提高，但每一纳税人的征税对象则依所属等级同时适用几个税率分别计算，将计算结果相加后得出应纳税款。目前，个人所得税采用这种税率。

超率累进税率是以征税对象数额的相对率划分若干级距，分别规定相应的差别税率，相对率每超过一个级距的，对超过的部分就按高一级的税率计算征税。目前采用这种税率的是土地增值税。

为了简化计算，可引用速算扣除数。所谓速算扣除数是按全累方法计算的税额与按超累方法计算的税额相减而得的差数，当税率表中的级距和税率确定以后，各级速算扣除数也固定不变，成为计算应纳税额时的常数。

用公式表示为

速算扣除数=按全累方法计算的税额-按超累方法计算的税额

公式移项得：

按超累方法计算的应纳税额=按全累方法计算的税额-速算扣除数

例1-1用速算扣除法计算，结果为

纳税人甲应纳税额 = 29 800×10%-750 = 2 230（元）

纳税人乙应纳税额 = 30 100×20%-3 750 = 2 270（元）

五、纳税环节

纳税环节主要是指税法规定的征税对象在从生产到消费的流转过程中应当缴纳税

款的环节。如流转税在生产和流通环节纳税、所得税在分配环节纳税等。纳税环节有广义和狭义之分。广义的纳税环节是指全部征税对象在再生产中的分布情况。如资源税分布在资源生产环节，商品税分布在生产或流通环节，所得税分布在分配环节等。狭义的纳税环节特指应税商品在流转过程中应纳税的环节。商品从生产到消费要经历诸多流转环节，各环节都存在销售额，都可能成为纳税环节。但考虑到税收对经济的影响、财政收入的需要以及税收征管的能力等因素，国家常常对在商品流转过程中所征税种规定不同的纳税环节。按照某种税征税环节的多少，可以将税种划分为一次课征制或多次课征制。合理选择纳税环节，对加强税收征管、有效控制税源、保证国家财政收入的及时、稳定、可靠，方便纳税人生产经营活动和财务核算，灵活机动地发挥税收调节经济的作用，具有十分重要的理论和实践意义。

六、纳税期限

纳税期限是指税法规定的关于税款缴纳时间方面的限定。税法关于纳税期限的规定，有三个概念：一是纳税义务发生时间。纳税义务发生时间，是指应税行为发生的时间。如《增值税暂行条例》规定采取预收货款方式销售货物的，其纳税义务发生时间为货物发出的当天。二是纳税期限。纳税人每次发生纳税义务后，不可能马上去缴纳税款。税法规定了每种税的纳税期限，即每隔固定时间汇总一次纳税义务的时间。如《增值税暂行条例》规定，增值税的具体纳税期限分别为 1 日、3 日、5 日、10 日、15 日、1 个月或者 1 个季度。纳税人的具体纳税期限，由主管税务机关根据纳税人应纳税额的大小分别核定；不能按照固定期限纳税的，可以按次纳税。三是缴库期限，即税法规定的纳税期满后，纳税人将应纳税款缴入国库的期限。如《增值税暂行条例》规定，纳税人以 1 个月或者 1 个季度为 1 个纳税期的，自期满之日起 15 日内申报纳税；以 1 日、3 日、5 日、10 日或者 15 日为 1 个纳税期的，自期满之日起 5 日内预缴税款，于次月 1 日起 15 日内申报纳税并结清上月应纳税款。

七、纳税地点

纳税地点主要是指根据各个税种纳税对象的纳税环节和有利于对税款的源泉控制而规定的纳税人（包括代征、代扣、代缴义务人）的具体纳税地点。明确规定纳税地点，一是为了避免对同一应税收入、应税行为重复征税或漏征税款；二是为了保证各地财政按规定取得收入。

八、减税免税

减税免税主要是对某些纳税人和征税对象采取减少征税或者免予征税的特殊规定。从某种意义上讲，减税和免税是税率的一种辅助和补充手段，由于税率是根据社会经济发展的一般情况和社会平均负担能力来确定的，它可以适用普遍性、一般性的要求，而不能适用个别性、特殊性的要求。具体情况是，不同的纳税人和征税对象由于受各种客观因素的影响，其负担能力往往有差异，这就需要有减税、免税的规定，将税法的严肃性与必要的灵活性结合起来，将税法的统一性与因地、因时制宜的原则结合起来，以便更好地贯彻国家的税收政策，实现社会的公平合理。

减税免税作为税法构成的一个特殊组成部分，要注重经济效益和社会效益，严格按照税收法规和税收管理体制的规定执行，包括以下三项内容：

1. 减税、免税规定

减税是指税法规定的对应纳税额少征一部分；免税是指税法规定的对应纳税额全部免征。

2. 起征点

起征点是税法规定的征税对象达到开始征税数额的界限。达到起征点的，按征税对象的全部数额征税；达不到起征点的，不征税。如我国现行增值税就有起征点的规定，其中个人销售货物的起征点为月销售额 5 000~20 000 元。

3. 免征额

免征额是税法规定在征税对象总额中免予征税的数额，它是按照一定标准从全部征税对象总额中预先减除的部分。实行免征额规定时，无论征税对象数额是多少，每个纳税人都可以按规定扣除等量数额的征税对象，对扣除的部分免于征税，只就超过的部分征税。如我国现行个人所得税规定的工资、薪金部分的免征额为每月 5 000 元。

九、罚则

罚则主要是指对纳税人违反税法的行为采取的处罚措施。

十、附则

附则一般都规定与该法紧密相关的内容，比如该法的解释权、生效时间等。

第四节　税务机构设置和税收征管范围

一、税务机构设置

2018 年，根据经济和社会发展及推进国家治理体系和治理能力现代化的需要，我国对国税、地税征管体制进行了改革。现行税务机构设置是中央政府设立国家税务总局（正部级），原有的省级和省级以下国税、地税机构合并整合，统一设置为省（区）、市、县三级税务局，实行以国家税务总局为主与省（自治区、直辖市）人民政府双重领导管理体制。具体承担所辖区域内的各项税收、非税收入征管等职责，并将基本养老保险费、基本医疗保险费、失业保险费、工伤保险费、生育保险费等各项社会保险费交由税务部门统一征收。

二、税收征收管理范围

目前，我国的税收分别由税务、海关等系统负责征收管理。

税务系统负责征收和管理的项目有：增值税、消费税、车辆购置税、企业所得税、个人所得税、资源税、城镇土地使用税、耕地占用税、土地增值税、房产税、车船税、印花税、契税、城市维护建设税、环境保护税和烟叶税，共计 16 个税种。

海关系统负责征收和管理的项目有：关税、船舶吨税，同时负责代征进出口环节的增值税和消费税。

三、中央政府与地方政府税收收入划分

根据国务院关于实行分税制财政管理体制的规定，我国的税收收入分为中央政府固定收入、地方政府固定收入和中央政府与地方政府共享收入。

（一）中央政府固定收入

中央政府固定收入包括消费税（含进口环节海关代征的部分）、车辆购置税、关税、海关代征的进口环节增值税等。

（二）地方政府固定收入

地方政府固定收入包括城镇土地使用税、耕地占用税、土地增值税、房产税、车船税、契税、环境保护税和烟叶税等。

（三）中央政府与地方政府共享收入

（1）增值税：国内增值税中央政府分享50%，地方政府分享50%。进口环节由海关代征的增值税和铁路建设基金营改增为中央收入。

（2）企业所得税：中国国家铁路集团、各银行总行及海洋石油企业缴纳的部分归中央政府，其余部分中央与地方政府按60%与40%的比例分享。

（3）个人所得税：除储蓄存款利息所得的个人所得税外，其余部分的分享比例与企业所得税相同。

（4）资源税：海洋石油企业缴纳的部分归中央政府，其余部分归地方政府。

（5）城市维护建设税：中国国家铁路集团、各银行总行、各保险总公司集中缴纳的部分归中央政府，其余部分归地方政府。

（6）印花税：证券交易印花税收入归中央政府，其他印花税收入归地方政府。

本章小结

思考与练习题

一、单项选择题

1. 税法规定征税的目的物为（　　），它是区分不同税种的重要标志。

A. 纳税义务人　　B. 征税对象　　C. 税目　　D. 税率

2. 某企业就应纳税款金额与主管税务机关产生了分歧，遂向上一级税务机关申请行政复议，但被告之必须依照主管税务机关的纳税决定缴纳税款或者提供相应的担保后，才能依法申请行政复议。上述行为体现了税法适用原则的（　　）。

A. 法律优位原则　　B. 新法优于旧法原则

C. 程序优于实体原则　　D. 实体从旧、程序从新原则

3. 下列权利中作为国家征税依据的是（　　）。

A. 管理权力　　B. 政治权利　　C. 社会权利　　D. 财产权利

4. 以下对于税收概念的相关理解不正确的是（　　）。

A. 税收是目前我国政府取得财政收入的最主要工具

B. 国家征税的依据是财产权利

C. 税收“三性”是区别税与非税的外在尺度和标志

D. 国家征税是为了满足社会公共需要

5. 下列税种中属于从量税的是（　　）。

A. 企业所得税　　B. 增值税

C. 土地增值税　　D. 城镇土地使用税

6. 下列税种中属于价外税的是（　　）。

A. 车船税　　B. 增值税

C. 城镇土地使用税　　D. 消费税

7. 我国税法是由一系列要素构成的，其中三个最基本的要素是指（　　）。

A. 纳税义务人、税率、纳税期限　　B. 纳税义务人、税率、违章处理

C. 纳税义务人、税目、减免税　　D. 纳税义务人、税率、征税对象

8. 下列关于税收法律关系的表述中，正确的是（　　）。

A. 税法是引起税收法律关系的前提条件，税法可以产生具体的税收法律关系

B. 税收法律关系中权利主体双方法律地位并不平等，双方的权利义务也不对等

C. 代表国家行使征税职责的各级国家税务机关是税收法律关系中权利主体之一

D. 税收法律关系总体上与其他法律关系一样，都是由权利主体、权利客体两方面构成

9. 在我国税收法律关系中，纳税人的确定原则是（　　）。

A. 量力负担　　B. 属人　　C. 属地　　D. 属人属地

10. 土地增值税的税率属于（　　）。

A. 全额累进税率　　B. 超额累进税率

C. 定额税率　　D. 超率累进税率

二、多项选择题

1. 《企业所得税法》在税法的不同类型中属于（　　）。

A. 税收基本法　　B. 税收普通法　　C. 税收程序法　　D. 税收实体法

2. 下列关于税制要素的表述不正确的是（　　）。

A. 并非所有税种都要规定税目

B. 税目是对征税对象的量的规定

C. 税目体现征税的深度

D. 消费税、企业所得税都规定有不同的税目

3. 我国现行税制中采用的累进税率有（　　）。

A. 全额累进税率　B. 超率累进税率　C. 超额累进税率　D. 超倍累进税率

4. 按照不同的税收分类标准，消费税属于（　　）。

A. 中央税　　　　B. 财产税

C. 流转税　　　　D. 中央地方共享税

5. 下列税种全部属于中央政府固定收入的有（　　）。

A. 消费税　B. 增值税　C. 车辆购置税　D. 资源税

三、判断题

1. 定额税率计算简便，但税额随商品价格变化较大。（　　）

2. 税收法律关系双方的权利与义务不对等。（　　）

3. 强制性就是对违法纳税人进行处罚。（　　）

4. 我国税收取之于民，用之于民，形式特征上不具备无偿性。（　　）

5. 在税收法律关系中，代表国家行使征税职权的税务机关是权利主体，履行纳税义务的法人、自然人是权利客体。（　　）

6. 某县政府为发展本地经济，决定对小规模纳税人的增值税采取减半征收的优惠政策。（　　）

7. 征税对象是计算税额的尺度。（　　）

8. 税目是征税对象的具体化，反映具体的征税范围。（　　）

9. 国家发行国债与国家进行征税是同等性质的财政收入形式。（　　）

10. 税收法律关系中最实质的东西是享有权利和承担义务的当事人。（　　）

第一章练习题答案

【案例分析】

第二章 增值税

■**学习目标**

本章为本书的重要章节之一。通过本章的学习，学生应理解增值额的含义，了解增值税的种类，重点掌握增值税的征税范围、一般纳税人与小规模纳税人的划分、增值税的税率、销项税额、进项税额和应纳税额的计算，熟悉增值税专用发票的有关规定。

■**导入案例**

某生产企业为增值税一般纳税人，适用增值税税率13%，8月发生以下业务：

(1) 销售A产品给某商场，开具增值税专用发票，取得不含税销售额80万元；另外，开具普通发票收取包装费5.65万元。

(2) 销售B产品，开具普通发票，取得含税销售额28.25万元。

(3) 将研制的一批应税新产品赠送给养老院，成本为20万元，国家税务总局规定成本利润率为10%，该新产品无同类产品市场销售价格。

(4) 销售2013年12月购进作为固定资产使用过的小汽车1辆，开具增值税专用发票，注明销售额6万元。

(5) 购进货物取得增值税专用发票，注明支付的价款60万元、进项税额7.8万元；另外支付货运公司运费，取得的增值税专用发票注明运费6万元。

(6) 向农业生产者购进免税农产品一批（当月领用用于生产13%税率的产品，不适用进项税额核定扣除办法），收购凭证上注明支付的收购价30万元，另外支付货运公司运费，取得的增值税专用发票注明运费5万元。本月下旬将购进的农产品的20%用于本企业职工福利。

(7) 接受广告服务，取得的增值税专用发票上注明广告费不含税价款2万元。

(8) 当月租入一层商用楼房，取得的增值税专用发票上注明的税额为2.7万元。该楼房有2间用于工会的集体福利项目，其余3间供企业经营管理使用。

以上相关可抵扣进项税额的发票均在同月通过认证并在当月抵扣。什么是增值税？请计算该企业8月合计应缴纳的增值税税额。

第一节　增值税概述

一、增值税的概念

增值税是以商品和劳务在流转过程中产生的增值额作为征税对象而征收的一种流转税。对增值税概念的理解，关键是要理解增值额的含义。增值额是指企业或者其他经营者从事生产经营或者提供劳务，在购入的商品或者取得劳务的价值基础上新增加的价值额。

（1）从经济理论上讲，增值额是指生产经营者生产经营过程中新创造的价值额。增值额相当于商品价值 $C+V+M$ 中 $V+M$ 部分。C 即商品生产过程中所消耗的生产资料转移价值；V 即工资，是劳动者为自己创造的价值；M 即剩余价值或盈利，是劳动者为社会创造的价值。增值额是劳动者新创造的价值，从内容上讲大体相当于净产值或国民收入。

（2）就一个生产单位而言，增值额是这个单位商品销售收入额或经营收入额扣除非增值项目（相当于物化劳动，如外购的原材料、燃料、动力、包装物、低值易耗品等）价值后的余额。这个余额，大体相当于该单位活劳动创造的价值。

（3）就一个商品的生产经营全过程来讲，不论其生产经营经过几个环节，其最后的销售总值，应等于该商品从生产到流通的各个环节的增值额之和，即商品最后销售价格=各环节增值额之和。

例如，某商品的最后销售额为 1 000 元，假定这 1 000 元是经过以下生产和流转环节逐步形成的（见表 2-1）。

表 2-1　　某商品的生产和流转环节

环节	进价/元	增值额/元	售价/元
原材料生产	0	200	200
半成品生产	200	300	500
产成品生产	500	350	850
商品批发	850	50	900
商品零售	900	100	1 000

可见，该商品的最后销售额 1 000 元，正是这个商品在五个生产经营环节中创造的增值额之和（200+300+350+50+100=1 000）。

（4）从国民收入分配角度看，增值额 $V+M$ 在我国相当于净产值，包括工资、利润、利息、租金和其他属于增值性的收入。

二、增值税的类型

从各国实行增值税的实践看，作为计税依据的增值额是法定增值额，而非理论上的增值额。所谓法定增值额，指的是各国政府根据本国的国情和政策要求，在增值税制度中人为规定的增值额，法定增值额与理论上的增值额往往不相一致，主要区别在于对外购固定资产处理办法的不同。因此，依据实行增值税的各个国家允许扣除已纳税款的扣除项目范围的大小，增值税分为生产型增值税、收入型增值税、消费型增值税三种类型。

（一）生产型增值税

生产型增值税以纳税人的销售收入（或劳务收入）减去用于生产、经营的外购原材料、燃料、动力等物质价值后的余额作为法定的增值额，但对购入的固定资产及其折旧均不予扣除。由于这个法定增值额等于工资、租金、利息、利润和折旧之和，其内容从整个社会来说相当于国民生产总值，所以称为生产型增值额。这种类型增值税存在对固定资产价值重复征税问题，对于资本有机构成高的行业的发展以及对于加快技术进步有不利影响，但法定增值额大于理论上的增值额，因而有利于扩大财政收入。

（二）收入型增值税

收入型增值税除允许扣除外购物质资料的价值以外，对于购置用于生产、经营的固定资产，允许将已提折旧的价值额予以扣除。这个法定增值额，就整个社会来说相当于国民收入，所以称为收入型增值税。收入型增值税的法定增值额与理论增值额一致，可以在固定资产的折旧期内逐步解决重复征税问题。但这种类型的增值税在操作上存在一定困难，进而影响了该种类型增值税的广泛应用。

（三）消费型增值税

消费型增值税允许将购置物质资料的价值和用于生产、经营的固定资产价值中所含的价款，在购置当期全部一次扣除。虽然固定资产在原生产经营单位作为商品于出售时都已征税，但当购置者作为固定资产购进使用时，其已纳税金在购置当期已经全部扣除。因此，就整个社会而言，这部分商品实际上没有征税，所以说这种类型增值税的征税对象不包括生产资料部分，仅限于当期生产销售的所有消费品，故称为消费型增值税。消费型增值税对于扩大固定资产投资具有较强的激励效应，它在大部分实行增值税的国家得到了采用。

开征任何一种税都是为政府的经济政策和财政政策服务的，增值税也不例外。因此，各国据以征税的增值额由政府根据需要来确定，经济发达的国家为了鼓励投资，加速固定资产更新，一般采用消费型增值税或收入型增值税。发展中国家考虑到财政收入的需要，则规定外购固定资产价款一律不准扣除，一般采用生产型增值税。我国是发展中的社会主义国家，2009 年前考虑到当时产业发展政策、技术进步水平以及企业经济效益现状，为稳定国家财政收入，采用生产型增值税，2009 年 1 月 1 日起实行消费型增值税。

三、增值税的计税方法

目前实行增值税的大多数国家，在实际计算增值税应纳税额时，一般并不直接以增值额作为计税依据，而是采用间接计算办法。即以纳税人在纳税期内销售应税货物（或劳务）的销售额乘以适用税率，求出销售应税货物（或劳务）的整体税金（销项税额），然后扣除非增值项目，即企业购进货物或者应税劳务已纳税额（进项税额）的方法，其余额即为纳税人应纳的增值税额。其计算公式为

应纳税额=应税销售额×增值税率-非增值项目已纳税额

=销项税额-进项税额

我国目前所采用的增值税计算方法为购进扣税法，即在计算进项税额时，按当期购进商品已纳税额计算。实际征收中，采用凭增值税专用发票或其他合法扣税凭证注明税款进行抵扣的办法计算应纳税款。

四、增值税的产生与发展

增值税是社会化大生产发展到一定阶段的产物，也是为了更好地适应现代经济的生产社会化、专业化、国际化程度日益提高的客观要求，对传统的流转税课征制度进行改革的结果。20 世纪 50 年代，法国在进行税制改革时率先试行增值税。1954 年，法国在生产阶段对原来的按营业额全额课征改为按全额计算后允许扣除购进项目已缴纳的税款，即按增值额征税，开创了增值税实施之先河。自 1963 年起，法国又进一步将增值税的征收范围扩大到商品零售环节；到了 1968 年，法国将所有货物与劳务的销售都纳入增值税的课税范围之内。此后，增值税在欧洲得到推广，不久又扩展到欧洲以外的许多国家。目前，世界上已有 100 多个国家实行了增值税。

我国实行改革开放政策后才引进和逐步推广增值税。1979 年下半年，我国首先在重复征税矛盾比较突出的机器机械和农业机具两个行业进行增值税的试点工作。1982 年财政部制定了《增值税暂行办法》，并自 1983 年 1 月 1 日开始在全国试行。1984 年 9 月，在总结经验的基础上，国务院制定了《中华人民共和国增值税暂行条例（草案）》，进一步扩大了增值税的征收范围，增值税也由此成为我国的一个独立税种。1994 年实行税制改革，国务院发布了《中华人民共和国增值税暂行条例》，增值税的税率与征收办法得到了简化和规范，并形成了以增值税为骨干并相应设置消费税、营业税的新的流转税体系。2008 年 11 月，为进一步完善税制，国务院决定全面实施增值税转型改革，修订《中华人民共和国增值税暂行条例》，于 2009 年 1 月 1 日起施行。

2011 年，经国务院批准，财政部、国家税务总局联合下发营业税改增值税（以下称“营改增”）试点方案。从 2012 年 1 月 1 日起，在上海交通运输业和部分现代服务业开展“营改增”试点。自 2012 年 8 月 1 日起至年底，国务院扩大“营改增”试点至 8 省市；2013 年 8 月 1 日，“营改增”范围已推广到全国试行，将广播影视服务业纳入试点范围。2014 年 1 月 1 日起，将铁路运输和邮政服务业纳入“营改增”试点，至此交通运输业已全部纳入“营改增”范围；2014 年 6 月 1 日起，将电信业纳入“营改增”试点范围；2016 年 5 月 1 日起，在全国范围内全面推开“营改增”试点，建筑业、房地产业、金融业、生活服务业等全部营业税纳税人，纳入试点范围，由缴纳营业税改为缴纳增值税。2017 年 11 月 19 日国务院发布了《关于废止〈中华人民共和国营业税暂行条例〉和修改〈中华人民共和国增值税暂行条例〉的决定》。至此，营业税退出历史舞台，增值税制度将更加规范。这是自 1994 年分税制改革以来，财税体制的又一次重大变革。

营业税是以在我国境内提供应税劳务、转让无形资产或销售不动产所取得的营业额为课税对象而征收的一种商品劳务税，存在重复征税弊端，目前世界上仅有很少国家采纳。全面实施“营改增”，一是实现增值税对货物和服务的全覆盖，打通增值税抵扣链条，消除重复征税；二是进一步减轻企业税负，有效激发市场主体活力，增强经济韧性和发展后劲；三是进一步促进社会分工协作，有助于推动服务业加快发展；四是能够获得更多的进项税抵扣，有助于推动传统制造业轻装上阵，实现跨越式转型升级；五是有利于优化投资、消费和出口结构，增强出口服务企业的国际竞争力，扩大服务贸易规模。

五、增值税的特点

（一）保持税收中性

根据增值税的计税原理，流转额中的非增值因素在计税时被扣除。因此，对同一商品而言，无论流转环节的多与少，只要增值额相同，税负就相等，不会影响商品的生产结构、组织结构和产品结构。

（二）普遍征收

从增值税的征税范围看，对从事商品生产经营和提供劳务的所有单位和个人，在商品增值的各个生产流通环节向纳税人普遍征收。

（三）税收负担由商品最终消费者承担

虽然增值税是向企业主征收，但企业主在销售商品时又通过价格将税收负担转嫁给下一生产流通环节，最后由最终消费者承担。

（四）实行税款抵扣制度

在计算企业应纳税款时，要扣除商品在以前生产环节已负担的税款，以避免重复征税。从世界各国来看，一般都实行凭购货发票进行抵扣。

（五）实行比例税率

从实行增值税制度的国家看，普遍实行比例税制，以贯彻征收简便易行的原则。由于增值额对不同行业和不同企业、不同产品来说性质是一样的，原则对增值额应采用单一比例税率。但为了贯彻一些经济社会政策也会对某些行业或产品实行不同的政策，因而引入增值税的国家一般都规定基本税率和优惠税率或称低税率。

（六）实行价外税制度

在计税时，作为计税依据的销售额中不包含增值税税额，这样有利于形成均衡的生产价格，并有利于税负转嫁的实现。这是增值税与传统的以全部流转额为计税依据的流转税或商品课税的一个重要区别。

第二节　增值税的基本要素

一、增值税征税范围

我国增值税的征税范围包括在境内销售货物或加工、修理修配劳务、销售服务、无形资产、不动产（以下统称应税销售行为）以及进口货物等。根据现行增值税法的规定，将增值税的征税范围分为一般规定和特殊规定。

（一）征税范围的一般规定

（1）销售货物，是指有偿转让货物的所有权。货物是指有形动产，包括电力、热力、气体在内。

（2）提供加工、修理修配劳务，是指有偿提供加工、修理修配劳务。加工是指受托加工货物，即委托方提供原料及主要材料，受托方按照委托方的意愿制造货物并收取加工费的业务；提供修理修配是指受托方对损伤或丧失自身使用功能的货物进行修复，使其恢复原状或功能的业务。单位或个体经营者聘用的员工为本单位服务或受雇为雇主提供加工、修理修配劳务不包括在内。

（3）进口货物是指从我国境外移送至我国境内的货物。确定一项货物是否属于进口货物，关键要看其是否办理了报关进口手续。通常情况下，境外货物要输入我国境内，必须向我国海关申报进口，并办理相应的报关手续。我国现行税法规定，凡经报海关进入我国国境或关境的货物，包括国外产制和我国已出口又转内销的货物、进口者自行采购的货物、国外捐赠的货物、进口者用于贸易行为的货物以及自用或用于其他方面的货物，都属于增值税的征收范围（免税的除外），其进口方必须向海关缴纳增值税。

（4）销售服务、无形资产或者不动产（以下称应税行为），是指有偿提供服务、有偿转让无形资产或者不动产，但属于下列非经营活动的情形除外：

①行政单位收取的同时满足以下条件的政府性基金或者行政事业性收费。

a. 由国务院或者财政部批准设立的政府性基金，由国务院或者省级人民政府及其财政、价格主管部门批准设立的行政事业性收费；

b. 收取时开具省级以上（含省级）财政部门监（印）制的财政票据；

c. 所收款项全额上缴财政。

②单位或者个体工商户聘用的员工为本单位或者雇主提供取得工资的服务。

③单位或者个体工商户为聘用的员工提供服务。

④财政部和国家税务总局规定的其他情形。

理解征税范围一般规定，要注意以下几方面：

第一，境内销售货物、提供加工、修理修配劳务，是指销售货物的起运地或所在地在境内，提供的加工、修理修配劳务发生在境内；

第二，境内销售服务、无形资产或者不动产，是指：

（1）服务（租赁不动产除外）或者无形资产（自然资源使用权除外）的销售方或者购买方在境内；

（2）所销售或者租赁的不动产在境内；

（3）所销售自然资源使用权的自然资源在境内；

（4）财政部和国家税务总局规定的其他情形。

下列情形不属于在境内销售服务或者无形资产：

（1）境外单位或者个人向境内单位或者个人销售完全在境外发生的服务；

（2）境外单位或者个人向境内单位或者个人销售完全在境外使用的无形资产；

（3）境外单位或者个人向境内单位或者个人出租完全在境外使用的有形动产；

（4）财政部和国家税务总局规定的其他情形。

第三，有偿，是指取得货币、货物或者其他经济利益。

附：应税行为的具体范围

一、销售服务

销售服务，是指提供交通运输服务、邮政服务、电信服务、建筑服务、金融服务、现代服务、生活服务。

（一）交通运输服务

交通运输服务，是指利用运输工具将货物或者旅客送达目的地，使其空间位置得到转移的业务活动。包括陆路运输服务、水路运输服务、航空运输服务和管道运输服务。

纳税人已售票但客户逾期未消费取得的运输逾期票证收入，按照“交通运输服务”缴纳增值税。纳税人为客户办理退票而向客户收取的退票费、手续费等收入，按照“其他现代服务”缴纳增值税。

1. 陆路运输服务

陆路运输服务，是指通过陆路（地上或者地下）运送货物或者旅客的运输业务活动，包括铁路运输服务和其他陆路运输服务。

（1）铁路运输服务，是指通过铁路运送货物或者旅客的运输业务活动。

（2）其他陆路运输服务，是指铁路运输以外的陆路运输业务活动。包括公路运输、缆车运输、索道运输、地铁运输、城市轻轨运输等。

出租车公司向使用本公司自有出租车的出租车司机收取的管理费用，按照陆路运输服务缴纳增值税。

2. 水路运输服务

水路运输服务，是指通过江、河、湖、川等天然、人工水道或者海洋航道运送货物或者旅客的运输业务活动。

水路运输的程租、期租业务，属于水路运输服务。

程租业务，是指运输企业为租船人完成某一特定航次的运输任务并收取租赁费的业务。

期租业务，是指运输企业将配备有操作人员的船舶承租给他人使用一定期限，承租期内听候承租方调遣，不论是否经营，均按天向承租方收取租赁费，发生的固定费用均由船东负担的业务。

3. 航空运输服务

航空运输服务，是指通过空中航线运送货物或者旅客的运输业务活动。

航空运输的湿租业务，属于航空运输服务。

湿租业务，是指航空运输企业将配备有机组人员的飞机承租给他人使用一定期限，承租期内听候承租方调遣，不论是否经营，均按一定标准向承租方收取租赁费，发生的固定费用均由承租方承担的业务。

航天运输服务，按照航空运输服务缴纳增值税。

航天运输服务，是指利用火箭等载体将卫星、空间探测器等空间飞行器发射到空间轨道的业务活动。

4. 管道运输服务

管道运输服务，是指通过管道设施输送气体、液体、固体物质的运输业务活动。

无运输工具承运业务，按照交通运输服务缴纳增值税。

无运输工具承运业务，是指经营者以承运人身份与托运人签订运输服务合同，收取运费并承担承运人责任，然后委托实际承运人完成运输服务的经营活动。

（二）邮政服务

邮政服务，是指中国邮政集团公司及其所属邮政企业提供邮件寄递、邮政汇兑和机要通信等邮政基本服务的业务活动。包括邮政普遍服务、邮政特殊服务和其他邮政服务。

1. 邮政普遍服务

邮政普遍服务，是指函件、包裹等邮件寄递，以及邮票发行、报刊发行和邮政汇兑等业务活动。

函件，是指信函、印刷品、邮资封片卡、无名址函件和邮政小包等。

包裹，是指按照封装上的名址递送给特定个人或者单位的独立封装的物品，其重量不超过50千克，任何一边的尺寸不超过150厘米，长、宽、高合计不超过300厘米。

2. 邮政特殊服务

邮政特殊服务，是指义务兵平常信函、机要通信、盲人读物和革命烈士遗物的寄递等业务活动。

3. 其他邮政服务

其他邮政服务，是指邮册等邮品销售、邮政代理等业务活动。

（三）电信服务

电信服务，是指利用有线、无线的电磁系统或者光电系统等各种通信网络资源，提供语音通话服务，传送、发射、接收或者应用图像、短信等电子数据和信息的业务活动。包括基础电信服务和增值电信服务。

1. 基础电信服务

基础电信服务，是指利用固网、移动网、卫星、互联网，提供语音通话服务的业务活动，以及出租或者出售带宽、波长等网络元素的业务活动。

2. 增值电信服务

增值电信服务，是指利用固网、移动网、卫星、互联网、有线电视网络，提供短信和彩信服务、电子数据和信息的传输及应用服务、互联网接入服务等业务活动。

卫星电视信号落地转接服务，按照增值电信服务缴纳增值税。

（四）建筑服务

建筑服务，是指各类建筑物、构筑物及其附属设施的建造、修缮、装饰，线路、管道、设备、设施等的安装以及其他工程作业的业务活动。包括工程服务、安装服务、修缮服务、装饰服务和其他建筑服务。

1. 工程服务

工程服务，是指新建、改建各种建筑物、构筑物的工程作业，包括与建筑物相连的各种设备或者支柱、操作平台的安装或者装设工程作业，以及各种窑炉和金属结构工程作业。

2. 安装服务

安装服务，是指生产设备、动力设备、起重设备、运输设备、传动设备、医疗实验设备以及其他各种设备、设施的装配、安置工程作业，包括与被安装设备相连的工作台、梯子、栏杆的装设工程作业，以及被安装设备的绝缘、防腐、保温、油漆等工程作业。

固定电话、有线电视、宽带、水、电、燃气、暖气等经营者向用户收取的安装费、初装费、开户费、扩容费以及类似收费，按照安装服务缴纳增值税。

3. 修缮服务

修缮服务，是指对建筑物、构筑物进行修补、加固、养护、改善，使之恢复原来的使用价值或者延长其使用期限的工程作业。

4. 装饰服务

装饰服务，是指对建筑物、构筑物进行修饰装修，使之美观或者具有特定用途的工程作业。

5. 其他建筑服务

其他建筑服务，是指上列工程作业之外的各种工程作业服务，如钻井（打井）、拆除建筑物或者构筑物、平整土地、园林绿化、疏浚（不包括航道疏浚）、建筑物平移、搭脚手架、爆破、矿山穿孔、表面附着物（包括岩层、土层、沙层等）剥离和清理等工程作业。

纳税人将建筑施工设备出租给他人使用并配备操作人员的，按照“建筑服务”缴纳增值税。

物业服务企业为业主提供的装修服务，按照“建筑服务”缴纳增值税。

（五）金融服务

金融服务，是指经营金融保险的业务活动。包括贷款服务、直接收费金融服务、保险服务和金融商品转让。

1. 贷款服务

贷款，是指将资金贷与他人使用而取得利息收入的业务活动。

各种占用、拆借资金取得的收入，包括金融商品持有期间（含到期）利息（保本收益、报酬、资金占用费、补偿金等）收入、信用卡透支利息收入、买入返售金融商品利息收入、融资融券收取的利息收入，以及融资性售后回租、押汇、罚息、票据贴现、转贷等业务取得的利息及利息性质的收入，按照贷款服务缴纳增值税。

融资性售后回租，是指承租方以融资为目的，将资产出售给从事融资性售后回租业务的企业后，从事融资性售后回租业务的企业将该资产出租给承租方的业务活动。

以货币资金投资收取的固定利润或者保底利润，按照贷款服务缴纳增值税。

2. 直接收费金融服务

直接收费金融服务，是指为货币资金融通及其他金融业务提供相关服务并且收取费用的业务活动。包括提供货币兑换、账户管理、电子银行、信用卡、信用证、财务担保、资产管理、信托管理、基金管理、金融交易场所（平台）管理、资金结算、资金清算、金融支付等服务。

3. 保险服务

保险服务，是指投保人根据合同约定，向保险人支付保险费，保险人对于合同约定的可能发生的事故因其发生所造成的财产损失承担赔偿保险金责任，或者当被保险人死亡、伤残、疾病或者达到合同约定的年龄、期限等条件时承担给付保险金责任的商业保险行为。包括人身保险服务和财产保险服务。

人身保险服务，是指以人的寿命和身体为保险标的的保险业务活动。

财产保险服务，是指以财产及其有关利益为保险标的的保险业务活动。

4. 金融商品转让

金融商品转让，是指转让外汇、有价证券、非货物期货和其他金融商品所有权的业务活动。

其他金融商品转让包括基金、信托、理财产品等各类资产管理产品和各种金融衍生品的转让。

（六）现代服务

现代服务，是指围绕制造业、文化产业、现代物流产业等提供技术性、知识性服务的业务活动。包括研发和技术服务、信息技术服务、文化创意服务、物流辅助服务、租赁服务、鉴证咨询服务、广播影视服务、商务辅助服务和其他现代服务。

1. 研发和技术服务

研发和技术服务，包括研发服务、合同能源管理服务、工程勘察勘探服务、专业技术服务。

（1）研发服务，也称技术开发服务，是指就新技术、新产品、新工艺或者新材料及其系统进行研究与试验开发的业务活动。

（2）合同能源管理服务，是指节能服务公司与用能单位以契约形式约定节能目标，节能服务公司提供必要的服务，用能单位以节能效果支付节能服务公司投入及其合理报酬的业务活动。

（3）工程勘察勘探服务，是指在采矿、工程施工前后，对地形、地质构造、地下资源蕴藏情况进行实地调查的业务活动。

（4）专业技术服务，是指气象服务、地震服务、海洋服务、测绘服务、城市规划、环境与生态监测服务等专项技术服务。

2. 信息技术服务

信息技术服务，是指利用计算机、通信网络等技术对信息进行生产、收集、处理、加工、存储、运输、检索和利用，并提供信息服务的业务活动。包括软件服务、电路设计及测试服务、信息系统服务、业务流程管理服务和信息系统增值服务。

（1）软件服务，是指提供软件开发服务、软件维护服务、软件测试服务的业务活动。

（2）电路设计及测试服务，是指提供集成电路和电子电路产品设计、测试及相关技术支持服务的业务活动。

（3）信息系统服务，是指提供信息系统集成、网络管理、网站内容维护、桌面管理与维护、信息系统应用、基础信息技术管理平台整合、信息技术基础设施管理、数据中心、托管中心、信息安全服务、在线杀毒、虚拟主机等业务活动。包括网站对非自有的网络游戏提供的网络运营服务。

（4）业务流程管理服务，是指依托信息技术提供的人力资源管理、财务经济管理、审计管理、税务管理、物流信息管理、经营信息管理和呼叫中心等服务的活动。

（5）信息系统增值服务，是指利用信息系统资源为用户附加提供的信息技术服务。包括数据处理、分析和整合、数据库管理、数据备份、数据存储、容灾服务、电子商务平台等。

3. 文化创意服务

文化创意服务，包括设计服务、知识产权服务、广告服务和会议展览服务。

（1）设计服务，是指把计划、规划、设想通过文字、语言、图画、声音、视觉等形式传递出来的业务活动。包括工业设计、内部管理设计、业务运作设计、供应链设计、造型设计、服装设计、环境设计、平面设计、包装设计、动漫设计、网游设计、展示设计、网站设计、机械设计、工程设计、广告设计、创意策划、文印晒图等。

（2）知识产权服务，是指处理知识产权事务的业务活动。包括对专利、商标、著作权、软件、集成电路布图设计的登记、鉴定、评估、认证、检索服务。

（3）广告服务，是指利用图书、报纸、杂志、广播、电视、电影、幻灯、路牌、招贴、橱窗、霓虹灯、灯箱、互联网等各种形式为客户的商品、经营服务项目、文体节目或者通告、声明等委托事项进行宣传和提供相关服务的业务活动。包括广告代理和广告的发布、播映、宣传、展示等。

（4）会议展览服务，是指为商品流通、促销、展示、经贸洽谈、民间交流、企业沟通、国际往来等举办或者组织安排的各类展览和会议的业务活动。

宾馆、旅馆、旅社、度假村和其他经营性住宿场所提供会议场地及配套服务的活动，按照“会议展览服务”缴纳增值税。

4. 物流辅助服务

物流辅助服务，包括航空服务、港口码头服务、货运客运场站服务、打捞救助服务、装卸搬运服务、仓储服务和收派服务。

（1）航空服务，包括航空地面服务和通用航空服务。

航空地面服务，是指航空公司、飞机场、民航管理局、航站等向在境内航行或者在境内机场停留的境内外飞机或者其他飞行器提供的导航等劳务性地面服务的业务活动。包括旅客安全检查服务、停机坪管理服务、机场候机厅管理服务、飞机清洗消毒服务、空中飞行管理服务、飞机起降服务、飞行通信服务、地面信号服务、飞机安全服务、飞机跑道管理服务、空中交通管理服务等。

通用航空服务，是指为专业工作提供飞行服务的业务活动，包括航空摄影、航空培训、航空测量、航空勘探、航空护林、航空吊挂播撒、航空降雨、航空气象探测、航空海洋监测、航空科学实验等。

（2）港口码头服务，是指港务船舶调度服务、船舶通信服务、航道管理服务、航道疏浚服务、灯塔管理服务、航标管理服务、船舶引航服务、理货服务、系解缆服务、停泊和移泊服务、海上船舶溢油清除服务、水上交通管理服务、船只专业清洗消毒检测服务和防止船只漏油服务等为船只提供服务的业务活动。

港口设施经营人收取的港口设施保安费按照港口码头服务缴纳增值税。

（3）货运客运场站服务，是指货运客运场站提供货物配载服务、运输组织服务、中转换乘服务、车辆调度服务、票务服务、货物打包整理、铁路线路使用服务、加挂铁路客车服务、铁路行包专列发送服务、铁路到达和中转服务、铁路车辆编解服务、车辆挂运服务、铁路接触网服务、铁路机车牵引服务等业务活动。

（4）打捞救助服务，是指提供船舶人员救助、船舶财产救助、水上救助和沉船沉物打捞服务的业务活动。

（5）装卸搬运服务，是指使用装卸搬运工具或者人力、畜力将货物在运输工具之间、装卸现场之间或者运输工具与装卸现场之间进行装卸和搬运的业务活动。

（6）仓储服务，是指利用仓库、货场或者其他场所代客贮放、保管货物的业务活动。

（7）收派服务，是指接受寄件人委托，在承诺的时限内完成函件和包裹的收件、分拣、派送服务的业务活动。

收件服务，是指从寄件人收取函件和包裹，并运送到服务提供方同城的集散中心的业务活动。

分拣服务，是指服务提供方在其集散中心对函件和包裹进行归类、分发的业务活动。

派送服务，是指服务提供方从其集散中心将函件和包裹送达同城的收件人的业务活动。

5. 租赁服务

租赁服务，包括融资租赁服务和经营租赁服务。

（1）融资租赁服务，是指具有融资性质和所有权转移特点的租赁活动。即出租人根据承租人所要求的规格、型号、性能等条件购入有形动产或者不动产租赁给承租人，合同期内租赁物所有权属于出租人，承租人只拥有使用权，合同期满付清租金后，承租人有权按照残值购入租赁物，以拥有其所有权。不论出租人是否将租赁物销售给承租人，均属于融资租赁。

按照标的物的不同，融资租赁服务可分为有形动产融资租赁服务和不动产融资租赁服务。

融资性售后回租不按照本税目缴纳增值税。

（2）经营租赁服务，是指在约定时间内将有形动产或者不动产转让他人使用且租赁物所有权不变更的业务活动。

按照标的物的不同，经营租赁服务可分为有形动产经营租赁服务和不动产经营租赁服务。

将建筑物、构筑物等不动产或者飞机、车辆等有形动产的广告位出租给其他单位或者个人用于发布广告，按照经营租赁服务缴纳增值税。

车辆停放服务、道路通行服务（包括过路费、过桥费、过闸费等）等按照不动产经营租赁服务缴纳增值税。

水路运输的光租业务、航空运输的干租业务，属于经营租赁。

光租业务，是指运输企业将船舶在约定的时间内出租给他人使用，不配备操作人员，不承担运输过程中发生的各项费用，只收取固定租赁费的业务活动。

干租业务，是指航空运输企业将飞机在约定的时间内出租给他人使用，不配备机组人员，不承担运输过程中发生的各项费用，只收取固定租赁费的业务活动。

6. 鉴证咨询服务

鉴证咨询服务，包括认证服务、鉴证服务和咨询服务。

（1）认证服务，是指具有专业资质的单位利用检测、检验、计量等技术，证明产品、服务、管理体系符合相关技术规范、相关技术规范的强制性要求或者标准的业务活动。

（2）鉴证服务，是指具有专业资质的单位受托对相关事项进行鉴证，发表具有证明力的意见的业务活动。包括会计鉴证、税务鉴证、法律鉴证、职业技能鉴定、工程造价鉴证、工程监理、资产评估、环境评估、房地产土地评估、建筑图纸审核、医疗事故鉴定等。

（3）咨询服务，是指提供信息、建议、策划、顾问等服务的活动。包括金融、软件、技术、财务、税收、法律、内部管理、业务运作、流程管理、健康等方面的咨询。

翻译服务和市场调查服务按照咨询服务缴纳增值税。

7. 广播影视服务

广播影视服务，包括广播影视节目（作品）的制作服务、发行服务和播映（含放映，下同）服务。

（1）广播影视节目（作品）制作服务，是指进行专题（特别节目）、专栏、综艺、体育、动画片、广播剧、电视剧、电影等广播影视节目和作品制作的服务。具体包括与广播影视节目和作品相关的策划、采编、拍摄、录音、音视频文字图片素材制作、场景布置、后期的剪辑、翻译（编译）、字幕制作、片头、片尾、片花制作、特效制作、影片修复、编目和确权等业务活动。

（2）广播影视节目（作品）发行服务，是指以分账、买断、委托等方式，向影院、电台、电视台、网站等单位和个人发行广播影视节目（作品）以及转让体育赛事等活动的报道及播映权的业务活动。

（3）广播影视节目（作品）播映服务，是指在影院、剧院、录像厅及其他场所播映广播影视节目（作品），以及通过电台、电视台、卫星通信、互联网、有线电视等无线或者有线装置播映广播影视节目（作品）的业务活动。

8. 商务辅助服务

商务辅助服务，包括企业管理服务、经纪代理服务、人力资源服务、安全保护服务。

（1）企业管理服务，是指提供总部管理、投资与资产管理、市场管理、物业管理、日常综合管理等服务的业务活动。

（2）经纪代理服务，是指各类经纪、中介、代理服务。包括金融代理、知识产权代理、货物运输代理、代理报关、法律代理、房地产中介、职业中介、婚姻中介、代理记账、拍卖等。

货物运输代理服务，是指接受货物收货人、发货人、船舶所有人、船舶承租人或者船舶经营人的委托，以委托人的名义，为委托人办理货物运输、装卸、仓储和船舶进出港口、引航、靠泊等相关手续的业务活动。

代理报关服务，是指接受进出口货物的收、发货人委托，代为办理报关手续的业务活动。

（3）人力资源服务，是指提供公共就业、劳务派遣、人才委托招聘、劳动力外包等服务的业务活动。

（4）安全保护服务，是指提供保护人身安全和财产安全，维护社会治安等的业务活动。包括场所住宅保安、特种保安、安全系统监控、武装守护押运服务以及其他安保服务。

9. 其他现代服务

其他现代服务，是指除研发和技术服务、信息技术服务、文化创意服务、物流辅助服务、租赁服务、鉴证咨询服务、广播影视服务和商务辅助服务以外的现代服务。

（七）生活服务

生活服务，是指为满足城乡居民日常生活需求提供的各类服务活动。包括文化体育服务、教育医疗服务、旅游娱乐服务、餐饮住宿服务、居民日常服务和其他生活服务。

1. 文化体育服务

文化体育服务，包括文化服务和体育服务。

（1）文化服务，是指为满足社会公众文化生活需求提供的各种服务。包括：文艺创作、文艺表演、文化比赛，图书馆的图书和资料借阅，档案馆的档案管理，文物及非物质遗产保护，组织举办宗教活动、科技活动、文化活动，提供游览场所。

（2）体育服务，是指组织举办体育比赛、体育表演、体育活动，以及提供体育训练、体育指导、体育管理的业务活动。

纳税人在游览场所经营索道、摆渡车、电瓶车、游船等取得的收入，按照“文化体育服务”缴纳增值税。

2. 教育医疗服务

教育医疗服务，包括教育服务和医疗服务。

（1）教育服务，是指提供学历教育服务、非学历教育服务、教育辅助服务的业务活动。

学历教育服务，是指根据教育行政管理部门确定或者认可的招生和教学计划组织教学，并颁发相应学历证书的业务活动。包括初等教育、初级中等教育、高级中等教育、高等教育等。

非学历教育服务，包括学前教育、各类培训、演讲、讲座、报告会等。

教育辅助服务，包括教育测评、考试、招生等服务。

（2）医疗服务，是指提供医学检查、诊断、治疗、康复、预防、保健、接生、计划生育、防疫服务等方面的服务，以及与这些服务有关的提供药品、医用材料器具、救护车、病房住宿和伙食的业务。

3. 旅游娱乐服务

旅游娱乐服务，包括旅游服务和娱乐服务。

（1）旅游服务，是指根据旅游者的要求，组织安排交通、游览、住宿、餐饮、购物、文娱、商务等服务的业务活动。

（2）娱乐服务，是指为娱乐活动同时提供场所和服务的业务。

具体包括：歌厅、舞厅、夜总会、酒吧、台球、高尔夫球、保龄球、游艺（包括射击、狩猎、跑马、游戏机、蹦极、卡丁车、热气球、动力伞、射箭、飞镖）。

4. 餐饮住宿服务

餐饮住宿服务，包括餐饮服务和住宿服务。

（1）餐饮服务，是指通过同时提供饮食和饮食场所的方式为消费者提供饮食消费服务的业务活动。提供餐饮服务的纳税人销售的外卖食品，按照“餐饮服务”缴纳增值税。

（2）住宿服务，是指提供住宿场所及配套服务等的活动。包括宾馆、旅馆、旅社、度假村和其他经营性住宿场所提供的住宿服务。纳税人出租酒店式公寓并提供配套服务的，按照住宿服务缴纳增值税。

5. 居民日常服务

居民日常服务，是指主要为满足居民个人及其家庭日常生活需求提供的服务，包括市容市政管理、家政、婚庆、养老、殡葬、照料和护理、救助救济、美容美发、按摩、桑拿、氧吧、足疗、沐浴、洗染、摄影扩印等服务。

6. 其他生活服务

其他生活服务，是指除文化体育服务、教育医疗服务、旅游娱乐服务、餐饮住宿服务和居民日常服务之外的生活服务，如：纳税人提供植物养护服务。

二、销售无形资产

销售无形资产，是指转让无形资产所有权或者使用权的业务活动。无形资产，是指不具实物形态，但能带来经济利益的资产，包括技术、商标、著作权、商誉、自然资源使用权和其他权益性无形资产。

技术，包括专利技术和非专利技术。

自然资源使用权，包括土地使用权、海域使用权、探矿权、采矿权、取水权和其他自然资源使用权。

其他权益性无形资产，包括基础设施资产经营权、公共事业特许权、配额、经营权（包括特许经营权、连锁经营权、其他经营权）、经销权、分销权、代理权、会员权、席位权、网络游戏虚拟道具、域名、名称权、肖像权、冠名权、转会费等。

三、销售不动产

销售不动产，是指转让不动产所有权的业务活动。不动产，是指不能移动或者移动后会引起性质、形状改变的财产，包括建筑物、构筑物等。

建筑物，包括住宅、商业营业用房、办公楼等可供居住、工作或者进行其他活动的建造物。

构筑物，包括道路、桥梁、隧道、水坝等建造物。

转让建筑物有限产权或者永久使用权的，转让在建的建筑物或者构筑物所有权的，以及在转让建筑物或者构筑物时一并转让其所占土地的使用权的，按照销售不动产缴纳增值税。

（二）征税范围的特殊规定

1. 视同发生应税销售行为

单位或个体工商户的下列行为，视同发生应税销售行为，应当征收增值税：

（1）将货物交付其他单位或个人代销。

（2）销售代销货物。

（3）设有两个以上机构并实行统一核算的纳税人，将货物从一个机构移送至其他机构用于销售，但相关机构设在同一县（市）的除外。

“用于销售”，是指受货机构发生以下情形之一的经营行为：

①向购货方开具发票；

②向购货方收取货款。

受货机构的货物移送行为有上述两项情形之一的，应当向所在地税务机关缴纳增值税；未发生上述两项情形的，由总机构统一缴纳增值税。若受货机构只就部分货物满足上述条件之一，应区别情况计算并分别向总机构所在地或分支机构所在地缴纳税款。

（4）自产或委托加工的货物用于非应税项目。

（5）将自产或委托加工的货物用于集体福利或者个人消费。

（6）将自产、委托加工或购买的货物作为投资，提供给其他单位或者个体工商户。

（7）将自产、委托加工或购买的货物分配给股东或者投资者。

（8）将自产、委托加工或购买的货物无偿赠送其他单位或者个人。

（9）向其他单位或者个人无偿提供服务，但用于公益事业或者以社会公众为对象的除外。

（10）向其他单位或者个人无偿转让无形资产或者不动产，但用于公益事业或者以社会公众为对象的除外。

（11）财政部和国家税务总局规定的其他情形。

上述 11 种情况确定为视同发生应税销售行为，均要征收增值税。主要是因为：①保证增值税税款抵扣制度的实施，不致因发生上述行为而造成各相关环节税款抵扣链条的中断；②避免因发生上述行为而造成应税销售行为之间税收负担不平衡的矛盾，防止因上述行为而产生逃避纳税的现象；③体现增值税计算的配比原则。

自 2019 年 1 月 1 日至 2020 年 12 月 31 日，对单位或者个体工商户将自产、委托加工或购买的货物通过公益性社会组织、县级及以上人民政府及其组成部门和直属机构，或者直接无偿捐赠给目标脱贫地的单位和个人，免征增值税。

2. 混合销售行为

一项销售行为如果既涉及货物又涉及服务，为混合销售。

混合销售成立的行为标准有两点：一是该项行为必须既涉及服务又涉及货物，其"货物"是指增值税条例中规定的有形动产，包括电力、热力和气体；服务是指属于"营改增"范围的交通运输服务、邮政服务、电信服务、建筑服务、金融服务、现代服务、生活服务等。二是其销售行为必须是一项，货物和服务两者之间是紧密相连的从属关系。也就是说判断混合销售是否成立时，上述两点行为标准必须同时存在，如果一项销售行为只涉及销售货物，不涉及服务，这种行为不属于混合销售行为；如果涉及销售货物和服务的行为，不是存在一项销售行为之中，也不属于混合销售行为。例如，某生产销售电视机的企业，在销售电视机的同时负责运输，这项行为属于混合销售行为。

3. 兼营行为

兼营是指纳税人经营的业务中，有两项或多项销售行为，但是这两项或多项销售行为没有直接的关联和从属关系，业务的发生互相独立。例如，纳税人既有销售货物业务，又有不动产出租的业务，还有销售金融服务的业务。

二、增值税纳税人

（一）增值税纳税义务人和扣缴义务人

1. 纳税义务人

凡在中华人民共和国境内销售货物或者加工、修理修配劳务（以下简称劳务）、销售服务、无形资产、不动产以及进口货物的单位和个人为增值税的纳税义务人。在这里，"单位"是指企业、行政单位、事业单位、军事单位、社会团体和其他单位；"个人"，是指个体工商户和其他个人。

2. 扣缴义务人

中华人民共和国境外单位或者个人在境内销售劳务，在境内未设有经营机构的，以其境内代理人为扣缴义务人，在境内没有代理人的，以购买方为扣缴义务人。

（二）增值税一般纳税人和小规模纳税人

增值税实行凭专用发票抵扣税款的制度，客观上要求纳税人具备健全的会计核算制度和能力。实际经济生活中我国增值税纳税人众多，会计核算水平差异较大，大量的小企业和个人还不具备用发票抵扣税款的条件，为了既简化增值税的计算和征收，也有利于减少税收征管漏洞，将增值税纳税人按会计核算水平和经营规模分为一般纳税人和小规模纳税人，分别采用不同的增值税计税方法。一般纳税人适用一般计税方法（另有规定的除外），小规模纳税人适用简易计税方法。

1. 增值税一般纳税人和小规模纳税人的认定标准（见表 2-2）

（1）经营规模——年应征增值税销售额（以下称应税销售额），是指纳税人在连续不超过 12 个月或四个季度的经营期内累计应征增值税销售额，包括纳税申报销售额、稽查查补销售额、纳税评估调整销售额；应税行为有扣除项目的纳税人，其应税行为年应税销售额按未扣除之前的销售额计算；纳税人偶然发生的销售无形资产、转让不动产的销售额，不计入应税行为年应税销售额。

表 2-2　增值税一般纳税人和小规模纳税人的认定标准

划分标准	一般纳税人	小规模纳税人
经营规模	年应税销售额在 500 万元以上	年应税销售额在 500 万元以下（含 500 万元）
会计核算水平	未超过规定标准的纳税人有固定的生产经营场所，能够按照国家统一的会计制度规定设置账簿，根据合法、有效凭证核算，能够提供准确税务资料的，可以向主管税务机关申请一般纳税人资格认定，成为一般纳税人	
特殊情况	1. 年应税销售额超过规定标准的其他个人，按小规模纳税人纳税	
	2. 非企业性单位、不经常发生应税行为的企业可选择按小规模纳税人纳税	

（2）会计核算健全与否。会计核算健全，是指能够按照国家统一的会计制度规定设置账簿，根据合法、有效凭证核算。

2. 增值税一般纳税人的管理

（1）一般纳税人实行登记管理，应向其机构所在地主管税务机关办理登记手续。为减轻纳税人办税负担，全国已实现一般纳税人登记网上办理。

（2）纳税人办理一般纳税人资格登记的程序如下：

①纳税人向主管税务机关填报“增值税一般纳税人登记表”，如实填写固定生产经营场所等信息，并提供税务登记证件；

②纳税人填报内容与税务登记信息一致的，主管税务机关当场登记；

③纳税人填报内容与税务登记信息不一致，或者不符合填列要求的，税务机关应当场告知纳税人需要补正的内容。

（3）纳税人年应税销售额超过规定标准，且符合政策规定，选择按小规模纳税人纳税的，应当向主管税务机关提交书面说明。

（4）纳税人年应税销售额超过规定标准的月份（或季度）的所属申报期结束后 15 日内按照上述第二条或第三条的规定办理相关手续；未按规定时限办理的，主管税务机关应当在规定期限结束后 5 日内制作“税务事项通知书”，告知纳税人应当在 5 日内向主管税务机关办理相关手续；逾期仍不办理的，次月起销售额依照增值税税率计算应纳税额，不得抵扣进项税额，直至纳税人办理相关手续为止。

（5）除财政部、国家税务总局另有规定外，纳税人自其一般纳税人生效之日起，按照增值税一般计税方法计算应纳税额，并按照规定领用增值税专用发票。

除国家税务总局另有规定外，纳税人登记为一般纳税人后，不得转为小规模纳税人。

（6）有下列情形之一者，应当按照销售额和增值税税率计算应纳税额，不得抵扣进项税额，也不得使用增值税专用发票：

①一般纳税人会计核算不健全，或者不能够提供准确税务资料的。

②应当办理一般纳税人资格登记或提交选择按小规模纳税人纳税的情况说明，逾期仍不办理的。

三、增值税税率和征收率

我国增值税采用比例税率（见表 2-3）。

表 2-3　增值税税率表

<table>
<tr><th>纳税人</th><th colspan="5">具体范围</th><th>增值税税率</th></tr>
<tr><td rowspan="25">一般纳税人</td><td colspan="5">销售或者进口货物（另有列举的货物除外）；提供加工、修理修配劳务</td><td>13%</td></tr>
<tr><td colspan="5">1. 粮食、食用植物油</td><td rowspan="6">9%</td></tr>
<tr><td colspan="5">2. 自来水、暖气、冷气、热气、煤气、石油液化气、天然气、沼气、居民用煤炭制品</td></tr>
<tr><td colspan="5">3. 图书、报纸、杂志；音像制品、电子出版物</td></tr>
<tr><td colspan="5">4. 饲料、化肥、农药、农机（整机）、农膜</td></tr>
<tr><td colspan="5">5. 农产品（指各种动、植物初级产品）；二甲醚；食用盐</td></tr>
<tr><td colspan="5">6. 国务院规定的其他货物</td></tr>
<tr><td rowspan="12">销售服务</td><td>交通运输服务</td><td colspan="3">陆路运输服务、水路运输服务、航空运输服务和管道运输服务</td><td>9%</td></tr>
<tr><td>邮政服务</td><td colspan="3">邮政普遍服务、邮政特殊服务和其他邮政服务</td><td>9%</td></tr>
<tr><td rowspan="2">电信服务</td><td colspan="3">基础电信服务</td><td>9%</td></tr>
<tr><td colspan="3">增值电信服务</td><td>6%</td></tr>
<tr><td>建筑服务</td><td colspan="3">工程服务、安装服务、修缮服务、装饰服务和其他建筑服务</td><td>9%</td></tr>
<tr><td>金融服务</td><td colspan="3">贷款服务、直接收费金融服务、保险服务和金融商品转让</td><td>6%</td></tr>
<tr><td rowspan="5">现代服务</td><td colspan="3">研发和技术服务、信息技术服务、文化创意服务、物流辅助服务、鉴证咨询服务、广播影视服务、商务辅助服务、其他现代服务</td><td>6%</td></tr>
<tr><td rowspan="4">租赁服务</td><td rowspan="2">融资租赁服务</td><td>有形动产融资租赁服务</td><td>13%</td></tr>
<tr><td>不动产融资租赁服务</td><td>9%</td></tr>
<tr><td rowspan="2">经营租赁服务</td><td>有形动产经营租赁服务</td><td>13%</td></tr>
<tr><td>不动产经营租赁服务</td><td>9%</td></tr>
<tr><td>生活服务</td><td colspan="3">文化体育服务、教育医疗服务、旅游娱乐服务、餐饮住宿服务、居民日常服务和其他生活服务</td><td>6%</td></tr>
<tr><td rowspan="3">销售无形资产</td><td colspan="4">技术、商标、著作权、商誉、其他权益性无形资产</td><td rowspan="2">6%</td></tr>
<tr><td rowspan="2">自然资源使用权</td><td colspan="3">海域使用权、探矿权、采矿权、取水权、其他自然资源使用权</td></tr>
<tr><td colspan="3">土地使用权</td><td>9%</td></tr>
<tr><td>销售不动产</td><td colspan="4">建筑物、构筑物</td><td>9%</td></tr>
<tr><td colspan="5">出口货物、跨境销售服务、无形资产</td><td>零税率</td></tr>
<tr><td colspan="5">简易计税</td><td>征收率3%/5%</td></tr>
<tr><td>小规模纳税人</td><td colspan="5">从事货物销售，提供加工、修理修配劳务，以及销售服务、无形资产或者不动产</td><td>征收率3%/5%</td></tr>
</table>

（一）增值税税率

根据不同行业或产品设置了三档税率（13%、9%、6%）。

（二）零税率

一般纳税人出口货物和跨境应税行为，税率为零，但国务院另有规定的除外。

税率为零不是简单地等同于免税。出口货物和跨境应税行为免税仅指出口环节不征收增值税，而零税率是指对出口货物和跨境应税行为除了在出口环节不征收增值税外还要对该产品和应税行为在出口前已经缴纳的增值税进行退税，使该出口产品和应税行为在出口时完全不含增值税税款，从而以无税产品和行为进入国际市场，以增强在国际市场上的竞争力。当然，我国目前并非对全部出口产品和应税行为都完全实行零税率，而是根据经济形势的变化和调节出口产品与应税行为结构规定了出口退税率，对大多数出口产品与应税行为实行零税率。

根据“营改增”的规定，境内单位和个人销售的下列服务和无形资产，适用增值税零税率：

（1）国际运输服务，是指在境内载运旅客或者货物出境；在境外载运旅客或者货物入境；在境外载运旅客或者货物。

（2）航天运输服务。

（3）向境外单位提供的完全在境外消费的下列服务：研发服务；合同能源管理服务；设计服务；广播影视节目（作品）的制作和发行服务；软件服务；电路设计及测试服务；信息系统服务；业务流程管理服务；离岸服务外包业务；转让技术。

（4）财政部和国家税务总局规定的其他服务。

（三）征收率

增值税对小规模纳税人和一些特殊情况采用简易征收办法，适用的税率称为征收率。

1. 一般规定

考虑到小规模纳税人经营规模小，且会计核算不健全，难以按上述增值税税率计税和使用增值税专用发票抵扣进项税额，因此实行按销售额与征收率计算应纳税额的简易办法。

除以下部分不动产销售和租赁行为、劳务派遣选择差额纳税的征收率为5%以外，小规模纳税人发生的应税行为增值税征收率为3%。

（1）小规模纳税人销售其取得（不含自建）的不动产（不含个体工商户销售购买的住房和其他个人销售不动产），应以取得的全部价款和价外费用减去该项不动产购置原价或者取得不动产时的作价后的余额为销售额，按照5%的征收率计算应纳税额。

（2）小规模纳税人销售其自建的不动产，应以取得的全部价款和价外费用为销售额，按照5%的征收率计算应纳税额。

（3）房地产开发企业中的小规模纳税人，销售自行开发的房地产项目，按照5%的征收率计税。

（4）个人将购买不足2年的住房对外销售的，按照5%的征收率全额缴纳增值税；个人将购买2年以上（含2年）的住房对外销售的，免征增值税。上述政策适用于北京市、上海市、广州市和深圳市之外的地区。

（5）个人将购买不足2年的住房对外销售的，按照5%的征收率全额缴纳增值税；

个人将购买 2 年以上（含 2 年）的非普通住房对外销售的，以销售收入减去购买住房价款后的差额按照 5%的征收率缴纳增值税；个人将购买 2 年以上（含 2 年）的普通住房对外销售的，免征增值税。上述政策仅适用于北京市、上海市、广州市和深圳市。

（6）其他个人销售其取得（不含自建）的不动产（不含其购买的住房），应以取得的全部价款和价外费用减去该项不动产购置原价或者取得不动产时的作价后的余额为销售额，按照 5%的征收率计算应纳税额。

（7）小规模纳税人出租其取得的不动产（不含个人出租住房），应按照 5%的征收率计算应纳税额。

（8）其他个人出租其取得的不动产（不含住房），应按照 5%的征收率计算应纳税额。

（9）个人出租住房，应按照 5%的征收率减按 1.5%计算应纳税额。

（10）小规模纳税人提供劳务派遣服务，可以按照《财政部 国家税务总局关于全面推开营业税改征增值税试点的通知》（财税〔2016〕36 号）的有关规定，以取得的全部价款和价外费用为销售额，按照简易计税方法依 3%的征收率计算缴纳增值税；也可以选择差额纳税，以取得的全部价款和价外费用，扣除代用工单位支付给劳务派遣员工的工资、福利和为其办理社会保险及住房公积金后的余额为销售额，按照简易计税方法依 5%的征收率计算缴纳增值税。

2. 其他相关规定

（1）销售旧货和自己使用过的物品。

①一般纳税人销售旧货和自己使用过的不得抵扣且未抵扣进项税额的固定资产，按照简易办法依照 3%征收率减按 2%征收增值税。

销售额=含税销售额÷（1+3%）

应纳税额=销售额×2%

也可以放弃减税，按照简易办法依照 3%征收率缴纳增值税，并可以开具增值税专用发票。

一般纳税人销售自己使用过的除不得抵扣且未抵扣进项税额的固定资产以外的物品，应当按照适用税率征收增值税。

②纳税人销售旧货，按照简易办法依照 3%征收率减按 2%征收增值税。

旧货，是指进入二次流通的具有部分使用价值的货物（含旧汽车、旧摩托车和旧游艇），但不包括自己使用过的物品。

③小规模纳税人（除其他个人外）销售自己使用过的固定资产，减按 2%征收率征收增值税。

小规模纳税人（除其他个人外）销售自己使用过的除固定资产以外的物品，应按 3%征收率征收增值税。

④纳税人发生固定资产视同销售行为，对已使用过的固定资产无法确定销售额的，以固定资产净值为销售额。

（2）一般纳税人销售货物属于下列情形之一的，暂按简易办法依照 3%征收率计算缴纳增值税。

①寄售商店代销寄售物品（包括居民个人寄售的物品在内）；

②典当业销售死当物品；

③经国务院或国务院授权机关批准的免税商店零售的免税品。

（3）一般纳税人销售自产的下列货物，可选择按照简易办法依照3%征收率计算缴纳增值税。

①县级及县级以下小型水力发电单位（装机容量≤5万千瓦）生产的电力；

②建筑用和生产建筑材料所用的砂、土、石料；

③以自己采掘的砂、土、石料或其他矿物连续生产的砖、瓦、石灰（不含黏土实心砖、瓦）；

④用微生物、微生物代谢产物、动物毒素、人或动物的血液或组织制成的生物制品；

⑤自来水（不得抵扣其购进自来水的进项税额）；

⑥商品混凝土（仅限于以水泥为原料生产的水泥混凝土）；

⑦属于一般纳税人的单采血浆站销售非临床用人体血液。

（4）一般纳税人发生下列应税行为可以选择简易计税方法依照3%征收率计算缴纳增值税。

①公共交通运输服务。包括轮客渡、公交客运、地铁、城市轻轨、出租车、长途客运、班车。班车，是指按固定路线、固定时间运营并在固定站点停靠的运送旅客的陆路运输服务。

②经认定的动漫企业为开发动漫产品提供的动漫脚本编撰、形象设计、背景设计、动画设计、分镜、动画制作、摄制、描线、上色、画面合成、配音、配乐、音效合成、剪辑、字幕制作、压缩转码（面向网络动漫、手机动漫格式适配）服务，以及在境内转让动漫版权（包括动漫品牌、形象或者内容的授权及再授权）。

③电影放映服务、仓储服务、装卸搬运服务、收派服务和文化体育服务。

④以纳入“营改增”试点之日前取得的有形动产为标的物提供的经营租赁服务。

⑤在纳入“营改增”试点之日前签订的尚未执行完毕的有形动产租赁合同。

⑥以清包工方式提供的建筑服务，可以选择适用简易计税方法计税。

以清包工方式提供建筑服务，是指施工方不采购建筑工程所需的材料或只采购辅助材料，并收取人工费、管理费或者其他费用的建筑服务。

⑦为甲供工程提供的建筑服务，可以选择适用简易计税方法计税。

甲供工程，是指全部或部分设备、材料、动力由工程发包方自行采购的建筑工程。

⑧为建筑工程老项目提供的建筑服务，可以选择适用简易计税方法计税。

建筑工程老项目，是指：A. 建筑工程施工许可证注明的合同开工日期在2016年4月30日前的建筑工程项目；B. 未取得建筑工程施工许可证的，建筑工程承包合同注明的开工日期在2016年4月30日前的建筑工程项目。

⑨提供非学历教育服务、教育辅助服务。

（5）一般纳税人发生下列不动产销售和租赁行为可以选择简易计税方法依照5%征收率计算缴纳增值税。

①一般纳税人销售其2016年4月30日前取得（不含自建）的不动产，可以选择适用简易计税方法，以取得的全部价款和价外费用减去该项不动产购置原价或者取得不动产时的作价后的余额为销售额，按照5%的征收率计算应纳税额。

②一般纳税人销售其2016年4月30日前自建的不动产，可以选择适用简易计税方

法，以取得的全部价款和价外费用为销售额，按照5%的征收率计算应纳税额。

③房地产开发企业中的一般纳税人，销售自行开发的房地产老项目，可以选择适用简易计税方法按照5%的征收率计税。

房地产老项目，是指建筑工程施工许可证注明的合同开工日期在2016年4月30日前的房地产项目。

④一般纳税人出租其2016年4月30日前取得的不动产，可以选择适用简易计税方法，按照5%的征收率计算应纳税额。

⑤公路经营企业中的一般纳税人收取试点前开工的高速公路的车辆通行费，可以选择适用简易计税方法，减按3%的征收率计算应纳税额。

试点前开工的高速公路，是指相关施工许可证明上注明的合同开工日期在2016年4月30日前的高速公路。

（6）一般纳税人提供劳务派遣服务，可以按照《财政部 国家税务总局关于全面推开营业税改征增值税试点的通知》（财税〔2016〕36号）的有关规定，以取得的全部价款和价外费用为销售额，按照一般计税方法计算缴纳增值税；也可以选择差额纳税，以取得的全部价款和价外费用，扣除代用工单位支付给劳务派遣员工的工资、福利和为其办理社会保险及住房公积金后的余额为销售额，按照简易计税方法依5%的征收率计算缴纳增值税。

注意：一般纳税人选择简易计税方法计算增值税的，不能抵扣该项目相关的进项税额，且36个月内不得变更。

第三节　增值税应纳税额的计算

一、一般纳税人应纳税额的计算

一般纳税人销售货物、劳务、服务、无形资产、不动产（以下统称“应税销售行为”）适用一般计税方法计税。其计算公式为

当期应纳税额=当期销项税额-当期进项税额

（一）销项税额的计算

销项税额是指纳税人发生应税销售行为，按照销售额和增值税税率计算并向购买方收取的增值税额。

销项税额的计算公式为

销项税额=销售额×适用税率

从销项税额的定义和公式中我们可以知道，在适用税率既定的前提下，销项税额的大小主要取决于销售额的大小，因而销项税额计算的关键是如何准确确定作为增值税计税依据的销售额。

1. 一般销售方式下销售额的规定

销售额是指纳税人发生应税销售行为向购买方收取的全部价款和价外费用，但是不包括收取的销项税额。

纳税人采用销售额和销项税额合并定价方法的，必须将其换算为不含税的销售额：

销售额=含税销售额÷（1+增值税税率）

所谓价外费用，包括价外向购买方收取的手续费、补贴、基金、集资费、返还利润、奖励费、违约金、滞纳金、延期付款利息、赔偿金、代收款项、代垫款项、包装费、包装物租金、储备费、优质费、运输装卸费以及其他各种性质的价外收费。但下列项目不包括在内：

（1）受托加工应征消费税的消费品所代收代缴的消费税。

（2）以委托方名义开具发票代委托方收取的款项。

例如，A 船公司委托 B 货代公司向 C 生产企业收取运输款，B 货代公司将 A 船公司开给 C 生产企业的运输费发票交付给 C，并代 A 船公司向 C 生产企业收取运输款加代理费用，则该笔属于 A 船公司的运输款项可不作为 B 货代公司的价外费用。

（3）同时符合以下条件代为收取的政府性基金或者行政事业性收费：

①由国务院或者财政部批准设立的政府性基金，由国务院或者省级人民政府及其财政、价格主管部门批准设立的行政事业性收费；

②收取时开具省级以上财政部门印制的财政票据；

③所收款项全额上缴财政。

（4）销售货物的同时代办保险等而向购买方收取的保险费，以及向购买方收取的代购买方缴纳的车辆购置税、车辆牌照费。

凡随同销售货物、提供应税劳务、发生应税行为向购买方收取的价外费用，无论其会计制度如何核算，均应并入销售额计算应纳税额。税法规定各种性质的价外收费都要并入销售额计算征税，目的是防止以各种名目的收费减少销售额逃避纳税的现象。上述各项允许不计入价外费用是因为销售方在其中仅仅是代为收取了有关费用而没有形成销售方的收入。

应当注意，根据国家税务总局规定：对增值税一般纳税人向购买方收取的价外费用和逾期包装物押金，一般应视为含税收入，在征税时换算成不含税收入再并入销售额。

按会计准则规定，由于对价外费用一般都不在“主营业务收入”科目中核算，而在“其他业务收入”“营业外收入”“其他应付款”等科目中核算。因此，在实务中，有的企业对价外费用虽在相应科目中作会计核算，但却未核算其销项税额；有的企业既不按会计核算要求进行收入核算，又不按规定核算销项税额，而是将发生的价外费用直接冲减有关费用科目。这些做法都是逃避纳税的错误行为，是要受到税法处罚的。因此，纳税人对价外费用必须予以高度重视，按税法规定并入销售额正确计税和会计核算。

销售额以人民币计算。纳税人按照人民币以外的货币结算销售额的，应当折合成人民币计算，折合率可以选择销售额发生的当天或者当月 1 日的人民币汇率中间价。纳税人应当在事先确定采用何种折合率，确定后 12 个月内不得变更。

2. 特殊销售方式下销售额的规定

在销售活动中，为了达到促销的目的，有多种销售方式。不同销售方式下，销售者取得的销售额会有所不同。

（1）采取折扣方式销售。

①折扣销售（又称商业折扣），是指销售方在发生应税销售行为时，因购买方购买

数量较大等原因而给予购买方的价格优惠（例如，购买 50 件按规定价格折扣 10%，购买 100 件按规定价格折扣 20%）。在这种情况下，销售方的折扣行为和销售行为是同时发生的。对此，税法规定，如果价款和折扣额在同一张发票的“金额”栏上分别注明，以折扣后的价款为销售额，征收增值税；如果未在同一张发票“金额”栏注明折扣额，而仅在发票的“备注”栏注明折扣额的，折扣额不得从销售额中减除；如果未在同一张发票上分别注明的，不论其在财务核算上如何处理，以价款为销售额，不得扣减折扣额。

②销售折扣（又称现金折扣），是指销售方发生应税销售行为后，为鼓励购买方及早偿还货款而协议许诺给予购买方的一种折扣优惠（例如，10 天以内付清货款，折扣 5%；10 天以上 20 天以内付清货款，折扣 3%；30 天内全价付款）。由于销售折扣发生在销售货物之后，属于企业融资行为，所以，销售折扣不允许从销售额中扣除。

③销售折让，是指销售方在发生应税销售行为后，由于其品种、质量等原因购买方未予退货或中止服务，但销售方需给予购买方的一种价格折让。销售折让在实质上属于因货物或服务质量、品种等不符合要求而导致原销售额的减少，所以，在这种情况下应以折让后的销售额为计税销售额。

（2）采取以旧换新方式销售。

以旧换新是指纳税人在销售自己的货物时，有偿收回旧货物的行为。根据税法规定，采取以旧换新方式销售货物的，应按新货物的同期销售价格确定销售额，不得扣减旧货物的收购价格。这是因为销售货物与收购货物是两个不同的业务活动，销售额与收购额不能相互抵减，也是为了严格增值税的计算征收，防止出现销售额不实、减少纳税的现象。但是，考虑到金银首饰以旧换新业务的特殊情况，对金银首饰以旧换新业务，可以按销售方实际收取的不含增值税的全部价款征收增值税。

（3）采取还本销售方式销售。

还本销售是指纳税人在销售货物后，到一定期限由销货方一次或分次退还给购货方全部或部分价款。税法规定，采取还本销售方式销售货物，其销售额就是货物的销售价格，不得从销售额中减除还本支出。

（4）采取以物易物方式销售。

以物易物是一种较为特殊的购销活动，是指购销双方不是以货币结算，而是以同等价款的应税销售行为相互结算，实现应税销售行为购销的一种方式。以物易物双方都应作购销处理，以各自发出的应税销售行为核算销售额并计算销项税额，以各自收到的货物、劳务、服务、无形资产、不动产按规定核算购货额并计算进项税额。应注意，在以物易物活动中，应分别开具合法的票据，如收到的货物、劳务、服务、无形资产、不动产不能取得相应的增值税专用发票或其他合法票据的，不能抵扣进项税额。

（5）包装物押金的处理。

包装物是指纳税人包装本单位货物的各种物品。纳税人销售货物时另收取包装物押金，目的是促使购货方及早退回包装物以便周转使用。根据税法规定，纳税人为销售货物而出租出借包装物收取的押金，单独记账核算的，时间在 1 年以内，又未过期的，不并入销售额征税，但对因逾期未收回包装物不再退还的押金，应按所包装货物的适用税率计算销项税额。

“逾期”是指按合同约定实际逾期或以 1 年为期限，对收取 1 年以上的押金，无论是否退还均并入销售额征税。注意，在将包装物押金并入销售额征税时，需要先将该押金换算为不含税价，再并入销售额征税。

从 1995 年 6 月 1 日起，对销售除啤酒、黄酒外的其他酒类产品而收取的包装物押金，无论是否返还以及会计上如何核算，均应并入当期销售额征税。对销售啤酒、黄酒所收取的押金，按上述一般押金的规定处理。

另外，包装物押金不应混同于包装物租金，包装物租金在销货时作为价外费用并入销售额计算销项税额。

3.“营改增”纳税人“差额征税”的规定

（1）金融商品转让，按照卖出价扣除买入价后的余额为销售额。

转让金融商品出现的正负差，按盈亏相抵后的余额为销售额。若相抵后出现负差，可结转下一纳税期与下期转让金融商品销售额相抵，但年末时仍出现负差的，不得转入下一个会计年度。

金融商品的买入价，可以选择按照加权平均法或者移动加权平均法进行核算，选择后 36 个月内不得变更。

金融商品转让，不得开具增值税专用发票。

（2）经纪代理服务，以取得的全部价款和价外费用，扣除向委托方收取并代为支付的政府性基金或者行政事业性收费后的余额为销售额。向委托方收取的政府性基金或者行政事业性收费，不得开具增值税专用发票。

（3）融资租赁和融资性售后回租业务。

①经人民银行、银保监会或者商务部批准从事融资租赁业务的试点纳税人，提供融资租赁服务，以取得的全部价款和价外费用，扣除支付的借款利息（包括外汇借款和人民币借款利息）、发行债券利息和车辆购置税后的余额为销售额。

②经人民银行、银保监会或者商务部批准从事融资租赁业务的试点纳税人，提供融资性售后回租服务，以取得的全部价款和价外费用（不含本金），扣除对外支付的借款利息（包括外汇借款和人民币借款利息）、发行债券利息后的余额作为销售额。

③经商务部授权的省级商务主管部门和国家经济技术开发区批准的从事融资租赁业务的试点纳税人，2016 年 5 月 1 日后实收资本达到 1.7 亿元的，从达到标准的当月起按照上述第①②点规定执行。

（4）试点纳税人中的一般纳税人（以下称一般纳税人）提供客运场站服务，以其取得的全部价款和价外费用，扣除支付给承运方运费后的余额为销售额。

（5）试点纳税人提供旅游服务，可以选择以取得的全部价款和价外费用，扣除向旅游服务购买方收取并支付给其他单位或者个人的住宿费、餐饮费、交通费、签证费、门票费和支付给其他接团旅游企业的旅游费用后的余额为销售额。

选择上述办法计算销售额的试点纳税人，向旅游服务购买方收取并支付的上述费用，不得开具增值税专用发票，可以开具普通发票。

（6）试点纳税人提供建筑服务适用简易计税方法的，以取得的全部价款和价外费用扣除支付的分包款后的余额为销售额。

（7）房地产开发企业中的一般纳税人销售其开发的房地产项目（选择简易计税方法的房地产老项目除外），以取得的全部价款和价外费用，扣除受让土地时向政府部门支付的土地价款后的余额为销售额。

（8）试点纳税人按照上述（2）～（7）款的规定从全部价款和价外费用中扣除的价款，应当取得符合法律、行政法规和国家税务总局规定的有效凭证。否则，不得扣除。

上述凭证是指：

①支付给境内单位或者个人的款项，以发票为合法有效凭证。

②支付给境外单位或者个人的款项，以该单位或者个人的签收单据为合法有效凭证，税务机关对签收单据有疑义的，可以要求其提供境外公证机构的确认证明。

③缴纳的税款，以完税凭证为合法有效凭证。

④扣除的政府性基金、行政事业性收费或者向政府支付的土地价款，以省级以上（含省级）财政部门监（印）制的财政票据为合法有效凭证。

⑤国家税务总局规定的其他凭证。

纳税人取得的上述凭证属于增值税扣税凭证的，其进项税额不得从销项税额中抵扣。

4. “营改增”纳税人销售额其他特殊规定

（1）贷款服务，以提供贷款服务取得的全部利息及利息性质的收入为销售额。

（2）直接收费金融服务，以提供直接收费金融服务收取的手续费、佣金、酬金、管理费、服务费、经手费、开户费、过户费、结算费、转托管费等各类费用为销售额。

（3）航空运输企业的销售额，不包括代收的机场建设费和代售其他航空运输企业客票而代收转付的价款。

5. 视同发生应税销售行为销售额的确定

视同发生应税销售行为中某些行为由于不是以资金的形式反映出来，会出现无销售额的现象。因此，税法规定，纳税人发生应税销售行为，价格明显偏低且无正当理由的，或者有视同发生应税销售行为而无销售额的，主管税务机关有权按照下列顺序确定销售额：

①按照纳税人最近时期发生同类应税销售行为的平均价格确定；

②按照其他纳税人最近时期发生同类应税销售行为的平均价格确定；

③按照组成计税价格确定。组成计税价格的公式为

组成计税价格＝成本×（1+成本利润率）

征收增值税的货物，同时又征收消费税的，其组成计税价格中应加上消费税税额。其组成计税价格公式为

组成计税价格＝成本×（1+成本利润率）+消费税税额

公式中的成本是指：销售自产货物的为实际生产成本，销售外购货物的为实际采购成本；成本利润率按国家税务总局规定确定为10%。但属于应从价定率征收消费税的货物，其组成计税价格公式中的成本利润率，为《消费税若干具体问题的规定》中规定的成本利润率。

另，固定资产视同销售，对已使用过的固定资产无法确定销售额的，以固定资产净值为销售额。

6. 特殊经营行为的税务处理

（1）兼营行为。

纳税人兼营不同税率的项目，应当分别核算不同税率项目的销售额，未分别核算

销售额的，从高适用税率：

①兼有不同税率的销售货物、加工修理修配劳务、服务、无形资产或者不动产，从高适用税率。

②兼有不同征收率的销售货物、加工修理修配劳务、服务、无形资产或者不动产，从高适用征收率。

③兼有不同税率和征收率的销售货物、加工修理修配劳务、服务、无形资产或者不动产，从高适用税率。

例如：某试点一般纳税人既提供交通运输服务，又提供物流辅助服务，如果该纳税人能够分别核算上述两项应税服务的销售额，则提供交通运输服务适用9%的增值税税率，提供物流辅助服务适用6%的增值税税率；如果该纳税人没有分别核算上述两项应税服务的销售额，则提供交通运输服务和提供物流辅助服务均从高适用9%的增值税税率。

（2）混合销售行为。

从事货物的生产、批发或者零售的单位和个体工商户的混合销售行为，按照销售货物缴纳增值税；其他单位和个体工商户的混合销售行为，按照销售服务缴纳增值税。

上述从事货物的生产、批发或者零售的单位和个体工商户，包括以从事货物的生产、批发或者零售为主，并兼营销售服务的单位和个体工商户在内。

例如家电卖场在销售冰箱的同时提供送货上门服务，该行为属于混合销售行为。因该纳税人是从事货物的生产、批发或者零售的单位，应按照销售货物缴纳增值税。

纳税人销售电信服务时，附带赠送用户识别卡、电信终端等货物或者电信服务的，不属于混合销售，应将其取得的全部价款和价外费用进行分别核算，按各自适用的税率计算缴纳增值税。

纳税人销售活动板房、机器设备、钢结构件等自产货物的同时提供建筑、安装服务，不属于混合销售，应分别核算货物和建筑服务的销售额，分别适用不同的税率或者征收率。

一般纳税人销售自产机器设备的同时提供安装服务，不属于混合销售，应分别核算机器设备和安装服务的销售额，其安装服务可以按照甲供工程选择适用简易计税方法计税。纳税人对安装运行后的电梯提供的维护保养服务，按照"其他现代服务"缴纳增值税。

（二）进项税额的抵扣

进项税额，是指纳税人购进货物、劳务、服务、无形资产或者不动产，支付或者负担的增值税额。进项税额是与销项税额相对应的另一概念。在开具增值税专用发票的情况下，它们之间的对应关系是，销售方收取的销项税额，就是购买方支付的进项税额。对于任何一个一般纳税人，由于其在经营活动中，既会发生销售行为，又会发生购进货物、劳务、服务、无形资产、不动产行为，因此，每一个一般纳税人都会有收取的销项税额和支付的进项税额。增值税的核心就是用纳税人收取的销项税额抵扣其支付的进项税额，其余额为纳税人实际应缴纳的增值税税额。这样，进项税额作为可抵扣的部分，对于纳税人实际纳税多少就产生了举足轻重的作用。

然而，需要注意的是，并不是纳税人支付的所有进项税额都可以从销项税额中抵扣。税法对不能抵扣进项税额的项目做了严格规定，如果违反税法规定，随意抵扣进项税额将以偷税论处。

1. 准予从销项税额中抵扣的进项税额

（1）从销售方取得的增值税专用发票（含税控机动车销售统一发票，下同）上注明的增值税额。

（2）从海关取得的海关进口增值税专用缴款书上注明的增值税额。

（3）从境外单位或者个人购进服务、无形资产或者境内的不动产，自税务机关或者扣缴义务人取得的解缴税款的完税凭证上注明的增值税额。

值得注意的是，纳税人凭完税凭证抵扣进项税额的，应当具备书面合同、付款证明和境外单位的对账单或者发票。资料不全的，其进项税额不得从销项税额中抵扣。

（4）纳税人购进农产品进项抵扣的一般规定。

①购进用于除生产销售或委托受托加工13%税率货物以外的其他货物服务的农产品，须分三种情况抵扣：

A. 取得一般纳税人开具的增值税专用发票或海关进口增值税专用缴款书的，以增值税专用发票或海关进口增值税专用缴款书上注明的增值税额为进项税额；

B. 从按照简易计税方法依照3%征收率计算缴纳增值税的小规模纳税人取得增值税专用发票的，以增值税专用发票上注明的金额和9%的扣除率计算进项税额；

C. 取得（开具）农产品销售发票或收购发票的，以农产品销售发票或收购发票上注明的农产品买价和9%的扣除率计算进项税额。计算公式：进项税额=买价×扣除率（买价是指纳税人购进农产品在农产品销售发票或收购发票上注明的价款和按照规定缴纳的烟叶税）。

②购进用于生产销售或委托受托加工13%税率货物的农产品，按10%的扣除率计算进项税额。

纳税人购进农产品既用于生产销售或委托受托加工13%税率货物又用于生产销售其他货物服务的，应当分别核算用于生产销售或委托受托加工13%税率货物和其他货物服务的农产品进项税额。未分别核算的，统一以增值税专用发票或海关进口增值税专用缴款书上注明的增值税额为进项税额，或以农产品收购发票或销售发票上注明的农产品买价和9%的扣除率计算进项税额。

（5）农产品增值税进项税额核定扣除。

①核定扣除的范围。

自2012年7月1日起，以购进农产品为原料生产销售液体乳及乳制品、酒及酒精、植物油的增值税一般纳税人，纳入农产品增值税进项税额核定扣除试点范围，其购进农产品无论是否用于生产上述产品，均实施核定扣除办法，不再凭增值税扣税凭证抵扣增值税进项税额。

自2013年9月1日起，进一步扩大农产品增值税进项税额核定扣除试点行业范围：各省、自治区、直辖市、计划单列市税务部门可商同级财政部门，结合本省（自治区、直辖市、计划单列市）特点，选择部分行业开展核定扣除试点工作。

②进项税额核定方法。

A. 试点纳税人以购进农产品为原料生产货物的，农产品增值税进项税额可按照以下方法核定：

a. 投入产出法：参照国家标准、行业标准（包括行业公认标准和行业平均耗用值）确定销售单位数量、货物耗用外购农产品的数量（以下称农产品单耗数量）。

当期允许抵扣农产品增值税进项税额依据农产品单耗数量、当期销售货物数量、农产品平均购买单价（含税，下同）和农产品增值税进项税额扣除率（以下简称“扣除率”）计算。公式为

当期允许抵扣农产品增值税进项税额=当期农产品耗用数量×农产品平均购买单价×扣除率/（1+扣除率）

当期农产品耗用数量=当期销售货物数量（不含采购除农产品以外的半成品生产的货物数量）×农产品单耗数量

对以单一农产品原料生产多种货物或者多种农产品原料生产多种货物的，在核算当期农产品耗用数量和平均购买单价时，应依据合理的方法归集和分配。

平均购买单价是指购买农产品期末平均买价，不包括买价之外单独支付的运费和入库前的整理费用。期末平均买价计算公式：

期末平均买价=（期初库存农产品数量×期初平均买价+当期购进农产品数量×当期买价）/（期初库存农产品数量+当期购进农产品数量）

b. 成本法：依据试点纳税人年度会计核算资料，计算确定耗用农产品的外购金额占生产成本的比例（以下称农产品耗用率）。当期允许抵扣农产品增值税进项税额依据当期主营业务成本、农产品耗用率以及扣除率计算。公式为

当期允许抵扣农产品增值税进项税额=当期主营业务成本×农产品耗用率×扣除率/（1+扣除率）

农产品耗用率=上年投入生产的农产品外购金额/上年生产成本

农产品外购金额（含税）不包括不构成货物实体的农产品（包括包装物、辅助材料、燃料、低值易耗品等）和在购进农产品之外单独支付的运费、入库前的整理费用。

对以单一农产品原料生产多种货物或者多种农产品原料生产多种货物的，在核算当期主营业务成本以及核定农产品耗用率时，试点纳税人应依据合理的方法进行归集和分配。

农产品耗用率由试点纳税人向主管税务机关申请核定。

年度终了，主管税务机关应根据试点纳税人本年实际对当年已抵扣的农产品增值税进项税额进行纳税调整，重新核定当年的农产品耗用率，并作为下一年度的农产品耗用率。

c. 参照法：新办的试点纳税人或者试点纳税人新增产品的，试点纳税人可参照所属行业或者生产结构相近的其他试点纳税人确定农产品单耗数量或者农产品耗用率。次年，试点纳税人向主管税务机关申请核定当期的农产品单耗数量或者农产品耗用率，并据此计算确定当年允许抵扣的农产品增值税进项税额，同时对上一年增值税进项税额进行调整。核定的进项税额超过实际抵扣增值税进项税额的，其差额部分可以结转下期继续抵扣；核定的进项税额低于实际抵扣增值税进项税额的，其差额部分应按现行增值税的有关规定将进项税额做转出处理。

上述扣除率为销售货物的适用税率。

B. 试点纳税人购进农产品直接销售的，农产品增值税进项税额按照以下方法核定扣除：

当期允许抵扣农产品增值税进项税额=当期销售农产品数量/（1-损耗率）×农产品平均购买单价×9%/（1+9%）

损耗率=损耗数量/购进数量

C. 试点纳税人购进农产品用于生产经营且不构成货物实体的（包括包装物、辅助材料、燃料、低值易耗品等），增值税进项税额按照以下方法核定扣除：

当期允许抵扣农产品增值税进项税额=当期耗用农产品数量×农产品平均购买单价×9%/（1+9%）

农产品单耗数量、农产品耗用率和损耗率统称为农产品增值税进项税额扣除标准。

（6）收费公路通行费增值税抵扣的规定。

增值税一般纳税人支付的道路通行费，按照收费公路通行费增值税电子普通发票上注明的增值税额抵扣进项税额。

纳税人支付的桥、闸通行费，暂凭取得的通行费发票上注明的收费金额按照下列公式计算可抵扣的进项税额：

桥、闸通行费可抵扣进项税额=桥、闸通行费发票上注明的金额÷（1+5%）×5%

（7）纳税人购进国内旅客运输服务，其进项税额允许从销项税额中抵扣。

纳税人未取得增值税专用发票的，暂按照以下规定确定进项税额：

①取得增值税电子普通发票的，为发票上注明的税额；

②取得注明旅客身份信息的航空运输电子客票行程单的，按照下列公式计算进项税额：

航空旅客运输进项税额=（票价+燃油附加费）÷（1+9%）×9%

③取得注明旅客身份信息的铁路车票的，按照下列公式计算的进项税额：

铁路旅客运输进项税额=票面金额÷（1+9%）×9%

④取得注明旅客身份信息的公路、水路等其他客票的，按照下列公式计算进项税额：

公路、水路等其他旅客运输进项税额=票面金额÷（1+3%）×3%

2. 不得从销项税额中抵扣的进项税额

纳税人取得的增值税扣税凭证不符合法律、行政法规或者国家税务总局有关规定的，其进项税额不得从销项税额中抵扣。增值税扣税凭证，是指增值税专用发票、海关进口增值税专用缴款书、农产品收购发票、农产品销售发票和完税凭证。

下列项目的进项税额不得从销项税额中抵扣：

（1）用于简易计税方法计税项目、免征增值税项目、集体福利或者个人消费的购进货物、劳务、服务、无形资产和不动产。其中涉及的固定资产、无形资产、不动产，仅指专用于上述项目的固定资产、无形资产（不包括其他权益性无形资产）、不动产（包括租入固定资产、无形资产）。

另外纳税人购进其他权益性无形资产无论是专用于简易计税方法计税项目、免征增值税项目、集体福利或者个人消费，还是兼用于上述不允许扣除项目，均可以抵扣进项税额。

纳税人的交际应酬消费属于个人消费。

（2）非正常损失的购进货物，以及相关的劳务和交通运输服务。

（3）非正常损失的在产品、产成品所耗用的购进货物（不包括固定资产）、劳务和交通运输服务。

（4）非正常损失的不动产，以及该不动产所耗用的购进货物、设计服务和建筑服务。

（5）非正常损失的不动产在建工程所耗用的购进货物、设计服务和建筑服务。

上述第 4 项、第 5 项所称货物，是指构成不动产实体的材料和设备，包括建筑装饰材料和给排水、采暖、卫生、通风、照明、通信、煤气、消防、中央空调、电梯、电气、智能化楼宇设备及配套设施。

非正常损失，是指因管理不善造成货物被盗、丢失、霉烂变质，以及因违反法律法规造成货物或者不动产被依法没收、销毁、拆除的情形。这些非正常损失是由纳税人自身原因造成的，为保证税负公平，其损失不应由国家承担，因而不得抵扣进项税额。

（6）购进的贷款服务、餐饮服务、居民日常服务和娱乐服务。一般意义上，餐饮服务、居民日常服务和娱乐服务主要接受对象是个人。对于一般纳税人购买的上述服务，难以准确地界定接受服务的对象是企业还是个人，因此，一般纳税人接受的上述服务不得从销项税额中抵扣。

（7）财政部和国家税务总局规定的其他情形。

纳税人接受贷款服务向贷款方支付的与该笔贷款直接相关的投融资顾问费、手续费、咨询费等费用，其进项税额不得从销项税额中抵扣。

（8）适用一般计税方法的纳税人，兼营简易计税方法计税项目、免征增值税项目而无法划分不得抵扣的进项税额，按照下列公式计算不得抵扣的进项税额：

不得抵扣的进项税额=当期无法划分的全部进项税额×（当期简易计税方法计税项目销售额+免征增值税项目销售额）÷当期全部销售额

（9）一般纳税人取得小规模纳税人自行开具或税务机关代开的增值税专用发票，可以将增值税专用发票上填写的税额作为进项税额计算抵扣。

（三）应纳税额的计算

一般纳税人在明确了销项税额、进项税额之后，还需要掌握以下几个重要规定，才能正确地计算增值税的应纳税额。

1. 计算应纳税额的时间限定

为了保证计算应纳税额的合理性、准确性，纳税人必须严格把握当期进项税额从当期销项税额中抵扣。“当期”是个重要的时间限定，是税务机关依照税法规定对纳税人确定的纳税期限，只有在纳税期限内实际发生的销项税额和进项税额，才是法定的计算应纳税额的依据。目前，有些纳税人为了达到逃避纳税的目的，把当期实现的销售额隐瞒不记账或滞后记账，以减少当期销项税额，或者把不是当期实际发生的进项税额（上期结转的进项税额除外）也充作当期进项税额，以加大进项税额，少纳税甚至不纳税，这是违反税法规定的行为。为了制止这种违法行为，税法对销售货物或应税劳务应计入当期销项税额以及抵扣的进项税额的时间做了限定。

（1）计算销项税额的时间限定（详见本章第五节中“增值税的纳税义务发生时间”相关内容）。

（2）进项税额抵扣的时间限定。

①增值税一般纳税人取得2017年1月1日及以后开具的增值税专用发票、海关进口增值税专用缴款书、机动车销售统一发票、收费公路通行费、增值税电子普通发票，取消认证确认、稽核比对、申报抵扣的期限。纳税人在进行增值税纳税申报时，应当通过本省增值税发票综合服务平台对上述扣税凭证信息进行用途确认。

②增值税一般纳税人取得2016年12月31日及以前开具的增值税专用发票、海关进口增值税专用缴款书、机动车销售统一发票，超过认证确认、稽核比对、申报抵扣期限，但符合规定条件的，仍可按照规定，继续抵扣进项税额。

2. 计算应纳税额时进项税额不足抵扣的处理

由于增值税实行购进扣税法，有时企业当期购进货物、接受应税劳务或应税行为较多，在计算应纳税额时会出现当期销项税额小于当期进项税额不足抵扣的情况。根据税法规定，当期进项税额不足抵扣的部分可以结转下期继续抵扣。

3. 扣减发生期进项税额的规定

（1）已抵扣进项税额的购进货物（不含固定资产）、劳务、服务，如果事后发生改变用途，用于税法规定的不得从销项税额中抵扣的情况（简易计税方法计税项目、免征增值税项目除外），应当将该进项税额从当期进项税额中扣减，即作进项转出处理；无法确定该进项税额的，按照当期实际成本计算应扣减的进项税额。

这里需要注意的是，所称“从当期发生的进项税额中扣减”，是指已抵扣进项税额的购进货物、劳务、服务是在哪一个时期发生上述不得抵扣进项税额情况的，就从这个发生期内纳税人的进项税额中扣减，而无须追溯到这些购进货物、劳务、服务抵扣进项税额的那个时期。

如果事后发生改变用途，用于简易计税方法计税项目、免征增值税项目的进项税额应按销售额比例划分作为进项转出处理。

（2）已抵扣进项税额的固定资产、无形资产、不动产，发生非正常损失，或者改变用途，专用于简易计税方法计税项目、免征增值税项目、集体福利或者个人消费的，按照下列公式计算不得抵扣的进项税额：

不得抵扣的进项税额＝固定资产、无形资产、不动产净值×适用税率

固定资产、无形资产或者不动产净值，是指纳税人根据财务会计制度计提折旧或摊销后的余额。

不动产在建工程发生非正常损失的，其所耗用的购进货物、设计服务和建筑服务已抵扣的进项税额应于当期全部转出。

【例2-1】某一般纳税人A公司2019年5月，购入一座办公楼，取得的增值税专用发票上注明价款为500万元，进项税额45万元。2022年3月A公司将该楼改建为职工食堂，假设此时净值为450万元。

分析：

①A公司取得扣税凭证并勾选确认的当期2019年5月应抵扣进项税额45万元；

②因2022年3月改变用途用于集体福利，须计算不得抵扣的进项税额，并从当期进项税额中转出。

不得抵扣的进项税额＝450×9%＝40.5（万元）

（3）按照规定不得抵扣进项税额的固定资产、无形资产、不动产，发生用途改变，用于允许抵扣进项税额项目的，按照下列公式在改变用途的次月计算可抵扣进项税额。

可抵扣进项税额＝增值税扣税凭证注明或计算的进项税额×固定资产、无形资产、不动产净值率

$$固定资产、无形资产、不动产净值率=\frac{固定资产、无形资产、不动产净值}{固定资产、无形资产、不动产原值}\times100\%$$

依照本条规定计算的可抵扣进项税额，应取得2016年5月1日后开具的合法有效的增值税扣税凭证。

【例2-2】某一般纳税人2019年5月购进在会计制度上按固定资产核算的不动产，取得的增值税专用发票上注明价款为1 000万元，进项税额为90万元。该企业对该发票进行了勾选确认，但申报时发现该项不动产专用于集体福利，因此未申报抵扣这笔进项税额。至2022年2月，该不动产净值率为80%，企业将该不动产转为工业厂房。

此时，可抵扣进项税额＝90×80%＝72（万元），于2022年3月从销项税额中抵扣。

4. 销售折让、中止或者退回涉及销项税额和进项税额的税务处理

纳税人适用一般计税方法计税的，因销售折让、中止或者退回而退还给购买方的增值税额，应当从当期的销项税额中扣减；因销售折让、中止或者退回而收回的增值税额，应当从当期的进项税额中扣减，如不按规定扣减，造成进项税额虚增，减少纳税的，都将被认定为偷税行为，并按规定予以处罚。

纳税人开具增值税专用发票后，发生开票有误或者销售折让、中止、退回等情形的，应当按照国家税务总局的规定开具红字增值税专用发票；未按照规定开具红字增值税专用发票的，不得扣减销项税额或者销售额。

5. “营改增”部分应税行为征收管理的特殊规定

（1）提供建筑服务。

①纳税人跨县（市、区）提供建筑服务。

纳税人跨县（市、区）提供建筑服务，是指单位和个体工商户（以下简称纳税人）在其机构所在地以外的县（市、区）提供建筑服务，应向建筑服务发生地主管税务机关预缴税款，向机构所在地主管税务机关申报纳税。

纳税人跨县（市、区）提供建筑服务，按照以下规定预缴税款：

A. 一般纳税人跨县（市、区）提供建筑服务，适用一般计税方法计税的，以取得的全部价款和价外费用扣除支付的分包款后的余额，按照2%的预征率计算应预缴税款。

B. 一般纳税人跨县（市、区）提供建筑服务，选择适用简易计税方法计税的，以取得的全部价款和价外费用扣除支付的分包款后的余额，按照3%的征收率计算应预缴税款。

C. 小规模纳税人跨县（市、区）提供建筑服务，以取得的全部价款和价外费用扣除支付的分包款后的余额，按照3%的征收率计算应预缴税款。

预缴税款计算公式如下：

A.适用一般计税方法计税的，应预缴税款＝（全部价款和价外费用－支付的分包款）÷（1+9%）×2%

B.适用简易计税方法计税的，应预缴税款＝（全部价款和价外费用－支付的分包款）÷（1+3%）×3%

纳税人取得的全部价款和价外费用扣除支付的分包款后的余额为负数的，可结转下次预缴税款时继续扣除。

纳税人应按照工程项目分别计算应预缴税款，分别预缴。

纳税人在同一地级行政区范围内跨县（市、区）提供建筑服务，不适用上述办法。纳税人在同一直辖市、计划单列市范围内跨县（市、区）提供建筑服务的，由直辖市、计划单列市税务局决定是否适用上述办法。

②提供建筑服务取得预收款。

纳税人提供建筑服务取得预收款，应在收到预收款时，以取得的预收款扣除支付的分包款后，按规定的预征率预缴增值税。

按现行规定应在建筑服务发生地预缴增值税的项目，纳税人收到预收款时在建筑服务发生地预缴增值税；按现行规定无须在建筑服务发生地预缴增值税的项目，纳税人收到预收款时在机构所在地预缴增值税。

预缴税款计算公式如下：

A.适用一般计税方法计税的，应预缴税款＝（取得的预收款－支付的分包款）÷（1+9%）×2%

B.适用简易计税方法计税的，应预缴税款＝（取得的预收款－支付的分包款）÷（1+3%）×3%

（2）转让取得的不动产。

一般纳税人转让其取得的不动产（包括以直接购买、接受捐赠、接受投资入股、自建以及抵债等各种形式取得的不动产），按照以下规定缴纳增值税：

①一般纳税人转让其2016年4月30日前取得（不含自建）的不动产，可以选择适用简易计税方法计税，以取得的全部价款和价外费用扣除不动产购置原价或者取得不动产时的作价后的余额为销售额，按照5%的征收率计算应纳税额。纳税人应按照上述计税方法向不动产所在地主管税务机关预缴税款，向机构所在地主管税务机关申报纳税。

②一般纳税人转让其2016年4月30日前自建的不动产，可以选择适用简易计税方法计税，以取得的全部价款和价外费用为销售额，按照5%的征收率计算应纳税额。纳税人应按照上述计税方法向不动产所在地主管税务机关预缴税款，向机构所在地主管税务机关申报纳税。

③一般纳税人转让其2016年4月30日前取得（不含自建）的不动产，选择适用一般计税方法计税的，以取得的全部价款和价外费用为销售额计算应纳税额。纳税人应以取得的全部价款和价外费用扣除不动产购置原价或者取得不动产时的作价后的余额，按照5%的预征率向不动产所在地主管税务机关预缴税款，向机构所在地主管税务机关申报纳税。

④一般纳税人转让其2016年4月30日前自建的不动产，选择适用一般计税方法计税的，以取得的全部价款和价外费用为销售额计算应纳税额。纳税人应以取得的全部价款和价外费用，按照5%的预征率向不动产所在地主管税务机关预缴税款，向机构所在地主管税务机关申报纳税。

⑤一般纳税人转让其2016年5月1日后取得（不含自建）的不动产，适用一般计税方法，以取得的全部价款和价外费用为销售额计算应纳税额。纳税人应以取得的全

部价款和价外费用扣除不动产购置原价或者取得不动产时的作价后的余额，按照5%的预征率向不动产所在地主管税务机关预缴税款，向机构所在地主管税务机关申报纳税。

⑥一般纳税人转让其2016年5月1日后自建的不动产，适用一般计税方法，以取得的全部价款和价外费用为销售额计算应纳税额。纳税人应以取得的全部价款和价外费用，按照5%的预征率向不动产所在地主管税务机关预缴税款，向机构所在地主管税务机关申报纳税。

预缴税款计算公式如下：

①以转让不动产取得的全部价款和价外费用作为预缴税款计算依据的，计算公式为：

应预缴税款=全部价款和价外费用÷（1+5%）×5%

②以转让不动产取得的全部价款和价外费用扣除不动产购置原价或者取得不动产时的作价后的余额作为预缴税款计算依据的，计算公式为：

应预缴税款=（全部价款和价外费用-不动产购置原价或者取得不动产时的作价）÷（1+5%）×5%

纳税人转让其取得的不动产，向不动产所在地主管税务机关预缴的增值税税款，可以在当期增值税应纳税额中抵减，抵减不完的，结转下期继续抵减。纳税人以预缴税款抵减应纳税额，应以完税凭证作为合法有效凭证。

【例2-3】成都锦江区某纳税人为增值税一般纳税人。2022年8月转让其2016年6月购买的写字楼一层，取得转让收入1 200万元（含税）。写字楼位于成都锦江区。纳税人购买时价格为888万元（含 税），取得了增值税专用发票，注明税款为88万元。该纳税人2022年8月份的其他销项税额为70万元，进项税额为30万元，期初留抵税额为33万元。请问该纳税人对此转让写字楼业务如何进行预缴申报及纳税申报？

【解析】

在成都锦江区主管税务机关预缴税款：

预缴税款=（1 200-888）÷（1+5%）×5%≈14.86（万元）。

在成都锦江区主管税务机关将所有业务合并申报缴纳增值税：

应纳税款=1 200÷（1+9%）×9%（转让不动产）+70（其他业务销项税额）-30（进项税额）-33（留抵税额）≈106.08（万元）。

纳税人可凭在成都锦江区主管地税机关缴纳税款的完税凭证，抵减14.86万元，该纳税人仍需缴纳增值税91.22万元。

（3）提供不动产经营租赁服务。

一般纳税人以经营租赁方式出租其取得的不动产（包括以直接购买、接受捐赠、接受投资入股、自建以及抵债等各种形式取得的不动产）按照以下规定缴纳增值税：

①一般纳税人出租其2016年5月1日后取得的不动产，适用一般计税方法计税。

不动产所在地与机构所在地不在同一县（市、区）的，纳税人应按照3%的预征率向不动产所在地主管税务机关预缴税款，向机构所在地主管税务机关申报纳税。

不动产所在地与机构所在地在同一县（市、区）的，纳税人应向机构所在地主管税务机关申报纳税。

一般纳税人出租其2016年4月30日前取得的不动产适用一般计税方法计税的，按照上述规定执行。

②一般纳税人出租其2016年4月30日前取得的不动产，可以选择适用简易计税方法，按照5%的征收率计算应纳税额。

不动产所在地与机构所在地不在同一县（市、区）的，纳税人应按照上述计税方法向不动产所在地主管税务机关预缴税款，向机构所在地主管税务机关申报纳税。

不动产所在地与机构所在地在同一县（市、区）的，纳税人向机构所在地主管税务机关申报纳税。

预缴税款计算公式如下：

①纳税人出租不动产适用一般计税方法计税的，按照以下公式计算应预缴税款：

应预缴税款=含税销售额÷（1+9%）×3%

②纳税人出租不动产适用简易计税方法计税的，除个人出租住房外，按照以下公式计算应预缴税款：

应预缴税款=含税销售额÷（1+5%）×5%

纳税人出租不动产，向不动产所在地主管税务机关预缴的增值税款，可以在当期增值税应纳税额中抵减，抵减不完的，结转下期继续抵减。纳税人以预缴税款抵减应纳税额，应以完税凭证作为合法有效凭证。

【例2-4】北京海淀区某纳税人为增值税一般纳税人，2016年8月1日购买了天津商铺一层用于出租，购买时价格为666万元，取得增值税专用发票，注明增值税款66万元。该纳税人2022年8月将该商铺出租，收取当月租金12万元（含税）。假设该纳税人2022年8月份其他业务的增值税应纳税额为28万元。请问，2022年9月申报期，该纳税人应如何计算8月所属期的增值税应纳税额？应如何申报纳税？

【解析】

在天津主管税务机关预缴税款：

预缴税款=12÷（1+9%）×3%≈0.33（万元）

纳税人回机构所在地北京海淀区主管税务机关申报缴纳增值税：

应纳税额=12÷（1+9%）×9%+28≈28.99（万元）

纳税人在天津预缴的0.33万元，可凭在天津主管税务机关开具的完税凭证抵减，该纳税人仍需缴纳增值税28.66万元。

（4）房地产开发企业销售自行开发的房地产项目。

①一般纳税人销售自行开发（是指在依法取得土地使用权的土地上进行基础设施和房屋建设）的房地产项目，适用一般计税方法计税，按照取得的全部价款和价外费用，扣除当期销售房地产项目对应的土地价款后的余额计算销售额。销售额的计算公式如下：

销售额=（全部价款和价外费用-当期允许扣除的土地价款）÷（1+9%）

当期允许扣除的土地价款按照以下公式计算：

当期允许扣除的土地价款=（当期销售房地产项目建筑面积÷房地产项目可供销售建筑面积）×支付的土地价款

当期销售房地产项目建筑面积，是指当期进行纳税申报的增值税销售额对应的建筑面积。房地产项目可供销售建筑面积，是指房地产项目可以出售的总建筑面积，不包括销售房地产项目时未单独作价结算的配套公共设施的建筑面积。

支付的土地价款，是指向政府、土地管理部门或受政府委托收取土地价款的单位直接支付的土地价款。在计算销售额时从全部价款和价外费用中扣除土地价款，应当取得省级以上（含省级）财政部门监（印）制的财政票据。

②一般纳税人销售自行开发的房地产老项目适用简易计税方法计税的，以取得的全部价款和价外费用为销售额，不得扣除对应的土地价款。

③预缴税款的规定。

一般纳税人采取预收款方式销售自行开发的房地产项目，应在收到预收款时按照3%的预征率按照以下公式计算预缴增值税。

应预缴税款＝预收款÷（1+适用税率或征收率）×3%

适用一般计税方法计税的，按照9%的适用税率计算；适用简易计税方法计税的，按照5%的征收率计算。

一般纳税人应在取得预收款的次月纳税申报期向主管税务机关预缴税款。

纳税人销售自行开发的房地产项目，应按税法规定的纳税义务发生时间计算当期的应纳税额，抵减已预缴税款后，向主管税务机关申报纳税。未抵减完的预缴税款可以结转下期继续抵减。

【例2-5】某房地产开发企业为一般纳税人，于2022年8月预售2017年6月开工尚未开发完毕的房地产项目，当期取得全部价款和价外费用2 180万元（含税），开具增值税专用发票，当期允许扣除的土地价款为800万元。该房地产开发企业应如何计算2022年8月所属期的增值税应纳税额？应如何申报纳税？

【解析】

预缴税额＝2 180÷（1+9%）×3%＝60（万元）

应纳税额＝（2 180−800）÷（1+9%）×9%−60≈53.94（万元）

6.《财政部、国家税务总局关于增值税税控系统专用设备和技术维护费用抵减增值税税额有关政策的通知》（财税〔2012〕15号）的规定

增值税纳税人2011年12月1日以后初次购买增值税税控系统专用设备支付的费用以及缴纳的技术维护费用，可凭取得的增值税专用发票以及技术维护费发票，在增值税应纳税额中全额抵减（抵减额为价税合计额），不足抵减的可结转下期继续抵减。增值税纳税人非初次购买增值税税控系统专用设备支付的费用，由其自行负担，不得在增值税应纳税额中抵减。

【例2-6】本章导入案例计算如下：

【解析】

当期销项税额＝80×13%+5.65÷（1+13%）×13%+28.25÷（1+13%）×13%+20×（1+10%）×13%+6×13%＝17.94（万元）

当期进项税额＝7.8+6×9%+(30×10%+5×9%)×(1−20%)+2×6%+2.7＝13.92（万元）

该企业6月份应缴纳的增值税额＝17.94−13.92＝4.02（万元）

【例2-7】某商贸企业为增值税一般纳税人，从事商品批发、零售以及进口业务，2022年6月发生如下业务：

（1）批发销售商品取得不含税销售额540万元，由于购货方提前偿还货款，按照合同规定，给予购货方2%的销售折扣，实际收到不含税货款529.2万元；零售商品取得含税销售额678万元；以旧换新销售金银首饰，实际取得含税销售额22.6万元，该批金银首饰新货的零售价格为28.25万元。

（2）从国内采购商品，取得增值税专用发票，注明金额 450 万元、增值税 58.5 万元，购货过程中发生不含税运输费用 40 万元，取得增值税专用发票。

（3）将市场不含税价格为 35 万元的劳保用品与甲公司（增值税一般纳税人）生产的 A 商品进行交换，A 商品的市场不含税售价为 38 万元，该商贸企业用银行存款支付了补价，双方均开具了增值税专用发票。

（4）本月从农民手中购进一批免税农产品。开具农产品收购发票注明买价为 5 万元，将其中的 60%赠送给希望小学食堂，20%用于本企业职工食堂，20%对外销售，取得含税收入 1.526 万元。

（5）销售商品收取购货方延期付款利息 2.825 万元，本月销售非酒类货物时收取包装物押金 1.695 万元，合同约定期限为 3 个月。

（6）月末盘点时发现，以前购进的部分库存商品因管理不善丢失或霉烂，其中从一般纳税人处购进的商品丢失，成本 3.6 万元；从农民手中购进的免税农产品发生霉烂，成本 0.91 万元（均已抵扣了进项税额）；从小规模纳税人处购进的商品丢失，成本 0.6 万元（购进时，未取得税务机关代开的增值税专用发票）。

（7）本月购进 3 间写字楼，用于公司办公，计入固定资产，并于次月开始计提折旧。取得的增值税专用发票上注明的金额为 600 万元，增值税税额为 54 万元。

假定上述相关票据均在取得的当月通过认证并允许抵扣。

要求：根据上述资料，按序号回答下列问题：

（1）计算该商贸企业 2022 年 6 月的销项税额；

（2）计算该商贸企业 2022 年 6 月应转出的进项税额；

（3）计算该商贸企业 2022 年 6 月准予从销项税额中抵扣的进项税额

（4）计算该商贸企业 2022 年 6 月应纳的增值税。

【解析】

（1）销项税额＝［540+（678+22.6+2.825）÷（1+13%）+35］×13%+1.526÷（1+9%）×9%+1.526÷（1+9%）÷20%×60%×9%＝156.179（万元）

（2）应转出的进项税额＝3.6×13%+0.91÷（1−9%）×9%＝0.558（万元）

（3）准予从销项税额中抵扣的进项税额

＝58.5+40×9%+38×13%+5×9%×（1−20%）+54−0.558＝120.842（万元）

（4）应纳的增值税＝156.179−120.842＝35.337（万元）

【例 2-8】成都市某公司专门从事认证服务，2013 年 8 月 1 日被认定为增值税一般纳税人。2022 年 7 月发生如下业务：

（1）取得某项认证服务收入，价税合计 106 万元；

（2）购入一台经营用设备，取得增值税专用发票注明金额 20 万元，增值税 2.6 万元；支付运费，取得增值税专用发票注明金额 0.5 万元，增值税 0.045 万元；

（3）支付广告服务费，取得增值税专用发票注明金额 5 万元，增值税 0.3 万元；

（4）销售 2012 年 1 月 20 日购进的一台固定资产，售价 0.206 万元。（该公司未放弃减税）

计算该公司应纳增值税税额。

【解析】

（1）销项税额＝106÷（1+6%）×6%＝6（万元）

（2）进项税额=2.6+0.045+0.3=2.945（万元）

（3）一般计税方法的应纳税额=6-2.945=3.055（万元）

（4）简易计税方法的应纳税额=0.206÷（1+3%）×2%=0.004（万元）

（5）应纳增值税税额=3.055+0.004=3.059（万元）

二、小规模纳税人应纳税额的计算

小规模纳税人发生应税销售行为适用简易计税方法计税。按照不含增值税的销售额和征收率计算应纳税额，不能抵扣进项税额。其应纳税额的计算公式为：

应纳税额=销售额×征收率

销售额=含税销售额÷（1+征收率）

纳税人适用简易计税方法计税的，因销售折让、中止或者退回而退还给购买方的销售额，应当从当期销售额中扣减。扣减当期销售额后仍有余额造成多缴的税款，可以从以后的应纳税额中扣减。

【例2-9】某小型工业企业是增值税小规模纳税人，2022年6月取得销售收入15.45万元（含增值税）；购入原材料一批，取得普通发票，支付货款4.12万元。计算该企业当月应缴纳的增值税税额。

【解析】

当月的应纳增值税税额=15.45÷（1+3%）×3%=0.45（万元）

三、进口货物应纳税额的计算

进口货物的应纳税额，不管纳税人是一般纳税人还是小规模纳税人，均按进口货物的组成计税价格和规定的税率计算（13%或9%）；并且不能抵扣任何进项税额，即在计算进口环节的应纳增值税税额时，不得抵扣发生在我国境外的各种税金。其计算公式为：

应纳税额=组成计税价格×税率

组成计税价格=关税完税价格+关税（+消费税）

【例2-10】某增值税一般纳税人2022年6月从国外进口一批原材料，海关审定的完税价格为150万元，该批原材料分别按10%和13%的税率向海关缴纳了关税和进口环节增值税，并取得了相关完税凭证。该批原材料当月加工成产品后全部在国内销售，取得销售收入300万元（不含增值税），同时支付销货运费，取得增值税专用发票注明运费10万元。已知该企业适用的增值税税率为13%，计算该企业当月应缴纳的增值税税额。

解：（1）进口环节应缴纳的增值税税额=（150+150×10%）×13%=21.45（万元）

（2）国内销售环节的销项税额=300×13%=39（万元）

（3）国内销售环节允许抵扣的进项税额=21.45+10×9%=22.35（万元）

（4）国内销售环节应缴纳的增值税税额=39-22.35=16.65（万元）

第四节　增值税的税收优惠和出口货物、服务、无形资产退（免）税

一、增值税的税收优惠

（一）《增值税暂行条例》规定的免税项目

（1）农业生产者销售的自产农产品。

（2）避孕药品和用具。

（3）古旧图书，即指向社会收购的古书和旧书。

（4）直接用于科学研究、科学试验和教学的进口仪器、设备。

（5）外国政府、国际组织无偿援助的进口物资和设备。

（6）由残疾人的组织直接进口供残疾人专用的物品。

（7）销售自己使用过的物品，即指其他个人自己使用过的物品。

除上述规定外，增值税的免税、减税项目由国务院规定。任何地区、部门均不得规定免税、减税项目。

（二）《营改增通知》及有关部门规定的免征增值税项目

（1）托儿所、幼儿园提供的保育和教育服务。

（2）养老机构提供的养老服务。

（3）残疾人福利机构提供的育养服务。

（4）婚姻介绍服务。

（5）殡葬服务。

（6）残疾人员本人为社会提供的服务。

（7）医疗机构提供的医疗服务。

（8）从事学历教育的学校提供的教育服务。

（9）学生勤工俭学提供的服务。

（10）农业机耕、排灌、病虫害防治、植物保护、农牧保险以及相关技术培训业务，家禽、牲畜、水生动物的配种和疾病防治。

（11）纪念馆、博物馆、文化馆、文物保护单位管理机构、美术馆、展览馆、书画院、图书馆在自己的场所提供文化体育服务取得的第一道门票收入。

（12）寺院、宫观、清真寺和教堂举办文化、宗教活动的门票收入。

（13）行政单位之外的其他单位收取的符合规定条件的政府性基金和行政事业性收费。

（14）个人转让著作权。

（15）个人销售自建自用住房。

（16）台湾航运公司、航空公司从事海峡两岸海上直航、空中直航业务在大陆取得的运输收入。

（17）纳税人提供的直接或者间接国际货物运输代理服务。

（18）以下利息收入：

①自2018年9月1日到2020年12月31日，对金融机构向小型企业、微型企业和个体工商户发放小额贷款取得的利息收入，免征增值税。

②国家助学贷款。

③国债、地方政府债。

④人民银行对金融机构的贷款。

⑤住房公积金管理中心用住房公积金在指定的委托银行发放的个人住房贷款。

⑥外汇管理部门在从事国家外汇储备经营过程中，委托金融机构发放的外汇贷款。

⑦统借统还业务中，企业集团或企业集团中的核心企业以及集团所属财务公司按不高于支付给金融机构的借款利率水平或者支付的债券票面利率水平，向企业集团或者集团内下属单位收取的利息。

（19）被撤销金融机构以货物、不动产、无形资产、有价证券、票据等财产清偿债务。

（20）保险公司开办的一年期以上人身保险产品取得的保费收入。

（21）下列金融商品转让收入：

①合格境外投资者（QFII）委托境内公司在我国从事证券买卖业务。

②香港市场投资者（包括单位和个人）通过沪港通买卖上海证券交易所上市A股。

③对香港市场投资者（包括单位和个人）通过基金互认买卖内地基金份额。

④证券投资基金（封闭式证券投资基金，开放式证券投资基金）管理人运用基金买卖股票、债券。

⑤个人从事金融商品转让业务。

（22）金融同业往来利息收入。

（23）同时符合下列条件的担保机构从事中小企业信用担保或者再担保业务取得的收入（不含信用评级、咨询、培训等收入）3年内免征增值税：

①已取得监管部门颁发的融资性担保机构经营许可证，依法登记注册为企（事）业法人，实收资本超过2 000万元。

②平均年担保费率不超过银行同期贷款基准利率的50%。平均年担保费率=本期担保费收入/（期初担保余额+本期增加担保金额）×100%。

③连续合规经营2年以上，资金主要用于担保业务，具备健全的内部管理制度和为中小企业提供担保的能力，经营业绩突出，对受保项目具有完善的事前评估、事中监控、事后追偿与处置机制。

④为中小企业提供的累计担保贷款额占其两年累计担保业务总额的80%以上，单笔800万元以下的累计担保贷款额占其累计担保业务总额的50%以上。

⑤对单个受保企业提供的担保余额不超过担保机构实收资本总额的10%，且平均单笔担保责任金额最多不超过3 000万元人民币。

⑥担保责任余额不低于其净资产的3倍，且代偿率不超过2%。

（24）国家商品储备管理单位及其直属企业承担商品储备任务，从中央或者地方财政取得的利息补贴收入和价差补贴收入。

（25）纳税人提供技术转让、技术开发和与之相关的技术咨询、技术服务。

（26）同时符合下列条件的合同能源管理服务：

①节能服务公司实施合同能源管理项目相关技术，应当符合国家质量监督检验检

疫总局和国家标准化管理委员会发布的《合同能源管理技术通则》（GB/T24915-2010）规定的技术要求。

②节能服务公司与用能企业签订节能效益分享型合同，其合同格式和内容，符合《中华人民共和国合同法》和《合同能源管理技术通则》（GB/T24915-2010）等规定。

（27）政府举办的从事学历教育的高等、中等和初等学校（不含下属单位），举办进修班、培训班取得的全部归该学校所有的收入。

（28）政府举办的职业学校设立的主要为在校学生提供实习场所、并由学校出资自办、由学校负责经营管理、经营收入归学校所有的企业，从事《销售服务、无形资产或者不动产注释》中"现代服务"（不含融资租赁服务、广告服务和其他现代服务）、"生活服务"（不含文化体育服务、其他生活服务和桑拿、氧吧）业务活动取得的收入。

（29）家政服务企业由员工制家政服务员提供家政服务取得的收入。

（30）福利彩票、体育彩票的发行收入。

（31）军队空余房产租赁收入。

（32）为了配合国家住房制度改革，企业、行政事业单位按房改成本价、标准价出售住房取得的收入。

（33）将土地使用权转让给农业生产者用于农业生产。

（34）涉及家庭财产分割的个人无偿转让不动产、土地使用权。

（35）土地所有者出让土地使用权和土地使用者将土地使用权归还给土地所有者。

（36）县级以上地方人民政府或自然资源行政主管部门出让、转让或收回自然资源使用权（不含土地使用权）。

（37）随军家属就业。

（38）军队转业干部就业。

（三）增值税起征点的规定

个人（不包括登记为一般纳税人的个体工商户）发生应税行为的销售额未达到增值税起征点的，免征增值税；达到起征点的，全额计算缴纳增值税。增值税起征点幅度如下：

（1）销售货物的，为月销售额 5 000~20 000 元；

（2）销售应税劳务的，为月销售额 5 000~20 000 元；

（3）按次纳税的，为每次（日）销售额 300~500 元。

（4）应税行为的起征点：①按期纳税的，为月销售额 5 000~20 000 元（含本数）；②按次纳税的，为每次（日）销售额 300~500 元（含本数）。

起征点的调整由财政部和国家税务总局规定。省、自治区、直辖市财政厅（局）和国家税务局应当在规定的幅度内，根据实际情况确定本地区适用的起征点，并报财政部和国家税务总局备案。

（四）小微企业的优惠政策

2021 年 4 月 1 日起，增值税小规模纳税人发生增值税应税销售行为，合计月销售额未超过 15 万元（以 1 个季度为 1 个纳税期的，季度销售额未超过 45 万元，下同）的，免征增值税。

小规模纳税人发生增值税应税销售行为，合计月销售额超过 15 万元，但扣除本期发生的销售不动产的销售额后未超过 15 万元的，其销售货物、劳务、服务、无形资产取得的销售额免征增值税。

适用增值税差额征税政策的小规模纳税人，以差额后的销售额确定是否享受免征增值税政策。

按固定期限纳税的小规模纳税人可以选择以 1 个月或 1 个季度为纳税期限，一经选择，一个会计年度内不得变更。2022 年 4 月 1 日至 2022 年 12 月 31 日，增值税小规模纳税人适用 3%征收率的应税销售收入，免征增值税；适用 3%预征率的预缴增值税项目，暂停预缴增值税。

（五）其他有关减免税规定

（1）纳税人兼营免税、减税项目的，应当分别核算免税、减税项目的销售额；未分别核算销售额的，不得免税、减税。

（2）纳税人销售货物、提供应税劳务或者发生应税行为适用免税、减税规定的，可以放弃免税、减税，依照规定缴纳增值税。放弃免税、减税后，36 个月内不得再申请免税、减税。

二、出口货物、服务、无形资产退（免）税

出口货物、服务、无形资产退（免）税是国际贸易中通常采用的并为世界各国普遍接受的、目的在于鼓励各国出口货物、服务、无形资产公平竞争的一种退还或免征间接税（目前我国主要包括增值税、消费税）的税收措施。即对出口货物、服务、无形资产实行零税率或免税，使本国产品以不含税（增值税、消费税等）的价格进入国际市场，以提高本国产品的国际竞争力，这也是国际通行做法。我国的出口货物、服务、无形资产退（免）税是指在国际贸易业务中，对我国报关出口的货物、服务、无形资产退还或免征其在国内各生产和流转环节按税法规定缴纳的增值税和消费税，即对出口货物、服务、无形资产实行增值税零税率，对出口货物免征消费税。

（一）出口退（免）税的基本政策

目前，我国的出口退（免）税收政策分为以下三种形式：

1. 出口免税并退税

出口免税是指对货物、服务、无形资产在出口销售环节不征增值税，这是把货物、服务、无形资产出口环节与出口前的销售环节都同样视为一个征税环节；出口退税是指对货物、服务、无形资产在出口前实际承担的税收负担，按规定的退税率计算后予以退还。

2. 出口免税不退税

出口免税同上；出口不退税是指适用这个政策的出口货物、服务、无形资产因在前一道生产、销售环节或进口环节是免税的，因此，出口时该货物、服务、无形资产的价格中本身就不含税，也无须退税。

3. 出口不免税也不退税

出口不免税是指对国家限制或禁止出口的某些货物、服务、无形资产的出口环节视同内销环节，照常征税；出口不退税是指对这些货物、服务、无形资产出口不退还出口前其所负担的税款。适用这个政策的主要是税法列举限制或禁止出口的货物，如天然牛黄、麝香等。

（二）出口货物、服务、无形资产的增值税退税率

除财政部和国家税务总局根据国务院决定而明确的增值税出口退税率外，出口货物、服务和无形资产的退税率为其适用税率。

（三）增值税“免、抵、退”税和“免、退”税的计算

（1）生产企业出口货物、服务、无形资产增值税免抵退税，依下列公式计算：

①当期应纳税额的计算。

当期应纳税额=当期销项税额-（当期进项税额-当期不得免征和抵扣税额）

当期不得免征和抵扣税额=当期出口货物离岸价×外汇人民币折合率×（出口货物适用税率-出口货物退税率）-当期不得免征和抵扣税额抵减额

当期不得免征和抵扣税额抵减额=当期免税购进原材料价格×(出口货物适用税率-出口货物退税率)

②当期免抵退税额的计算。

当期免抵退税额=当期出口货物离岸价×外汇人民币折合率×出口货物退税率-当期免抵退税额抵减额

当期免抵退税额抵减额=当期免税购进原材料价格×出口货物退税率

③当期应退税额和免抵税额的计算。

A. 当期期末留抵税额≤当期免抵退税额，则

当期应退税额=当期期末留抵税额

当期免抵税额=当期免抵退税额-当期应退税额

B. 当期期末留抵税额>当期免抵退税额，则

当期应退税额=当期免抵退税额

当期免抵税额=0

当期期末留抵税额为当期增值税纳税申报表中“期末留抵税额”。

（2）外贸企业出口货物、劳务和应税行为增值税免退税，依下列公式计算：

①外贸企业出口委托加工修理修配货物以外的货物：

增值税应退税额=增值税退（免）税计税依据×出口货物退税率

②外贸企业出口委托加工修理修配货物：

出口委托加工修理修配货物的增值税应退税额=委托加工修理修配的增值税退（免）税计税依据×出口货物退税率

（3）退税率低于适用税率的，相应计算出的差额部分的税款计入出口货物劳务成本。

（4）出口企业既有适用增值税免抵退项目，也有增值税即征即退、先征后退项目的，增值税即征即退和先征后退项目不参与出口项目免抵退税计算。出口企业应分别核算增值税免抵退项目和增值税即征即退、先征后退项目，并分别申请享受增值税即征即退、先征后退和免抵退税政策。

（5）实行免抵退税办法的零税率服务或者无形资产，提供者如同时有货物劳务（劳务指对外加工修理修配劳务，下同）出口的，可结合现行出口货物免抵退税计算公式一并计算。税务机关在审批时，按照出口货物劳务、零税率服务或者无形资产免抵退税额比例划分出口货物劳务、零税率服务或者无形资产的退税额和免抵税额。

第五节　增值税的征收管理及增值税专用发票的使用和管理

一、增值税的征收管理

（一）增值税的纳税义务发生时间

增值税纳税义务发生时间是指增值税纳税人发生应税销售行为应当承担纳税义务的起始时间。税法明确规定纳税义务发生时间的作用在于：第一，正式确认纳税人已经发生属于税法规定的应税行为，应承担纳税义务；第二，有利于税务机关实施税务管理，合理规定申报期限和纳税期限，监督纳税人切实履行纳税义务。

（1）发生应税销售行为，纳税义务发生时间为收讫销售款项或取得索取销售款项凭据的当天。先开具发票的，为开具发票的当天。其中，纳税人收讫销售款项或取得索取销售款项凭据的当天，按销售结算方式不同具体为：

①采取直接收款方式销售货物，不论货物是否发出，均为收到销售额或取得索取销售额的凭据的当天。对于纳税人生产经营活动中采取直接收款方式销售货物，已将货物移送对方并暂估销售收入入账，但既未取得销售款或取得索取销售款凭据也未开具销售发票的，其增值税纳税义务发生时间为取得销售款或取得索取销售款凭据的当天；先开具发票的，为开具发票的当天。

②采取托收承付和委托银行收款方式销售货物，为发出货物并办妥托收手续的当天。

③采取赊销和分期收款方式销售货物，为书面合同约定的收款日期的当天，无书面合同的或者书面合同没有约定收款日期的，为货物发出的当天。

④采取预收货款方式销售货物，为货物发出的当天。但生产销售、生产工期超过12个月的大型机械设备、船舶、飞机等货物，为收到预收款或者书面合同约定的收款日期的当天。

⑤委托其他纳税人代销货物，为收到代销单位销售的代销清单或者收到全部或者部分货款的当天；未收到代销清单及货款的，其纳税义务发生时间为发出代销货物满180天的当天。

⑥销售应税劳务，为提供劳务同时收讫销售额或取得索取销售额的凭据的当天。

⑦发生除将货物交付其他单位或个人代销和销售代销货物以外的视同销售货物行为，为货物移送的当天。

⑧纳税人提供租赁服务采取预收款方式的，其纳税义务发生时间为收到预收款的当天。

⑨纳税人从事金融商品转让的，为金融商品所有权转移的当天。

⑩纳税人发生视同销售服务、无形资产或者不动产的，其纳税义务发生时间为服务、无形资产转让完成的当天或者不动产权属变更的当天。

（2）进口货物，纳税义务发生时间为报关进口的当天。

（3）扣缴义务发生时间为纳税人增值税纳税义务发生的当天。

上述销售货物、应税劳务、应税行为纳税义务发生时间的确定，明确了企业在计算应纳税额时，对“当期销项税额”时间的限定，是增值税计税和征收管理中重要的规定。目前，一些企业没有按照上述规定的纳税义务发生时间将实现的收入及时入账并计算纳税，而是采取延迟入账或不计收入等做法，以拖延纳税或逃避纳税，这些做法都是错误的。企业必须按上述规定的时限及时、准确地记录销售额和计算当期销项税额。

（二）增值税的纳税期限

纳税期限是指纳税人发生纳税义务后向国家缴纳税款的时间限度。规定纳税期限既有利于国家税收收入的均衡稳定，也有利于纳税人的资金调度和经费核算。

增值税的纳税期限分别为 1 日、3 日、5 日、10 日、15 日、1 个月或者 1 个季度。纳税人的具体纳税期限，由主管税务机关根据纳税人应纳税额的大小分别核定；不能按照固定期限纳税的，可以按次纳税。

纳税人以 1 个月或者 1 个季度为 1 个纳税期的，自期满之日起 15 日内申报纳税；以 1 日、3 日、5 日、10 日或者 15 日为 1 个纳税期的，自期满之日起 5 日内预缴税款，于次月 1 日起 15 日内申报纳税并结清上月应纳税款。

扣缴义务人解缴税款的期限，依照上述规定执行。

纳税人进口货物，应当自海关填发海关进口增值税专用缴款书之日起 15 日内缴纳税款。

纳税人出口货物适用退（免）税规定的，应当向海关办理出口手续，凭出口报关单等有关凭证，在规定的出口退（免）税申报期内按月向主管税务机关申报办理该项出口货物的退（免）税；境内单位和个人跨境销售服务和无形资产适用退（免）税规定的，应当向主管税务机关申报办理退（免）税。

出口货物办理退税后发生退货或者退关的，纳税人应当依法补缴已退的税款。

（三）增值税的纳税地点

增值税的纳税地点既关系到是否方便征纳，还关系到是否有利于处理地区与地区之间的财政分配关系。因此，纳税地点的确定必须科学、合理。

（1）固定业户应当向其机构所在地主管税务机关申报纳税。总机构和分支机构不在同一县（市）的，应当分别向各自所在地的主管税务机关申报纳税；经财政部和税务主管部门或者其授权的财政和税务机关批准，可以由总机构汇总向总机构所在地的主管税务机关申报纳税。

（2）固定业户到外县（市）销售货物或者劳务，应当向其机构所在地的主管税务机关报告外出经营事项，并向其机构所在地的主管税务机关申报纳税；未报告的，应当向销售地或者劳务发生地的主管税务机关申报纳税；未向销售地或者劳务发生地的主管税务机关申报纳税的，由其机构所在地的主管税务机关补征税款。

（3）非固定业户销售货物或者劳务，应当向销售地或者劳务发生地的主管税务机关申报纳税；未向销售地或者劳务发生地的主管税务机关申报纳税的，由其机构所在地或者居住地的主管税务机关补征税款。

（4）进口货物，应当向报关地海关申报纳税。

（5）扣缴义务人应当向其机构所在地或者居住地主管税务机关申报缴纳扣缴的税款。

二、增值税专用发票的使用和管理

增值税专用发票不仅是纳税人经济活动中的重要商业凭证，也是兼记销货方销项税额和购货方进项税额进行税款抵扣的凭证，能对增值税的计算和管理起着决定性的作用。因此，正确使用和管理增值税专用发票，直接关系到整个增值税制度能否正常有效的运作，关系到增值税的原理能否实现。

专用发票，是指一般纳税人销售货物、提供应税劳务、发生应税行为开具的发票，是购买方支付增值税额并可按照增值税有关规定据以抵扣增值税进项税额的凭证。

（一）增值税专用发票的联次

专用发票由基本联次或者基本联次附加其他联次构成，基本联次为三联：发票联，作为购买方核算采购成本和增值税进项税额的记账凭证；抵扣联，作为购买方报送主管税务机关认证和留存备查的凭证；记账联，作为销售方核算销售收入和增值税销项税额的记账凭证。其他联次的用途，由一般纳税人自行确定。

（二）增值税专用发票的开票限额

专用发票实行最高开票限额管理。最高开票限额，是指单份专用发票开具的销售额合计数不得达到的上限额度。

最高开票限额由一般纳税人申请，填报《最高开票限额申请表》，区县税务机关依法审批。税务机关审批最高开票限额应进行实地查验。

（三）增值税专用发票领购使用范围

一般纳税人有下列情形之一的，不得领购开具专用发票：

（1）会计核算不健全，不能向税务机关准确提供增值税销项税额、进项税额和应纳税额数据及其他有关增值税税务资料的。

（2）有《税收征管法》规定的税收违法行为，拒不接受税务机关处理的。

（3）有下列行为之一，经税务机关责令限期改正而仍未改正的：虚开增值税专用发票；私自印制专用发票；向税务机关以外的单位和个人买取专用发票；借用他人专用发票；未按规定开具专用发票；未按规定保管专用发票和专用设备；未按规定申请办理防伪税控系统变更发行；未按规定接受税务机关检查。有上列情形的，如已领购专用发票，主管税务机关应暂扣其结存的专业发票和IC卡。

（四）增值税专用发票开具范围

（1）一般纳税人销售货物或者应税劳务，应当向索取增值税专用发票的购买方开具增值税专用发票，并在增值税专用发票上分别注明销售额和销项税额。

（2）应税销售行为的购买方为消费者个人的，不得开具专用发票。

（3）发生应税销售行为适用免税规定的，不得开具专用发票。

（4）增值税小规模纳税人（其他个人除外）发生增值税应税行为，需要开具增值税专用发票的，可以自愿使用增值税发票管理系统自行开具。选择自行开具增值税专用发票的小规模纳税人，税务机关不再为其代开增值税专用发票。

（五）增值税专用发票开具要求

（1）项目齐全，与实际交易相符；

（2）字迹清楚，不得压线、错格；

（3）发票联和抵扣联加盖发票专用章；

（4）按照增值税纳税义务的发生时间开具。

对不符合上列要求的专用发票，购买方有权拒收。

（六）红字增值税发票开具的规定

（1）增值税一般纳税人开具增值税专用发票（以下简称“专用发票”）后，发生销货退回、开票有误、应税服务中止等情形但不符合发票作废条件，或者因销货部分退回及发生销售折让，需要开具红字专用发票的，按以下方法处理：

①购买方取得专用发票已用于申报抵扣的，购买方可在增值税发票管理新系统（以下简称“新系统”）中填开并上传“开具红字增值税专用发票信息表”（以下简称“信息表”），在填开“信息表”时不填写相对应的蓝字专用发票信息，应暂依“信息表”所列增值税税额从当期进项税额中转出，待取得销售方开具的红字专用发票后，与“信息表”一并作为记账凭证。

购买方取得专用发票未用于申报抵扣，但发票联或抵扣联无法退回的，购买方填开“信息表”时应填写相对应的蓝字专用发票信息。

销售方开具专用发票尚未交付购买方，以及购买方未用于申报抵扣并将发票联及抵扣联退回的，销售方可在新系统中填开并上传“信息表”。销售方填开“信息表”时应填写相对应的蓝字专用发票信息。

②主管税务机关通过网络接收纳税人上传的“信息表”，系统自动校验通过后，生成带有“红字发票信息表编号”的“信息表”，并将信息同步至纳税人端系统中。

③销售方凭税务机关系统校验通过的“信息表”开具红字专用发票，在新系统中以销项负数开具。红字专用发票应与“信息表”一一对应。

④纳税人也可凭“信息表”电子信息或纸质资料到税务机关对“信息表”内容进行系统校验。

（2）税务机关为小规模纳税人代开专用发票，需要开具红字专用发票的，按照一般纳税人开具红字专用发票的方法处理。

（3）纳税人需要开具红字增值税普通发票的，可以在所对应的蓝字发票金额范围内开具多份红字发票。红字机动车销售统一发票需与原蓝字机动车销售统一发票一一对应。

本章小结

思考与练习题

一、单项选择题

1. 某酒厂为一般纳税人。本月向一小规模纳税人销售白酒，开具普通发票上注明金额90 400元；同时收取单独核算的包装物押金2 260元（尚未逾期），此业务酒厂应计算的销项税额为（　　）。

A. 10 400 元　　B. 10 660 元

C. 12 045. 80 元　　D. 11 752 元

2. 某服装厂为本企业管理人员加工一批工作服，其制造成本为 18 万元，按同类产品售价计算的销售价格为 27 万元，则该批加工服装计征增值税销项税的依据为（　　）。

A. 18 万元　　B. 19. 44 万元

C. 19. 8 万元　　D. 27 万元

3. 某农机生产企业（一般纳税人）6 月销售自产拖拉机，取得不含税销售额 200 万元，为农民修理拖拉机取得现金收入 15 万元。本月购入农机生产零配件，取得已经认证的防伪税控系统增值税专用发票上注明的价款为 80 万元，则该企业本月应缴纳增值税（　　）万元。

A. 8. 84　　B. 9. 33

C. 17. 55　　D. 12. 15

4. 某商场采取以旧换新方式销售电视机，每台零售价 3 000 元，本月售出电视机 150 台，共收回 150 台旧电视，每台旧电视折价 200 元，该业务应纳增值税销项税额为（　　）。

A. 48 318. 58 元　　B. 51 769. 91 元

C. 58 500 元　　D. 54 600 元

5. 企业外购的货物，可以做进项税额抵扣的是（　　）。

A. 外购的小汽车用于个人消费　　B. 外购的床单用于职工福利

C. 外购的礼品无偿赠送给客户　　D. 外购的粮食分给职工个人

6. 5 月，境外公司为我国 A 企业提供技术咨询服务，含税价款 200 万元，该境外公司在境内未设立经营机构，也没有境内代理人，则 A 公司应当扣缴的增值税税额为（　　）。

A. 0　　B. 5. 83 万元

C. 11. 32 万元　　D. 12 万元

7. 某广告公司（小规模纳税人）2021 年 5 月发生销售额（不含税，下同）62 万元，另因发生服务中止而退还给服务接受方销售额 15 万元，则该广告公司 5 月应纳增值税（　　）。

A. 1. 41 万元　　B. 1. 46 万元

C. 1. 54 万元　　D. 1. 86 万元

8. 某企业（属于一般纳税人）将一辆自己使用过的 2012 年 8 月份购买的小轿车（未抵扣增值税），以 10 万元的价格售出，该企业未放弃减税，其正确的税务处理方法是（　　）。

A. 按2%简易办法计算应纳增值税

B. 按照简易办法依照3%征收率减按2%征收增值税

C. 按4%简易办法减半计算应纳增值税

D. 不交增值税

9. 纳税人采取分期收款方式销售货物，其增值税纳税义务发生时间为（　　）。

A. 收到第一笔货款的当天　　B. 收到最后一笔货款的当天

C. 发出商品的当天　　D. 合同约定的收款日期当天

10. 下列使用9%税率的项目有（　　）。

A. 销售农机整机　　B. 销售农机零件

C. 加工农机的加工费收入　　D. 加工农机零件的加工费收入

11. 单位将自产、委托加工和购进的货物用于下列项目的，属于增值税视同销售行为应征收增值税的是（　　）。

A. 继续生产增值税应税货物　　B. 集体福利

C. 无偿赠送给其他单位　　D. 个人消费

12. 下列各项中，属于增值税混合销售行为的是（　　）。

A. 建材商店在销售建材的同时又为其他客户提供装饰服务

B. 汽车制造公司在生产和销售汽车的同时又为该客户提供修理服务

C. 房地产销售公司在销售商品房的同时赠送家用电器

D. 塑钢门窗零售商店在销售门窗的同时又为该客户提供安装服务

13. 2022年5月，某增值税一般纳税人将2021年7月购入的一台已抵扣过进项税额的生产设备改变用途，用作职工福利设施，该设备原值600万元，净值率91%，则应做进项转出（　　）万元。

A. 70.98　　B. 54.60

C. 78　　D. 0

14. 企业下列行为属于增值税兼营行为的是（　　）。

A. 建筑公司为承建的某项工程既提供建筑材料又承担建筑、安装业务

B. 照相馆在提供照相业务的同时销售相框

C. 酒店开设客房、餐厅从事服务业务并附设商场销售货物

D. 饭店提供餐饮服务的同时销售酒水饮料

15. 下列行为中，应当征收增值税的是（　　）。

A. 境外单位向境内个人出租完全在境外使用的有形动产

B. 纳税人无偿为其他单位员工提供服务

C. 纳税人为本单位员工提供服务

D. 单位聘用的员工为本单位提供取得工资的服务

16. 某生产企业为增值税一般纳税人，6月将闲置半年的一处厂房对外出租，一次性收取全年租金50万元，该企业采用简易计税方法，则该企业这笔业务6月应缴纳的增值税为（　　）万元。（租金为含税金额）

A. 2.38　　B. 2.5　　C. 4.95　　D. 5.5

二、多项选择题

1. 某船运公司为增值税一般纳税人并具有国际运输经营资质，8月取得的含税收入包括货物保管收入40.28万元、装卸搬运收入97.52万元、国际运输收入355.34万元、国内运输收入741.2万元。该公司计算的下列增值税销项税额中，正确的有（　　）。

A. 货物保管收入的销项税额2.28万元

B. 装卸搬运收入的销项税额8.05万元

C. 国际运输收入的销项税额29.34万元

D. 国内运输收入的销项税额61.2万元

2. 将购买的货物用于（　　）时，其进项税额不得抵扣。

A. 对外投资　　B. 免税项目

C. 无偿赠送　　D. 个人消费

3. 增值税一般纳税人支付的下列运费（取得增值税专用发票），允许抵扣进项税额的有（　　）。

A. 销售生产设备支付的运输费用

B. 外购生产用包装物支付的运输费用

C. 购买用于生产免税产品的原材料支付的运输费用

D. 向农业生产者购买农产品支付的运输费用

4. 纳税人销售货物时，下列情况中不得开具增值税专用发票的有（　　）。

A. 提供旅游服务，选择差额征税的，向购买方收取的住宿费、餐饮费等

B. 销售免税药品

C. 向消费者销售电脑

D. 一般纳税人以物易物方式销售货物的

5. 对增值税小规模纳税人，下列表述正确的有（　　）。

A. 实行简易征收办法

B. 不得自行开具或不得向税务机关申请代开增值税专用发票

C. 不得抵扣进项税额

D. 一经认定为小规模纳税人，不得再转为一般纳税人

6. 增值税的一般纳税人提供的下列服务中，可以选择按照简易计税方法计税的是（　　）。

A. 以清包工方式提供的建筑服务

B. 为甲工程提供的建筑服务

C. 销售电梯的同时提供的安装服务

D. 出租2016年5月1日后取得的不动产

7. 以下各项中，应计入增值税一般纳税人登记标准的“年应税销售额”的有（　　）。

A. 税务机关代开发票销售额　　B. 稽查查补销售额

C. 纳税评估销售额　　D. 偶然发生的转让不动产销售额

8. 下列建筑服务可以简易征收的是（　　）。

A. 以甲供方式提供的建筑服务　　B. 以清包工方式提供的建筑服务

C. 以包工包料方式提供的建筑服务　　D. 老项目的建筑服务

9. 年应税销售额未超过规定标准的纳税人，符合（　　）条件的，可以向主管税务机关办理一般纳税人资格登记，成为一般纳税人。

A. 没有固定生产经营场所　　B. 有固定生产经营场所

C. 能够提供准确的税务资料　　D. 能够开具增值税专用发票

10. 根据“营改增”相关规定，下列属于视同提供应税服务的有（　　）。

A. 某运输企业为地震灾区无偿提供公路运输服务

B. 某咨询公司为个人无偿提供技术咨询服务

C. 某动画公司聘用动画人才为本公司设计动画

D. 某运输公司为其他单位无偿提供交通运输服务

三、判断题

1. 增值税一般纳税人销售货物从购买方收取的价外费用，在征税时，一般应视为含税收入，计算税额时应换算为不含税收入。（　　）

2. 以物易物方式销售货物，由多交付货物的一方以价差计算缴纳增值税。（　　）

3. 增值税纳税人可以根据本企业的注册资金多少和实际经营规模大小决定是否为一般纳税人。（　　）

4. 已经抵扣了进项税额的购进货物，如果投资给其他单位，可以将进项税额在投资发生当期转出。（　　）

5. 不属于当期发生的增值税进项税一律不得在当期抵扣。（　　）

6. 纳税人发生视同销售货物行为而无销售额的，税务机关有权按规定的顺序确定销售额。（　　）

7. 纳税人采用销售折扣方式销售货物，只要将折扣额开具发票，均可按折扣后的净额计算缴纳增值税。（　　）

8. 海关代征纳税人应纳进口货物增值税时，按照组成计税价格的规定税率计算应纳税额，不得抵扣任何税额。（　　）

9. 一般纳税人发生财政部和国家税务总局规定的特定应税行为，可以选择适用简易计税方法计税，但一经选择，24 个月内不得变更。（　　）

10. 纳税人提供租赁服务采取预收款方式的，其纳税义务发生时间为收到预收款的当天。（　　）

11. 纳税人兼营免税、减税项目的，应当分别核算免税、减税项目的销售额；未分别核算的，税务机关按照合理的方法确定减免额度。（　　）

12. 建筑业小规模纳税人的征收率为 5%。（　　）

13. 单位或者个体工商户聘用的员工为本单位或者雇主提供取得工资的服务不征收增值税。（　　）

14. 纳税人的交际应酬消费，其进项税额可以从销项税额中抵扣。（　　）

15. 员工将自有店面房出租给本单位使用取得的租金不属于增值税征税范围。（　　）

四、计算题

1. 某自行车厂是增值税的一般纳税人。2022 年 7 月该企业的购销情况如下：

（1）向当地的商场销售自行车 8 000 辆，每辆单价 280 元（不含增值税价格，下同），商场在当月付清货款后，自行车厂给予其 8%的销售折扣，并开具了红字发票入账。

（2）向外地的特约经销点销售 5 000 辆自行车，并支付给承运部门运费 70 000 元，装卸费 10 000 元（对方分别开具了增值税专用发票并当月已认证）。

（3）销售本厂 2013 年 1 月购买的自用小轿车 1 辆，取得收入 100 000 元，该小轿车的原值为 180 000 元。(纳税人未放弃减税)

（4）逾期未收回的包装物押金为 60 000 元。

（5）购进生产自行车的各种零部件、原材料，在取得的增值税专用发票上注明的销售金额为 1 400 000 元，注明的税金为 182 000 元（当月已认证）。

（6）从小规模纳税人手中购进生产自行车的零件，普通发票上注明的价款为 90 000元。

（7）2022 年 5 月 10 日，该企业购入钢材一批，取得增值税专用发票并认证相符，专用发票上注明的金额为 500 000 元，税额为 65 000 元（在购进的当期全额抵扣进项税额）。本月该企业将这批钢材用于修建职工宿舍。

所有票据当月已认证。

请根据上述资料计算当期应纳的增值税。

2. 某食品加工厂 2022 年 7 月发生下列经济业务：

（1）向农民收购大麦 10 吨，支付价款 20 000 元，验收后送另一食品加工厂（增值税一般纳税人）加工膨化（加工膨胀化的货物税率为 13%），支付加工费，取得增值税专用发票上注明的价税合计为 600 元。

（2）从县城工具厂（小规模纳税人）购入小工具一批，取得税务机关代开的增值税专用发票，价税合计 3 605 元。

（3）生产玉米渣 10 吨，销售 9 吨取得不含税销售额 21 000 元，将 1 吨玉米渣发给职工。(玉米渣增值税税率为 9%)

（4）生产夹心饼干销售，办妥托收手续，单位收到货款，开具增值税专用发票的不含税销售额 100 000 元。(夹心饼增值税税率为 13%)

（5）2022 年 6 月向农民收购入库的小米因管理不善霉烂（已领、用于生产 13%税率的产品），账面成本 4 497 元（含铁路运输费用 186 元）。

（6）转让 2012 年 3 月购入的小型设备一台，从购买方取得支票 8 000 元（含税），同时请小规模纳税人运输企业负责运输，取得税务机关代开的增值税专用发票上注明的不含税运费 1 000 元。

（7）将其 2015 年 2 月 5 日购买的本市写字楼对外出租，当月取得房租 84 000 元（选择适用简易计税方法）。购进该写字楼消防设备，取得增值税专用发票，发票上注明的销售额为 10 万元，税额为 1.6 万元。

假定上述需要认证的发票均已通过认证，要求计算该食品厂当月应纳增值税税额。

3. A省某建筑企业（增值一般纳税人）2022年7月分别在B省和C省提供建筑服务（均为非简易计税项目），当月分别取得建筑服务收入（含税）1 635万元和2 943万元，分别支付分包款545万元（取得增值税专用发票上注明的增值税额为45万元）和763万元（取得增值税专用发票上注明的增值税额为63万元），支付不动产租赁费用109万元（取得增值税专用发票上注明的增值税额为9万元），购入建筑材料1 130万元（取得增值税专用发票上注明的增值税额为130万元）。该建筑企业在8月纳税申报期如何申报缴纳增值税？

4. 某房地产企业（增值税一般纳税人），2022年5月发生下列业务：

（1）销售自行开发的适用一般计税方法房地产取得收入4 360万元（含税），开具增值税专用发票，对应土地价款1 500万元。

（2）销售自行开发的适用简易计税方法的房产，取得收入1 050万元（含税），开具增值税普通发票。

（3）当期收取预收款109万元，适用于一般计税项目，向购房方开具增值税普通发票。

（4）购买电梯一部，用于建设中的房地产项目，取得增值税专用发票，票面金额100万元，税额13万元。

（5）向地产项目建设方支付建筑款1 030万元，该项目采用简易计税方法，取得增值税专用发票，票面金额1 000万元，税额30万元。

（6）支付各类配套工程费用2 180万元（含税），增值税专用发票上注明税额180万元。

（7）购进钢筋水泥113万元（含税），取得增值税专用发票上注明税额13万元；支付法律咨询费21.2万元（含税），取得增值税专用发票上注明税额1.2万元；业务用车在开展经营业务过程中取得的高速公路通行费增值税电子普通发票上注明的增值税额为1.5万元。

（8）购进白酒一箱用于宴请，取得增值税专用发票，票面金额为0.1万元，税额为0.013万元。

（9）购买税控盘，支付价税合计904元。

上述业务取得的增值税专用发票均已认证相符。

该房地产企业当月应缴纳的增值税为多少？

5. 某汽车制造企业为增值税一般纳税人，2022年7月有关生产经营业务如下：

（1）以直接收款方式销售A型小汽车30辆给汽车销售公司，每辆不含税售价15万元，开具增值税专用发票注明价款450万元，当月实际收回价款430万元，余款下月才能收回。

（2）销售B型小汽车50辆给特约经销商，每辆不含税单价12万元，向特约经销商开具了增值税专用发票注明价款600万元、增值税78万元，由于特约经销商当月支付了全部货款，汽车制造企业给予其原售价2%的销售折扣。

（3）将新研制生产的C型小汽车销售给本企业中层干部，每辆按成本价10万元出售，共计取得收入50万元，C型小汽车尚无市场销售价格，成本利润率为8%。

（4）购进机械设备取得增值税专用发票注明价款20万元、进项税额2.6万元，该设备当月投入生产使用。

（5）当月购进原材料取得增值税专用发票注明价款600万元、增值税78万元，同时支付购进原材料的运输费用，取得增值税专用发票上注明不含税运费20万元。

（6）从小规模纳税人处购进汽车零部件，取得由当地税务机关开具的增值税专用发票注明价款40万元，进项税额1.2万元，向小规模货运公司支付运输费用2万元并取得普通发票。

（7）当月发生意外事故损失库存原材料金额35万元（其中含运输费用2.79万元）。

当月该企业自行计算、申报缴纳的增值税如下：

申报缴纳的增值税＝［430+600×（1−2%）+50］×13%−［2.6+78+20×9%+2×3%+1.2−35×13%］＝138.84−79.11＝59.73（万元）

（上述取得的专用发票均已通过认证，该企业生产的小汽车均适用9%的消费税税率）

要求：根据企业自行计算、申报缴纳的增值税处理情况，按资料顺序逐项指出企业的做法是否正确。简要说明理由。

6. 甲货运公司在2013年8月1日被认定为增值税一般纳税人。2022年7月发生业务如下：

（1）甲货运公司与乙企业是长期合作的关系户。甲货运公司为其提供货运一条龙服务，提供货物运输服务取得不含税收入60万元，提供货物运输代理服务取得收入8万元，提供仓储服务取得收入12万元，提供装卸搬运服务取得收入5万元。根据合同规定，甲货运公司按照运输收入的10%给予折扣，并将不含税市场价格60万元与折扣额开在同一张发票上的“金额”栏内。其他各项按市场价格正常收费。

（2）甲公司将本公司的一批货运车辆赠送给某福利企业。该批车辆于2010年购进，账面原值120万元，已提折旧45万元。

（3）甲公司本月购进办公用品及修理用备件，取得增值税专用发票，注明价款20万元，增值税2.6万元；车队购进汽油取得增值税专用发票，注明价款15万元、增值税1.95万元。

（4）甲公司为本单位职工提供班车，发生成本5万元。

题中的收入除特殊说明外，均为含税收入；甲公司对可以选择按简易方法计税的业务选择按简易方法计税；取得的相关票据均在本月认证并抵扣；销售自己使用过的固定资产，未放弃减税。

要求：根据上述资料，按下列序号计算回答问题，每问需计算出合计数。

（1）甲公司为乙企业提供运输服务取得的收入的销项税额。

（2）甲公司为乙企业提供仓储服务和装卸搬运服务收入的增值税处理。

（3）甲公司为乙企业提供货物运输代理服务收入的销项税额。

（4）甲公司对外捐赠的车辆的增值税处理。

（5）甲公司本月准予抵扣的进项税额。

（6）甲公司为本单位职工提供班车服务的增值税处理。

（7）甲公司本月应纳增值税。

7. 某农机生产企业为增值税一般纳税人，9 月发生以下业务：

（1）外购原材料，取得普通发票上注明价税合计 50 000 元，原材料已入库；另支付给运输企业运输费用，取得了增值税专用发票，注明价款 3 000 元。

（2）外购农机零配件，取得的增值税专用发票上注明价款 140 000 元，本月生产领用价值 90 000 元的农机零件；另支付铁路运输费用，取得的增值税专用发票上注明运费 5 000 元。

（3）企业非正常损失一批半成品，该批半成品耗用当年 7 月份外购的钢材一批，成本 70 000 元（其中含铁路运输费用 4 000 元），钢材购入时已按规定抵扣了进项税。

（4）销售自产农机整机一批，取得不含税销售额 430 000 元，另收取包装费 15 260 元。

（5）销售外购的农机零部件一批，取得含税销售额 39 550 元。

（6）提供农机维修业务，开具的普通发票上注明价税合计 33 900 元。

（7）取得广告公司的增值税专用发票上注明广告费不含税价款 10 000 元。

（8）职工张某因公出差，取得增值税专用发票上注明的住宿费 3 000 元，增值税 90 元；取得往返航空运输电子客票行程单，每张票价及燃油附加费均为 931 元和 50 元。

（9）转让一辆自用过的 2012 年 6 月购入的小汽车，开具普通发票取得收入 100 000 元。（纳税人未放弃减税）

企业取得的相关票据均在当月通过认证并在当月抵扣。

根据上述资料，回答下列问题：

（1）该企业当月增值税的销项税额。

（2）该企业当月可抵扣的进项税额。

（3）该企业转让自用过的 2012 年 6 月购入的小汽车应缴纳的增值税。

（4）该企业当月应缴纳的增值税。

8. 某生产企业为增值税一般纳税人，9 月发生以下业务：

（1）销售给有长期合作关系的客户 10 万件货物，价目表上注明该批货物不含税单价为每件 80 元，给予 5%的折扣，开具增值税专用发票，在金额栏注明销售额 8 000 000 元，折扣额 40 万元。

（2）销售给 A 商场一批货物，开具的增值税专用发票上注明销售额 2 000 000 元，A 商场尚未付款提货。

（3）销售库存不需要的原材料，开具普通发票注明价款 240 000 元。

（4）因管理不善毁损上月购进的已抵扣进项税额的免税农产品一批（用于生产税率为 13%的货物），该批农产品账面成本为 87 000 元，含运费成本 20 000 元（支付运费时取得一般纳税人开具的增值税专用发票）。

（5）为生产免税产品购入一批原材料，取得增值税专用发票上注明的价款 40 000 元，增值税税额 5 200 元。

（6）为生产应税产品购进一批生产用原材料，取得增值税专用发票上注明的价款6 000 000元，增值税税额780 000元，已支付货款并已验收入库；支付不含税运费100 000元，取得小规模纳税人由税务机关代开的增值税专用发票。

（7）该生产企业2019年5月份购入一栋不动产，取得合法有效的增值税专用发票金额为10 000 000元，增值税额为900 000元，当时用于单位食堂。2019年8月将该不动产改为办公用楼，此时该不动产的净值率为90%。

（8）允许广告公司在本企业2016年12月建成的围墙上喷涂家电、服装广告，价税合计收取49 500元。

（假设上述有关涉税凭证均合法且已通过税务机关认证并在本月抵扣）

要求：根据上述资料，计算9月该企业应纳增值税。

第二章练习题答案

【案例分析】

第三章 消费税

■学习目标

通过本章的学习，学生应了解消费税的产生发展及改革方向；理解消费税纳税人、征税范围、税目、税率；重点掌握理解消费税计税依据、应纳税额的计算，熟悉消费税的征纳管理，具备办理有关消费税事宜的基本技能。

■导入案例

某酒厂为增值税一般纳税人，主要生产粮食白酒。2019 年 5 月“主营业务收入”账户反映销售粮食白酒 2 500 千克，取得不含税销售额 105 000 元；“其他业务收入”账户反映收取粮食白酒品牌使用费 4 520 元；“其他应付款”账户反映本月销售粮食白酒收取包装物押金 9 040 元。年底该酒厂将销售粮食白酒的包装物押金中的3 390元返还给购货方，其余包装物押金不再返还。该酒厂应纳消费税税额为多少元？粮食白酒的计税依据是什么？是从价计征还是从量计征？粮食白酒的价外费用有哪些？粮食白酒的包装物押金是否计入计税销售额？通过本章的学习，我们将找到这些答案。

第一节 消费税概述

一、消费税的概念

消费税是对消费品和特定的消费行为按流转额征收的一种商品税。据不完全统计，全世界有 100 多个国家开征了消费税，它是国家贯彻消费政策、引导产业结构的重要手段。

我国现行消费税是对在我国境内从事生产、委托加工和进口应税消费品的单位和个人就其应税消费品征收的一种税。它与增值税相配合形成双层调节机制，是在增值税发挥普遍调节作用的基础上，对特定的消费品进行特殊调节，借以调节产品结构，引导消费方向，保证国家财政收入。我国现行消费税法的基本规范，是 2008 年 11 月 5 日经国务院第 34 次常务会议修订通过并颁布的，自 2009 年 1 月 1 日起施行的《中华人民共和国消费税暂行条例》，以及 2008 年 12 月 15 日财政部、国家税务总局第 51 号令颁布的《中华人民共和国消费税暂行条例实施细则》。

二、消费税的特点

（一）征税范围具有选择性

消费税最本质的特征就是它能够体现特定的政策目标。目前世界各国的消费税并不是对所有的消费品和消费行为都征收消费税，而是基于调节消费、引导生产、节约资源、保护环境等方面的考虑，选择了部分特定消费品和消费行为作为征税范围。我国的消费税主要选择那些消费量大、需求弹性较大和税源普遍的消费品开征，主要涉及高档消费品、奢侈品和不可替代的资源性产品等，但是即使已经确定的征税项目也不是一成不变的，而是随着经济情况的变化有增有减。

（二）征税环节的相对单一性

消费税和增值税的多环节缴纳不同，其纳税环节主要选择在产制环节或进口环节，也就是说，应税消费品在生产环节或进口环节征税之后，除个别消费品的纳税环节为零售环节外，再继续转销该消费品不再征收消费税。但无论在哪个环节征税，都实行单环节征收，以零售环节为纳税环节的应税消费品，在零售环节以前的诸环节都不征收消费税。这样，既可以减少纳税人的数量，降低税款征收费用和税源流失的风险，又可以防止重复征税。

（三）征税方法的灵活性

消费税针对不同的税目采用不同的征税方法。一般对价格差异较大，且便于按价格核算的应税消费品从价定率征收；对价格差异小，品种、规格比较单一的大宗应税消费品从量定额征收；而对一些特殊商品（我国主要是烟酒），实行从价和从量复合计征。

（四）税负具有转嫁性

消费税是一种典型的间接税，税负最终归宿为消费者。但为了简化征收管理，我国消费税直接以应税消费品的生产经营者为纳税人，于生产、销售环节、进口环节、批发环节或零售环节缴纳税款，并成为商品价格的一个组成部分向购买者收取，消费者为税负的最终负担者。

三、消费税的产生与发展

消费税具有悠久的历史。据史料记载，古罗马就有对消费品——酒、盐的课税；早在公元前 81 年，汉昭帝为避免酒的专卖，“与商人争市利”，改酒专卖为普遍征税，允许各地地主、商人自行酿酒卖酒，每升酒缴税四文，纳税环节在酒销售之后，而不是在出坊（酒坊）时缴纳税款，这可以说是我国较早的消费税。

新中国成立后，1950 年统一全国税制，建立新税制，新开征了特种行为消费税，这一税种包含娱乐、筵席、冷食、旅馆 4 个税目，在发生特种消费行为时征收。1988 年 9 月 22 日，国务院针对社会上存在的不合理消费现象开征了筵席税。1989 年 2 月 1 日，为缓解彩色电视机、小轿车的供求矛盾开征了彩色电视机特别消费税和小轿车特别消费税。此外，我国 1984 年 9 月 18 日颁布开征的产品税和增值税的课税范围涉及大部分消费品，也具有一定的消费税性质。

为适应建立社会主义市场经济体制的需要，配合新一轮税制改革以及增值税的推行，1993 年年底，国务院正式颁布了《中华人民共和国消费税暂行条例》，并于 1994 年 1 月 1 日起实施。决定在增值税进行普遍征收的基础上，再对部分消费品征收消费税，以贯彻国家产业政策和消费政策。

2008 年我国对《增值税暂行条例》做出了重要的修订，鉴于增值税和消费税之间存在较强的相关性，为了保持税种相关政策和征管措施之间的有效衔接，我国又适时地对消费税条例进行了修改，调整后使消费税政策更加适合我国的客观实际。

第二节　消费税的基本要素

一、消费税纳税人

在中华人民共和国境内生产、委托加工和进口消费税暂行条例规定的消费品的单位和个人，以及国务院确定的销售《消费税暂行条例》规定的消费品的其他单位和个人，为消费税的纳税人，应当依照《消费税暂行条例》缴纳消费税。

单位，是指企业、行政单位、事业单位、军事单位、社会团体及其他单位。

个人，是指个体工商户及其他个人。

在中华人民共和国境内，是指生产、委托加工和进口属于应当缴纳消费税的消费品的起运地或者所在地在境内。

二、消费税征税范围

目前消费税的征税范围分布在以下五个环节：

（一）生产应税消费品

生产应税消费品销售是消费税征收的主要环节。生产应税消费品除了直接对外销售应征收消费税外，纳税人将生产的应税消费品换取生产资料、消费资料、投资入股、偿还债务，以及用于继续生产应税消费品以外的其他方面都应缴纳消费税。

（二）委托加工应税消费品

委托加工应税消费品是指委托方提供原料和主要材料，受托方只收取加工费和代垫部分辅助材料加工的应税消费品。由受托方提供原材料或其他情形的一律不能视同委托加工应税消费品。委托加工的应税消费品收回后，再继续用于生产应税消费品销售的，其委托加工环节缴纳的消费税款可以扣除。

（三）进口应税消费品

单位和个人进口货物属于消费税征税范围的，在进口环节也要缴纳消费税。为了减少征税成本，进口环节缴纳的消费税由海关代征。

（四）零售应税消费品

经国务院批准，自 1995 年 1 月 1 日起，金银首饰消费税由生产销售环节、进口环节征收改为零售环节征收。改在零售环节征收消费税的金银首饰仅限于金基、银基合金首饰以及金、银和金基、银基合金的镶嵌首饰。自 2002 年 1 月 1 日起，钻石及钻石饰品消费税，由生产环节、进口环节后移至零售环节征收。自 2003 年 5 月 1 日起，铂金首饰消费税由生产环节、进口环节征收改为零售环节征收。自 2016 年 12 月 1 日起，超豪华小汽车在零售环节加征一道消费税。

（五）卷烟批发环节

自 2009 年 5 月 1 日起，卷烟在批发环节加征一道从价税。自 2015 年 5 月 10 日起，卷烟批发环节从价税税率由 5%提高至 11%，并按 0.005 元/支加征从量税。

三、消费税税目及税率

（一）税目

现行消费税共有 15 个税目。

1. 烟

凡是以烟叶为原料加工生产的产品，不论使用何种辅料，均属于本税目的征收范围。包括卷烟（进口卷烟、白包卷烟、手工卷烟和未经国务院批准纳入计划的企业及个人生产的卷烟）、雪茄烟和烟丝。

2. 酒

酒是酒精度在 1 度以上的各种酒类饮料，包括白酒、黄酒、啤酒和其他酒。果啤属于啤酒子目，葡萄酒适用“其他酒”子目，调味料酒不属于消费税征税范围。

对饮食业、商业、娱乐业举办的啤酒屋（啤酒坊）利用啤酒生产设备生产的啤酒，应当征收消费税。

3. 高档化妆品

高档化妆品包括高档美容、修饰类化妆品、高档护肤类化妆品和成套化妆品。

高档美容、修饰类化妆品和高档护肤类化妆品是指生产（进口）环节销售（完税）价格（不含增值税）在 10 元/毫升（克）或 15 元/片（张）及以上的美容、修饰类化妆品和护肤类化妆品。美容、修饰类化妆品是指香水、香水精、香粉、口红、指甲油、胭脂、眉笔、唇笔、蓝眼油、眼睫毛以及成套化妆品。舞台、戏剧、影视演员化妆用的上妆油、卸妆油、油彩，不属于本税目的征税范围。

4. 贵重首饰及珠宝玉石

贵重首饰及珠宝玉石指，凡以金、银、白金、宝石、珍珠、钻石、翡翠、珊瑚、玛瑙等高贵稀有物质以及其他金属、人造宝石等制作的各种纯金银首饰及镶嵌首饰和经采掘、打磨、加工的各种珠宝玉石。对出国人员免税商店销售的金银首饰征收消费税。

5. 鞭炮、焰火

鞭炮、焰火包括各种鞭炮、焰火。体育活动用的发令纸、鞭炮药引线，不按本税目征收。

6. 成品油

成品油包括汽油、柴油、石脑油、溶剂油、航空煤油、润滑油、燃料油 7 个子目。

其中航空煤油的消费税暂缓征收。

7. 小汽车

小汽车是指由动力驱动，具有4个或4个以上车轮的非轨道承载的车辆。包括含驾驶员座位在内最多不超过9个座位（含）的，在设计和技术特性上用于载运乘客和货物的各类乘用车和含驾驶员座位在内的座位数在10~23座（含23座）的在设计和技术特性上用于载运乘客和货物的各类中轻型商用客车。其中超豪华小汽车为每辆零售价格130万元（不含增值税）及以上的乘用车和中轻型商用客车。

电动汽车不属于本税目征收范围。车身长度大于7米（含），并且座位在10~23座（含）以下的商用客车，不属于中轻型商用客车征税范围，不征收消费税。沙滩车、雪地车、卡丁车、高尔夫车不属于消费税征收范围，不征收消费税。

8. 摩托车

摩托车包括轻便摩托车和摩托车两种。对最大设计车速不超过50千米/小时，发动机气缸总工作容量不超过50毫升的三轮摩托车不征收消费税；气缸容量250毫升（不含）以下的小排量摩托车不征收消费税。

9. 高尔夫球及球具

高尔夫球及球具是指从事高尔夫球运动所需的各种专用装备，包括高尔夫球、高尔夫球杆、高尔夫球包（袋）等，高尔夫球杆的杆头、杆身和握把也属于本税目的征收范围。

10. 高档手表

高档手表是指销售价格（不含增值税）每只在10 000元（含）以上的各类手表。

11. 游艇

游艇是指长度大于8米小于90米，船体由玻璃钢、钢、铝合金、塑料等多种材料制作，可以在水上移动的水上浮载体。按照动力划分，游艇分为无动力艇、帆艇和机动艇。

12. 木制一次性筷子

木制一次性筷子又称卫生筷子，是指以木材为原料经过锯段、浸泡、旋切、刨切、烘干、筛选、打磨、倒角、包装等环节加工而成的各类一次性使用的筷子。

13. 实木地板

实木地板是指以木材为原料，经锯割、干燥、刨光、截断、开榫、涂漆等工序加工而成的块状或条状的地面装饰材料。

实木地板包括实木指接地板、实木复合地板及用于装饰墙壁、天棚的侧端面的榫、槽的实木装饰板。未经涂饰的素板属于本科目征税范围。

14. 电池

电池是一种将化学能、光能等直接转换为电能的装置，一般由电极、电解质、容器、极端，通常还有隔离层组成的基本功能单元，以及用一个或多个基本功能单元装配成的电池组。范围包括：原电池、蓄电池、燃料电池、太阳能电池和其他电池。

自2015年2月1日起对电池（铅蓄电池除外）征收消费税；对无汞原电池、金属氢化物镍蓄电池（又称“氢镍蓄电池”或“镍氢蓄电池”）、锂原电池、锂离子蓄电池、太阳能电池、燃料电池和全钒液流电池免征消费税。自2016年1月1日起，对铅蓄电池按4%税率征收消费税。

15. 涂料

涂料是指涂于物体表面能形成具有保护、装饰或特殊性能的固态涂膜的一类液体或固体材料之总称。自 2015 年 2 月 1 日起对涂料征收消费税

对施工状态下挥发性有机物（volatile organic compounds，VOC）含量低于 420 克/升（含）的涂料免征消费税。

（二）税率

消费税采用比例税率、定额税率两种形式，以适应不同应税消费品的实际情况。消费税税目、税率表如表 3-1 所示。

表 3-1 消费税税目、税率表

税目	税率
一、烟	
1. 卷烟	
（1）甲类卷烟：每标准条（200 支）调拨价格在 70 元（不含增值税）以上（含 70 元）的卷烟	56%加 0.003 元/支（生产环节）
（2）乙类卷烟：每标准条（200 支）调拨价格在 70 元（不含增值税）以下的卷烟	36%加 0.003 元/支（生产环节）
（3）商业批发	11%加 0.005 元/支（批发环节）
2. 雪茄烟	36%（生产环节）
3. 烟丝	30%（生产环节）
二、酒	
1. 白酒	20%加 0.5 元/500 克（或者 500 毫升）
2. 黄酒	240 元/吨
3. 啤酒	
（1）甲类啤酒：每吨出厂价格（含包装物及包装物押金）在 3 000 元（含 3 000 元，不含增值税）以上的	250 元/吨
（2）乙类啤酒：每吨出厂价格在 3 000 元以下的	220 元/吨
4. 其他酒	10%
三、高档化妆品	15%
四、贵重首饰及珠宝玉石	
1. 金银首饰、铂金首饰和钻石及钻石饰品	5%
2. 其他贵重首饰和珠宝玉石	10%
五、鞭炮、焰火	15%
六、成品油	
1. 汽油	1.52 元/升
2. 柴油	1.2 元/升
3. 航空煤油	1.2 元/升
4. 石脑油	1.52 元/升
5. 溶剂油	1.52 元/升
6. 润滑油	1.52 元/升
7. 燃料油	1.2 元/升
七、摩托车	
1. 气缸容量（排气量，下同）在 250 毫升的	3%
2. 气缸容量在 250 毫升以上的	10%

表3-1(续)

税目	税率
八、小汽车 1. 乘用车 （1）气缸容量（排气量，下同）在1.0升（含1.0升）以下的 （2）气缸容量在1.0升以上至1.5升（含1.5升）的 （3）气缸容量在1.5升以上至2.0升（含2.0升）的 （4）气缸容量在2.0升以上至2.5升（含2.5升）的 （5）气缸容量在2.5升以上至3.0升（含3.0升）的 （6）气缸容量在3.0升以上至4.0升（含4.0升）的 （7）气缸容量在4.0升以上的 2. 中轻型商用客车 3. 超豪华小汽车	 1% 3% 5% 9% 12% 25% 40% 5% 10%（零售环节加征消费税）
九、高尔夫球及球具	10%
十、高档手表	20%
十一、游艇	10%
十二、木制一次性筷子	5%
十三、实木地板	5%
十四、电池	4%
十五、涂料	4%

第三节　消费税的计税依据

按照现行消费税法的基本规定，消费税应纳税额的计算主要分为从价计征、从量计征和从价从量复合计征三种方法。

一、从价计征

在从价定率计算方法下，应纳税额等于应税消费品的销售额乘以适用税率，应纳税额的多少取决于应税消费品的销售额和适用税率两个因素。

（一）销售额的一般规定

销售额为纳税人销售应税消费品向购买方收取的全部价款和价外费用。销售，是指有偿转让应税消费品的所有权；有偿，是指从购买方取得货币、货物或者其他经济利益；价外费用，是指价外向购买方收取的手续费、补贴、基金、集资费、返还利润、奖励费、违约金、滞纳金、延期付款利息、赔偿金、代收款项、代垫款项、包装费、包装物租金、储备费、优质费、运输装卸费以及其他各种性质的价外收费。但下列项目不包括在内：

1. 同时符合以下条件的代垫运输费用

（1）承运部门的运输费用发票开具给购买方的；

（2）纳税人将该项发票转交给购买方的。

2. 同时符合以下条件代为收取的政府性基金或者行政事业性收费

（1）由国务院或者财政部批准设立的政府性基金，由国务院或者省级人民政府及其财政、价格主管部门批准设立的行政事业性收费；

（2）收取时开具省级以上财政部门印制的财政票据；

（3）所收款项全额上缴财政。

其他价外费用，无论是否属于纳税人的收入，均应并入销售额计算征税。

（二）含增值税销售额的换算

应税消费品在缴纳消费税的同时，与一般货物一样，还应缴纳增值税。按照我国《消费税暂行条例实施细则》的规定，应税消费品的销售额，不包括应向购货方收取的增值税税款。如果纳税人应税消费品的销售额中未扣除增值税税款或者因不得开具增值税专用发票而发生价款和增值税税款合并收取的，在计算消费税时，应将含增值税的销售额换算为不含增值税税款的销售额。其换算公式为：

应税消费品的销售额＝含增值税的销售额÷（1+增值税税率或征收率）

二、从量计征

在从量定额的计算方法下，应纳税额等于应税消费品的销售数量乘以单位税额，应纳税额的多少取决于应税消费品的销售数量和单位税额两个因素。

（一）销售数量的确定

销售数量是指纳税人生产、加工和进口应税消费品的数量。具体规定为：

（1）销售应税消费品的，为应税消费品的销售数量；

（2）自产自用应税消费品的，为应税消费品的移送使用数量；

（3）委托加工应税消费品的，为纳税人收回的应税消费品数量；

（4）进口的应税消费品，为海关核定的应税消费品进口征税数量。

（二）计量单位的换算标准

我国《消费税暂行条例》规定，黄酒、啤酒以吨为税额单位；汽油、柴油以升为税额单位。但是，考虑到在实际销售过程中，一些纳税人会把吨或升这两个计量单位混用，为了规范不同产品的计量单位，以准确计算应纳税额，吨与升两个计量单位的换算标准如表 3-2 所示。

表 3-2　吨与升两个计量单位的换算标准

序号	名称	计量单位的换算标准
1	黄酒	1 吨＝962 升
2	啤酒	1 吨＝988 升
3	汽油	1 吨＝1 388 升
4	柴油	1 吨＝1 176 升

表3-2(续)

序号	名称	计量单位的换算标准
5	航空煤油	1 吨 = 1 246 升
6	石脑油	1 吨 = 1 385 升
7	溶剂油	1 吨 = 1 282 升
8	润滑油	1 吨 = 1 126 升
9	燃料油	1 吨 = 1 015 升

三、从价从量复合计征

现行消费税的征税范围中，只有卷烟、白酒采用复合计征方法。应纳税额等于应税销售数量乘以定额税率再加上应税销售额乘以比例税率。

四、计税依据的特殊规定

（1）包装物连同应税消费品销售时计税销售额的确定。实行从价定率办法计算应纳税额的应税消费品连同包装销售的，无论包装是否单独计价，也不论在会计上如何核算，均应并入应税消费品的销售额中征收消费税。

（2）销售应税消费品的包装物收取押金时计税销售额的确定。根据现行消费税制度的相关规定，分为以下三种情况。

一是如果包装物不作价随同产品销售，而是收取押金，此项押金则不应并入应税消费品的销售额中征税。但对因逾期未收回的包装物不再退还的或者已收取的时间超过 12 个月的押金，应并入应税消费品的销售额，按照应税消费品的适用税率缴纳消费税。

二是对既作价随同应税消费品销售，又另外收取押金的包装物的押金，凡纳税人在规定的期限内没有退还的，均应并入应税消费品的销售额，按照应税消费品的适用税率缴纳消费税。

三是酒类生产企业销售酒类产品（黄酒、啤酒除外）而收取的包装物押金，无论押金是否返还及在会计上如何核算，均应并入酒类产品销售额中征收消费税。

（3）纳税人用于换取生产资料和消费资料投资入股和抵偿债务等方面的应税消费品，应当以纳税人同类应税消费品的最高销售价格作为计税依据计算消费税。

（4）纳税人通过自设非独立核算门市部销售的自产应税消费品，应当按照门市部对外销售额或者销售数量征收消费税。

（5）纳税人兼营不同税率的应税消费品，应当分别核算不同税率应税消费品的销售额、销售数量。未分别核算销售额、销售数量，或者将不同税率的应税消费品组成成套消费品销售的，从高适用税率。

第四节　消费税应纳税额的计算

一、直接对外销售应纳消费税的计算

直接对外销售应税消费品涉及三种计算方法：

（一）从价定率计税

应纳税额 = 应税消费品的销售额×比例税率

【例 3-1】某化妆品生产公司为增值税一般纳税人。6 月向某商场销售高档化妆品一批，开具增值税专用发票，取得不含增值税销售额 100 万元，增值税额 13 万元；向某单位销售高档化妆品一批，开具普通发票上注明的销售额 11.3 万元。计算该化妆品公司当月应纳消费税额。

【解析】

应税销售额 = 100+11.3÷（1+13%）= 110（万元）

应缴纳的消费税额 = 110×15% = 16.5（万元）

（二）从量定额计税

应纳税额 = 应税消费品的销售数量×定额税率

【例 3-2】某啤酒厂 8 月份销售乙类啤酒 500 吨，每吨出厂价格 2 600 元。计算该啤酒厂 8 月应缴纳的消费税。

【解析】

应纳税额 = 应税消费品的销售数量×定额税率 = 500×220 = 110 000（元）

（三）从价定率和从量定额复合计税

应纳税额 = 应税销售数量×定额税率+应税销售额×比例税率

【例 3-3】某白酒生产企业为增值税一般纳税人，10 月份销售粮食白酒 60 吨，取得不含增值税的销售额 300 万元。计算白酒企业 10 月应缴纳的消费税额。

【解析】

应纳税额 = 60×2 000 ×0.5÷10 000+300×20% = 66（万元）

【例 3-4】本章导入案例计算如下：

$$应纳税额 = 2\ 500\times2\times0.5+\left[105\ 000+\frac{4\ 520+9\ 040}{1+13\%}\right]\times20\% = 25\ 900（元）$$

二、特殊环节应纳消费税的计算

（一）卷烟批发环节应纳消费税的计算

（1）纳税义务人：在中华人民共和国境内从事卷烟批发业务的单位和个人。

纳税人销售给纳税人以外的单位和个人的卷烟于销售时纳税。纳税人之间销售的卷烟不缴纳消费税。

（2）征收范围：纳税人批发销售的所有牌号规格的卷烟。

（3）适用税率：11%，并按 0.005 元/支加征从量税。

（4）计税依据：纳税人批发卷烟的销售额（不含增值税）、销售数量。

纳税人应将卷烟销售额与其他商品销售额分开核算，未分开核算的，一并征收消费税。

纳税人兼营卷烟批发和零售业务的，应当分别核算批发和零售环节的销售额、销售数量；未分别核算批发和零售环节销售额、销售数量的，按照全部销售额、销售数量计征批发环节消费税。

（5）纳税义务发生时间：纳税人收讫销售款或取得索取销售款凭据的当天。

（6）纳税地点：卷烟批发企业的机构所在地，总机构与分支机构不在同一地区的，由总机构申报纳税。

（7）卷烟消费税在生产和批发两个环节征收后，批发企业在计算纳税时不得扣除已含的生产环节的消费税税款。

（二）超豪华小汽车零售环节应纳消费税的计算

（1）纳税义务人：将超豪华小汽车销售给消费者的单位和个人。

（2）征税范围：每辆零售价格 130 万元（不含增值税）及以上的乘用车和中轻型商用客车，即乘用车和中轻型商用客车子税目中的超豪华小汽车。

（3）税率：10%。

（4）应纳税额的计算：

应纳税额=零售环节销售额（不含增值税）×10%

国内汽车生产企业直接销售给消费者的超豪华小汽车，消费税税率按照生产环节税率和零售环节税率加总计算。其消费税应纳税额计算公式为：

应纳税额=销售额（不含增值税）×（生产环节税率+10%）

三、自产自用应纳消费税的计算

所谓自产自用，就是纳税人生产应税消费品后，不是用于直接对外销售，而是用于自己连续生产应税消费品或用于其他方面。这种自产自用应税消费品形式，在实际经济活动中是常见的，但也是在是否纳税或如何纳税上最容易出现问题的。例如，有的企业把自己生产的应税消费品，以福利或奖励等形式发给本厂职工，以为不是对外销售，不必计入销售额，无须纳税，这样就出现了漏缴税款的现象。因此，很有必要认真理解税法对自产自用应税消费品的有关规定。

（一）用于连续生产的应税消费品

纳税人自产自用的应税消费品，用于连续生产应税消费品的不纳税。所谓“纳税人自产自用的应税消费品，用于连续生产应税消费品的”，是指作为生产最终应税消费品的直接材料并构成最终产品实体的应税消费品。例如，卷烟厂生产出烟丝，烟丝已是应税消费品，卷烟厂再用生产出的烟丝连续生产卷烟，这样，用于连续生产卷烟的烟丝就不缴纳消费税，只对生产的卷烟征收消费税。当然，生产出的烟丝如果是直接销售的，则烟丝还是要缴纳消费税的。税法规定对自产自用的应税消费品，用于连续生产应税消费品的不征税，体现了税不重征且计税简便的原则。

（二）用于其他方面的应税消费品

纳税人自产自用的应税消费品，除用于连续生产应税消费品外，凡用于其他方面的，于移送使用时纳税。用于其他方面的是指纳税人用于生产非应税消费品、在建工程、管理部门、非生产机构、提供劳务，以及用于馈赠、赞助、集资、广告、样品、职工福利、奖励等方面。例如，摩托车厂把自己生产的摩托车赠送或赞助给摩托车拉力赛赛车手使用，兼作商品广告等。

（三）税额的计算

1. 从量定额计税

应纳税额=自产自用应税消费品移送使用数量×定额税率

2. 从价定率计税和复合计税

纳税人自产自用的应税消费品，凡用于其他方面，按以下顺序确定销售额：

（1）同类消费品的销售价格。同类消费品的销售价格是指纳税人当月销售的同类消费品的销售价格，如果当月同类消费品各期销售价格高低不同，应按销售数量加权平均计算。但销售价格明显偏低又无正当理由的或无销售价格的，不得列入加权平均计算。如果当月无销售或者当月未完结，应按照同类消费品上月或最近月份的销售价格计算纳税。

（2）组成计税价格。没有同类消费品销售价格的，按照组成计税价格计算纳税。组成计税价格的公式如下：

①实行从价计税办法计算纳税的组成计税价格计算公式：

组成计税价格=（成本+利润）÷（1-比例税率）

应纳税额=组成计税价格×比例税率

②实行复合计税办法计算纳税的组成计税价格计算公式：

组成计税价格=（成本+利润+自产自用数量×定额税率）÷（1-比例税率）

应纳税额=组成计税价格×比例税率+自产自用数量×定额税率

上述公式中所说的“成本”，是指应税消费品的产品生产成本。

上述公式中所说的“利润”，是指根据应税消费品的全国平均成本利润率计算的利润。应税消费品全国平均成本利润率由国家税务总局确定。平均成本利润率如表 3-3 所示。

表 3-3　平均成本利润率　　单位：%

货物名称	利润率	货物名称	利润率
1. 甲类卷烟	10	11. 摩托车	6
2. 乙类卷烟	5	12. 高尔夫球及球具	10
3. 雪茄烟	5	13. 高档手表	20
4. 烟丝	5	14. 游艇	10
5. 粮食白酒	10	15. 木制一次性筷子	5
6. 薯类白酒	5	16. 实木地板	5
7. 其他酒	5	17. 乘用车	8
8. 化妆品	5	18. 中轻型商用客车	5
9. 鞭炮、焰火	5	19. 电池	4
10. 贵重首饰及珠宝玉石	6	20. 涂料	7

【例 3-5】某化妆品公司在“三八”妇女节将一批自产的高档化妆品用作福利赠送给女职工，该高档化妆品的成本为 5 000 元，无同类产品市场销售价格，已知其成本利润率为 5%，计算该批高档化妆品应缴纳的消费税税额。

【解析】

组成计税价格=成本×（1+成本利润率）÷（1-比例税率）

=5 000×（1+5%）÷（1-15%）≈6 176.47（元）

应纳税额=6 176.47×15%=926.47（元）

【例 3-6】某白酒生产企业以自产特制粮食白酒 2 000 斤用于厂庆庆祝活动，每斤白酒成本为 12 元，无同类产品销售价格。消费税率为 20%，每斤 0.5 元，粮食白酒成本利润率为 10%，计算该批自产特制粮食白酒应缴纳的消费税税额。

【解析】

组成计税价格=（成本+利润+自产自用数量×定额税率）÷（1-比例税率）

=［12×2 000×（1+10%）+2 000×0.5］÷（1-20%）

=34 250（元）

应纳税额=34 250×20%+2 000×0.5=7 850（元）

四、委托加工环节应纳消费税的计算

企业、单位或个人由于设备、技术、人力等方面的局限，或其他方面的原因，常常要委托其他单位代为加工应税消费品，然后，将加工好的应税消费品收回，直接销售或自己使用。这是生产应税消费品的另一种形式，也需要纳入征收消费税的范围。例如，某企业将购来的小客车底盘和零部件提供给某汽车改装厂，加工组装成小客车供自己使用，则加工、组装成的小客车就需要缴纳消费税。

（一）委托加工应税消费品的确定

委托加工的应税消费品是指由委托方提供原料和主要材料，受托方只收取加工费和代垫部分辅助材料加工的应税消费品。对于由受托方提供原材料生产的应税消费品，或者受托方先将原材料卖给委托方，然后再接受加工的应税消费品，以及由受托方以委托方名义购进原材料生产的应税消费品，不论纳税人在财务上是否作销售处理，都不得作为委托加工应税消费品，而应当按照销售自制应税消费品缴纳消费税。

（二）代收代缴税款的规定

为了避免应缴税款的流失，对委托加工应税消费品的应纳消费税，采取源泉控制的管理办法。即委托加工应税消费品一般由受托方在向委托方交货时代收代缴消费税，但是委托个人（含个体工商户）加工的应税消费品，由委托方收回后缴纳消费税。

受托方作为法定的代收代缴义务人，必须严格履行代收代缴义务，正确计算和按时代缴税款。如果受托方对委托加工的应税消费品没有代收代缴或少代收代缴消费税，要按照我国《税收征收管理法》的规定，承担代收代缴的法律责任，但并不能因此免除委托方补缴税款的责任（委托方要补缴税款，对受托方不再重复补税，但要按税收征收管理法的规定，处以应代收代缴税款 50%以上 3 倍以下的罚款）。

自 2012 年 9 月 1 日，委托方将收回的应税消费品以不高于受托方的计税价格出售的，为直接出售，不再缴纳消费税；委托方以高于受托方的计税价格出售的，不属于直接出售，需按照规定申报缴纳消费税，在计税时准予扣除受托方已代收代缴的消费税。

（三）税额的计算

1. 从量定额计税

应纳税额=委托加工应税消费品收回的数量×定额税率

2. 从价定率计税和复合计税

纳税人委托加工应税消费品，按以下顺序确定销售额。

（1）同类消费品的销售价格。其是指受托方（代收代缴义务人）当月销售的同类消费品的销售价格，如果当月同类消费品各期销售价格高低不同，应按销售数量加权平均计算。但销售价格明显偏低又无正当理由的或无销售价格的，不得列入加权平均计算。如果当月无销售或者当月未完结，应按照同类消费品上月或最近月份的销售价格计算纳税。

（2）没有同类消费品销售价格的，按照组成计税价格计算纳税。组成计税价格的计算公式为：

①实行从价定率办法计算纳税的组成计税价格计算公式：

组成计税价格=（材料成本+加工费）÷（1-比例税率）

应纳税额=组成计税价格×比例税率

②实行复合计税办法计算纳税的组成计税价格计算公式：

组成计税价格=(材料成本+加工费+委托加工数量×定额税率)÷(1-比例税率)

应纳税额=组成计税价格×比例税率+委托加工数量×定额税率

其中，材料成本，是指委托方所提供加工材料的实际成本；加工费，是指受托方加工应税消费品向委托方所收取的全部费用（包括代垫辅助材料的实际成本，不包括增值税税金）。

【例 3-7】4 月份，甲企业接受飞马烟厂委托加工烟丝，飞马烟厂提供烟叶的成本为35 000元，甲企业收取不含增值税的加工费和代垫辅料费 6 000 元，甲企业无同类产品在市场上销售，甲企业应缴纳的消费税应为多少（烟丝消费税税率为 30%）？

【解析】

组成计税价格=（35 000+6 000）÷（1-30%）≈58 571（元）

应纳税额=58 571×30%=17 571（元）

五、进口环节应纳消费税的计算

进口应税消费品于报关进口时由海关代征进口环节的消费税，由进口人或其代理人向报关地海关申报缴纳。

（一）从量定额计税

应纳税额=进口应税消费品数量×消费税定额税率

（二）从价定率计税

组成计税价格=（关税完税价格+关税）÷（1-消费税比例税率）

应纳税额=组成计税价格×消费税比例税率

公式中所称“关税完税价格”，是指海关核定的关税计税价格。

【例 3-8】某公司 11 月进口一批摩托车，海关审定的关税完税价格为 50 万元，关税税率假定为 30%，请计算该进口环节应缴纳的消费税税额（消费税税率为 3%）。

【解析】

组成计税价格=（50+50×30%）÷（1-3%）≈67.01（万元）

应缴纳消费税税额=67.01×3% =2.01（万元）

（三）从价定率和从量定额复合计税

组成计税价格=（关税完税价格+关税+进口数量×消费税定额税率）÷（1-消费税比例税率）

应纳税额=组成计税价格×消费税税率+应税消费品进口数量×消费税定额税额

进口环节消费税除国务院另有规定者外，一律不得给予减税、免税。

工业企业进口环节被海关征收过消费税的应税消费品，如果用于连续生产应税消费品，符合抵扣条件的可按生产领用数量抵扣已纳的进口环节消费税。

六、已纳消费税扣除的计算

由于某些应税消费品是用外购或委托加工收回的已缴纳消费税的应税消费品连续生产出来的，在对这些连续生产出来的应税消费品计算征税时，为了避免重复征税，现行消费税规定，应按当期生产领用数量计算扣除外购或委托加工收回的应税消费品已纳的消费税税款。税法规定扣除范围包括：

（1）外购或委托加工收回的已税烟丝为原料生产的卷烟；

（2）外购或委托加工收回的已税高档化妆品为原料生产的高档化妆品；

（3）外购或委托加工收回的已税珠宝玉石为原料生产的贵重首饰及珠宝玉石；

（4）外购或委托加工收回的已税鞭炮、焰火为原料生产的鞭炮、焰火；

（5）委托加工收回的已税摩托车生产的摩托车；

（6）外购或委托加工收回的已税杆头、杆身和握把为原料生产的高尔夫球杆；

（7）外购或委托加工收回的已税木制一次性筷子为原料生产的木制一次性筷子；

（8）外购或委托加工收回的已税实木地板为原料生产的实木地板；

（9）外购或委托加工收回的已税汽油、柴油、石脑油、燃料油、润滑油用于连续生产应税成品油；

（10）从葡萄酒生产企业购进、进口葡萄酒连续生产应税葡萄酒。

上述当期准予扣除外购或委托加工收回的应税消费品已纳消费税税款的计算公式为：

当期准予扣除的外购应税消费品已纳税款=当期准予扣除的外购应税消费品买价×外购应税消费品适用税率

当期准予扣除的外购应税消费品买价=期初库存的外购应税消费品的买价+当期购进的应税消费品的买价-期末库存的外购应税消费品的买价

当期准予扣除的委托加工应税消费品已纳税款=期初库存的委托加工应税消费品已纳税款+当期收回的委托加工应税消费品已纳税款-期末库存的委托加工应税消费品已纳税款

【例 3-9】某卷烟生产企业，某月初库存外购应税烟丝金额 20 万元，当月又外购应税烟丝金额 50 万元（不含增值税），月末库存烟丝金额 10 万元，其余被当月生产卷烟领用。请计算卷烟厂当月准许扣除的外购烟丝已缴纳的消费税税额。

【解析】

当期准许扣除的外购烟丝买价=20+50-10=60（万元）

当月准许扣除的外购烟丝已缴纳的消费税税额=60×30%=18（万元）

需要说明的是，纳税人用外购或委托加工收回的已税珠宝玉石生产的改在零售环节征收消费税的金银首饰、铂金首饰、钻石及钻石饰品，在计税时一律不得扣除委托加工收回的珠宝玉石的已纳消费税税款。

允许扣除已纳税款的应税消费品一般是从工业企业购进的应税消费品和进口的应税消费品，对从境内商业企业购进的应税消费品符合抵扣条件的，也准予扣除外购应税消费品已纳消费税税款。

七、消费税出口退税的计算

对纳税人出口应税消费品，免征消费税；国务院另有规定的除外。

（一）出口免税并退税

适用这个政策的是：有出口经营权的外贸企业购进应税消费品直接出口，以及外贸企业受其他外贸企业委托代理出口应税消费品。注意，外贸企业只有受其他外贸企业委托，代理出口应税消费品才可以办理退税，外贸企业受其他企业（主要是非生产性的商贸企业）委托，代理出口应税消费品是不予退（免）税的。

出口货物的消费税应退税额的计税依据，按购进出口货物的消费税专用缴款书和海关进口消费税专用缴款书确定。

属于从价定率计征消费税的，为已征且未在内销应税消费品应纳税额中抵扣的购进出口货物金额；属于从量定额计征消费税的，为已征且未在内销应税消费品应纳税额中抵扣的购进出口货物的数量；属于复合计征消费税的，按从价定率和从量定额的计税依据分别确定。

消费税应退税额=从价定率计征消费税的退税计税依据×比例税率+从量定额计征消费税的退税计税依据×定额税率

（二）出口免税但不退税

适用这个政策的是：有出口经营权的生产性企业自营出口或生产企业委托外贸企业代理出口自产的应税消费品，依据其实际出口数量免征消费税，不予办理退还消费税。免征消费税是指对生产性企业按其实际出口数量免征生产环节的消费税。不予办理退还消费税，是指因已免征生产环节的消费税，该应税消费品出口时，已不含有消费税，所以也无须再办理退还消费税。

（三）出口不免税也不退税

适用这个政策的是：除生产企业、外贸企业外的其他企业，具体是指一般商贸企业，这类企业委托外贸企业代理出口应税消费品一律不予退（免）税。

第五节　消费税的征收管理

一、纳税义务发生时间

纳税人生产的应税消费品于销售时纳税，进口消费品应当于应税消费品报关进口环节纳税，但金银首饰、铂金首饰、钻石及钻石饰品在零售环节纳税。消费税纳税义务发生的时间，以货款结算方式或行为发生时间分别确定。

（1）纳税人生产销售的应税消费品，其纳税义务的发生时间为：

①纳税人采取赊销和分期收款结算方式的，其纳税义务的发生时间，为销售合同规定的收款日期的当天。

②纳税人采取预收货款结算方式的，其纳税义务的发生时间，为发出应税消费品的当天。

③纳税人采取托收承付和委托银行收款方式销售的应税消费品，其纳税义务的发生时间，为发出应税消费品并办妥托收手续的当天。

④纳税人采取其他结算方式的，其纳税义务的发生时间，为收讫销售款或者取得索取销售款的凭据的当天。

（2）纳税人自产自用的应税消费品，其纳税义务的发生时间，为移送使用的当天。

（3）纳税人委托加工的应税消费品，其纳税义务的发生时间，为纳税人提货的当天。

（4）纳税人进口的应税消费品，其纳税义务的发生时间，为报关进口的当天。

二、纳税期限

按照我国《消费税暂行条例》规定，消费税的纳税期限分别为 1 日、3 日、5 日、10 日、15 日或者 1 个月。纳税人的具体纳税期限，由主管税务机关根据纳税人应纳税额的大小分别核定；不能按照固定期限纳税的，可以按次纳税。

纳税人以 1 个月为一期纳税的自期满之日起 15 日内申报纳税；以 1 日、3 日、5 日、10 日或者 15 日为一期纳税的，自期满之日起 5 日内预缴税款，于次月 1 日起至 15 日内申报纳税并结清上月应纳税款。

纳税人进口应税消费品，应当自海关填发海关进口消费税专用缴款书之日起 15 日内缴纳税款。

如果纳税人不能按照规定的纳税期限依法纳税，将按我国《税收征收管理法》的有关规定处理。

三、纳税地点

（1）纳税人销售的应税消费品，以及自产自用的应税消费品，除国家另有规定的外，应当向纳税人核算地主管税务机关申报纳税。

（2）委托加工的应税消费品，除受托方为个人外，由受托方向所在地主管税务机关代收代缴消费税税款。

（3）进口的应税消费品，由进口人或者其代理人向报关地海关申报纳税。

（4）纳税人到外县（市）销售或委托外县（市）代销自产应税消费品的，于应税消费品销售后，向机构所在地或者居住地主管税务机关申报纳税。

纳税人的总机构与分支机构不在同一县（市），但在同一省（自治区、直辖市）范围内，经省（自治区、直辖市）财政厅（局）、国家税务局审批同意，可以由总机构汇总向总机构所在地的主管税务机关申报缴纳消费税。

省（自治区、直辖市）财政厅（局）、国家税务局应将审批同意的结果，上报财政部、国家税务总局备案。

（5）纳税人销售的应税消费品，如因质量等原因由购买者退回时，经所在地主管税务机关审核批准后，可退还已征收的消费税税款。但不能自行直接抵减应纳税款。

本章小结

思考与练习题

一、单项选择题

1. 下列各选项中，属于消费税征税范围的是（　　）。

A. 调味料酒　　B. 电动汽车

C. 木制一次性筷子　　D. 沙滩车

2. 下列应税消费品中，适用定额税率征收消费税的是（　　）。

A. 高档化妆品　　B. 金银首饰　　C. 高尔夫球　　D. 啤酒

3. 甲企业是增值税一般纳税人，8 月向乙摩托车厂订购摩托车 10 辆，每辆含增值税售价为 10 000 元，另支付改装费共计 30 000 元。已知，增值税税率为 13%，消费税税率为 10%。有关乙摩托车厂上述业务应缴纳的消费税，下列计算正确的是（　　）。

A. 10 000×10×10% = 10 000（元）

B. 10 000×10÷（1+13%）×10% = 8 849. 56（元）

C. （10 000×10+30 000）×10% = 13 000（元）

D. （10 000×10+30 000）÷（1+13%）×10% = 11 504. 42（元）

4. 某酒厂为增值税一般纳税人，8 月份生产销售粮食白酒 100 吨，取得不含税销售额 480 万元，同时收取包装费 15 万元、包装物押金 5 万元。已知，粮食白酒消费税比例税率为 20%，定额税率为 0. 5 元/500 克。该酒厂当月应缴纳的消费税为（　　）万元。

A. 100　　B. 110　　C. 108. 65　　D. 109. 54

5. 某日化厂为增值税一般纳税人，8 月将自产的 200 万件高档化妆品无偿赠送给关联企业，每件高档化妆品的生产成本为 50 元。已知消费税税率为 15%，成本利润率为 5%，没有同类高档化妆品的销售价格。该日化厂当月应缴纳的消费税为（　　）万元。

A. 1 500　　B. 1 575　　C. 1 764. 71　　D. 1 852. 94

6. 某酒厂下设一非独立核算的门市部，10 月该酒厂共生产黄酒 150 吨，当月将其中 100 吨由总机构移送到非独立核算门市部用于销售，当月门市部实际对外销售黄酒 80 吨，则该酒厂当月就上述业务计算缴纳消费税的黄酒销售数量为（　　）吨。

A. 150　　B. 100　　C. 80　　D. 0

7. 10月甲公司进口一批小汽车，海关审定的关税完税价格为100万元，缴纳关税20万元，已知小汽车消费税税率为25%，甲公司当月进口小汽车应缴纳消费税税额的下列计算中，正确的是（　　）。

A.（100+20）×25%=30（万元）

B.（100+20）÷（1-25%）×25%=40（万元）

C. 100×25%=25（万元）

D. 100÷（1-25%）×25%≈33.33（万元）

8. 某卷烟生产企业为增值税一般纳税人，8月，收回委托乙企业加工的100标准箱甲类卷烟，已知该卷烟生产企业提供不含税价款为100万元的原材料，同时支付不含税加工费20万元，乙企业无同类卷烟的销售价格，则乙企业当月应代收代缴消费税（　　）万元。（甲类卷烟消费税税率为56%加150元/箱）

A. 156.14　　B. 154.23　　C. 152.73　　D. 68.70

9. 根据消费税法律制度的规定，企业发生的下列经营行为中，外购应税消费品已纳消费税税额不准从应纳消费税税额中扣除的是（　　）。

A. 以外购已税电池生产小汽车　　B. 以外购已税烟丝生产卷烟

C. 以外购已税杆头生产高尔夫球杆　　D. 以外购已税石脑油生产成品油

10. 下列选项中应视同销售缴纳消费税的情况有（　　）。

A. 将外购的已税消费品继续加工成应税消费品

B. 将委托加工的应税消费品继续加工成应税消费品

C. 自制应税消费品继续加工成应税消费品

D. 自制应税消费品用于向外投资

11. 国内某汽车制造公司将一辆高档小汽车以160万元（不含增值税）的价格直接销售给某歌星，该小汽车生产环节消费税税率为40%，则该公司应纳消费税（　　）万元。

A. 64　　B. 80　　C. 72.32　　D. 90.4

12. A卷烟批发企业5月批发销售卷烟600箱，其中批发给另一卷烟批发企业300箱、零售专卖店200箱、个体烟摊100箱。每箱不含税批发价格为15 000元。A企业5月应缴纳的消费税为（　　）元。

A. 1 140 000　　B. 495 000　　C. 570 000　　D. 75 000

二、多项选择题

1. 下列各项中，不需要计算缴纳消费税的有（　　）。

A. 商场销售高档手表　　B. 烟草专卖店零售卷烟

C. 木板生产公司销售自产的实木地板　　D. 商场销售黄金项链

2. 甲汽车制造厂生产的小汽车用于下列各项用途，其中应当缴纳消费税的有（　　）。

A. 赠送贫困地区　　B. 奖励本厂职工

C. 生产改装高档小汽车　　D. 本厂广告推广

3. 纳税人自产的应税消费品发生的下列情形中，应以纳税人同类应税消费品的最高销售价格作为消费税计税依据的有（　　）。

A. 用于抵债的应税消费品　　B. 用于馈赠的应税消费品

C. 用于换取生产资料的应税消费品　　D. 对外投资入股的应税消费品

4. 某高尔夫球生产企业是增值税一般纳税人，其生产的高尔夫球不含增值税的平均销售价格为25 000元/箱，最高销售价格为26 000元/箱；该企业8月份将5箱自产高尔夫球用于换取一批生产材料。已知，增值税税率为13%，消费税税率为10%。有关该企业上述业务应缴纳的增值税和消费税，下列计算正确的有（　　）。

A. 应纳增值税=25 000×5×13%=16 250（元）

B. 应纳增值税=26 000×5×13%=16 900（元）

C. 应纳消费税=25 000×5×10%=12 500（元）

D. 应纳消费税=26 000×5×10%=13 000（元）

5. 根据消费税法律制度的规定，下列应税消费品中，采用复合计税方法计征消费税的有（　　）。

A. 卷烟　　B. 白酒　　C. 高档化妆品　　D. 金银首饰

6. 下列各项中，既征收消费税，又征收增值税的有（　　）。

A. 批发卷烟　　B. 生产销售金银首饰

C. 零售超豪华小汽车　　D. 生产销售高档化妆品

三、判断题

1. 我国的消费税在生产销售、委托加工和进口环节课征，并实行单一环节征税，批发、零售环节一律不征收消费税。（　　）

2. 委托加工的应税消费品收回后出售的，不论售价高低，均不再缴纳消费税。（　　）

3. 自2015年5月10日起，将卷烟批发环节从价税税率由5%提高至11%，并按0.005元/支加征从量税。（　　）

4. 纳税人将自产的香水精（高档化妆品）连续生产高档化妆品，移送时应当缴纳消费税。（　　）

5. 某汽车厂为增值税一般纳税人，下设一非独立核算门市部，10月份将其生产的一批成本价为150万元的小汽车移送门市部，门市部将其中的90%销售，取得含增值税销售额为226万元。已知，消费税税率为9%，成本利润率为8%。该项业务汽车厂应缴纳的消费税=150×(1+8%)÷(1-9%)×90%×9%=14.42（万元）。（　　）

6. 金银首饰与其他产品组成成套消费品零售的，应将金银首饰与其他产品的销售额分摊，并按分摊后金银首饰的销售额征收消费税。（　　）

7. 纳税人销售的应税消费品，如因质量等原因由购买者退回时，经机构所在地或居住地主管税务机关审核批准后，可退还已缴纳的消费税税款。（　　）

8. 对应税消费品征收消费税后，不再征收增值税。（　　）

四、计算题

1. 某酒厂12月销售粮食白酒6 000千克，售价为10元每千克，随同销售的包装物价格为6 200元；本月销售礼品盒6 000套，售价为300元每套，每套包括粮食白酒1 000克、单价80元，干红酒1 000克，单价70元。该企业12月应纳消费税是多少？（题中价格均为不含税价格）

2. 某卷烟厂为增值税一般纳税人，9月生产经营情况如下：

（1）月初库存外购已税烟丝80万元，当月外购已税烟丝取得增值税专用发票，注明支付货款金额1 200万元、进项税额156万元，烟丝全部验收入库；

（2）本月生产领用外购已税烟丝400万元；

（3）生产卷烟1 500箱（标准箱），全部对外销售，取得含税销售额4 407万元。支付销货运输费用，取得运输单位开具的增值税专用发票注明价款60万元。

（烟丝消费税税率为30%；卷烟消费税定额税率为每箱150元，比例税率为56%）

要求：计算该卷烟厂9月应缴纳的增值税及消费税。

3. 某汽车制造企业为增值税一般纳税人，生产的小轿车（消费税税率为5%），每辆统一不含税价格为10万元，10月发生以下业务：

（1）与某特约经销商签订了40辆小轿车的代销协议，当月收到经销商返回的30辆小轿车的代销清单及销货款和税款，考虑到与其长期业务关系，汽车厂开具了40辆小轿车的增值税专用发票；

（2）赠送给某协作单位小轿车3辆，并开具了增值税专用发票；

（3）提供汽车修理服务，开具普通发票上注明的销售额为5.65万元；

（4）进口一批汽车轮胎，海关代征增值税10万元，货已入库（进口增值税专用缴款书已稽核比对相符）；

（5）本月购进生产材料，取得增值税专用发票上注明增值税14万元，货已到达尚未验收入库，专用发票尚未认证，货款只支付70%，其余30%下月一次付清；并支付购货运输费，取得的增值税专用发票上注明的运费3万元（当月已认证）。

要求：计算当月应纳的增值税与消费税。

4. 甲高尔夫球具公司为增值税一般纳税人，8月有关生产经营情况如下：

（1）向农业生产者收购原木30吨，收购凭证上注明支付收购货款42万元，另支付运输费用1.9万元（不含增值税），取得运输公司开具的增值税专用发票；原木验收入库后，又将其运往乙高尔夫球具厂加工成木制杆头（税率13%），取得乙厂开具的增值税专用发票，注明支付加工费12万元、增值税1.56万元，甲公司收回木制杆头时乙厂代收代缴了消费税，且乙厂没有同类木制杆头的销售价格。

（2）向丙高尔夫球具生产企业外购一批高尔夫球杆的金属杆身，取得的增值税专用发票上注明货款200万元、增值税26万元。

（3）甲公司将委托加工收回的木制杆头的50%领用连续加工进行烤漆；30%以22万元（不含税价）销售给另一家高尔夫球具厂。领用当期外购金属杆身的90%，与自产握把组合连续生产高尔夫球具。

（4）当月销售高尔夫球具1 200套，取得不含税销售额450万元。

(5) 当月将自产高尔夫球具 100 套赞助某国际高尔夫大赛；将自产高尔夫球具 10 套用于本企业职工奖励。

(6) 月末盘点时发现企业因管理不善丢失库存高尔夫球具产成品一批，账面成本 8 万元。

(其他资料：高尔夫球具消费税税率 10%；成本利润率 10%；产成品成本中外购比例为 60%；所有合规应抵扣的发票均进行了抵扣)

要求：根据上述资料，回答下列问题。

(1) 计算甲公司当月发生的增值税进项税额；

(2) 计算甲公司当月发生的增值税进项转出金额；

(3) 计算甲公司当月委托加工业务被代收代缴的消费税；

(4) 计算甲公司当月应纳的增值税；

(5) 计算甲公司当月应自行向主管税务机关申报缴纳的消费税。

5. 某汽车生产企业主要从事小汽车生产和改装业务，为增值税一般纳税人，9 月份经营如下业务：

(1) 将生产的 800 辆汽车分两批出售，其中 300 辆开具的增值税专用发票注明金额 4 500 万元，税额为 585 万元，500 辆开具的增值税专用发票注明金额 6 500 万元，税额 845 万元。

(2) 将生产的 100 辆小汽车用于换取生产资料。

(3) 将生产的 10 辆小汽车奖励给劳动模范。

(4) 从其他生产企业外购 5 辆小汽车进行底盘改装，取得的增值税专用发票注明金额 40 万元，税额 5.2 万元，改装完成后对外销售，开具增值税专用发票注明金额 60 万元，税额 7.8 万元。

(其他相关资料：小汽车消费税税率为 5%)

要求：根据上述资料，按照下列序号回答问题。

(1) 计算业务 (1) 应缴纳的消费税；

(2) 计算业务 (2) 应缴纳的消费税；

(3) 计算业务 (3) 应缴纳的消费税；

(4) 计算业务 (4) 应缴纳的消费税。

第三章练习题答案

【案例分析】

第四章 城市维护建设税和烟叶税

■学习目标

通过本章的学习，学生应了解城市维护建设税的特点，重点掌握城市维护建设税的征税范围、税率及应税税额的计算，熟悉城市维护建设税的征收管理。同时了解教育附加的征税范围及计税依据，掌握教育费附加和地方教育附加应税税额的计算。简单了解烟叶税应纳税额的计算。

■导入案例

甲生产企业地处市区，某年 5 月缴纳增值税 28 万元，当月委托位于县城的乙企业加工应税消费品，乙企业代收代缴消费税 15 万元。什么是城市维护建设税？甲企业应当如何计算缴纳城市维护建设税？

第一节 城市维护建设税概述

现行城市维护建设税的基本法律规范，是 2021 年 9 月 1 日施行的《中华人民共和国城市维护建设税法》（以下简称《城市维护建设税法》）。

一、城市维护建设税概述

（一）城市维护建设税的概念

城市维护建设税是对缴纳增值税、消费税的单位和个人征收的一种税；是国家为加强城市的维护建设，扩大和稳定城市维护建设资金的来源而采取的一项税收措施。

1979 年以前，我国用于城市维护建设的资金来源由当时的工商税附加、城市公用事业附加和国家下拨城市维护费组成。1985 年 2 月 8 日国务院正式颁布《中华人民共和国城市维护建设税暂行条例》，并于 1985 年 1 月 1 日在全国范围内施行。为了加快税收立法进程，进一步贯彻落实税收法定原则，2020 年 8 月 11 日，第十三届全国人大常委会第二十一次会议表决通过《中华人民共和国城市维护建设税法》，并于 2021 年 9 月 1 日施行。

（二）城市维护建设税的特点

1. 属于一种附加税

城市维护建设税是以纳税人实际缴纳的增值税、消费税税额为计税依据，随“两税”同时征收，其本身没有特定的课税对象，其征管方法也完全比照“两税”的有关规定办理。

2. 根据城镇规模设计不同的比例税率

城市维护建设税的负担水平，不是依据纳税人获取的利润水平或经营特点而定，而是根据纳税人所在城镇的规模及其资金需要设计的。城镇规模大的，税率高一些；反之，就低一些。这样规定能够使不同地区获取不同数量的城市维护建设资金，因地制宜地进行城市的维护和建设。

3. 征收范围较广

增值税、消费税是对商品和劳务的征税，在我国现行税制体系中居主体税种的地位，其征税范围基本上包括了我国境内所有经营行为的单位和个人。城市维护建设税以增值税、消费税税额作为税基，从这个意义上看，城市维护建设税几乎是对所有纳税人的征税，因此，它的征税范围较广。

二、城市维护建设税的基本要素

（一）纳税义务人

城市维护建设税的纳税义务人，是指在中华人民共和国境内缴纳增值税、消费税（以下简称“两税”）的单位和个人，包括国有企业、集体企业、私营企业、股份制企业、其他企业和行政单位、事业单位、军事单位、社会团体、其他单位，以及个体工商户及其他个人。

城市维护建设税的代扣代缴、代收代缴，一律比照增值税、消费税的有关规定办理。增值税、消费税的扣缴义务人同时也是城市维护建设税的扣缴义务人。

（二）税率

城市维护建设税按纳税人所在地的不同，设置了三档地区差别比例税率，即：

（1）纳税人所在地为市区的，税率为 7%。

（2）纳税人所在地为县城、镇的，税率为 5%。

（3）纳税人所在地不在市区、县城或者镇的，税率为 1%。

城市维护建设税的适用税率，应当按纳税人所在地的规定税率执行。但是，对下列两种情况，可按缴纳“两税”所在地的规定税率就地缴纳城市维护建设税：

第一种情况：由受托方代扣代缴、代收代缴“两税”的单位和个人，其代扣代缴、代收代缴的城市维护建设税按受托方所在地适用税率执行。

第二种情况：流动经营等无固定纳税地点的单位和个人，在经营地缴纳“两税”的，其城市维护建设税的缴纳按经营地适用税率执行。

（三）税收优惠

城市维护建设税原则上不单独减免，但因城市维护建设税又具附加税性质，当主税发生减免时，城市维护建设税相应发生税收减免。城市维护建设税的税收减免具体有以下几种情况：

（1）城市维护建设税按减免后实际缴纳的“两税”税额计征，即随“两税”的减免而减免。

（2）对于因减免税而需进行“两税”退库的，城市维护建设税也可同时退库。

（3）对进口货物或境外单位和个人向境内销售劳务、服务、无形资产缴纳的增值税、消费税，不征收城市维护建设税。

（4）对“两税”实行先征后返、先征后退、即征即退办法的，除另有规定外，对随“两税”附征的城市维护建设税，一律不予退（返）还。

（5）对国家重大水利工程建设基金免征城市维护建设税。

（6）由省、自治区、直辖市人民政府根据本地区实际情况，以及宏观调控需要确定，对增值税小规模纳税人、小型微利企业和个体工商户可以在50%的税额幅度内减征城市维护建设税。

（7）对实行增值税期末留抵退税的纳税人，允许其从城市维护建设税的计税依据中扣除退还的增值税税额。

三、城市维护建设税应纳税额的计算

（一）计税依据

城市维护建设税的计税依据，是指纳税人实际缴纳的“两税”税额。纳税人违反“两税”有关税法而加收的滞纳金和罚款，是税务机关对纳税人违法行为的经济制裁，不作为城市维护建设税的计税依据，但纳税人在被查补“两税”和被处以罚款时，应同时对其偷漏的城市维护建设税进行补税、征收滞纳金和罚款。

城市维护建设税以“两税”税额为计税依据并同时征收，如果要免征或者减征“两税”，也就要同时免征或者减征城市维护建设税。

出口产品退还增值税、消费税的，不退还已缴纳的城市维护建设税。

纳税人跨地区提供建筑服务、销售和出租不动产的，应在建筑服务发生地、不动产所在地预缴增值税时，以预缴增值税税额为计税依据，并按预缴增值税所在地的城市维护建设税适用税率和教育费附加征收率就地计算缴纳城市维护建设税和教育费附加。

预缴增值税的纳税人在其机构所在地申报缴纳增值税时，以其实际缴纳的增值税税额为计税依据，并按机构所在地的城市维护建设税适用税率和教育费附加征收率就地计算缴纳城市维护建设税和教育费附加。

（二）应纳税额的计算方法

城市维护建设税纳税人的应纳税额大小是由纳税人实际缴纳的“两税”税额决定的，其计算公式是：

应纳税额=纳税人实际缴纳的增值税、消费税税额×适用税率

【例4-1】某城市一卷烟厂委托某县城一卷烟厂加工一批雪茄烟，委托方提供原材料40 000元，支付加工费5 000元（不含增值税），雪茄烟消费税税率为36%，这批雪茄烟

无同类产品市场价格。受托方代收代缴消费税时，计算应代收代缴的城市维护建设税。

【解析】

应代收代缴的城市维护建设税=(40 000+5 000)/(1-36%)×36%×5%≈1 265.63（元）

【例 4-2】本章导入案例计算如下：

甲企业自身应缴纳城市维护建设税=28×7%=1.96（万元）

被乙企业代收代缴城市维护建设税=15×5%=0.75（万元）

四、城市维护建设税的征收管理

（一）纳税环节

城市维护建设税的纳税环节，实际就是纳税人缴纳“两税”的环节。纳税人只要发生“两税”的纳税义务，就要在同样的环节，分别计算缴纳城市维护建设税。

（二）纳税地点

城市维护建设税以纳税人实际缴纳的增值税、消费税税额为计税依据，分别与“两税”同时缴纳。所以，一般而言，纳税人缴纳“两税”的地点，就是该纳税人缴纳城市维护建设税的地点。

（三）纳税期限

由于城市维护建设税是由纳税人在缴纳“两税”时同时缴纳的，所以其纳税期限分别与“两税”的纳税期限一致。

第二节　教育费附加和地方教育附加

一、教育费附加和地方教育附加概述

教育费附加和地方教育附加是对缴纳增值税、消费税的单位和个人征收的一种附加费。是为了加快发展地方教育事业，扩大地方教育经费的资金而征收的一项专用基金。

二、教育费附加和地方教育附加的征收范围及计征依据

教育费附加和地方教育附加对缴纳增值税、消费税的单位和个人征收，以其实际缴纳的增值税、消费税为计征依据，分别与增值税、消费税同时缴纳。

三、教育费附加和地方教育附加计征比率

现行教育费附加征收比率为3%；地方教育附加征收比率为2%。

四、教育费附加和地方教育附加的计算

应纳教育费附加或地方教育附加=实际缴纳的增值税、消费税×征收比率（3%或2%）

【例 4-3】某县城 A 公司是增值税一般纳税人，10 月实际缴纳增值税 500 000 元，缴纳消费税 300 000 元，请计算 A 公司应缴纳的教育费附加和地方教育附加。

应纳教育费附加 =（500 000+300 000）×3% = 24 000（元）

应纳地方教育附加 =（500 000+300 000）×2% = 16 000（元）

五、教育费附加和地方教育附加的减免规定

（1）对海关进口的产品征收的增值税、消费税，不征收教育费附加和地方教育附加。

（2）对由于减免增值税、消费税而发生退税的，可同时退还已征收的教育费附加和地方教育附加。但对出口产品退还增值税、消费税的，不退还已征的教育费附加和地方教育附加。

（3）对国家重大水利工程建设基金免征教育费附加和地方教育附加。

（4）由省、自治区、直辖市人民政府根据本地区实际情况，以及宏观调控需要确定，对增值税小规模纳税人、小型微利企业和个体工商户可以在 50% 的税额幅度内减征教育费附加和地方教育附加。

（5）自 2016 年 2 月 1 日起，按月纳税的月销售额不超过 10 万元（按季度纳税的季度销售额不超过 30 万元）的缴纳义务人，免征教育费附加、地方教育附加。

（6）对实行增值税期末留抵退税的纳税人，允许其从教育费附加和地方教育附加的计税依据中扣除退还的增值税税额。

第三节　烟叶税

现行烟叶税的基本法律规范是，2017 年 12 月 27 日第十二届全国人民代表大会常务委员会第三十一次会议通过，自 2018 年 7 月 1 日起施行的《中华人民共和国烟叶税法》。

一、烟叶税概述

烟叶税是以纳税人收购烟叶的收购金额为计税依据征收的一种税。开征烟叶税的主要目的是充分兼顾地方利益，发挥地方政府引导和发展烟叶种植的积极性，有利于烟叶产区的持续稳定发展。

二、烟叶税的基本要素

（一）纳税义务人

在中华人民共和国境内，依照《中华人民共和国烟草专卖法》的规定收购烟叶的单位为烟叶税的纳税人。

（二）征税范围

烟叶税的征税范围是烤烟叶、晾晒烟叶。

（三）税率

烟叶税实行比例税率，税率为 20%。

三、烟叶税应纳税额的计算

烟叶税的计税依据为纳税人收购烟叶实际支付的价款总额，其应纳税额按照纳税人收购烟叶实际支付的价款总额乘以税率计算。

纳税人收购烟叶实际支付的价款总额包括纳税人支付给烟叶生产销售单位和个人的烟叶收购价款和价外补贴。其中，价外补贴统一按烟叶收购价款的10%计算。

烟叶税计税公式为：

应纳税额＝烟叶税收购价款×（1+10%）×20%

【例4-4】某烟草公司（增值税一般纳税人），5月收购烟叶，支付烟叶生产者收购价款90万元，货款已全部支付。请计算该烟草公司5月收购烟叶应缴纳的烟叶税。

应缴纳烟叶税＝90×（1+10%）×20%＝19.8（万元）

四、烟叶税的征收管理

烟叶税的征收管理，依照《中华人民共和国烟叶税法》和《中华人民共和国税收征收管理法》的有关规定执行。

（1）纳税人应当向烟叶收购地的主管税务机关申报缴纳烟叶税。

（2）烟叶税的纳税义务发生时间为纳税人收购烟叶的当日。

（3）烟叶税按月计征，纳税人应当于纳税义务发生月终了之日起15日内申报并缴纳税款。

本章小结

思考与练习题

一、单项选择题

1. 某企业地处市区，10月被税务机关查补增值税45 000元、消费税25 000元、所得税30 000元；还被加收滞纳金20 000元、被处罚款50 000元。该企业应补缴城市维护建设税、教育费附加和地方教育附加（　　）元。

A. 7 000　　B. 8 400　　C. 16 800　　D. 12 000

2. 目前我国城市维护建设税的税率实行的是（　　）的方法。

A. 纳税人所属行业差别比例税率　　B. 纳税人所在地差别比例税率

C. 纳税人所属行业累进税率　　　　D. 纳税人所在地统一累进税率

3. 以下各个项目中，可以作为计算城市维护建设税的依据的是（　　）。

A. 补缴的消费税税款　　　　B. 因漏缴增值税而缴纳的滞纳金

C. 因漏缴消费税而缴纳的罚款　　　　D. 进口货物缴纳的增值税税款

4. 下列选项中说法不符合城市维护建设税规定的是（　　）。

A. 一般情况下，纳税人缴纳“两税”的地点，就是该纳税人缴纳城市维护建设税的地点

B. 城市维护建设税以“两税”税额为计税依据并同时征收，如果要免征或者减征“两税”，不能同时免征或者减征城市维护建设税

C. 海关对进口产品代征的增值税、消费税，不征收城市维护建设税

D. 纳税人因延迟缴纳而补缴“两税”的，城市维护建设税应同时补缴

5. 某城市一卷烟厂委托某县城一卷烟厂加工一批雪茄烟，委托方提供原材料成本40 000元，支付加工费5 000元（不含增值税），雪茄烟消费税税率为36%，这批雪茄烟无同类产品市场价格。受托方代收代缴城市维护建设税为（　　）元。

A. 1 771.88　　B. 810　　C. 1 265.63　　D. 1 134

6. 下列选项中可以作为城市维护建设税的计税依据的有（　　）。

A. 企业出租房屋缴纳的增值税　　　　B. 企业缴纳的印花税

C. 企业缴纳的企业所得税　　　　D. 企业缴纳的城镇土地使用税

二、多项选择题

1. 下列各项中，属于城市维护建设税的纳税义务人的有（　　）。

A. 国有企业　　　　B. 集体企业

C. 私营企业　　　　D. 外商投资企业

2. 以下情形缴纳的增值税、消费税，不征收城市维护建设税的有（　　）。

A. 进口高档化妆品，海关代征的增值税、消费税

B. 境内批发销售进口的化妆品，税务机关征收的增值税

C. 境外单位向境内销售劳务、服务，税务机关征收的增值税

D. 境外单位向境内销售无形资产，税务机关征收的增值税

3. 某生产企业生产销售柴油，取得的销售收入应纳（　　）

A. 增值税　　　　B. 消费税

C. 城市维护建设税　　　　D. 教育费附加

4. 下列选项中的行为，不缴纳城市维护建设税的有（　　）。

A. 某外商投资企业2022年5月缴纳的罚款

B. 某外商投资企业2022年5月缴纳的消费税滞纳金

C. 某内资企业2022年5月进口货物被海关代征的增值税

D. 某服务型内资企业2022年5月直接免征的增值税

5. 以下选项中关于烟叶税的规定不正确的有（　　）。

A. 收购烟叶的单位和个人为烟叶税的纳税人

B. 烟叶税的征税对象包括生烟叶、熟烟叶、烤烟叶

C. 烟叶税实行比例税率，税率为20%

D. 纳税人应当自纳税义务发生之日起15日内申报缴纳

三、计算题

1. 某地处北京市区的一企业，4 月份实际缴纳增值税 26 万元，消费税 30 万元，另向税务机关缴纳增值税滞纳金和罚金共计 0.3 万元。请计算该企业 4 月份应缴纳的城市维护建设税、教育费附加及地方教育附加。

2. 某县城一家食品加工企业，为增值税小规模纳税人，8 月份购进货物取得普通发票的销售额合计 100 000 元，销售货物开具普通发票销售额合计 164 800 元。请计算该企业本月应纳城市维护建设税、教育费附加和地方教育附加。

3. 某烟草公司（增值税一般纳税人），8 月收购烟叶，支付烟叶生产者收购价款 200 000 元，并支付了价外补贴 12 000 元，请计算该烟草公司 8 月应纳的烟叶税。

第四章练习题答案

【案例分析】

第五章 资源税和环境保护税

■学习目标

通过本章的学习，学生应了解资源税的含义、作用；理解资源税为什么要确立普遍征收与级差调节的立法原则；重点掌握资源税的征税范围、税率及应纳税额的计算。同时了解环境保护税的征税范围、计税依据及应纳税额的计算。

■导入案例

某油田原油价格每吨6 000元（不含增值税），天然气每立方米2元（不含增值税）。12月，该企业生产原油25万吨，当月销售20万吨，加热用2万吨，赠送给协作单位3万吨；开采天然气700万立方米，当月销售600万立方米，待售100万立方米。原油、天然气的税率均为6%，该油田12月应纳资源税多少万元？

第一节 资源税

现行资源税的基本法律规范是2020年9月1日施行的《中华人民共和国资源税法》。

一、资源税概述

（一）资源税的概念

资源税是以各种应税自然资源为课税对象、为了调节资源级差收入并体现国有资源有偿使用而征收的一种税。

资源的含义比较广泛，通常指自然界存在的天然物质财富，包括地下资源、地上资源、空间资源。从物质内容角度来看，包括矿产资源、土地资源、水资源、动物资源、植物资源、海洋资源，等等。目前我国的资源税征税对象既不是全部的自然资源，也并非对所有具有商品属性的资源征税，仅选择了部分级差收入差异较大，资源较为普遍，易于征收管理的矿产品和盐。

（二）我国资源税的发展

新中国成立后，我国颁布了《全国税政实施要则》，明确了对盐的生产、运销征收盐税。但是，对矿产资源的开采如何课税并没有规定，所以在长达30多年的时间内我国实行的是资源无偿开采的制度。

1984年10月1日，《中华人民共和国资源税条例（草案）》施行，我国开始对自然资源征税，征收范围仅为原油、天然气、煤炭和铁矿石；1986年10月1日，《中华人民共和国矿产资源法》施行，进一步明确：国家对矿产资源施行有偿开采；1993年全国财税体制改革，对资源税法律制度做了重大修改，把盐税并到资源税中，并将资源税征收范围扩大为原油、天然气、煤炭、其他非金属矿原矿、黑色金属矿原矿、有色金属矿原矿和盐7种，于1994年1月1日起不再按超额利润征税，而是按矿产品销售量征税，按照“普遍征收、级差调节”的原则，就资源赋税情况、开采条件、资源等级、地理位置等客观条件的差异规定了幅度税额，为每一个课税矿区规定了适用税率；自2010年6月1日起，率先在新疆进行资源税改革试点，将原油、天然气资源税由从量计征改为从价计征；自2011年11月1日起，在全国范围内实施原油、天然气的资源税从价计征改革，自2014年12月1日起在全国范围内实施煤炭资源税从价计征改革，自2015年5月1日起实施稀土、钨、钼资源税从价计征改革，并全面清理相关收费基金；自2016年7月1日起全面推进资源税改革，对绝大部分应税产品实行从价计征方式，对经营分散、多为现金交易且难以控管的黏土、砂石，按照便利征管原则，仍实行从量定额计征，同时在河北省实施水资源税改革试点，采取水资源“费改税”方式，将地表水和地下水纳入征税范围，实行从量定额计征；2017年12月1日起，水资源税改革试点进一步扩大到北京、天津、山西、内蒙古、山东、河南、四川、陕西、宁夏等9个省（自治区、直辖市）。为了贯彻习近平生态文明思想、落实税收法定原则，2019年8月26日第十三届全国人民代表大会常务委员会第十二次会议通过了《中华人民共和国资源税法》，并自2020年9月1日起施行。

（三）资源税的作用

我国的现行资源税是以调节资源级差收入、促进企业平等竞争和保护自然资源为主要目的而设置的一个税种。资源税的开征，为构建我国的资源占用课税体系奠定了基础，对于完善我国的税制结构，拓宽税收的调节领域，全面发挥税收的职能作用具有重要意义。

1. 促进企业之间开展平等竞争

我国的资源税属于比较典型的级差资源税，它根据应税产品的品种、质量、存在形式、开采方式以及企业所处地理位置和交通运输条件等客观因素的差异确定差别税率，从而使条件优越者税负较高，反之则税负较低。这种税率设计使资源税能够比较有效地调节由于自然资源条件差异等客观因素给企业带来的级差收入，减少或排除资源条件差异对企业盈利水平的影响，为企业之间开展平等竞争创造有利的外部条件。

2. 促进对自然资源的合理开发利用

通过对开发、利用应税资源的行为课征资源税，体现了国有自然资源有偿占用的原则，从而可以促使纳税人节约、合理地开发和利用自然资源，有利于我国经济可持续发展。

3. 为国家筹集财政资金

资源税虽然以促进平等竞争和保护自然资源为主要课征目的，但就其课征结果而言，仍不失为财政收入的一项重要来源。随着其课征范围的逐渐扩展，资源税的收入规模及其在税收收入总额中所占的比重都相应增加，其财政意义也日渐明显，在为国家筹集财政资金方面发挥着不可忽视的作用。

二、资源税的基本要素

（一）资源税纳税人

资源税纳税人是指在中华人民共和国领域和中华人民共和国管辖的其他海域开发应税资源的单位和个人。

资源税规定仅对在中国境内开发应税资源的单位和个人征收，因此，进口应税资源产品不征收资源税，相应地，对出口应税资源产品也不免征或退还已纳资源税。

（二）资源税征税范围

资源税征税范围包括能源矿产、金属矿产、非金属矿产、水气矿产和盐五大类，具体包括 164 个子目，涵盖了所有已经发现的矿种和盐。应税产品为矿产品的，包括原矿和选矿产品，征税时有的按原矿征税，有的按选矿征税，有的按原矿或者选矿征税，资源税征税对象确定规则见表 5-1。

表 5-1　资源税征税对象确定规则

情形	征税对象的确定
自采原矿（经过采矿过程采出后未进行选矿或者加工的矿石）直接销售，或者自用于应当缴纳资源税情形的	按照原矿计征资源税
自采原矿洗选加工为选矿产品（通过破碎、切割、洗选、筛分、磨矿、分级、提纯、脱水、干燥等过程形成的产品，包括富集的精矿和研磨成粉、粒级成型、切割成型的原矿加工品）销售，或者将选矿产品自用于应当缴纳资源税情形的	按照选矿产品计征资源税，在原矿移送环节不缴纳资源税
无法区分原生岩石矿种的粒级成型砂石颗粒	按照砂石税目征收资源税

（三）资源税税率

资源税实行从价计征为主、从量计征为辅的征税方式，除了地热、石灰岩、其他粘土、砂石、矿泉水和天然卤水可采用从价或者从量计征的方式，其他应税资源产品统一使用从价计征方式。同时按原矿、选矿分别确定适用税率。对原油、天然气、页岩气、天然气水合物、铀、钍、钨、钼、中重稀土等战略资源实行固定税率，由税法直接规定。其他应税资源实行幅度税率，其具体适用税率由省、自治区、直辖市人民政府统筹考虑该应税资源的品位、开采条件以及对生态环境的影响等情况，在规定的税率幅度内提出，报同级人民代表大会常务委员会决定，并报全国人民代表大会常务委员会和国务院备案。资源税税目税率表见表 5-2。

表 5-2　资源税税目税率表

税目			征税对象	税率
能源矿产	原油		原矿	6%
	天然气、页岩气、天然气水合物		原矿	6%
	煤		原矿或者选矿	2%~10%
	煤成（层）气		原矿	1%~2%
	铀、钍		原矿	4%
	油页岩、油砂、天然沥青、石煤		原矿或者选矿	1%~4%
	地热		原矿	1%~20%或者每立方米1~30元
金属矿产	黑色金属	铁、锰、铬、钒、钛	原矿或者选矿	1%~9%
	有色金属	铜、铅、锌、锡、镍、锑、镁、钴、铋、汞	原矿或者选矿	2%~10%
		铝土矿	原矿或者选矿	2%~9%
		钨	选矿	6.5%
		钼	选矿	8%
		金、银	原矿或者选矿	2%~6%
		铂、钯、钌、锇、铱、铑	原矿或者选矿	5%~10%
		轻稀土	选矿	7%~12%
		中重稀土	选矿	20%
		铍、锂、锆、锶、铷、铯、铌、钽、锗、镓、铟、铊、铪、铼、镉、硒、碲	原矿或者选矿	2%~10%
非金属矿产	矿物类	高岭土	原矿或者选矿	1%~6%
		石灰岩	原矿或者选矿	1%~6%或者每吨（或者每立方米）1~10元
		磷	原矿或者选矿	3%~8%
		石墨	原矿或者选矿	3%~12%
		萤石、硫铁矿、自然硫	原矿或者选矿	1%~8%
		天然石英砂、脉石英、粉石英、水晶、工业用金刚石、冰洲石、蓝晶石、硅线石（矽线石）、长石、滑石、刚玉、菱镁矿、颜料矿物、天然碱、芒硝、钠硝石、明矾石、砷、硼、碘、溴、膨润土、硅藻土、陶瓷土、耐火粘土、铁矾土、凹凸棒石粘土、海泡石粘土、伊利石粘土、累托石粘土	原矿或者选矿	1%~12%

表5-2(续)

税目			征税对象	税率
非金属矿产	矿物类	叶蜡石、硅灰石、透辉石、珍珠岩、云母、沸石、重晶石、毒重石、方解石、蛭石、透闪石、工业用电气石、白垩、石棉、蓝石棉、红柱石、石榴子石、石膏	原矿或者选矿	2%~12%
		其他粘土（铸型用粘土、砖瓦用粘土、陶粒用粘土、水泥配料用粘土、水泥配料用红土、水泥配料用黄土、水泥配料用泥岩、保温材料用粘土）	原矿或者选矿	1%~5%或者每吨（或者每立方米）0.1~5元
	岩石类	大理岩、花岗岩、白云岩、石英岩、砂岩、辉绿岩、安山岩、闪长岩、板岩、玄武岩、片麻岩、角闪岩、页岩、浮石、凝灰岩、黑曜岩、霞石正长岩、蛇纹岩、麦饭石、泥灰岩、含钾岩石、含钾砂页岩、天然油石、橄榄岩、松脂岩、粗面岩、辉长岩、辉石岩、正长岩、火山灰、火山渣、泥炭	原矿或者选矿	1%~10%
		砂石	原矿或者选矿	1%~5%或者每吨（或者每立方米）0.1~5元
	宝玉石类	宝石、玉石、宝石级金刚石、玛瑙、黄玉、碧玺	原矿或者选矿	4%~20%
水气矿产	二氧化碳气、硫化氢气、氦气、氡气		原矿	2%~5%
	矿泉水		原矿	1%~20%或者每立方米1~30元
盐	钠盐、钾盐、镁盐、锂盐		选矿	3%~15%
	天然卤水		原矿	3%~15%或者每吨（或者每立方米）1~10元
	海盐			2%~5%

纳税人开采或者生产不同税目应税产品的，应当分别核算不同税目应税产品的销售额或者销售数量；未分别核算或者不能准确提供不同税目应税产品的销售额或者销售数量的，从高适用税率。

纳税人开采或者生产同一税目下适用不同税率应税产品的，应当分别核算不同税率应税产品的销售额或者销售数量；未分别核算或者不能准确提供不同税率应税产品的销售额或者销售数量的，从高适用税率。

（四）资源税税收优惠

1. 免征资源税

（1）开采原油以及在油田范围内运输原油过程中用于加热的原油、天然气。

（2）煤炭开采企业因安全生产需要抽采的煤成（层）气。

2. 减征资源税

（1）从低丰度油气田开采的原油、天然气，减征20%资源税。

（2）高含硫天然气、三次采油和从深水油气田开采的原油、天然气，减征30%资源税。

（3）稠油、高凝油减征40%资源税。

（4）从衰竭期矿山开采的矿产品，减征30%资源税。

根据国民经济和社会发展需要，国务院对有利于促进资源节约集约利用、保护环境等情形可以规定免征或者减征资源税，报全国人民代表大会常务委员会备案。

3. 省、自治区、直辖市可以决定免征或者减征资源税

（1）纳税人开采或者生产应税产品过程中，因意外事故或者自然灾害等遭受重大损失。

（2）纳税人开采共伴生矿、低品位矿、尾矿。

这两项免征或者减征资源税的具体办法，由省、自治区、直辖市人民政府提出，报同级人民代表大会常务委员会决定，并报全国人民代表大会常务委员会和国务院备案。

4. 其他减税、免税

（1）对青藏铁路公司及其所属单位运营期间自采自用的砂、石等材料免征资源税。

（2）由省、自治区、直辖市人民政府根据本地区实际情况，以及宏观调控需要确定，对增值税小规模纳税人、小型微利企业和个体工商户可以在50%的税额幅度内减征资源税。

（3）自2018年4月1日至2023年12月31日，对页岩气资源税减征30%。

（4）自2014年12月1日至2023年8月31日，对充填开采置换出来的煤炭，资源税减征50%。

纳税人的免税、减税项目，应当单独核算销售额或者销售数量；未单独核算或者不能准确提供销售额或者销售数量的，不予免税或者减税。

纳税人开采或者生产同一应税产品，其中既有享受减免税政策的，又有不享受减免税政策的，按照免税、减税项目的产量占比等方法分别核算确定免税、减税项目的销售额或者销售数量。纳税人开采或者生产同一应税产品同时符合两项或者两项以上减征资源税优惠政策的，除另有规定外，只能选择其中一项执行。

纳税人享受资源税优惠政策，实行“自行判别、申报享受、有关资料留存备查”的办理方式，另有规定的除外。纳税人对资源税优惠事项留存材料的真实性和合法性承担法律责任。

三、资源税应纳税额的计算

（一）从价计征应纳税额的计算

实行从价计征方式征收资源税的，应纳税额按照应税产品的销售额乘以具体适用税率计算，具体计算公式如下：

应纳税额=资源税应税产品的销售额×适用税率

1. 销售额的一般规定

资源税应税产品的销售额，按照纳税人销售应税产品时向购买方收取的全部价款确定，不包括增值税税款。

计入销售额中的相关运杂费用，凡取得增值税发票或者其他合法有效凭据的，准予从销售额中扣除。相关运杂费用是指应税产品从坑口或者洗选（加工）地到车站、码头或者购买方指定地点的运输费用、建设基金以及随运销产生的装卸、仓储、港杂费用。

2. 自产自用应税产品销售额的确定

纳税人开采或者生产应税产品自用于非货币性资产交换、捐赠、偿债、赞助、集资、投资、广告、样品、职工福利、利润分配或者连续生产非应税产品等，应当缴纳资源税，但是，自用于连续生产应税产品的，不缴纳资源税。

有自用应税产品行为而无销售额的，或者纳税人申报的应税产品销售额明显偏低且无正当理由的，主管税务机关可以按下列方法和顺序确定其应税产品销售额：

（1）按纳税人最近时期同类产品的平均销售价格确定。

（2）按其他纳税人最近时期同类产品的平均销售价格确定。

（3）按后续加工非应税产品销售价格，减去后续加工环节的成本利润后确定。

（4）按应税产品组成计税价格确定。组成计税价格计算公式如下：

组成计税价格=成本×（1+成本利润率）÷（1-资源税税率）

上述公式中的成本利润率由省、自治区、直辖市税务机关确定。

（5）按其他合理方法确定。

【例 5-1】本章导入案例。

【解析】

开采原油过程中，用于加热、修井的原油免税。

该油田 12 月应纳资源税=（20+3）×6 000×6%+600×2×6%=8 352（万元）

（二）从量计征应纳税额的计算

实行从量计征方式征收资源税的，应纳税额按照应税产品的销售数量乘以具体适用税率计算。具体计算公式如下：

应纳税额=资源税应税产品的销售数量×适用税率

应税产品的销售数量，包括纳税人开采或者生产应税产品的实际销售数量和自用于应当缴纳资源税情形的应税产品数量。

【例 5-2】某砂石厂 10 月开采砂石 6 000 立方米，对外销售 5 000 立方米，当地砂石资源税税率为 3 元/立方米，则该厂 10 月应纳资源税为多少元?

【解析】

该砂石厂 10 月应纳资源税=5 000×3=15 000（元）

（三）外购应税产品购进金额或者购进数量的扣减

纳税人外购应税产品与自采应税产品混合销售或者混合加工为应税产品销售的，在计算应税产品销售额或者销售数量时，准予扣减外购应税产品的购进金额或者购进数量；当期不足扣减的，可结转下期扣减。纳税人应当准确核算外购应税产品的购进金额或者购进数量，未准确核算的，一并计算缴纳资源税。

纳税人核算并扣减当期外购应税产品购进金额、购进数量，应当依据外购应税产品的增值税发票、海关进口增值税专用缴款书或者其他合法有效凭据。

为了确保税负公平，便于纳税人申报计税，税法规定了不同情形下外购应税产品扣减的计算方法。

（1）纳税人以外购原矿与自采原矿混合为原矿销售，或者以外购选矿产品与自产选矿产品混合为选矿产品销售的，在计算应税产品销售额或者销售数量时，直接扣减外购原矿或者外购选矿产品的购进金额或者购进数量。

（2）纳税人以外购原矿与自采原矿混合洗选加工为选矿产品销售的，在计算应税产品销售额或者销售数量时，按照下列方法进行扣减：

准予扣减的外购应税产品购进金额（数量）= 外购原矿购进金额（数量）×（本地区原矿适用税率÷本地区选矿产品适用税率）

（3）不能按照上述方法计算扣减的，按照主管税务机关确定的其他合理方法进行扣减。

【例 5-3】某煤炭企业将外购 100 万元原煤与自采 200 万元原煤混合洗选加工为选煤销售，选煤销售额为 450 万元。当地原煤税率为 3%，选煤税率为 2%。请计算在计算应税产品销售额时准予扣减的外购应税产品购进金额。

【解析】

准予扣减的外购应税产品购进金额 = 外购原煤购进金额×（本地区原煤适用税率÷本地区选煤适用税率）= 100×（3%÷2%）= 150（万元）。

四、资源税的征收管理

（一）纳税义务发生时间

纳税人销售应税产品，纳税义务发生时间为收讫销售款或者取得索取销售款凭据的当日；自用应税产品的，纳税义务发生时间为移送应税产品的当日。

（二）纳税期限

资源税按月或者按季申报缴纳；不能按固定期限计算缴纳的，可以按次申报缴纳。纳税人按月或者按季申报缴纳的，应当自月度或者季度终了之日起 15 日内，向税务机关办理纳税申报并缴纳税款；按次申报缴纳的，应当自纳税义务发生之日起 15 日内，向税务机关办理纳税申报并缴纳税款。

（三）纳税地点

纳税人应当向矿产品的开采地或者海盐的生产地的税务机关申报缴纳资源税。海上开采的原油和天然气资源税由海洋石油税务管理机构征收管理。

第二节　环境保护税

为了保护和改善环境，减少污染物排放，推进生态文明建设，2016 年 12 月 25 日第十二届全国人民代表大会常务委员会第二十五次会议通过《中华人民共和国环境保护税法》，自 2018 年 1 月 1 日起施行。

一、环境保护税概述

环境保护税（简称“环保税”），是对在我国领域以及管辖的其他海域，直接向环境排放应税污染物的企业事业单位和其他生产经营者征收的一种税。它是我国首个明确以环境保护为目标的独立型环境税税种，有利于解决排污费制度存在的执法刚性不足等问题，有利于提高纳税人环保意识和强化企业治污减排责任。

作为落实生态文明建设的重要税制改革举措而推出的环境保护税，具有以下基本特点：

（1）属于调节型税种。环保税的首要功能是减少污染排放，而非增加财政收入。

（2）其渊源是排污收费制度。环保税基本平移了原排污费的制度框架，环保税于2018 年 1 月 1 日起正式实施，排污费同时停征。

（3）属于综合型环境税。环保税的征税范围包括大气污染物、水污染物、固体废物和噪声四大类，与对单一污染物征收的税种不同，属于综合型环境税。

（4）属于直接排放税。环保税的纳税义务人是在我国领域和管辖的其他海域，直接向环境排放应税污染物的企业事业单位和其他生产经营者。如果企业事业单位和其他生产经营者向依法设立的污水集中处理、生活垃圾集中处理场所排放应税污染物，不属于直接排放，不征收环境保护税。

（5）对大气污染物、水污染物规定了幅度定额税率。对应税污染物规定税率区间可使经济水平、环境目标要求不同的地区在税负设置方面具有一定的灵活性。

（6）采用税务、环保部门紧密配合的征收方式。环保税采用“纳税人自行申报，税务征收，环保检测，信息共享”的征管方式，税务机关负责征收管理，环境保护主管部门负责对污染物监测管理，高度依赖税务、环保部门的配合与协作。

（7）环保税收入纳入一般预算收入，全部划归地方。有利于促进各地保护和改善环境、增加环境保护投入。

二、环境保护税的基本要素

（一）纳税义务人

在中华人民共和国领域和中华人民共和国管辖的其他海域，直接向环境排放应税污染物的企业事业单位和其他生产经营者为环境保护税的纳税人，应当依法缴纳环保税。

（二）征税对象

环保税的征税对象为应税污染物，包括大气污染物、水污染物、固体废物和噪声4 类。具体应税污染物依据税法所附“环境保护税税目税额表”“应税污染物和当量值表”的规定执行。

环保税属于直接排放税，有下列情形之一的，不属于直接向环境排放污染物，不缴纳相应污染物的环境保护税：①企业事业单位和其他生产经营者向依法设立的污水集中处理、生活垃圾集中处理场所排放应税污染物的；②企业事业单位和其他生产经营者在符合国家和地方环境保护标准的设施、场所贮存或者处置固体废物的；③依法对畜禽养殖废弃物进行综合利用和无害化处理的。

但是，依法设立的城乡污水集中处理、生活垃圾集中处理场所超过国家和地方规定的排放标准向环境排放应税污染物的，应当缴纳环境保护税；企业事业单位和其他生产经营者贮存或者处置固体废物不符合国家和地方环境保护标准的，应当缴纳环境保护税；达到省级人民政府确定的规模标准并且有污染物排放口的畜禽养殖场，应当依法缴纳环境保护税。

城乡污水集中处理场所，是指为社会公众提供生活污水处理服务的场所，不包括为工业园区、开发区等工业聚集区域内的企业事业单位和其他生产经营者提供污水处理服务的场所，以及企业事业单位和其他生产经营者自建自用的污水处理场所。

（三）税目与税率

环保税采用定额税率。其中，对应税大气污染物和水污染物的具体适用税额的确定和调整，由省、自治区、直辖市人民政府统筹考虑本地区环境承载能力、污染物排放现状和经济社会生态发展目标要求，在“环境保护税税目税额表”（见表 5-3）规定的税额幅度内提出，报同级人民代表大会常务委员会决定，并报全国人民代表大会常务委员会和国务院备案。

表 5-3　环境保护税税目税额表

税目		计税单位	税额	备注
大气污染物		每污染当量	1.2 元~12 元	
水污染物		每污染当量	1.4 元~14 元	
固体废物	煤矸石	每吨	5 元	
固体废物	尾矿	每吨	15 元	
固体废物	危险废物	每吨	1 000 元	
固体废物	冶炼渣、粉煤灰、炉渣、其他固体废物（含半固态、液态废物）	每吨	25 元	
噪声	工业噪声	超标 1~3 分贝	每月 350 元	1. 一个单位边界上有多处噪声超标，根据最高一处超标声级计算应纳税额；当沿边界长度超过 100 米有两处以上噪声超标，按照两个单位计算应纳税额 2. 一个单位有不同地点作业场所的，应当分别计算应纳税额，合并计征 3. 昼、夜均超标的环境噪声，昼、夜分别计算应纳税额，累计计征 4. 声源一个月内超标不足 15 天的，减半计算应纳税额 5. 夜间频繁突发和夜间偶然突发厂界超标噪声，按等效声级和峰值噪声两种指标中超标分贝值高的一项计算应纳税额
噪声	工业噪声	超标 4~6 分贝	每月 700 元	
噪声	工业噪声	超标 7~9 分贝	每月 1 400 元	
噪声	工业噪声	超标 10~12 分贝	每月 2 800 元	
噪声	工业噪声	超标 13~15 分贝	每月 5 600 元	
噪声	工业噪声	超标 16 分贝以上	每月 11 200 元	

三、环境保护税的计税依据

（一）计税依据确定的基本方法

应税污染物的计税依据，按照下列方法确定：

1. 应税大气污染物

应税大气污染物按照污染物排放量折合的污染当量数确定。

2. 应税水污染物

应税水污染物按照污染物排放量折合的污染当量数确定。

应税大气污染物、水污染物的污染当量数，以该污染物的排放量除以该污染物的污染当量值计算。计算公式为：

应税大气污染物、水污染物的污染当量数＝该污染物的排放量÷该污染物的污染当量值

其中，应税水污染物的污染当量数的计算中，色度的污染当量数，以污水排放量乘以色度超标倍数再除以适用的污染当量值计算。畜禽养殖业水污染物的污染当量数，以该畜禽养殖场的月均存栏量除以适用的污染当量值计算。畜禽养殖场的月均存栏量按照月初存栏量和月末存栏量的平均数计算。

每种应税大气污染物、水污染物的具体污染当量值，依照“应税污染物和当量值表”（见表5-4）执行。

表5-4　应税污染物和当量值表

一、第一类水污染物污染当量值

污染物	污染当量值/千克
1. 总汞	0.000 5
2. 总镉	0.005
3. 总铬	0.04
4. 六价铬	0.02
5. 总砷	0.02
6. 总铅	0.025
7. 总镍	0.025
8. 苯并（a）芘	0.000 000 3
9. 总铍	0.01
10. 总银	0.02

二、第二类水污染物污染当量值

污染物	污染当量值/千克	备注
11. 悬浮物（SS）	4	
12. 生化需氧量（BOD_5）	0.5	同一排放口中的化学需氧量、生化需氧量和总有机碳，只征收一项
13. 化学需氧量（CODcr）	1	
14. 总有机碳（TOC）	0.49	
15. 石油类	0.1	
16. 动植物油	0.16	
17. 挥发酚	0.08	
18. 总氰化物	0.05	
19. 硫化物	0.125	
20. 氨氮	0.8	

表5-3(续)

污染物	污染当量值/千克	备注
21. 氟化物	0.5	
22. 甲醛	0.125	
23. 苯胺类	0.2	
24. 硝基苯类	0.2	
25. 阴离子表面活性剂（LAS）	0.2	
26. 总铜	0.1	
27. 总锌	0.2	
28. 总锰	0.2	
29. 彩色显影剂（CD-2）	0.2	
30. 总磷	0.25	
31. 单质磷（以P计）	0.05	
32. 有机磷农药（以P计）	0.05	
33. 乐果	0.05	
34. 甲基对硫磷	0.05	
35. 马拉硫磷	0.05	
36. 对硫磷	0.05	
37. 五氯酚及五氯酚钠（以五氯酚计）	0.25	
38. 三氯甲烷	0.04	
39. 可吸附有机卤化物（AOX）（以Cl计）	0.25	
40. 四氯化碳	0.04	
41. 三氯乙烯	0.04	
42. 四氯乙烯	0.04	
43. 苯	0.02	
44. 甲苯	0.02	
45. 乙苯	0.02	
46. 邻-二甲苯	0.02	
47. 对-二甲苯	0.02	
48. 间-二甲苯	0.02	
49. 氯苯	0.02	
50. 邻二氯苯	0.02	
51. 对二氯苯	0.02	
52. 对硝基氯苯	0.02	

表5-3(续)

污染物	污染当量值/千克	备注
53. 2，4-二硝基氯苯	0.02	
54. 苯酚	0.02	
55. 间-甲酚	0.02	
56. 2，4-二氯酚	0.02	
57. 2，4，6-三氯酚	0.02	
58. 邻苯二甲酸二丁酯	0.02	
59. 邻苯二甲酸二辛酯	0.02	
60. 丙烯腈	0.125	
61. 总硒	0.02	

三、pH值、色度、大肠菌群数、余氯量水污染物污染当量值

污染物		污染当量值	备注
1. pH值	1. 0-1，13-14 2. 1-2，12-13 3. 2-3，11-12 4. 3-4，10-11 5. 4-5，9-10 6. 5-6	0.06吨污水 0.125吨污水 0.25吨污水 0.5吨污水 1吨污水 5吨污水	pH值5-6指大于等于5，小于6；pH值9-10指大于9，小于等于10，其余类推
2. 色度		5吨水·倍	
3. 大肠菌群数（超标）		3.3吨污水	大肠菌群数和余氯量只征收一项
4. 余氯量（用氯消毒的医院废水）		3.3吨污水	

四、禽畜养殖业、小型企业和第三产业水污染物污染当量值

（本表仅适用于计算无法进行实际监测或者物料衡算的禽畜养殖业、小型企业和第三产业等小型排污者的水污染物污染当量数）

类型		污染当量值	备注
禽畜养殖场	1. 牛	0.1头	仅对存栏规模大于50头牛、500头猪、5 000羽鸡鸭等的禽畜养殖场征收
	2. 猪	1头	
	3. 鸡、鸭等家禽	30羽	
4. 小型企业		1.8吨污水	
5. 饮食娱乐服务业		0.5吨污水	
6. 医院	消毒	0.14床	医院病床数大于20张的按照本表计算污染当量数
		2.8吨污水	
	不消毒	0.07床	
		1.4吨污水	

五、大气污染物污染当量值

污染物	污染当量值/千克
1. 二氧化硫	0. 95
2. 氮氧化物	0. 95
3. 一氧化碳	16. 7
4. 氯气	0. 34
5. 氯化氢	10. 75
6. 氟化物	0. 87
7. 氰化氢	0. 005
8. 硫酸雾	0. 6
9. 铬酸雾	0. 000 7
10. 汞及其化合物	0. 000 1
11. 一般性粉尘	4
12. 石棉尘	0. 53
13. 玻璃棉尘	2. 13
14. 碳黑尘	0. 59
15. 铅及其化合物	0. 02
16. 镉及其化合物	0. 03
17. 铍及其化合物	0. 000 4
18. 镍及其化合物	0. 13
19. 锡及其化合物	0. 27
20. 烟尘	2. 18
21. 苯	0. 05
22. 甲苯	0. 18
23. 二甲苯	0. 27
24. 苯并（a）芘	0. 000 002
25. 甲醛	0. 09
26. 乙醛	0. 45
27. 丙烯醛	0. 06
28. 甲醇	0. 67
29. 酚类	0. 35
30. 沥青烟	0. 19
31. 苯胺类	0. 21

表5-4(续)

污染物	污染当量值/千克
32. 氯苯类	0.72
33. 硝基苯	0.17
34. 丙烯腈	0.22
35. 氯乙烯	0.55
36. 光气	0.04
37. 硫化氢	0.29
38. 氨	9.09
39. 三甲胺	0.32
40. 甲硫醇	0.04
41. 甲硫醚	0.28
42. 二甲二硫	0.28
43. 苯乙烯	25
44. 二硫化碳	20

每一排放口或者没有排放口的应税大气污染物，按照污染当量数从大到小排序，对前三项污染物征收环境保护税。

每一排放口的应税水污染物，按照“应税污染物和当量值表”，区分第一类水污染物和其他类水污染物，按照污染当量数从大到小排序，对第一类水污染物按照前五项征收环境保护税，对其他类水污染物按照前三项征收环境保护税。

省、自治区、直辖市人民政府根据本地区污染物减排的特殊需要，可以增加同一排放口征收环境保护税的应税污染物项目数，报同级人民代表大会常务委员会决定，并报全国人民代表大会常务委员会和国务院备案。

纳税人有下列情形之一的，以其当期应税大气污染物、水污染物的产生量作为污染物的排放量：

（1）未依法安装使用污染物自动监测设备或者未将污染物自动监测设备与环境保护主管部门的监控设备联网；

（2）损毁或者擅自移动、改变污染物自动监测设备；

（3）篡改、伪造污染物监测数据；

（4）通过暗管、渗井、渗坑、灌注或者稀释排放以及不正常运行防治污染设施等方式违法排放应税污染物；

（5）进行虚假纳税申报。

3. 应税固体废物按照固体废物的排放量确定

应税固体废物的排放量为当期应税固体废物的产生量减去当期应税固体废物贮存量、处置量、综合利用量的余额。固体废物的贮存量、处置量，是指在符合国家和地方环境保护标准的设施、场所贮存或者处置的固体废物数量；固体废物的综合利用量，是指按照国务院发展改革、工业和信息化主管部门关于资源综合利用要求以及国家和地方环境保护标准进行综合利用的固体废物数量。

计算公式如下：

应税固体废物的排放量=当期应税固体废物的产生量-当期应税固体废物的综合利用量（免征）-当期应税固体废物的贮存量和处置量（不属于直接向环境排放污染物）

纳税人应当准确计量应税固体废物的贮存量、处置量和综合利用量，未准确计量的，不得从其应税固体废物的产生量中减去。纳税人依法将应税固体废物转移至其他单位和个人进行贮存、处置或者综合利用的，固体废物的转移量相应计入其当期应税固体废物的贮存量、处置量或者综合利用量；纳税人接收的应税固体废物转移量，不计入其当期应税固体废物的产生量。纳税人对应税固体废物进行综合利用的，应当符合工业和信息化部制定的工业固体废物综合利用评价管理规范。

纳税人有下列情形之一的，以其当期应税固体废物的产生量作为固体废物的排放量：①非法倾倒应税固体废物；②进行虚假纳税申报。

4. 应税噪声按照超过国家规定标准的分贝数确定

应税噪声按照实际产生的工业噪音与国家规定的工业噪音排放标准限额之间的差值确定每月税额。

（二）应税大气污染物、水污染物、固体废物的排放量和噪声的分贝数的计算方法和顺序

应税大气污染物、水污染物、固体废物的排放量和噪声的分贝数，按照下列方法和顺序计算：

（1）纳税人安装使用符合国家规定和监测规范的污染物自动监测设备的，按照污染物自动监测数据计算。

（2）纳税人未安装使用污染物自动监测设备的，按照监测机构出具的符合国家有关规定和监测规范的监测数据计算。

（3）因排放污染物种类多等原因不具备监测条件的，按照国务院环境保护主管部门规定的排污系数、物料衡算方法计算。

（4）不能按照本条第一项至第三项规定的方法计算的，按照省、自治区、直辖市人民政府环境保护主管部门规定的抽样测算的方法核定计算。

（注：①污染当量，是指根据污染物或者污染排放活动对环境的有害程度以及处理的技术经济性，衡量不同污染物对环境污染的综合性指标或者计量单位。同一介质相同污染当量的不同污染物，其污染程度基本相当。②排污系数，是指在正常技术经济和管理条件下，生产单位产品所应排放的污染物量的统计平均值。③物料衡算，是指根据物质质量守恒原理对生产过程中使用的原料、生产的产品和产生的废物等进行测算的一种方法）

四、环境保护税应纳税额的计算

（一）大气污染物应纳税额的计算

应税大气污染物的应纳税额=污染当量数×具体适用税额

【例5-4】A企业2022年5月向大气直接排放二氧化硫、氟化物各10千克，一氧化碳、氯化氢各100千克，假设当地大气污染物每污染当量税额1.3元，该企业只有一个排放口。请计算A企业当月大气污染物应缴纳的环保税。

（1）计算各污染物的污染当量数：

①二氧化硫：10/0.95≈10.53

②氟化物：10/0.87≈11.49

③一氧化碳：100/16.7≈5.99

④氯化氢：100/10.75≈9.3

（2）按污染物的污染当量数排序：

氟化物（11.49）>二氧化硫（10.53）>氯化氢（9.3）>一氧化碳（5.99）

该企业只有一个排放口，对前三项污染物征收环境保护税。

（3）计算应纳税额：

①氟化物：11.49×1.3≈14.94（元）

②二氧化硫：10.53×1.3≈13.69（元）

③氯化氢：9.3×1.3≈12.09（元）

A 企业 5 月大气污染物应缴纳环保税＝14.94+13.69+12.09＝40.72（元）

（二）水污染物应纳税额的计算

应税水污染物的应纳税额＝污染当量数×具体适用税额

【例 5-5】B 公司仅有一个污水排放口，2022 年 5 月向水体直接排放第一类水污染物总汞、总镉、总铬、六价铬、总铅、总铍各 1 千克。假设当地水污染物每污染当量税额 1.4 元，请计算 B 公司当月第一类水污染物应缴纳的环保税。

（1）计算第一类水污染物的污染当量数

总汞：1÷0.000 5＝2 000

总镉：1÷0.005＝200

总铬：1÷0.04＝25

六价铬：1÷0.02＝50

总铅：1÷0.025＝40

总铍：1÷0.01＝100

（2）按污染物的污染当量数排序：

总汞（2 000）>总镉（200）>总铍（100）>六价铬（50）>总铅（40）>总铬（25）

每一排放口的应税水污染物，按照污染当量数从大到小排序，对第一类水污染物按照前五项征收环境保护税。

（3）计算第一类水污染物应纳税额

总汞：2 000×1.4＝2 800（元）

总镉：200×1.4＝280（元）

总铍：100×1.4＝140（元）

六价铬：50×1.4＝70（元）

总铅：40×1.4＝56（元）

B 公司 5 月第一类水污染物应缴纳环保税＝2 800+280+140+70+56＝3 346（元）

（三）应税固体废物应纳税额的计算

固体废物的应纳税额＝固体废物排放量×具体适用税额

【例 5-6】C 公司 2022 年 5 月产生煤矸石 100 吨，其中综合利用的煤矸石 20 吨（符合国家和地方环境保护标准），在符合国家和地方环境保护标准的设施贮存 30 吨，请计算 C 公司当月煤矸石应缴纳的环保税。

应纳环保税 = （100−20−30）×5 = 250（元）

（四）应税噪声应纳税额的计算

应税噪声应纳税额 = 超过国家规定标准的分贝数对应的具体适用税额

噪声超标分贝数不是整数值的，按四舍五入取整。一个单位的同一监测点当月有多个监测数据超标的，以最高一次超标声级计算应纳税额。声源一个月内累计昼间超标不足 15 昼或者累计夜间超标不足 15 夜的，分别减半计算应纳税额。

【例 5-7】D 公司只有一个生产场所，昼夜生产。2022 年 5 月生产存在噪声超标，昼间生产噪声超标 1~3 分贝，沿边界长度超过 100 米只有一处噪声超标，超标天数为 14 天；夜间生产噪声超标 7~9 分贝，沿边界长度超过 100 米有两处以上噪声超标，超标天数为 16 天。请计算 D 公司 2022 年当月噪声污染应缴纳的环境保护税。

昼、夜均超标的环境噪声，昼、夜分别计算应纳税额，累计计征。

（1）昼间噪声污染应纳税额 = 350÷2（元）= 175（元）（注：声源一个月内超标不足 15 天，减半计算）

（2）夜间噪声污染应纳税额 = 1 400×2 = 2 800（元）（注：沿边界长度超过 100 米有两处以上噪声超标，按两处计算）

D 公司 5 月噪声污染应纳税额 = 175+2 800 = 2 975（元）

五、环境保护税的税收减免

（一）暂予免征项目

（1）农业生产（不包括规模化养殖）排放应税污染物的；

（2）机动车、铁路机车、非道路移动机械、船舶和航空器等流动污染源排放应税污染物的；

（3）依法设立的城乡污水集中处理、生活垃圾集中处理场所排放相应应税污染物，不超过国家和地方规定的排放标准的；

（4）纳税人综合利用的固体废物，符合国家和地方环境保护标准的；

（5）国务院批准免税的其他情形，由国务院报全国人民代表大会常务委员会备案。

（二）减征税额项目

（1）纳税人排放应税大气污染物或者水污染物的浓度值低于国家和地方规定的污染物排放标准百分之三十的，减按百分之七十五征收环境保护税。

（2）纳税人排放应税大气污染物或者水污染物的浓度值低于国家和地方规定的污染物排放标准百分之五十的，减按百分之五十征收环境保护税。

六、环境保护税的征收管理

（1）纳税义务发生时间：为纳税人排放应税污染物的当日。

（2）纳税期限：按月计算，按季申报缴纳。不能按固定期限计算缴纳的，可以按次申报缴纳。

纳税人按季申报缴纳的，应当自季度终了之日起十五日内，向税务机关办理纳税申报并缴纳税款。纳税人按次申报缴纳的，应当自纳税义务发生之日起十五日内，向税务机关办理纳税申报并缴纳税款。

（3）纳税地点：纳税人应当向应税污染物排放地的税务机关申报缴纳环境保护税。

（4）征管方式：环保税采用“纳税人自行申报，税务征收，环保检测，信息共享”的征管方式。纳税人应当依法如实办理纳税申报，对申报的真实性和完整性承担责任；税务机关负责征收管理；环境保护主管部门负责对污染物监测管理。

环境保护主管部门和税务机关应当建立涉税信息共享平台和工作配合机制。环境保护主管部门应当将排污单位的排污许可、污染物排放数据、环境违法和受行政处罚情况等环境保护相关信息，定期交送税务机关。税务机关应当将纳税人的纳税申报、税款入库、减免税额、欠缴税款以及风险疑点等环境保护税涉税信息，定期交送环境保护主管部门。

税务机关应当将纳税人的纳税申报数据资料与环境保护主管部门交送的相关数据资料进行比对。

税务机关发现纳税人的纳税申报数据资料异常或者纳税人未按照规定期限办理纳税申报的，可以提请环境保护主管部门进行复核，环境保护主管部门应当自收到税务机关的数据资料之日起十五日内向税务机关出具复核意见。税务机关应当按照环境保护主管部门复核的数据资料调整纳税人的应纳税额。

本章小结

思考与练习题

一、选择题

1. 下列各项中，属于资源税纳税人的有（　　）。

A. 开采原煤的私营企业　　B. 进口原油的国有企业

C. 开采石灰岩的个体经营者　　D. 开采锡原矿的外商投资企业

2. 纳税人的以下行为中，需要缴纳资源税的有（　　）。

A. 纳税人开采铜原矿，用于连续加工铜选矿

B. 纳税人开采地热，用于投资

C. 纳税人开采粘土，用于连续加工陶器

D. 纳税人开采原煤，用于换取检测设备

3. 以下应税资源的征税对象规定为原矿或选矿产品的有（　　）。

A. 原油、天然气　　B. 煤炭

C. 钨、钼　　D. 砂石

4. 下列项目中，属于资源税征税范围的有（　　）。

A. 海盐　　B. 矿泉水

C. 地热　　D. 人造石油

5. M砂石厂2022年8月开采砂石5 000立方米，对外销售3 000立方米，另将600立方米砂石用于修建厂房，当地砂石资源税税率为3元/立方米，则M砂石厂当月应纳资源税（　　）元。

A. 15 000　　B. 9 000

C. 10 800　　D. 1 800

6. 某煤矿企业为增值税一般纳税人，2022年7月销售原煤，向购买方收取全部价款600万元。其中，销售额为550万元，从坑口到购买方指定地点的运输费用40万元，装卸费用10石元，均取得合法有效凭证。另将外购原煤与自采原煤混合销售，销售额为480万元，外购原煤增值税专用发票注明金额220万元。上述价款均不含增值税，当地原煤资源税税率8%。该企业当月应缴纳资源税（　　）万元。

A. 65.6　　B. 82.4

C. 86.4　　D. 64.8

7. W公司2022年6月购入300万元（不含增值税，下同）的锡原矿，已取得增值税专用发票，与自采的锡原矿混合并销售，销售额为800万元。已知当地锡原矿税率为6%，则W公司应纳资源税（　　）万元。

A. 48　　B. 30

C. 18　　D. 66

8. H公司2022年6月购入160万元（不含增值税，下同）的锰原矿，已取得增值税专用发票，与自采的锰原矿混合洗选加工为锰选矿进行销售，销售额为520万元。已知当地锰原矿税率为8%，锰选矿税率为5%，则H公司应纳资源税（　　）万元。

A. 18　　B. 26

C. 13.2　　D. 41.6

9. 环境保护税法中所称的应税污染物是指（　　）。

A. 大气污染物　　B. 水污染物

C. 固体废物　　D. 噪声

10. 某餐饮公司，通过安装水流量测得5月排放污染水量为80吨，已知饮食娱乐服务业污染当量值为0.5吨。假设当地水污染物适用税额为每污染当量2.8元，当月应纳环保税（　　）元。

A. 224　　B. 336　　C. 448　　D. 560

11. 某公司5月连续10天发生工业噪声分贝数超过国家标准80分贝，则该公司当月应纳环保税（　　）元。

A. 0　　B. 350　　C. 700　　D. 1 400

12. 某公司5月产生尾矿1 000吨，其中综合利用的尾矿300吨（符合国家相关规定），在符合国家和地方环境保护标准的设备贮存300吨，尾矿环保税适用税额为每吨15元，该公司当月应纳环保税（　　）元。

A. 15 000　　B. 10 500　　C. 6 000　　D. 4 500

二、计算题

1. 某油田3月销售原油20 000吨，开具增值税专用发票取得销售额10 000万元、增值税额1 300万元，按资源税税目税率表的规定，其适用的税率为8%。请计算该油田3月应缴纳的资源税。

2. 某原煤生产企业为增值税一般纳税人，按月申报缴纳资源税。2022年8月发生以下业务：

（1）开采原煤10 000吨，当月销售原煤8 000吨，每吨不含税单价500元。

（2）为职工宿舍供暖，使用本月开采的原煤180吨；另将本月开采的原煤520吨无偿赠送给某有长期业务往来的客户。

（3）外购原煤260吨，增值税专用发票上注明单价400元/吨（不含增值税），将外购原煤和自采原煤混合生产选煤并销售，取得不含增值税销售额30万元。已知该企业所在地原煤的资源税税率为6%，选煤资源税税率为5%。

要求：根据上述资料，回答下列问题（单位：万元）。

（1）业务（1）销售原煤应缴纳的资源税。

（2）业务（2）应缴纳的资源税。

（3）业务（3）销售选煤应缴纳的资源税。

3. 某公司5月大气直接排放二氧化硫、氟化物各120千克，一氧化碳、氯化物各100千克。假设当地大气污染物每污染当量税额3元，该公司只有一个排放口。请计算该公司当月应缴纳的环境保护税。

第五章练习题答案

【案例分析】

第六章　关税和船舶吨税

■学习目标

通过本章的学习，学生应了解关税的特点、分类；理解关税的纳税人、税率；掌握进出口货物完税价格、完税价格中运输及相关费用、保险费的计算；掌握关税应纳税额的计算及关税的征收管理。同时了解船舶吨税征税范围及其应纳税额的计算。

■导入案例

某公司从境外进口小轿车 30 辆，每辆小轿车货价 15 万元，运抵我国海关前发生的运输费用、保险费用无法确定，经海关查实其他运输公司相同业务的运输费用占货价的比例为 2%，关税税率 60%，则应纳关税是多少？

第一节　关税

现行关税的基本法律规范是 2017 年 11 月全国人民代表大会修正颁布的《中华人民共和国海关法》、2003 年 11 月国务院发布的《中华人民共和国进出口关税条例》，以及由国务院关税税则委员会审定并报国务院批准，作为条例组成部分的《中华人民共和国海关进出口税则》和《中华人民共和国海关入境旅客行李物品和个人邮递物品征收进口税办法》。

一、关税概述

（一）关税的概念

关税是海关依法对进出关境货物、物品征收的一种税。

所谓关境，又称“海关境域”或“关税领域”，是国家海关法全面实施的领域。“国境”是指一个主权国家的领土范围，在通常情况下，一国关境与国境是一致的，包括国家全部的领土、领海、领空。但当某一国家在国境内设立了自由港、自由贸易区等，这些区域就进出口关税而言处在关境之外，这时，该国家的关境小于国境，如在我国，根据相关法律，香港和澳门保持自由港地位，为我国单独的关税地区，即单独关境区。单独关境区是不适用该国海关法律、法规或实施单独海关管理制度的区域。

此外，当几个国家结成关税同盟，组成一个共同的关境，实施统一的关税法令和统一的对外税则，这些国家彼此之间货物进出国境不征收关税，只对来自或运往其他国家的货物进出共同关境征收关税，这些国家的关境大于国境，如欧洲联盟。

（二）关税的特点

1. 以进出境的货物、物品为征税对象

关税是对进出境的货品征税，是否经过国境（关境）是征关税与否的前提条件。在境内和境外流通的货物，不进出关境的不征关税。

2. 关税是单一环节的价外税

关税完税价格中不包括关税，即在征收关税时，是以实际成交价格为计税依据，关税不包括在内。但海关代为征收增值税、消费税时，其计税依据包括关税在内。

3. 关税由海关机关统一征收管理

与其他税收不同，关税是由主权国家设在国境或关境的海关机关，根据国家制定的关税税法、税则征收管理。其他任何单位和个人均无权征收关税。

4. 关税有较强的涉外性

关税只对进出境的货物和物品征收。因此，关税税则的制定、税率的高低都直接会影响到国际贸易的开展。尤其是在全球化背景下，世界各国的经济联系更为密切，贸易关系不仅是经济关系，也是一种政治关系。因此关税政策及措施也与一国的经济与外交政策紧密相关，具有涉外性。

（三）关税的分类

1. 按征收对象划分，可以分为进口税、出口税和过境税

（1）进口税。

进口税是海关对进口货物和物品所征收的关税。现今世界各国的关税，主要是征进口税。征收进口税的目的在于保护本国市场和增加财政收入。

（2）出口税。

出口税是海关对出口货物和物品所征收的关税。为了降低出口货物的成本，提高本国货物在国际市场上的竞争能力，世界各国一般少征或不征出口税。

（3）过境税。

过境税是对外国经过本国国境运往另一国的过境货物所征收的关税。目前，世界上大多数国家都不征收过境税，我国也不征收过境税。

2. 按征收标准划分，可以分为从价税、从量税、复合税、选择税、滑准税

（1）从价税。

从价税是以征税对象的价格为计税依据，根据一定比例的税率进行计征。目前，我国海关计征关税标准主要是从价税。

（2）从量税。

从量税是以征税对象的数量为计税依据，按每单位数量预先制定的应税额计征。

（3）复合税。

复合税又称混合税，即对某种进口货物同时制订出从价、从量两种方式，分别计算税额，以两种税额之和作为该货物的应征税额。

（4）选择税。

选择税是对一种进口商品同时定有从价税和从量税两种税率，但征税时选择其税额较高的一种征税。

（5）滑准税。

滑准税是对某种货物在税则中预先按该商品的价格规定几档税率。同一种货物当价格高时适用较低税率，价格低的时候适用较高税率。

二、我国的关税制度

（一）征税对象

关税的征税对象是准许进出境的货物和物品。货物是指贸易性商品，物品指入境旅客随身携带的行李物品、个人邮递物品、各种运输工具上的服务人员携带进口的自用物品、馈赠物品以及其他方式进境的个人物品。

（二）纳税义务人

进口货物的收货人、出口货物的发货人、进出境物品的所有人，是关税的纳税义务人。进出口货物的收、发货人是依法取得对外贸易经营权，并进口或者出口货物的法人或者其他社会团体。进出境物品的所有人包括该物品的所有人和推定为所有人的人。一般情况下，对于携带进境的物品，推定其携带人为所有人；对分离运输的行李，推定相应的进出境旅客为所有人；对以邮递方式进境的物品，推定其收件人为所有人；以邮递或其他运输方式出境的物品，推定其寄件人或托运人为所有人。

（三）进出口税则

1. 进出口税则及归类

进出口税则是一国政府根据国家关税政策和经济政策，通过一定的立法程序制定公布实施的进出口货物和物品应税的关税税率表。

税则归类，就是将每项具体进出口商品按其特性在税则中找出其最适合的某一个税号，以确定其适用的税率，计算关税税负。税则归类错误会导致关税的多征或少征，影响关税作用的发挥。

2. 关税税率及运用

（1）进口关税税率。

我国进口税则设有最惠国税率、协定税率、特惠税率、普通税率、关税配额税率等税率。对进口货物在一定期限内可以实行暂定税率。最惠国税率适用原产于与我国共同适用最惠国待遇条款的世界贸易组织（WTO）成员国或地区的进口货物，或原产于与我国签订有相互给予最惠国待遇条款的双边贸易协定的国家或地区进口的货物，以及原产于我国境内的进口货物；协定税率适用原产于我国参加的含有关税优惠条款的区域性贸易协定有关缔约方的进口货物；特惠税率适用原产于与我国签订有特殊优惠关税协定的国家或地区的进口货物；普通税率适用于原产于上述国家或地区以外的其他国家或地区的进口货物。按照普通税率征税的进口货物，经国务院关税税则委员会特别批准，可以适用最惠国税率。适用最惠国税率、协定税率、特惠税率的国家或者地区名单，由国务院关税税则委员会决定，报国务院批准后执行。

根据经济发展需要，国家对部分进口原材料、零部件、农药原药和中间体、乐器及生产设备实行暂定税率。适用最惠国税率的进口货物有暂定税率的，应当适用暂定税率；适用特惠税率、协定税率的进口货物有暂定税率的，应当从低适用税率；适用普通税率的进口货物，不适用暂定税率。同时，对部分进口农产品和化肥产品实行关税配额，即一定数量内的上述进口商品适用税率较低的配额内税率，超出该数量的进口商品适用税率较高的配额外税率。

（2）出口关税税率。

国家仅对少数资源性产品及易于竞相杀价、盲目进口、需要规范出口秩序的半制成品征收出口关税。对部分商品实行暂定税率，出口暂定税率优先适用于出口税则中规定的出口税率。

（3）特别关税。

特别关税包括报复性关税、反倾销税与反补贴税、保障性关税。征收特别关税的货物、适用国别、税率、期限和征收办法，由国务院关税税则委员会决定，海关总署负责实施。

（4）税率的运用。

①进出口货物，应当按照纳税义务人申报进口或者出口之日实施的税率征税。

②进口货物到达前，经海关核准先行申报的，应当按照装载此货物的运输工具申报进境之日实施的税率征税。

③进出口货物的补税和退税，适用该进出口货物原申报进口或者出口之日所实施的税率。

（四）原产地规定

确定进境货物原产国的主要原因之一，是便于正确运用进口税则的各栏税率，对产自不同国家或地区的进口货物适用不同的关税税率。我国原产地规定基本上采用了“全部产地生产标准”“实质性加工标准”两种国际上通用的原产地标准。

全部产地生产标准，是指进口货物“完全在一个国家内生产或制造”，生产或制造国即为该货物的原产国；实质性加工标准是指适用于确定有两个或两个以上国家参与生产的产品的原产国的标准，以最后一个对货物进行经济上可以视为实质性加工的国家为原产国。“实质性加工”是指产品加工后，在进出口税则中四位数税号一级的税则归类已经有了改变，或者加工增值部分所占新产品总值的比例已超过30%及以上的。

（五）税收优惠

关税减免是对某些纳税人和征税对象给予鼓励和照顾的一种特殊调节手段，是贯彻国家关税政策的一项重要措施，使关税政策工作兼顾了普遍性和特殊性、原则性和灵活性。分为法定减免税、特定减免税和临时减免税。根据海关法规定，除法定减免税外的其他减免税均由国务院决定。

1. 法定减免税

法定减免税是税法中明确列出的减税或免税。符合税法规定可予减免税的进出口货物，纳税义务人无须提出申请，海关可按规定直接予以减免税。海关对法定减免税货物一般不进行后续管理。

（1）关税税额在人民币50元以下的一票货物，可免征关税。

（2）无商业价值的广告品和货样，可免征关税。

（3）外国政府、国际组织无偿赠送的物资，可免征关税。

（4）进出境运输工具装载的途中必需的燃料、物料和饮食用品，可予免税。

（5）经海关核准暂时进境或者暂时出境，并在6个月内复运出境或者复运进境的货样、展览品、施工机械、工程车辆、工程船舶、供安装设备时使用的仪器和工具、电视或者电影摄制器械、盛装货物的容器以及剧团服装道具，在货物收发货人向海关缴纳相当于税款的保证金或者提供担保后，可予暂时免税。

（6）为境外厂商加工、装配成品和为制造外销产品而进口的原材料、辅料、零件、部件、配套件和包装物料，海关按照实际加工出口的成品数量免征进口关税；或者对进口料、件先征进口关税，再按照实际加工出口的成品数量予以退税。

（7）因故退还的中国出口货物，经海关审查属实，可予免征进口关税，但已征收的出口关税不予退还。

（8）因故退还的境外进口货物，经海关审查属实，可予免征出口关税，但已征收的进口关税不予退还。

（9）进口货物如有以下情形，经海关查明属实，可酌情减免进口关税：

①在境外运输途中或者在起卸时，遭受损坏或者损失的；

②起卸后海关放行前，因不可抗力遭受损坏或者损失的；

③海关查验时已经破漏、损坏或者腐烂，经证明不是保管不慎造成的。

（10）无代价抵偿货物，即进口货物在征税放行后，发现货物残损、短少或品质不良，而由国外承运人、发货人或保险公司免费补偿或更换的同类货物，可以免税。

（11）我国缔结或者参加的国际条约规定减征、免征关税的货物、物品，按照规定予以减免关税。

（12）法律规定减征、免征的其他货物。

2. 特定减免税

特定减免税也称政策性减免税，是指在法定减免税之外，国家按照国际通行规则和我国实际情况，制定发布的有关进出口货物减免关税的政策。包括：科教用品；残疾人专用品；扶贫、慈善性捐赠物资；加工贸易产品；边境贸易进口物资；保税区进出口货物；出口加工区进出口货物；进口设备；特定行业或用途的减免税政策。

3. 临时减免税

临时减免税是指以上法定和特定减免税以外的其他减免税，即由国务院根据海关法对某个单位、某类商品、某个项目或某批进出口货物的特殊情况，给予特别照顾，一案一批，专文下达的减免税。

三、关税应纳税额的计算

（一）关税的完税价格

《中华人民共和国海关法》（以下简称《海关法》）规定，进出口货物的完税价格，由海关以该货物的成交价格为基础审查确定。成交价格不能确定时，完税价格由海关依法估定。

1. 一般进口货物的完税价格

（1）以成交价格为基础的完税价格。

进口货物的完税价格包括货物的货价、货物运抵我国境内输入地点起卸前的运输及其相关费用、保险费。我国境内输入地为入境海关地，包括内陆河、江口岸，一般为第一口岸。货物的货价以成交价格为基础。进口货物的成交价格是指买方为购买该货物，并按《中华人民共和国海关审定进口货物完税价格办法》（以下简称《完税价格办法》）有关规定调整后的实付或应付价格。

（2）对实付或应付价格进行调整的有关规定。

“实付或应付价格”指买方为购买进口货物直接或间接支付的总额，即作为卖方销售进口货物的条件，由买方向卖方或为履行卖方义务向第三方已经支付或将要支付的全部款项。

如下列费用或者价值未包括在进口货物的实付或者应付价格中，应当计入完税价格：

①由买方负担的除购货佣金以外的佣金和经纪费。“购货佣金”指买方为购买进口货物向自己的采购代理人支付的劳务费用。“经纪费”指买方为购买进口货物向代表买卖双方利益的经纪人支付的劳务费用。

②由买方负担的与该货物视为一体的容器费用。

③由买方负担的包装材料和包装劳务费用。

④与该货物的生产和向中华人民共和国境内销售有关的，由买方以免费或者以低于成本的方式提供并可以按适当比例分摊的料件、工具、模具、消耗材料及类似货物的价款，以及在境外开发、设计等相关服务的费用。

⑤与该货物有关并作为卖方向我国销售该货物的一项条件，应当由买方直接或间接支付的特许权使用费。

⑥卖方直接或间接从买方对该货物进口后转售、处置或使用所得中获得的收益。

下列费用，如能与该货物实付或者应付价格区分，不得计入完税价格：

①厂房、机械、设备等货物进口后的基建、安装、装配、维修和技术服务的费用。

②货物运抵境内输入地点之后的运输费用、保险费和其他相关费用。

③进口关税及其他国内税收；

④为在境内复制进口货物而支付的费用；

⑤境内外技术培训及境外考察费用。

（3）进口货物海关估价方法。

进口货物的价格不符合成交价格条件或者成交价格不能确定的，海关应当依次以相同货物成交价格方法、类似货物成交价格方法、倒扣价格方法、计算价格方法及其他合理方法确定的价格为基础，估定完税价格。

相同或类似货物成交价格方法，即以与被估的进口货物同时或大约同时（在海关接受申报进口之日的前后各45天以内）进口的相同或类似货物的成交价格为基础，估定完税价格。

倒扣价格方法，即以被估的进口货物、相同或类似进口货物在境内销售的价格为基础估定完税价格。

计算价格方法，即按下列各项的总和计算出的价格估定完税价格。有关各项为：①生产该货物所使用的原材料价值和进行装配或其他加工的费用；②与向境内出口销售同等级或同种类货物的利润、一般费用相符的利润和一般费用；③货物运抵境内输入地点起卸前的运输及相关费用、保险费。

其他合理方法，应当根据《完税价格办法》规定的估价原则，以在境内获得的数据资料为基础估定完税价格。但不得使用以下价格：①境内生产的货物在境内的销售价格；②可供选择的价格中较高的价格；③货物在出口地市场的销售价格；④以计算价格方法规定的有关各项之外的价值或费用计算的价格；⑤出口到第三国或地区的货物的销售价格；⑥最低限价或武断虚构的价格。

2. 出口货物的完税价格

（1）以成交价格为基础的完税价格。

出口货物的完税价格，由海关以该货物向境外销售的成交价格为基础审查确定，并应包括货物运至我国境内输出地点装载前的运输及其相关费用、保险费，但其中包含的出口关税税额，应当扣除。

出口货物的成交价格，是指该货物出口销售到我国境外时买方向卖方实付或应付的价格。出口货物的成交价格中含有支付给境外的佣金的，如果单独列明，应当扣除。

（2）出口货物海关估价方法。

出口货物的成交价格不能确定时，完税价格由海关依次使用下列方法估定：

①同时或大约同时向同一国家或地区出口的相同货物的成交价格；

②同时或大约同时向同一国家或地区出口的类似货物的成交价格；

③根据境内生产相同或类似货物的成本、利润和一般费用、境内发生的运输及其相关费用、保险费计算所得的价格；

④按照合理方法估定的价格。

3. 进出口货物完税价格中的运输及相关费用、保险费的计算

（1）以一般陆运、空运、海运方式进口的货物。

在进口货物的运输及相关费用、保险费计算中，海运进口货物，计算至该货物运抵境内的卸货口岸；如果该货物的卸货口岸是内河（江）口岸，则应当计算至内河（江）口岸。陆运进口货物，计算至该货物运抵境内的第一口岸；如果运输及其相关费用、保险费支付至目的地口岸，则计算至目的地口岸。空运进口货物，计算至该货物运抵境内的第一口岸；如果该货物的目的地为境内的第一口岸外的其他口岸，则计算至目的地口岸。

陆运、空运和海运进口货物的运费和保险费，应当按照实际支付的费用计算。如果进口货物的运费无法确定或未实际发生，海关应当按照该货物进口同期运输行业公布的运费率（额）计算运费，按照“货价加运费”两者总额的3‰计算保险费。

（2）以其他方式进口货物。

邮运进口货物，以邮费作为运输、保险等相关费用；以境外边境口岸价格条件成交的铁路或公路运输进口货物，按货价的1%计算运输及相关费用、保险费；自驾进口的运输工具，海关在审定完税价格时，可以不另行计入运费。

（3）出口货物。

出口货物的销售价格如果包括离境口岸到境外口岸之间的运输、保险费的，该运费、保险费应当扣除。

（二）应纳税额的计算

1. 从价税应纳税额的计算

关税税额=应税进（出）口货物数量×单位完税价格×税率

2. 从量税应纳税额的计算

关税税额=应税进（出）口货物数量×单位货物税额

3. 复合税应纳税额的计算

关税税额=应税进（出）口货物数量×单位货物税额+应税进（出）口货物数量×单位完税价格×税率

4. 滑准税应纳税额的计算

关税税额=应税进（出）口货物数量×单位完税价格×滑准税税率

【例6 1】本章导入案例计算如下：

【解析】

小轿车在进口环节应缴纳的关税、消费税（税率9%）、增值税的计算如下。

①进口小轿车的货价=15×30=450（万元）

②进口小轿车的运输费=450×2%=9（万元）

③进口小轿车的保险费=（450+9）×3‰≈1.38（万元）

④进口小轿车应缴纳的关税：

关税的完税价格=450+9+1.38=460.38（万元）

应缴纳关税=460.38×60%≈276.23（万元）

⑤进口环节小轿车应缴纳的消费税：

消费税组成计税价格=（460.38+276.23）÷（1−9%）≈809.46（万元）

应缴纳消费税=809.46×9%=72.85（万元）

⑥进口环节小轿车应缴纳增值税：

应缴纳增值税=809.46×13%≈105.23（万元）

四、关税的征收管理

（一）关税缴纳

进口货物自运输工具申报进境之日起14日内，出口货物在货物运抵海关监管区后装货的24小时以前，应由进出口货物的纳税义务人向货物进（出）境地海关申报，海关根据税则归类和完税价格计算应缴纳的关税和进口环节代征税，并填发税款缴款书。纳税义务人应当自海关填发税款缴款书之日起15日内，向指定银行缴纳税款。关税纳税义务人因不可抗力或者在国家税收政策调整的情况下，不能按期缴纳税款的，经海关总署批准，可以延期缴纳税款，但最长不得超过6个月。

（二）关税的强制执行

纳税义务人未在关税缴纳期限内缴纳税款，即构成关税滞纳。为保证海关征收关税决定的有效执行和国家财政收入的及时入库，《海关法》赋予海关对滞纳关税的纳税义务人强制执行的权利。强制措施主要有两类：

一是征收关税滞纳金。滞纳金自关税缴纳期限届满滞纳之日起，至纳税义务人缴纳关税之日止，按滞纳税款万分之五的比例按日征收，周末或法定节假日不予扣除。具体计算公式为：

关税滞纳金金额=滞纳关税税额×滞纳金征收比率×滞纳天数

二是强制征收。如纳税义务人自海关填发缴款书之日起3个月仍未缴纳税款，经海关关长批准，海关可以采取强制扣缴、变价抵缴等强制措施。强制扣缴即海关从纳税义务人在开户银行或者其他金融机构的存款中直接扣缴税款。变价抵缴即海关将应税货物依法变卖，以变卖所得抵缴税款。

（三）关税退还

关税退还是关税纳税义务人按海关核定的税额缴纳关税后，因某种原因的出现，海关将实际征收多于应当征收的税额（称为溢征关税）退还给原纳税义务人的一种行政行为。根据《海关法》规定，海关多征的税款，海关发现后应当立即退还。

按规定，有下列情形之一的，进出口货物的纳税义务人可以自缴纳税款之日起 1 年内，书面声明理由，连同原纳税收据向海关申请退税并加算银行同期活期存款利息，逾期不予受理：

（1）因海关误征，多纳税款的。

（2）海关核准免验进口的货物，在完税后，发现有短卸情形，经海关审查认可的。

（3）已征出口关税的货物，因故未将其运出口，申报退关，经海关查验属实的。

（四）关税补征和追征

补征和追征是海关在关税纳税义务人按海关核定的税额缴纳关税后，发现实际征收税额少于应当征收的税额（称为短征关税）时，责令纳税义务人补缴所差税款的一种行政行为。海关法根据短征关税的原因，将海关征收原短征关税的行为分为补征和追征两种。

关税补征是非因纳税人违反海关规定造成短征关税的，关税补征期为缴纳税款或货物、物品放行之日起 1 年内。

关税追征是因纳税人违反海关规定造成短征关税的，关税追征期为进出口货物完税之日或货物放行之日起 3 年内，并从缴纳税款之日起按日加收少征或者漏征税款万分之五的滞纳金。

（五）关税纳税争议

为保护纳税人合法权益，《海关法》和《中华人民共和国关税条例》都规定了：纳税义务人对海关确定的进出口货物的征税、减税、补税或者退税等有异议时，有提出申诉的权利。在纳税义务人同海关发生纳税争议时，可以向海关申请复议，但同时应当在规定期限内按海关核定的税额缴纳关税，逾期则构成滞纳，海关有权按规定采取强制执行措施。

第二节　船舶吨税

船舶吨税亦称“吨税”。船舶吨税是海关对外国籍船舶航行进出本国港口时，按船舶净吨位征收的税。其原因主要是外国船舶在本国港口行驶，使用了港口设施和助航设备，如灯塔、航标等，故应支付一定的费用。有的国家因此也称吨税为“灯塔税”。现行船舶吨税的基本规范是 2017 年 12 月 27 日第十二届全国人民代表大会常务委员会第三十一次会议通过的《中华人民共和国船舶吨税法》，自 2018 年 7 月 1 日起施行。

一、船舶吨税的基本要素

（一）征税范围

自中华人民共和国境外港口进入境内港口的船舶（以下称应税船舶），应当依照本法缴纳船舶吨税（以下简称吨税）。

（二）税率

吨税设置优惠税率和普通税率。

中华人民共和国籍的应税船舶，船籍国（地区）与中华人民共和国签订含有相互给予船舶税费最惠国待遇条款的条约或者协定的应税船舶，适用优惠税率。

其他应税船舶，适用普通税率。

吨税的税目、税率依照“吨税税目税率表”（见表6-1）执行。

表6-1　吨税税目税率表

<table>
<tr><th rowspan="3">税目
（按船舶净吨位划分）</th><th colspan="6">税率/（元·净吨$^{-1}$）</th><th rowspan="3">备注</th></tr>
<tr><th colspan="3">普通税率
（按执照期限划分）</th><th colspan="3">优惠税率
（按执照期限划分）</th></tr>
<tr><th>1年</th><th>90日</th><th>30日</th><th>1年</th><th>90日</th><th>30日</th></tr>
<tr><td>不超过2 000净吨</td><td>12.6</td><td>4.2</td><td>2.1</td><td>9.0</td><td>3.0</td><td>1.5</td><td rowspan="4">1. 拖船按照发动机功率每千瓦折合净吨位0.67吨
2. 无法提供净吨位证明文件的游艇，按照发动机功率每千瓦折合净吨位0.05吨
3. 拖船和非机动驳船分别按相同净吨位船舶税率的50%计征税款</td></tr>
<tr><td>超过2 000净吨，但不超过10 000净吨</td><td>24.0</td><td>8.0</td><td>4.0</td><td>17.4</td><td>5.8</td><td>2.9</td></tr>
<tr><td>超过10 000净吨，但不超过50 000净吨</td><td>27.6</td><td>9.2</td><td>4.6</td><td>19.8</td><td>6.6</td><td>3.3</td></tr>
<tr><td>超过50 000净吨</td><td>31.8</td><td>10.6</td><td>5.3</td><td>22.8</td><td>7.6</td><td>3.8</td></tr>
</table>

二、船舶吨税应纳税额的计算

吨税按照船舶净吨位和吨税执照期限征收，应纳税额按照船舶净吨位乘以适用税率计算。计算公式为：

应纳税额=船舶净吨位×定额税率

相关用语的含义：

净吨位，是指由船籍国（地区）政府签发或者授权签发的船舶吨位证明书上标明的净吨位。

非机动船舶，是指自身没有动力装置，依靠外力驱动的船舶。

非机动驳船，是指在船舶登记机关登记为驳船的非机动船舶。

捕捞、养殖渔船，是指在中华人民共和国渔业船舶管理部门登记为捕捞船或者养殖船的船舶。

拖船，是指专门用于拖（推）动运输船舶的专业作业船舶。

吨税执照期限，是指按照公历年、日计算的期间。

【例6-2】A国籍净吨位为8 000吨的货轮“维多利亚”号，停靠在我国天津新港装卸货物。货轮负责人已向我国海关领取了吨税执照，在港口停留期限为30天，A国已与我国签订含有相互给予船舶税费最惠国待遇条款的条约，请计算对该货轮应征的船舶吨税。

（1）确定适用税率：净吨位为8 000吨的货轮，执照期限30天的优惠税率为2.9元/净吨。

（2）吨税应纳税额=8 000×2.9=23 200（元）

三、船舶吨税的税收优惠

（一）直接优惠

下列船舶免征吨税：

（1）应纳税额在人民币五十元以下的船舶；

（2）自境外以购买、受赠、继承等方式取得船舶所有权的初次进口到港的空载船舶；

（3）吨税执照期满后二十四小时内不上下客货的船舶；

（4）非机动船舶（不包括非机动驳船）；

（5）捕捞、养殖渔船；

（6）避难、防疫隔离、修理、改造、终止运营或者拆解，并不上下客货的船舶；

（7）军队、武装警察部队专用或者征用的船舶；

（8）警用船舶；

（9）依照法律规定应当予以免税的外国驻华使领馆、国际组织驻华代表机构及其有关人员的船舶；

（10）国务院规定的其他船舶，由国务院报全国人民代表大会常务委员会备案。

（二）延期优惠

在吨税执照期限内，应税船舶发生下列情形之一的，海关按照实际发生的天数批注延长吨税执照期限：

（1）避难、防疫隔离、修理、改造，并不上下客货；

（2）军队、武装警察部队征用。

四、船舶吨税的征收管理

（1）吨税由海关负责征收。海关征收吨税应当制发缴款凭证。应税船舶负责人缴纳吨税或者提供担保后，海关按照其申领的执照期限填发吨税执照。

（2）应税船舶在进入港口办理入境手续时，应当向海关申报纳税领取吨税执照，或者交验吨税执照（或者申请核验吨税执照电子信息）。应税船舶在离开港口办理出境手续时，应当交验吨税执照（或者申请核验吨税执照电子信息）。

应税船舶负责人申领吨税执照时，应当向海关提供下列文件：

①船舶国籍证书或者海事部门签发的船舶国籍证书收存证明；

②船舶吨位证明。

应税船舶因不可抗力在未设立海关地点停泊的，船舶负责人应当立即向附近海关报告，并在不可抗力原因消除后，依照税法规定向海关申报纳税。

（3）吨税纳税义务发生时间为应税船舶进入港口的当日。

应税船舶在吨税执照期满后尚未离开港口的，应当申领新的吨税执照，自上一次执照期满的次日起续缴吨税。

（4）应税船舶负责人应当自海关填发吨税缴款凭证之日起十五日内缴清税款。未按期缴清税款的，自滞纳税款之日起至缴清税款之日止，按日加收滞纳税款万分之五的税款滞纳金。

（5）应税船舶到达港口前，经海关核准先行申报并办结出入境手续的，应税船舶负责人应当向海关提供与其依法履行吨税缴纳义务相适应的担保；应税船舶到达港口后，依照税法规定向海关申报纳税。

（6）应税船舶在吨税执照期限内，因修理、改造导致净吨位变化的，吨税执照继续有效。应税船舶办理出入境手续时，应当提供船舶经过修理、改造的证明文件。

（7）应税船舶在吨税执照期限内，因税目税率调整或者船籍改变而导致适用税率变化的，吨税执照继续有效。

因船籍改变而导致适用税率变化的，应税船舶在办理出入境手续时，应当提供船籍改变的证明文件。

（8）吨税执照在期满前毁损或者遗失的，应当向原发照海关书面申请核发吨税执照副本，不再补税。

（9）海关发现少征或者漏征税款的，应当自应税船舶应当缴纳税款之日起一年内，补征税款。但因应税船舶违反规定造成少征或者漏征税款的，海关可以自应当缴纳税款之日起三年内追征税款，并自应当缴纳税款之日起按日加征少征或者漏征税款万分之五的税款滞纳金。

海关发现多征税款的，应当在二十四小时内通知应税船舶办理退还手续，并加算银行同期活期存款利息。

应税船舶发现多缴税款的，可以自缴纳税款之日起三年内以书面形式要求海关退还多缴的税款并加算银行同期活期存款利息；海关应当自受理退税申请之日起三十日内查实并通知应税船舶办理退还手续。

应税船舶应当自收到本条第二款、第三款规定的通知之日起三个月内办理有关退还手续。

（10）应税船舶有下列行为之一的，由海关责令限期改正，处二千元以上三万元以下的罚款；不缴或者少缴应纳税款的，处不缴或者少缴税款百分之五十以上五倍以下的罚款，但罚款不得低于二千元：

①未按照规定申报纳税、领取吨税执照；

②未按照规定交验吨税执照（或者申请核验吨税执照电子信息）以及提供其他证明文件。

本章小结

思考与练习题

一、选择题

1. 根据船舶吨税法的规定，下列选项中关于境外港口进入境内港口的中国籍船舶的说法中，正确的是（　　）。

A. 无须缴纳船舶吨税　　B. 按相同净吨位船舶税率的50%计征税款

C. 适用普通税率　　D. 适用优惠税率

2. 适用特惠税率、协定税率的进口货物有暂定税率的，应当（　　）。

A. 适用特惠税率　　B. 适用协定税率

C. 适用暂定税率　　D. 从低适用税率

3. 对一种进口商品同时定有从价税和从量税两种税率，但征税时选择其税额较高的一种征税。这种税率称为（　　）。

A. 复合税　　B. 滑准税　　C. 配额税　　D. 选择税

4. 关税纳税义务人因不可抗力或者在国家税收政策调整的情形下，不能按期缴纳税款的，经海关总署批准，可以延期缴纳税款，但最多不得超过（　　）。

A. 3 个月　　B. 6 个月　　C 9 个月　　D. 12 个月

5. 以下进口的货物，海关可以酌情减免关税的是（　　）。

A. 进口 1 年内在境内使用的货样　　B. 为制造外销产品而进口的原材料

C. 在境外运输途中遭受损坏的物品　　D. 外国政府赠送的物资

6. 下列各选项中，应计入出口货物关税价格的是（　　）。

A. 出口关税税额

B. 单独列明的支付给境外的佣金

C. 货物在我国境内输出地点装卸后的运输费用

D. 货物在我国境内输出地点装卸前的运输费用

7. 下列各选项中，属于关税纳税义务人的有（　　）。

A. 进口货物的收货人　　B. 出口货物的发货人

C. 进出口货物的经纪人　　D. 进出境物品的所有人

8. 某企业海运进口一批货物，海关审定货价折合人民币 5 000 万元，运抵境内输入地点起卸前的运费折合人民币 20 万元，保险费无法查明，该批货物进口关税税率为 5%，则该企业应纳关税（　　）万元。

A. 250　　B. 251　　C. 251. 75　　D. 260

9. 下列进口货物中，免征进口关税的是（　　）。

A. 外国企业无偿赠送进口的物资

B. 具有一定商品价值的货样

C. 因保管不慎造成损失的进口货物

D. 关税税额在人民币 50 元以下的一票货物

10. 我国原产地的规定，基本采用（　　）。

A. 全部产地生产标准　　B. 部分产地生产标准

C. 实质性加工标准　　D. 实质性生产标准

二、计算题

1. 某企业为增值税一般纳税人，9 月从国外进口一批材料，货价 80 万元，买方支付购货佣金 2 万元，运抵我国输入地点起卸前运费及保险费 5 万元；从国外进口一台设备，货价 10 万元，境外运费和保险费 2 万元，与设备有关的软件特许权使用费 3 万元；企业缴纳进口环节相关税金后海关放行。材料关税税率 20%，设备关税税率 10%。请计算该企业进口环节应纳的税金。

2. 某轿车生产企业为增值税一般纳税人，12 月份的生产经营情况如下：

（1）进口原材料一批，支付给国外买价 120 万元，包装材料 8 万元，到达我国海关以前的运输装卸费 3 万元、保险费 13 万元，支付从海关运往企业所在地的运费，取得的货物运输业增值税专用发票上注明运费 7 万元。

（2）进口两台机械设备，支付给国外的买价 60 万元，相关税金 3 万元，支付到达我国海关以前的运输装卸费 6 万元、保险费 2 万元，支付从海关运往企业所在地的运费，取得的货物运输业增值税专用发票上注明运费 4 万元。

其他相关资料：该企业进口原材料和机械设备的关税税率为 10%。

要求：根据上述资料，按序号计算下列各题，每题需计算出合计数。

（1）该企业 12 月进口原材料应缴纳的关税；

（2）该企业 12 月进口原材料应缴纳的增值税；

（3）该企业 12 月进口机械设备应缴纳的关税；

（4）该企业 12 月进口机械设备应缴纳的增值税。

3. 有一泰国国籍净吨位为 1 800 净吨的非机动驳船，停靠在我国某港口装卸货物。驳船负责人已向我国海关领取了吨税执照，在港口停留期限为 30 天，泰国已与我国签订含有相互给予船舶税费最惠国待遇条款的条约。请计算应纳的船舶吨税。（已知不超过 2 000 净吨的船舶，30 天期限的普通税率为 2.1 元/净吨，优惠税率为 1.5 元/净吨）

第六章练习题答案

【案例分析】

第七章 企业所得税

■学习目标

本章为课程的最重要章节之一。通过本章学习，学生应熟悉我国企业所得税的基本法律规定，了解企业所得税的概念和特征以及税收优惠政策，掌握亏损的弥补以及境外所得的处理，重点掌握企业所得税的征税范围、纳税人以及应纳税所得额的计算，具备办理有关企业所得税事宜的基本技能。

■导入案例

某制造业企业 2022 年生产经营情况如下：

（1）销售收入 4 500 万元，销售成本 1 900 万元，增值税 700 万元，税金及附加 80 万元；

（2）其他业务收入 300 万元，其他业务支出 100 万元；

（3）销售费用 1 500 万元，其中广告费 800 万元，业务宣传费 20 万元；

（4）管理费用 500 万元，其中业务招待费 50 万元，研究新产品费用 40 万元（单独核算管理）；

（5）财务费用 80 万元，其中含向非金融机构借款 1 年的利息 50 万元，年利息 10%（银行同期同类贷款利率 6%）；

（6）营业外支出 30 万元，其中含向供货商支付违约金 5 万元，接受工商局罚款 1 万元，通过政府部门向灾区捐赠 20 万元；

（7）投资收益 18 万元，系从直接投资外地居民企业分回税后利润 17 万元，国债利息 1 万元；

该工业企业如何计算 2022 年应缴纳的企业所得税？

第一节　企业所得税概述

一、企业所得税的概念

企业所得税是对企业取得的生产经营所得和其他所得征收的一种税，是国家参与企业利润分配并调节收益水平的重要手段，体现了国家与企业的分配关系。

二、企业所得税的特点

（一）通常以纯所得为征税对象

企业所得税的课税对象为应纳税所得额，即为企业在一个纳税年度内的应税收入总额扣除各项成本、费用、税金和损失后的余额。

（二）应纳税所得额的计算程序复杂

应纳税所得额是按照企业所得税法规的规定计算的，即既不是依据会计制度的规定计算出来的利润总额，也不是企业的销售额或营业额，它的计算涉及一定时期的成本、费用的归集与分摊，还要扣除税法规定的不予计税的项目，因此，计算过程相对复杂。

（三）征税以量能负担为原则

企业所得税纳税人与负税人一致，一般不具有税负转移性；企业所得税以所得额为课税对象，企业所得税的负担轻重与纳税人所得的多少有联系，所得多的多缴税，所得少的少缴税，没有所得的不缴税，充分体现税收的公平负担原则。

（四）将企业划分为居民企业和非居民企业，分别行使征税权

居民企业负无限纳税义务，即对来源于我国境内和境外的所得都要进行课税；非居民企业负有限纳税义务，即仅对其来源于我国境内的所得课税，对来源于境外的所得不纳税。

（五）实行按年计征、分期预缴的办法

企业所得税以企业一个纳税年度的应纳税所得额为计税依据，平时分月或分季预缴，年度终了后进行汇算清缴，多退少补。

三、我国企业所得税的制度演变

我国的企业所得税制度经历了一个不断发展和完善的过程。1950 年，政务院发布了《全国税政实施要则》，规定全国设置 14 种税收，其中涉及对所得征税的有工商业税（所得税部分）、存款利息所得税和薪金报酬所得税 3 种税收。

改革开放以后，为适应引进国外资金、技术和人才，开展对外经济技术合作的需要，根据党中央统一部署，税制改革工作在“七五”计划期间逐步推开。1980 年 9 月，第五届全国人民代表大会第三次会议通过了《中华人民共和国中外合资经营企业所得税法》，并公布施行。1981 年 12 月，第五届全国人民代表大会第四次会议通过了《中华人民共和国外国企业所得税法》。

作为企业改革和城市改革的一项重大措施，1983 年国务院决定在全国试行国有企

业“利改税”，即将新中国成立后实行了 30 多年的国有企业向国家上缴利润的制度改为缴纳企业所得税的制度。

1991 年 4 月，第七届全国人民代表大会将《中华人民共和国中外合资经营企业所得税法》与《中华人民共和国外国企业所得税法》合并，制定了《中华人民共和国外商投资企业和外国企业所得税法》，并于同年 7 月 1 日起施行。

1993 年 12 月 13 日，国务院将《中华人民共和国国营企业所得税条例（草案）》《国营企业调节税征收办法》《中华人民共和国集体企业所得税暂行条例》和《中华人民共和国私营企业所得税暂行条例》进行整合，制定了《中华人民共和国企业所得税暂行条例》，自 1994 年 1 月 1 日起施行。上述改革标志着中国的所得税制度改革向着法制化、科学化和规范化的方向迈出了重要的步伐。

2007 年 3 月 16 日，中华人民共和国第十届全国人民代表大会第五次会议通过了《中华人民共和国企业所得税法》（以下简称《企业所得税法》），并于 2008 年 1 月 1 日开始实行，从此内外资企业实行统一的企业所得税法，2017 年、2018 年分别进行了修订。

第二节　企业所得税的基本要素

一、纳税义务人

《企业所得税法》规定，除个人独资企业、合伙企业外，凡在我国境内，企业和其他取得收入的组织（以下统称企业）为企业所得税的纳税人，包括企业、事业单位、社会团体以及其他取得收入的组织。

我国按照地域管辖权和居民管辖权的双重管辖权标准，把企业分为居民企业和非居民企业，不同的企业在向中国政府缴纳所得税时，纳税义务不同。

（一）居民企业

居民企业是指依法在中国境内成立，或者依照外国（地区）法律成立但实际管理机构在中国境内的企业。这里的企业包括国有企业、集体企业、私营企业、联营企业、股份制企业、外商投资企业、外国企业，以及有生产、经营所得和其他所得的其他组织。国际上，居民企业的判定标准有“登记注册地标准”“实际管理机构地标准”“总机构所在地标准”等，我国根据实际情况采用了“登记注册地标准”和“实际管理机构地标准”相结合的办法。所谓实际管理机构是指对企业的生产经营、人员、账务、财产等实施实质性全面管理和控制的机构。例如，在我国注册成立的英特尔（中国）公司就是我国的居民企业；在百慕大注册的公司但实际管理机构在我国境内，也是我国的居民企业。

（二）非居民企业

非居民企业是指依照外国（地区）法律成立且实际管理机构不在中国境内，但在中国境内设立机构、场所的，或者在中国境内未设立机构、场所，但有来源于中国境内所得的企业。例如，在我国设立有代表处及其他分支机构的外国企业。

二、征税对象

企业所得税的征税对象是指企业的生产经营所得、其他所得和清算所得。

（一）居民企业的征税对象

居民企业应就来源于中国境内、境外的所得作为征税对象。所得，包括销售货物所得、提供劳务所得、转让财产所得、股息红利等权益性投资所得，以及利息所得、租金所得、特许权使用费所得、接受捐赠所得和其他所得。

（二）非居民企业的征税对象

非居民企业在中国境内设立机构、场所的，应当就其所设机构、场所取得的来源于中国境内的所得，以及发生在中国境外但与其所设机构、场所有实际联系的所得，缴纳企业所得税；非居民企业在中国境内未设立机构、场所的，或者虽设立机构、场所但取得的所得与其所设机构、场所没有实际联系的，应当就其来源于中国境内的所得缴纳企业所得税。

上述所称实际联系，是指非居民企业在中国境内设立的机构、场所拥有的据以取得所得的股权、债权，以及拥有、管理、控制据以取得所得的财产。

（三）所得来源的确定

（1）销售货物所得，按照交易活动发生地确定。

（2）提供劳务所得，按照劳务发生地确定。

（3）转让财产所得。①不动产转让所得按照不动产所在地确定。②动产转让所得按照转让动产的企业或者机构、场所所在地确定。③权益性投资资产转让所得按照被投资企业所在地确定。

（4）股息、红利等权益性投资所得，按照分配所得的企业所在地确定。

（5）利息所得、租金所得、特许权使用费所得，按照负担、支付所得的企业或者机构、场所所在地确定，或者按照负担、支付所得的个人的住所地确定。

（6）其他所得，由国务院财政、税务主管部门确定。

三、税率

企业所得税实行比例税率。比例税率简便易行，透明度高，不会因征税而改变企业间收入分配比例，有利于促进效率的提高。

（1）基本税率为25%。适用于居民企业和在中国境内设有机构、场所且所得与机构、场所有关联的非居民企业。

（2）低税率为20%。适用于在中国境内未设立机构、场所的，或者虽设立机构、场所，但取得的所得与其所设机构、场所没有实际联系的非居民企业。但实际征税时适用10%的税率。

四、企业所得税的税收优惠

税收优惠，是指国家对某一部分特定企业和征税对象给予减轻或免除税收负担的一种措施。现行企业所得税优惠方式包括免税、减税、加计扣除、加速折旧、减计收入、税额抵免等。

（一）免征与减征优惠

1. 从事农、林、牧、渔业项目的所得

（1）企业从事下列项目的所得，免征企业所得税：①蔬菜、谷物、薯类、油料、豆类、棉花、麻类、糖料、水果、坚果的种植；②农作物新品种的选育；③中药材的种植；④林木的培育和种植；⑤牲畜、家禽的饲养；⑥林产品的采集；⑦灌溉、农产品初加工、兽医、农技推广、农机作业和维修等农、林、牧、渔服务业项目；⑧远洋捕捞。

（2）企业从事下列项目的所得，减半征收企业所得税：①花卉、茶以及其他饮料作物和香料作物的种植；②海水养殖、内陆养殖。

2. 国家重点扶持的公共基础设施项目投资经营的所得

国家重点扶持的公共基础设施项目是指《公共基础设施项目企业所得税优惠目录》规定的港口码头、机场、铁路、公路、城市公共交通、电力、水利等项目。

企业从事前款规定的国家重点扶持的公共基础设施项目的投资经营的所得，自项目取得第一笔生产经营收入所属纳税年度起，第一年至第三年免征企业所得税，第四年至第六年减半征收企业所得税。

3. 从事符合条件的环境保护、节能节水项目的所得

符合条件的环境保护、节能节水项目，包括公共污水处理、公共垃圾处理、沼气综合开发利用、节能减排技术改造、海水淡化等。

企业从事符合条件的环境保护、节能节水项目的所得，自项目取得第一笔生产经营收入所属纳税年度起，第一年至第三年免征企业所得税，第四年至第六年减半征收企业所得税。

但是以上规定享受减免税优惠的项目，在减免税期限内转让的，受让方自受让之日起，可以在剩余期限内享受规定的减免税优惠；减免税期限届满后转让的，受让方不得就该项目重复享受减免税优惠。

4. 符合条件的技术转让所得

一个纳税年度内，居民企业技术转让所得不超过 500 万元的部分，免征企业所得税；超过 500 万元的部分，减半征收企业所得税。

（二）高新技术企业优惠

（1）国家需要重点扶持的高新技术企业减按 15%的所得税税率征收企业所得税。

（2）对经济特区和上海浦东新区内在 2008 年 1 月 1 日（含）之后完成登记注册的国家需要重点扶持的高新技术企业，在经济特区和上海浦东新区内取得的所得，自取得第一笔生产经营收入所属纳税年度起，第一年至第二年免征企业所得税，第三年至第五年按照 25%的法定税率减半征收企业所得税。

（3）以境内、境外全部生产经营活动有关的研究开发费用总额、总收入、销售收入总额、高新技术产品（服务）收入等指标申请并经认定的高新技术企业，其来源于境外的所得可以按照 15%的优惠税率缴纳企业所得税，在计算境外抵免限额时，可按照 15%的优惠税率计算境内外应纳税总额。

（4）高新技术企业应在资格期满前三个月内提出复审申请，在通过复审之前，在其高新技术企业资格有效期内，其当年企业所得税暂按 15%的税率预缴。

（三）技术先进型服务企业优惠

自 2017 年 1 月 1 日起，在全国范围内对经认定的技术先进型服务企业，减按 15%的税率征收企业所得税。

（四）小型微利企业优惠

小型微利企业减按 20%的所得税税率征收企业所得税。

小型微利企业，是指从事国家非限制和禁止行业，且同时符合年度应纳税所得额不超过 300 万元，从业人数不超过 300 人，资产总额不超过5 000万元等 3 个条件的企业。

从业人数，包括与企业建立劳动关系的职工人数和企业接受的劳务派遣用工人数。所称从业人数和资产总额指标，应按企业全年的季度平均值确定。具体计算公式如下：

季度平均值=（季初值+季末值）÷2

全年季度平均值=全年各季度平均值之和÷4

年度中间开业或者终止经营活动的，以其实际经营期作为一个纳税年度确定上述相关指标。

2022 年 1 月 1 日至 2024 年 12 月 31 日，对小型微利企业年应纳税所得额不超过 100 万元的部分减按 12. 5%计入应纳税所得额，按 20%的税率缴纳企业所得税；对年应纳税所得额超过 100 万元但不超过 300 万元的部分，减按 25%计入应纳税所得额，按 20%的税率缴纳企业所得税。

符合规定条件的小型微利企业，无论采取查账征收还是核定征收方式，均可享受小型微利企业所得税优惠政策。

小型微利企业所得税统一实行按季度预缴。

（四）加计扣除优惠

1. 研究开发费

研究开发费，是指企业为开发新技术、新产品、新工艺发生的研究开发费用。

除烟草制造业、住宿和餐馆业、批发和零售业、房地产业、租赁和商务服务业、娱乐业以外，其他企业均可享受加计扣除。①一般企业开展研发活动实际发生的研发费用。在 2018 年 1 月 1 日到 2023 年 12 月 31 日期间未形成无形资产计入当期损益的，在按照规定据实扣除的基础上，按照研究开发费用的 75%加计扣除；形成无形资产的，按照无形资产成本的 175%在税前摊销。②制造业企业开展研发活动中实际发生的研发费用，未形成无形资产计入当期损益的，在规定据实扣除的基础上，自 2021 年 1 月 1 日起，再按照实际发生额的 100%在税前加计扣除；形成无形资产的，自 2021 年 1 月 1 日起，按照无形资产成本的 200%在税前摊销。③科技型中小企业开展研发活动中实际发生的研发费用，未形成无形资产计入当期损益的，在按规定据实扣除的基础上，自 2022 年 1 月 1 日起，再按照实际发生额的 100%在税前加计扣除；形成无形资产的，自 2022 年 1 月 1 日起，按照无形资产成本的 200%在税前摊销。

2. 企业安置残疾人员所支付的工资

企业安置残疾人员所支付的工资费用，在据实扣除的基础上，按照支付给残疾职工工资的 100%加计扣除。

（五）创投企业优惠

创投企业采取股权投资方式投资于未上市的中小高新技术企业 2 年以上的，可以按照其投资额的 70%在股权持有满 2 年的当年抵扣该创业投资企业的应纳税所得额；当年不足抵扣的，可以在以后纳税年度结转抵扣。

（六）加速折旧优惠

企业的固定资产由于技术进步原因，确需加速折旧的，可以缩短折旧年限或者采取加速折旧的方法。

可采用以上折旧方法的固定资产是指：①由于技术进步，产品更新换代较快的固定资产；②常年处于强震动、高腐蚀状态的固定资产。

自 2019 年 1 月 1 日起，对全部制造业领域所有行业以及信息传输、软件和信息技术服务行业，新购进的固定资产，可缩短折旧年限或采取加速折旧的方法。

自 2019 年 1 月 1 日起，对全部制造业领域所有行业的小型微利企业新购进的研发和生产经营共用的仪器、设备，单位价值不超过 100 万元的，允许一次性计入当期成本费用在计算应纳税所得额时扣除，不再分年度计算折旧；单位价值超过 100 万元的，可由企业选择缩短折旧年限或采取加速折旧的方法。

对所有行业企业 2014 年 1 月 1 日后新购进的专门用于研发的仪器、设备，单位价值不超过 100 万元的，允许一次性计入当期成本费用在计算应纳税所得额时扣除，不再分年度计算折旧；单位价值超过 100 万元的，可缩短折旧年限或采取加速折旧的方法。

对所有行业企业持有的单位价值不超过 5 000 元的固定资产，允许一次性计入当期成本费用在计算应纳税所得额时扣除，不再分年度计算折旧。

采取缩短折旧年限方法的，最低折旧年限不得低于规定折旧年限的 60%；采取加速折旧方法的，可以采取双倍余额递减法或者年数总和法。

企业在 2018 年 1 月 1 日至 2023 年 12 月 31 日期间新购进的设备、器具（是指除房屋、建筑物以外的固定资产），单位价值不超过 500 万元的，允许一次性计入当期成本费用并在计算应纳税所得额时扣除，不再分年度计算折旧。

（七）减计收入优惠

企业以《资源综合利用企业所得税优惠目录》规定的资源作为主要原材料，生产国家非限制和禁止并符合国家和行业相关标准的产品取得的收入，减按 90%计入收入总额。

（八）税额抵免优惠

企业购置并实际使用《环境保护专用设备企业所得税优惠目录》《节能节水专用设备企业所得税优惠目录》和《安全生产专用设备企业所得税优惠目录》规定的环境保护、节能节水、安全生产等专用设备的，该专用设备的投资额的 10%可以从企业当年的应纳税额中抵免；当年不足抵免的，可以在以后 5 个纳税年度结转抵免。

购进专用设备取得增值税专用发票，如增值税进项税额允许抵扣，其专用设备投资额不包括增值税进项税额；如增值税进项税额不允许抵扣，其专用设备投资额为增值税专用发票上注明的价税合计金额；购买专用设备取得普通发票，其专用设备投资额为普通发票上注明的金额。

企业购置上述专用设备在 5 年内转让、出租的，应当停止享受企业所得税优惠，并补缴已经抵免的企业所得税税款。

（九）民族自治地方的优惠

民族自治地方的自治机关对本民族自治地方的企业应缴纳的企业所得税中属于地方分享的部分，可以决定减征或免征。

（十）非居民企业优惠

（1）非居民企业在境内未设立机构、场所的，或者虽设立机构、场所但取得的所得与其所设机构、场所没有实际联系的，减按 10%的所得税税率征收企业所得税。

（2）非居民企业取得下列所得免征企业所得税：①外国政府向中国政府提供贷款取得的利息所得。②国际金融组织向中国政府和居民企业提供优惠贷款取得的利息所得。③经国务院批准的其他所得。

（十一）其他优惠

1. 西部大开发税收优惠

对设在西部地区国家鼓励类产业企业，在 2021 年 1 月 1 日至 2030 年 12 月 31 日期间，减按 15%的税率征收企业所得税。

2. 海南自由贸易港企业所得税优惠

自 2020 年 1 月 1 日起至 2024 年 12 月 31 日，对注册在海南自由贸易港并实质性运营的鼓励类产业企业，减按 15%的税率征收企业所得税。

第三节　应纳税所得额的确定

应纳税所得额是企业所得税的计税依据，按照《企业所得税法》的规定，应纳税所得额为企业每一个纳税年度的收入总额，减除不征税收入、免税收入、各项扣除，以及允许弥补的以前年度亏损后的余额。基本公式为：

应纳税所得额＝收入总额－不征税收入－免税收入－各项扣除－允许弥补的以前年度亏损

企业应纳税所得额的计算以权责发生制为原则，属于当期的收入和费用，不论款项是否收付，均作为当期的收入和费用；不属于当期的收入和费用，即使款项已经在当期收付，均不作为当期的收入和费用。应纳税所得额的正确计算直接关系到国家财政收入和企业的税收负担，是所得税制度的核心问题。

一、收入总额

企业的收入总额是指企业以货币形式和非货币形式从各种来源取得的收入。企业取得收入的货币形式，包括现金、存款、应收账款、应收票据、准备持有至到期的债券投资以及债务的豁免等；纳税人以非货币形式取得的收入，包括固定资产、生物资产、无形资产、股权投资、存货、不准备持有至到期的债券投资、劳务以及有关权益等，这些非货币资产应当按照公允价值确定收入额，公允价值是指按照市场价格确定的价值。

（一）一般收入的确认

（1）销售货物收入，是指企业销售商品、产品、原材料、包装物、低值易耗品以及其他存货取得的收入。

（2）劳务收入，是指企业从事建筑安装、修理修配、交通运输、仓储租赁、金融保险、邮电通信、咨询经纪、文化体育、科学研究、技术服务、教育培训、餐饮住宿、中介代理、卫生保健、社区服务、旅游、娱乐、加工以及其他劳务服务活动取得的收入。

（3）财产转让收入，是指企业转让固定资产、生物资产、无形资产、股权、债权等财产取得的收入。

（4）股息、红利等权益性投资收益，是指企业因权益性投资从被投资方取得的收入。股息、红利等权益性投资收益，除国务院财政、税务主管部门另有规定外，按照被投资方做出利润分配决定的日期确认收入的实现。

（5）利息收入，是指企业将资金提供他人使用但不构成权益性投资，或者因他人占用企业资金取得的收入，包括存款利息、贷款利息、债券利息、欠款利息等收入。利息收入，按照合同约定的债务人应付利息的日期确认收入的实现。

（6）租金收入，是指企业提供固定资产、包装物以及其他有形财产使用权取得的收入。租金收入，按照合同约定的承租人应付租金的日期确认收入的实现。

（7）特许权使用费收入，是指企业提供专利权、非专利技术、商标权、著作权以及其他特许权的使用权而取得的收入。特许权使用费收入，按照合同约定的特许权使用人应付特许权使用费的日期确认收入的实现。

（8）接受捐赠收入，是指企业接受的来自其他企业、组织或者个人无偿给予的货币性资产、非货币性资产。接受捐赠收入，按照实际收到的捐赠资产的日期确认收入的实现。

（9）其他收入，是指企业取得的除以上收入外的其他收入，包括企业资产溢余收入、逾期未退包装物押金收入、确实无法偿付的应付款项、已做坏账损失处理后又收回的应收款项、债务重组收入、补贴收入、违约金收入、汇兑收益等。

（二）特殊收入的确认

（1）以分期收款方式销售货物的，按照合同约定的收款日期确认收入的实现。

（2）企业受托加工制造大型机械设备、船舶、飞机，以及从事建筑、安装、装配工程业务或者提供其他劳务等，持续时间超过 12 个月的，按照纳税年度内完工进度或者完成的工作量确认收入的实现。

（3）采取产品分成方式取得收入的，按照企业分得产品的日期确认收入的实现，其收入额按照产品的公允价值确定。

（4）企业发生非货币性资产交换，以及将货物、财产、劳务用于捐赠、偿债、赞助、集资、广告、样品、职工福利或者利润分配等用途的，应当视同销售货物、转让财产或者提供劳务，但国务院财政、税务主管部门另有规定的除外。

（三）处置资产收入的确认

（1）企业发生下列情形的处置资产，除将资产转移至境外以外，由于资产所有权属在形式和实质上均不发生改变，可作为内部处置资产，不视同销售确认收入，相关资产的计税基础延续计算。

①将资产用于生产、制造、加工另一产品；

②改变资产形状、结构或性能；

③改变资产用途（如，自建商品房转为自用或经营）；

④将资产在总机构及其分支机构之间转移；

⑤上述两种或两种以上情形的混合；

⑥其他不改变资产所有权属的用途。

（2）企业将资产移送他人的下列情形，因资产所有权属已发生改变而不属于内部处置资产，应按规定视同销售确定收入：

①用于市场推广或销售；

②用于交际应酬；

③用于职工奖励或福利；

④用于股息分配；

⑤用于对外捐赠；

⑥其他改变资产所有权属的用途。

（3）企业发生上述2条规定情形时，属于企业自制的资产，应按企业同类资产同期对外销售价格确定销售收入；属于外购的资产，可按购入时的价格确定销售收入。

（四）相关收入实现的确认

除《企业所得税法》及实施条例另有规定外，企业销售收入的确认，必须遵循权责发生制原则和实质重于形式原则。

1. 企业销售商品同时满足下列条件的，应确认收入的实现

（1）商品销售合同已经签订，企业已将商品所有权相关的主要风险和报酬转移给购货方。

（2）企业对已售出的商品既没有保留通常与所有权相联系的继续管理权，也没有实施有效控制。

（3）收入的金额能够可靠地计量。

（4）已发生或将发生的销售方的成本能够可靠地核算。

2. 符合上款收入确认条件，采取下列商品销售方式的，应按以下规定确认收入实现时间

（1）销售商品采用托收承付方式的，在办妥托收手续时确认收入。

（2）销售商品采取预收款方式的，在发出商品时确认收入。

（3）销售商品需要安装和检验的，在购买方接受商品以及安装和检验完毕时确认收入。如果安装程序比较简单，可在发出商品时确认收入。

（4）销售商品采用支付手续费方式委托代销的，在收到代销清单时确认收入。

3. 采用售后回购方式销售商品的

销售的商品按售价确认收入，回购的商品作为购进商品处理。有证据表明不符合销售收入确认条件的，如以销售商品方式进行融资，收到的款项应确认为负债，回购价格大于原售价的，差额应在回购期间确认为利息费用。

4. 销售商品以旧换新的

销售商品应当按照销售商品收入确认条件确认收入，回收的商品作为购进商品处理。

5. 企业为促销采取的商业折扣的

企业为促进商品销售在商品价格上给予的价格扣除属于商业折扣，商品销售涉及商业折扣的，应当按照扣除商业折扣后的金额确定销售商品收入金额。

债权人为鼓励债务人在规定的期限内付款而向债务人提供的债务扣除属于现金折扣，销售商品涉及现金折扣的，应当按扣除现金折扣前的金额确定销售商品收入金额，现金折扣在实际发生时作为财务费用扣除。

企业因售出商品的质量不合格等原因而在售价上给予的减让属于销售折让；企业因售出商品质量、品种不符合要求等原因而发生的退货属于销售退回。企业已经确认销售收入的售出商品发生销售折让和销售退回，应当在发生当期冲减当期销售商品收入。

6. 企业劳务收入确认

在各个纳税期末，企业提供劳务交易的结果能够可靠估计的，应采用完工进度（完工百分比）法确认提供劳务收入。

7. 企业的组合销售

企业以买一赠一等方式组合销售本企业商品的，不属于捐赠，应将总的销售金额按各项商品的公允价值的比例来分摊确认各项的销售收入。

8. 企业取得的其他各类收入

企业取得财产（包括各类资产、股权、债权等）转让收入、债务重组收入、接受捐赠收入、无法偿付的应付款收入等，不论是以货币形式还是非货币形式体现，除另有规定外，均应一次性计入确认收入的年度计算缴纳企业所得税。

（五）非货币性资产投资企业所得税处理

非货币性资产，是指现金、银行存款、应收账款、应收票据以及准备持有至到期的债券投资等货币性资产以外的资产。

（1）居民企业以非货币性资产对外投资确认的非货币性资产转让所得，可在不超过5年期限内，分期均匀计入相应年度的应纳税所得额，按规定计算缴纳企业所得税。

（2）居民企业以非货币性资产对外投资，应对非货币性资产进行评估并按评估后的公允价值扣除计税基础后的余额，计算确认非货币性资产转让所得。

居民企业以非货币性资产对外投资，应于投资协议生效并办理股权登记手续时，确认非货币性资产转让收入的实现。

（3）居民企业以非货币性资产对外投资而取得被投资企业的股权，应以非货币性资产的原计税成本为计税基础，加上每年确认的非货币性资产转让所得，逐年进行调整。被投资企业取得非货币性资产的计税基础，应按非货币性资产的公允价值确定。

（4）居民企业在对外投资5年内转让上述股权或投资收回的，应停止执行递延纳税政策，并就递延期内尚未确认的非货币性资产转让所得，在转让股权或投资收回当年的企业所得税年度汇算清缴时，一次性计算缴纳企业所得税；居民企业在计算股权转让所得时，可按上述第3条规定将股权的计税基础一次性调整到位。

企业在对外投资5年内注销的，应停止执行递延纳税政策，并就递延期内尚未确认的非货币性资产转让所得，在注销当年的企业所得税年度汇算清缴时，一次性计算缴纳企业所得税。

（5）这里所称非货币性资产投资，限于以非货币性资产出资设立新的居民企业，或将非货币性资产注入现存的居民企业。

（6）企业发生非货币性资产投资，符合《财政部 国家税务总局关于企业重组业务企业所得税处理若干问题的通知》等文件规定的特殊性税务处理条件的，也可选择按特殊性税务处理规定执行。

二、不征税收入和免税收入

（一）不征税收入

1. 财政拨款

财政拨款是指各级人民政府对纳入预算管理的事业单位、社会团体等组织拨付的财政资金，但国务院和国务院财政、税务主管部门另有规定的除外。

2. 依法收取并纳入财政管理的行政事业性收费、政府性基金

行政事业性收费是指依照法律法规等有关规定，按照国务院规定程序批准，在实施社会公共管理，以及在向公民、法人或者其他组织提供特定公共服务过程中，向特定对象收取并纳入财政管理的费用。政府性基金，是指企业依照法律、行政法规等有关规定，代政府收取的具有专项用途的财政资金。

3. 国务院规定的其他不征税收入

国务院规定的其他不征税收入是指企业取得的，由国务院财政、税务主管部门规定专项用途并经国务院批准的财政性资金。财政性资金，是指企业取得的来源于政府及其有关部门的财政补助、补贴、贷款贴息，以及其他各类财政专项资金，包括直接减免的增值税和即征即退、先征后退、先征后返的各种税收，但不包括企业按规定取得的出口退税款。

《企业所得税法》中规定不征税收入的主要目的是对非经营活动或非营利活动带来的经济利益流入从应税总收入中排除。不征税收入不属于税收优惠的范畴，不属于营利性活动带来的经济利益，是专门从事特定目的的收入，从企业所得税原理上讲应永久不列为征税范围的收入范畴。

（二）免税收入

1. 国债利息收入。为鼓励企业积极购买国债，支援国家建设，税法规定，企业因购买国债所得的利息收入，免征企业所得税。

（1）企业从发行者直接投资购买的国债持有至到期，其从发行者取得的国债利息收入，全额免征企业所得税。

（2）企业到期前转让国债，或者从非发行者投资购买的国债，其持有期间尚未兑付的国债利息收入，免征企业所得税。

尚未兑付的国债利息收入=国债金额×（适用年利率÷365）×持有天数

（3）企业转让或到期兑付国债取得的价款，减除其购买国债成本，并扣除其持有期间尚未兑付的国债利息收入、交易过程中相关税费后的余额，为企业转让国债收益（损失），应按规定纳税。

2. 符合条件的居民企业之间的股息、红利等权益性收益，是指居民企业直接投资于其他居民企业取得的投资收益。

3. 在中国境内设立机构、场所的非居民企业从居民企业取得与该机构、场所有实际联系的股息、红利等权益性投资收益。

注意，上述两项免税收入不包括连续持有居民企业公开发行并上市流通的股票不足12个月取得的投资收益。

4. 符合条件的非营利组织的收入。

三、税前扣除项目

《企业所得税法》规定，企业实际发生的与取得收入有关的、合理的支出，包括成本、费用、税金、损失和其他支出，准予在计算应纳税所得额时扣除。

（一）税前扣除项目的原则

（1）真实、合法性。企业申报的扣除项目和金额要真实、合法。所谓真实是指能提供证明有关支出确属已经实际发生；合法是指符合国家税法的规定，当其他法规规

定与税收法规规定不一致，应以税收法规的规定为标准。

（2）权责发生制，是指企业费用应在发生的所属期扣除，而不是在实际支付时确认扣除。

（3）配比性，是指企业发生的费用应当与收入配比扣除，除特殊规定外，企业发生的费用不能提前或之后申报扣除。

（4）相关性。企业可扣除的支出从性质和根源上必须与取得收入直接相关，即企业所实际发生的能直接带来经济利益的流入或者可预期经济利益的流入的支出。

（5）确定性。即企业可扣除的费用不论何时支付，其金额必须是确定的。

（6）合理性。符合生产经营活动常规，应当计入当期损益或者有关资产成本的必要和正常的支出。

（7）划分收益性支出和资本性支出。企业发生的支出应区分收益性支出和资本性支出。收益性支出在发生当期直接扣除；资本性支出应当分期扣除或者计入有关资产成本，不得在发生当期直接扣除。

（8）不重复扣除。除《企业所得税法》和实施条例另有规定外，企业实际发生的成本、费用、税金、损失和其他支出，不得重复扣除。

（9）企业的不征税收入用于支出所形成的费用，不得在计算应纳税所得额时扣除；企业的不征税收入用于支出所形成的资产，其计算的折旧、摊销不得在计算应纳税所得额时扣除。

（二）税前扣除项目的范围

1. 成本

成本是指企业在生产经营活动中发生的销售成本、销货成本、业务支出以及其他耗费。

2. 费用

费用是指企业在生产经营活动中发生的销售费用、管理费用和财务费用，已经计入成本的有关费用除外。

3. 税金

税金是指企业发生的除企业所得税和允许抵扣的增值税以外的企业缴纳的各项税金及其附加。准许扣除的税金有两种方式：一是在发生当期扣除；二是在发生当期计入相关资产的成本，在以后各期分摊扣除。

4. 损失

损失是指企业在生产经营活动中发生的固定资产和存货的盘亏、毁损、报废损失，转让财产损失，呆账损失，坏账损失，自然灾害等不可抗力因素造成的损失以及其他损失。企业发生的损失，减除责任人赔偿和保险赔款后的余额，依照国务院财政、税务主管部门的规定扣除。企业已经作为损失处理的资产，在以后纳税年度又全部收回或者部分收回时，应当计入当期收入。

5. 扣除的其他支出

扣除的其他支出是指除成本、费用、税金、损失外，企业在生产经营活动中发生的与生产经营活动有关的、合理的支出。

（三）税前扣除项目的标准

1. 工资、薪金支出

企业发生的合理的工资、薪金支出准予据实扣除。

“合理工资薪金”，是指企业按照股东大会、董事会、薪酬委员会或相关管理机构制定的工资薪金制度的规定实际发放给员工的工资薪金。工资、薪金支出是企业每一纳税年度支付给在本企业任职或与其有雇佣关系的员工的所有现金或非现金形式的劳动报酬，包括基本工资、奖金、津贴、补贴、年终加薪、加班工资，以及与任职或者受雇有关的其他支出。

企业在年度汇算清缴结束前向员工实际支付的已预提汇缴年度工资薪金，准予在汇缴年度按规定扣除。

列入企业员工工资薪金制度，固定与工资薪金一起发放的福利性补贴，符合“合理工资薪金”规定的，可作为企业发生的工资薪金支出，按规定在税前扣除。

2. 职工福利费、工会经费、职工教育经费

企业发生的职工福利费、工会经费、职工教育经费按标准扣除，未超过标准的按实际数扣除，超过标准的只能按标准扣除。

（1）企业发生的职工福利费支出，不超过工资薪金总额14%的部分准予扣除。

（2）企业拨缴的工会经费，不超过工资薪金总额2%的部分凭工会组织开具的“工会经费收入专用收据”准予扣除。

（3）自2018年1月1日起，企业发生的职工教育经费支出，不超过工资薪金总额8%的部分准予扣除，超过部分准予在以后纳税年度结转扣除。

3. 社会保险费和其他保险费

（1）企业依照国务院有关主管部门或者省级人民政府规定的范围和标准为职工缴纳的“五险一金”，即基本养老保险费、基本医疗保险费、失业保险费、工伤保险费、生育保险费等基本社会保险费和住房公积金，准予扣除。

（2）企业为投资者或者职工支付的补充养老保险费、补充医疗保险费，在国务院财政、税务主管部门规定的范围和标准内，准予扣除。

（3）除企业依照国家有关规定为特殊工种职工支付的人身安全保险费和国务院财政、税务主管部门规定可以扣除的其他商业保险费外，企业为投资者或者职工支付的商业保险费，不得扣除。

（4）企业职工因公出差乘坐交通工具的人身意外保险费支出，准予扣除。

（5）企业参加财产保险，按照规定缴纳的保险费，准予扣除。

（6）企业参加雇主责任险、公众责任险等责任保险，按照规定缴纳的保险费，准予在企业所得税税前扣除。

4. 利息费用

企业在生产、经营活动中发生的利息费用，按下列规定扣除：

（1）非金融企业向金融机构借款的利息支出、金融企业的各项存款利息支出和同业拆借利息支出、企业经批准发生债券的利息支出可据实扣除。

（2）非金融企业向非金融机构借款的利息支出，不超过按照金融企业同期同类贷款利率计算的数额的部分可据实扣除，超过部分不许扣除。

其中，所谓金融机构是指各类银行、保险公司及经中国人民银行批准从事金融业务的非银行金融机构。企业在按照合同要求首次支付利息并进行税前扣除时，应提供“金融企业的同期同类贷款利率情况说明”，以证明其利息支出的合理性。

（3）关联企业利息费用的扣除。企业从其关联方接受的债权性投资与权益性投资

的比例超过规定标准（金融企业5∶1、其他企业2∶1）而发生的利息支出，不得在计算应纳税所得额时扣除；同时，未超过债资比例的利息支出要遵循上述第2条的利率合理性标准。

（4）企业向自然人借款的利息支出：

①企业向股东或其他与企业有关联关系的自然人借款的利息支出，符合规定条件的（关联方债资比例和利率标准），准予扣除。

②企业向除上述规定以外的内部职工或其他人员借款的利息支出，其借款情况同时符合以下条件的，其利息支出在不超过按照金融企业同期同类贷款利率计算的数额的部分，准予扣除。

条件一：企业与个人之间的借贷是真实、合法、有效的，并且不具有非法集资目的或其他违反法律、法规的行为；

条件二：企业与个人之间签订了借款合同。

5. 借款费用

（1）企业在生产经营活动中发生的合理的不需要资本化的借款费用，准予扣除。

（2）企业为购置、建造固定资产、无形资产和经过12个月以上的建造才能达到预定可销售状态的存货发生的借款的，在有关资产购置、建造期间发生的合理的借款费用，应予以资本化，作为资本性支出计入有关资产的成本；有关资产交付使用后发生的借款利息，可在发生当期扣除。

（3）企业通过发行债券、取得贷款、吸收保户储金等方式融资而发生的合理的费用支出，符合资本化条件的，应计入相关资产成本；不符合资本化条件的，应作为财务费用，准予在企业所得税前据实扣除。

6. 汇兑损失

企业在货币交易中，以及纳税年度终了时将人民币以外的货币性资产、负债按照期末即期人民币汇率中间价折算为人民币时产生的汇兑损失，除已经计入有关资产成本以及与向所有者进行利润分配相关的部分外，准予扣除。

7. 业务招待费

企业发生的与其生产、经营业务有关的业务招待费支出，按照发生额的60%扣除，但最高不得超过当年销售（营业）收入的5‰。企业在筹建时间，发生的与筹办活动有关的业务招待费支出，可按实际发生额的60%计入企业筹办费，可以在开始经营之日的当年一次性扣除，或者作为长期待摊费用，自支出发生月份的次月起，分期摊销，摊销年限不得低于3年。

8. 广告费和业务宣传费

企业发生的符合条件的广告费和业务宣传费支出，除国务院财政、税务主管部门另有规定外，不超过当年销售（营业）收入15%的部分，准予扣除；超过部分，准予在以后纳税年度结转扣除。

企业在筹建期间，发生的广告费和业务宣传费，可按实际发生额计入筹办费，并按有关规定在税前扣除。

对化妆品制造或销售、医药制造和饮料制造（不含酒类制造）企业发生的广告费和业务宣传费支出，不超过当年销售（营业）收入30%的部分，准予扣除；超过部分，准予在以后纳税年度结转扣除。

烟草企业的烟草广告费和业务宣传费支出，一律不得在计算应纳税所得额时扣除。

9. 环境保护专项资金

企业依照法律、行政法规有关规定提取的用于环境保护、生态恢复等方面的专项资金，准予扣除。上述专项资金提取后改变用途的，不得扣除。

10. 租赁费

租入固定资产的方式分为两种：经营性租赁是指所有权不转移的租赁；融资租赁是指在实质上转移与一项资产所有权有关的全部风险和报酬的一种租赁。租入固定资产支付的租赁费，按照以下方法扣除：

（1）以经营租赁方式租入固定资产发生的租赁费支出，按照租赁期限均匀扣除。

（2）以融资租赁方式租入固定资产发生的租赁费支出，按照规定构成融资租入固定资产价值的部分应当提取折旧费用，分期扣除。

11. 劳动保护支出

企业发生的合理的劳动保护支出，准予扣除。本扣除项目中的劳动保护支出，是指确因工作需要为雇员配备或提供工作服、手套、安全保护用品、防暑降温用品等所发生的支出。自2011年7月1日起，企业根据其工作性质和特点，由企业统一制作并要求员工工作时统一着装所发生的工作服饰费用，可以作为企业合理的支出给予税前扣除。

12. 公益性捐赠支出

公益性捐赠，是指企业通过公益性社会组织或者县级以上人民政府及其部门，用于符合法律规定的慈善活动、公益事业的捐赠。

企业当年发生以及以前年度结转的公益性捐赠支出，不超过年度利润总额12%的部分，准予扣除。年度利润总额，是指企业依照国家统一会计制度的规定计算的年度会计利润。企业在对公益性捐赠支出计算扣除时，应先扣除以前年度结转的捐赠支出，再扣除当年发生的捐赠支出。

自2019年1月1日至2022年12月31日，企业通过公益性社会组织或者县级（含县级）以上人民政府及其组成部门或直属机构，用于目标脱贫地区的扶贫捐赠支出，准予在计算企业所得应纳税所得额时据实扣除。

13. 有关资产的费用

企业转让各类固定资产发生的费用，允许扣除。企业按规定计算的固定资产折旧费、无形资产和递延资产的摊销费用，准予扣除。

14. 总机构分摊的费用

非居民企业在中国境内设立的机构、场所，就其中国境外总机构发生的与该机构、场所生产经营有关的费用，能够提供总机构出具的费用汇集范围、定额、分配依据和方法等证明文件，并合理分摊的，准予扣除。

15. 资产损失

企业当期发生的固定资产和流动资产盘亏、毁损净损失，由其提供清查盘存资料经主管理税务机关审核后，准予扣除；企业因存货盘亏、毁损、报废等原因不得从销项税金中抵扣的进项税额，应视同企业财产损失，准予与存货损失一起在所得税前按规定扣除。

16. 手续费及佣金支出

（1）保险企业发生的与其经营活动有关的手续费及佣金支出，不超过当年全部保费收入扣除退保金等后余额的18%（含本数）的部分，在计算应纳税所得额时准予扣除；超过部分，允许结转以后年度扣除。

（2）其他企业发生的与其生产经营有关的手续费及佣金支出，不超过与具有合法经营资格中介服务机构或个人（不含交易双方及其雇员、代理人和代表人等）所签订服务协议或合同确认的收入金额的5%的部分，准予扣除；超过部分，不得扣除。

（3）企业应当与具有合法经营资格的中介服务机构或个人签订代办协议或合同，并按国家有关规定支付手续费及佣金。除委托个人代理外，企业以现金等非转账方式支付的手续费及佣金不得在税前扣除。企业为发行权益性证券支付给有关证券承销机构的手续费及佣金不得在税前扣除。

（4）企业不得将手续费及佣金支出计入回扣、业务提成、返利、进场费等费用。

（5）企业已计入固定资产、无形资产等相关资产的手续费及佣金支出，应当通过折旧、摊销等方式分期扣除，不得在发生当期直接扣除。

（6）企业支付的手续费及佣金不得直接冲减服务协议或合同金额，并如实入账。

17. 企业维简费支出

维简费指的是从成本费用中提取的专用于维持简单再生产的资金。企业实际发生的维简费支出，属于收益性支出的，可作为当期费用税前扣除；属于资本性支出的，应计入有关资产成本，并按企业所得税法规定计提折旧或摊销费用在税前扣除。企业按照有关规定预提的维简费，不得在当期税前扣除。

18. 其他项目

依照有关法律、行政法规和国家有关税法规定准予扣除的其他项目，如会员费、合理的会议费、差旅费、违约金、诉讼费用等，准予扣除。

19. 关于以前年度发生应扣未扣支出的税务处理问题

根据《中华人民共和国税收征收管理法》（以下简称《税收征收管理法》）的有关规定，对企业发现以前年度实际发生的、按照税收规定应在企业所得税前扣除而未扣除或者少扣除的支出，企业做出专项申报及说明后，准予追补至该项目发生年度计算扣除，但追补确认期限不得超过5年。

企业由于上述原因多缴的企业所得税税款，可以在追补确认年度企业所得税应纳税款中抵扣，不足抵扣的，可以向以后年度递延抵扣或申请退税。

亏损企业追补确认以前年度未在企业所得税前扣除的支出，或盈利企业经过追补确认后出现亏损的，应首先调整该项支出所属年度的亏损额，然后再按照弥补亏损的原则计算以后年度多缴的企业所得税款，并按前款规定处理。

（四）不得扣除的项目

在计算应纳税所得额时，下列支出不得扣除：

（1）向投资者支付的股息、红利等权益性投资收益款项。

（2）企业所得税税款。

（3）税收滞纳金，是指纳税人违反税收法规，被税务机关处以的滞纳金。

（4）罚金、罚款和被没收财物的损失，是指纳税人违反国家有关法律、法规规定，被有关部门处以的罚款，以及被司法机关处以的罚金和被没收财物。经营过程中企业间的罚款，如企业间罚息、违约金可以在所得税前列支，但政府对企业的行政罚款不得在所得税前列支。

（5）超过规定标准的捐赠支出。

（6）赞助支出，是指企业发生的与生产经营活动无关的各种非广告性质支出。

（7）未经核定的准备金支出，是指不符合国务院财政、税务主管部门规定的各项资产减值准备、风险准备等准备金支出。

（8）企业之间支付的管理费、企业内营业机构之间支付的租金和特许权使用费，以及非银行企业内营业机构之间支付的利息，不得扣除。

（9）与取得收入无关的其他支出。

四、亏损弥补

（1）亏损是指企业依照《企业所得税法》和暂行条例的规定，将每一纳税年度的收入总额减除不征税收入、免税收入和各项扣除后小于零的数额。税法规定，企业某一纳税年度发生的亏损可以用下一年度的所得弥补，下一年度的所得不足以弥补的，可以逐年延续弥补，但最长不得超过5年。企业在汇总计算缴纳企业所得税时，其境外营业机构的亏损不得抵减境内营业机构的盈利。

自2018年1月1日起，当年具备高新技术企业或科技型中小企业资格的企业，其具备资格年度之前5个年度发生的尚未弥补完的亏损，准予结转以后年度弥补，最长结转年限由5年延长到10年。

【例7-1】表7-1为经税务机关审定的某国有企业8年应纳税所得额情况，假定该企业一直执行5年亏损弥补的规定，则该企业8年间应缴纳企业所得税是多少？

表7-1　某国有企业8年应纳税所得额情况　　单位：万元

年度	2015	2016	2017	2018	2019	2020	2021	2022
应纳税所得额情况	-100	-60	10	-50	30	40	100	370

【解析】

该企业2015年度亏损100万元，按照税法规定可以申请用2016—2020年间5年所得弥补，5年抵亏期满后，未弥补完的20万元亏损不能再用以后年度所得弥补；2021年所得弥补2016年的亏损60万元和2018年亏损中的40万元；2022年所得弥补2018年亏损中的10万元后还有余额360万元，按税法规定缴纳企业所得税，应纳税额=360×25%=90（万元）。

（2）企业筹办期间不计算为亏损年度，企业自开始生产经营的年度，为开始计算企业损益的年度。企业从事生产经营之前进行筹办活动期间发生筹办费用支出，不得计算为当期的亏损，企业可以在开始经营之日的当年一次性扣除，也可以按照新税法有关长期待摊费用的规定处理，但一经选定，不得改变。

（3）税务机关对企业以前年度纳税情况进行检查时调增的应纳税所得额，凡企业以前年度发生亏损且该亏损属于《企业所得税法》规定允许弥补的，应允许调增的应纳税所得额弥补该亏损。弥补该亏损后仍有余额的，按照《企业所得税法》规定计算缴纳企业所得税。

第四节　资产的税务处理

资产是指过去的交易、事项形成并由企业拥有或者控制的，可为企业带来未来经济利益的经济资源。税法规定资产的税务处理，其目的在于区分资本性支出与收益性支出，确定准予扣除项目和不准予扣除的项目，正确计算应纳税所得额。纳入税务处理范围的资产形式主要有固定资产、生物资产、无形资产、长期待摊费用、投资资产、存货等，均以历史成本为计税基础。

一、固定资产的税务处理

固定资产是指企业为生产产品、提供劳务、出租或者经营管理而持有的、使用时间超过 12 个月的非货币性资产，包括房屋、建筑物、机器、机械、运输工具以及其他与生产经营活动有关的设备、器具、工具等。

（一）固定资产计税基础

（1）外购的固定资产，以购买价款和支付的相关税费以及直接归属于使该资产达到预定用途发生的其他支出为计税基础。

（2）自行建造的固定资产，以竣工结算前发生的支出为计税基础。

（3）融资租入的固定资产，以租赁合同约定的付款总额和承租人在签订租赁合同过程中发生的相关费用为计税基础，租赁合同未约定付款总额的，以该资产的公允价值和承租人在签订租赁合同过程中发生的相关费用为计税基础。

（4）盘盈的固定资产，以同类固定资产的重置完全价值为计税基础。

（5）通过捐赠、投资、非货币性资产交换、债务重组等方式取得的固定资产，以该资产的公允价值和支付的相关税费为计税基础。

（6）改建的固定资产，除已足额提取折旧的固定资产和租入的固定资产以外的其他固定资产，以改建过程中发生的改建支出增加计税基础。

（二）固定资产折旧的范围

在计算应纳税所得额时，企业按照规定计算的固定资产折旧，准予扣除。下列固定资产不得计算折旧扣除：

（1）房屋、建筑物以外未投入使用的固定资产；

（2）以经营租赁方式租入的固定资产；

（3）以融资租赁方式租出的固定资产；

（4）已足额提取折旧仍继续使用的固定资产；

（5）与经营活动无关的固定资产；

（6）单独估价作为固定资产入账的土地；

（7）其他不得计提折旧扣除的固定资产。

（三）固定资产折旧的计提方法

（1）企业应当自固定资产投入使用月份的次月起计提折旧；停止使用的固定资产，应当从停止使用月份的次月起停止计提折旧。

（2）企业应当根据固定资产的性质和使用情况，合理确定固定资产的预计净残值。固定资产的预计净残值一经确定，不得变更。

（3）固定资产按照直线法计算的折旧，准予扣除。

（四）固定资产折旧的计提年限

除国务院财政、税务主管部门另有规定外，固定资产计算折旧的最低年限如下：

（1）房屋、建筑物，为 20 年。

（2）飞机、火车、轮船、机器、机械和其他生产设备，为 10 年。

（3）与生产经营活动有关的器具、工具、家具等，为5年。

（4）飞机、火车、轮船以外的运输工具，为4年。

（5）电子设备，为3年。

从事开采石油、天然气等矿产资源的企业，在开始商业性生产前发生的费用和有关固定资产的折耗、折旧方法，由国务院财政、税务主管部门另行规定。

（五）固定资产改扩建的税务处理

自2011年7月1日起，企业对房屋、建筑物固定资产在未足额提取折旧前进行改扩建的，如属于推倒重置的，该资产原值减除提取折旧后的净值，应并入重置后的固定资产计税成本，并在该固定资产投入使用后的次月起，按照税法规定的折旧年限，一并计提折旧；如属于提升功能、增加面积的，该固定资产的改扩建支出，并入该固定资产计税基础，并从改扩建完工投入使用后的次月起，重新按税法规定的该固定资产折旧年限计提折旧，如该改扩建后的固定资产尚可使用的年限低于税法规定的最低年限的，可以按尚可使用的年限计提折旧。

（六）固定资产折旧的税会差异处理

（1）企业固定资产会计折旧年限如果短于税法规定的最低折旧年限，其按会计折旧年限计提的折旧高于按税法规定的最低折旧年限计提的折旧部分，应调增当期应纳税所得额；企业固定资产会计折旧年限已期满且会计折旧已提足，但税法规定的最低折旧年限尚未到期且税收折旧尚未足额扣除，其未足额扣除的部分准予在剩余的税收折旧年限继续按规定扣除。

（2）企业固定资产会计折旧年限如果长于税法规定的最低折旧年限，其折旧应按会计折旧年限计算扣除，税法另有规定除外。

（3）企业按会计规定提取的固定资产减值准备，不得税前扣除，其折旧仍按税法确定的固定资产计税基础计算扣除。

（4）企业按税法规定实行加速折旧的，其按加速折旧办法计算的折旧额可全额在税前扣除。

（5）石油天然气开采企业在计提油气资产折耗（折旧）时，由于会计与税法规定计算方法不同导致的折耗（折旧）差异，应按税法规定进行纳税调整。

二、生物资产的税务处理

生物资产是指有生命的动物和植物。生物资产分为消耗性生物资产、公益性生物资产和生产性生物资产。消耗性生物资产，是指为出售而持有的，或在将来收获为农产品的生物资产，包括生长中的农田作物、蔬菜、用材林以及存栏待售的牲畜等。公益性生物资产，是指以防护、环境保护为主要目的的生物资产，包括防风固沙林、水土保持林和水源涵养林等。生产性生物资产，是指为产出农产品、提供劳务或出租等目的而持有的生物资产，包括经济林、薪炭林、产畜和役畜等。税法规定，只有生产性生物资产可以计提折旧。

（一）生物资产的计税基础

生产性生物资产按照以下方法确定计税基础：

（1）外购的生产性生物资产，以购买价款和支付的相关税费为计税基础。

（2）通过捐赠、投资、非货币性资产交换、债务重组等方式取得的生产性生物资产，以该资产的公允价值和支付的相关税费为计税基础。

（二）生物资产的折旧方法和折旧年限

生产性生物资产按照直线法计算的折旧，准予扣除。企业应当自生产性生物资产投入使用月份的次月起计算折旧；停止使用的生产性生物资产应当自停止使用月份的次月起停止计算折旧。

企业应当根据生产性生物资产的性质和使用情况，合理确定生产性生物资产的预计净残值。生产性生物资产的预计净残值一经确定，不得变更。

生产性生物资产计算折旧的最低年限如下：

（1）林木类生产性生物资产，为 10 年。

（2）畜类生产性生物资产，为 3 年。

三、无形资产的税务处理

无形资产是指企业为生产产品、提供劳务、出租或者经营管理而持有的、没有实物形态的非货币性长期资产，包括专利权、商标权、著作权、土地使用权、非专利技术、商誉等。

（一）无形资产的计税基础

无形资产按照以下方法确定计税基础：

（1）外购的无形资产，以购买价款和支付的相关税费，以及直接归属于使该资产达到预定用途发生的其他支出为计税基础。

（2）自行开发的无形资产，以开发过程中该资产符合资本化条件后至达到预定用途前发生的支出为计税基础。

（3）通过捐赠、投资、非货币性资产交换、债务重组等方式取得的无形资产，以该资产的公允价值和支付的相关税费为计算基础。

（二）无形资产摊销的范围

在计算应纳税所得额时，企业按照规定计算的无形资产摊销费用，准予扣除。下列无形资产不得计算摊销费用扣除：

（1）自行开发的支出已在计算应纳税所得额时扣除的无形资产；

（2）自创商誉；

（3）与经营活动无关的无形资产；

（4）其他不得计算摊销费用扣除的无形资产。

（三）无形资产的摊销方法及年限

无形资产的摊销采取直线法计算。无形资产的摊销年限不得低于 10 年。作为投资或者受让的无形资产，有关法律规定或者合同约定了使用年限的，可以按照规定或者约定的使用年限分期摊销。外购商誉的支出，在企业整体转让或者清算时准予扣除。

四、长期待摊费用的税务处理

长期待摊费用，是指企业已经支出、摊销期限在 1 年以上（不含 1 年）的各项费用。在计算应纳税所得额时，企业发生的下列支出作为长期待摊费用，按照规定摊销的，准予扣除。

（1）已足额提取折旧的固定资产的改建支出。固定资产的改建支出，是指改变房屋或者建筑物结构、延长使用年限等发生的支出。已足额提取折旧的固定资产的改建支出，按照固定资产预计尚可使用年限分期摊销。

（2）租入固定资产的改建支出。租入固定资产的改建支出，按照合同约定的剩余租赁期限分期摊销。

（3）固定资产的大修理支出。固定资产的一般修理支出，不被作为长期待摊费用，而是当作收益性支出当期直接扣除。只有符合一定条件的大修理支出，才有必要作为长期待摊费用，按照固定资产尚可使用年限分期摊销。《企业所得税法》所指固定资产的大修理支出，是指同时符合下列条件的支出：①修理支出达到取得固定资产时的计税基础50%以上；②修理后固定资产的使用年限延长2年以上。

（4）其他应当作为长期待摊费用的支出。其他应当作为长期待摊费用的支出，自支出发生月份的次月起，分期摊销，摊销年限不得低于3年。

五、存货的税务处理

存货，是指企业持有以备出售的产品或者商品、处在生产过程中的在产品、在生产或者提供劳务过程中耗用的材料和物料等。

（一）存货的计税基础

存货按照以下方法确定成本：

（1）通过支付现金方式取得的存货，以购买价款和支付的相关税费为成本；

（2）通过支付现金以外的方式取得的存货，以该存货的公允价值和支付的相关税费为成本；

（3）生产性生物资产收获的农产品，以产出或者采收过程中发生的材料费、人工费和分摊的间接费用等必要支出为成本。

（二）存货的成本计算方法

企业使用或者销售存货的成本计算方法，可以在先进先出法、加权平均法、个别计价法中选用一种。计价方法一经选用，不得随意变更。

六、投资资产的税务处理

投资资产，是指企业对外进行权益性投资和债权性投资而形成的资产。

企业对外投资期间，投资资产的成本在计算应纳税所得额时不得扣除，企业在转让或者处置投资资产时，投资资产的成本准予扣除。

投资资产按以下方法确定投资成本：

（1）通过支付现金方式取得的投资资产，以购买价款为成本；

（2）通过支付现金以外的方式取得的投资资产，以该资产的公允价值和支付的相关税费为成本。

七、税法规定与会计规定有差异的处理

税法规定与会计规定有差异的处理，是指企业在财务会计核算中与税法规定不一致的，应当依照税法规定予以调整。

（1）企业不能提供完整、准确的收入及成本、费用凭证，不能正确计算应纳税所得额的，由税务机关核定其应纳税所得额。

（2）企业依法清算时，以其清算终了后的清算所得为应纳税所得额，按规定缴纳企业所得税。所谓清算所得，是指企业的全部资产可变现价值或者交易价格减除资产净值、清算费用以及相关税费等后的余额。

投资方企业从被清算企业分得的剩余资产，其中相当于从被清算企业累计未分配利润和累计盈余公积中应当分得的部分，应当确认为股息所得；剩余资产减除上述股息所得后的余额，超过或者低于投资成本的部分，应当确认为投资资产转让所得或者损失。

（3）对企业按照有关财务会计规定计算的利润总额，要按照税法的规定进行必要调整后，才能作为应纳税所得额计算缴纳所得税。

（4）自 2011 年 7 月 1 日起，企业当年度实际发生的相关成本、费用，由于各种原因未能及时取得该成本、费用的有效凭证，企业在预缴季度所得税时，可暂按账面发生金额进行核算；但在汇算清缴时，应补充提供该成本、费用的有效凭证。

（5）关于税前扣除规定与企业实际会计处理之间的协调问题。对企业依据财务会计制度规定，并实际在财务会计处理上已确认的支出，凡没有超过《企业所得税法》和有关税收法规规定的税前扣除范围和标准的，可按企业实际会计处理确认的支出，在企业所得税前扣除，计算其应纳税所得额。

第五节　企业所得税应纳税额的计算

一、居民企业查账征收应纳税额的计算

居民企业应纳税额等于应纳税所得额乘以适用税率，基本计算公式为：

居民企业应纳税额=应纳税所得额×适用税率-减免税额-抵免税额

应纳税所得额的计算一般有两种方法。

（一）直接计算法

在直接计算法下，居民企业每一纳税年度的收入总额减除不征税收入、免税收入、各项扣除以及允许弥补以前年度亏损后的余额为应纳税所得额。计算公式为：

应纳税所得额=收入总额-不征税收入-免税收入-各项扣除金额-弥补亏损

【例 7-2】某非制造业企业为居民企业，2022 年度生产经营情况如下：

（1）销售收入 6 000 万元；

（2）销售成本 3 800 万元，增值税 900 万元，税金及附加 100 万元；

（3）销售费用 800 万元，其中含广告费 500 万元；

（4）管理费用 600 万元，其中含业务招待费 100 万元、研究新产品费用 50 万元（独立核算管理）；

（5）财务费用 100 万元，其中含向非金融机构（非关联企业）借款 500 万元的年利息支出，年利率 10%（银行同期同类贷款利率为 6%）；

（6）营业外支出 110 万元，其中含向供货商支付违约金 10 万元，向税务局支付税款滞纳金 2 万元，通过公益性社会团体向贫困地区捐赠现金 70 万元。

要求：计算该公司 2022 年度应缴纳的企业所得税。

【解析】

（1）销售费用中，广告费税前扣除限额：6 000×15%=900（万元），实际发生 500

万元，可以据实扣除。准予扣除的销售费用为800万元。

（2）管理费用中，业务招待费税前扣除限额：6 000×5‰=30（万元）<100×6%=60（万元），可以扣除30万元；研究新产品费用可按实际发生额的75%加计扣除，即50×75%=37.5（万元）。准予扣除的管理费用=600-100+30+37.5=567.5（万元）

（3）向非金融机构借款500万元的年利息支出实际数：500×10%=50（万元），扣除限额：500×6%=30（万元），准予扣除30万元。准予扣除的财务费用=100-50+30=80（万元）

（4）营业外支出中，企业间违约金10万元可以列支，税务机关的税款滞纳金2万元不得税前扣除。

利润总额=6 000-3 800-100-800-600-100-110=490（万元）

捐赠扣除限额=490×12%=58.8（万元），实际发生70万元，准予扣除58.8万元；超过限额的11.2万元准予向以后年度结转扣除，最长不得超过3年。

准予扣除的营业外支出=110-2-70+58.8=96.8（万元）

该公司2022年应纳税所得额=6 000-3 800-100-800-567.5-80-96.8
=555.7（万元）

该公司2022年应纳所得税额=555.7×25%=138.925（万元）

（二）间接计算法

在间接计算法下，是在会计利润总额的基础上加或减按照税法规定调整的项目金额后，即为应纳税所得额。计算公式为：

应纳税所得额=会计利润总额±纳税调整项目金额

【例7-3】本章导入案例计算如下：

【解析】

（1）会计利润=4 500+300-1 900-100-80-1 500-500-80-30+17+1=628（万元）

（2）各纳税调整额：

广告、业务宣传费：扣除限额=（4 500+300）×15%=720（万元），需调增800+20-720=100（万元）

业务招待费：（4 500+300）×5‰=24<500×60%=30（万元），准予扣除的业务招待费为24万元，需调增50-24=26（万元）

新产品开发费：可按实际发生额的100%加计扣除，调减40×100%=40（万元）

财务费用：向非金融机构借款1年的实际支出利息50万元，扣除限额=50÷10%×6%=30（万元），需调增50-30=20（万元）

营业外支出中行政罚款不得扣除，需调增1万元。

捐赠扣除限额=628×12%=75.36（万元），实际捐赠20万元可全额扣除，不用调整应纳税所得额。

国债利息收入免税，居民企业直接投资于其他居民企业的投资收益免税，应调减应纳税所得额17+1=18（万元）。

（3）应税所得额= 628+100+26-40+20+1-18=717（万元）

（4）应纳税额=717×25%=179.25（万元）

二、居民企业核定征收应纳税额的计算

部分中小企业由于其会计核算资料的不完整和业务的分散使得其采用一般计算方

法计算征收所得税不符合成本效益原则，因此为了加强企业所得税的征收管理，对其采用核定征收的办法，计算应纳税额。

（一）核定征收企业所得税的范围

纳税人具有下列情形之一的，应采用核定征收方式征收企业所得税：

（1）依照法律、行政法规的规定可以不设置账簿的；

（2）依照法律、行政法规的规定应当设置但未设置账簿的；

（3）擅自销毁账簿或者拒不提供纳税资料的；

（4）虽设置账簿，但账目混乱或者成本资料、收入凭证、费用凭证残缺不全，难以查账的；

（5）发生纳税义务，未按照规定的期限办理纳税申报，经税务机关责令限期申报，逾期仍不申报的；

（6）申报的计税依据明显偏低，又无正当理由的。

（二）核定征收的方式

核定征收方式包括核定应税所得率征收与核定应纳所得税额征收两种。核定应纳所得税额征收是指税务机关按照一定的标准、程序和方法，直接核定纳税人年度应纳企业所得税额，由纳税人按规定进行申报缴纳的办法；核定应税所得率征收是指税务机关按照一定的标准、程序和方法，预先核定纳税人的应税所得率，由纳税人根据纳税年度内的收入总额或是成本费用等项目的实际发生额，按预先核定的应税所得率计算缴纳企业所得税的办法。

税务机关应根据纳税人具体情况，对核定征收企业所得税的纳税人，核定应税所得率或者核定应纳所得税额。具有下列情形之一的，核定其应税所得率：

（1）能正确核算（查实）收入总额，但不能正确核算（查实）成本费用总额的；

（2）能正确核算（查实）成本费用总额，但不能正确核算（查实）收入总额的；

（3）通过合理方法，能计算和推定纳税人收入总额或成本费用总额的。

纳税人不属于以上情形的，核定其应纳所得税额。

（三）核定征收的方法

1. 税务机关采用下列方法核定企业应纳所得税额

（1）参照当地同类行业或者类似行业中经营规模和收入水平相近的纳税人的税负水平核定；

（2）按照应税收入额或成本费用支出额定率核定；

（3）按照耗用的原材料、燃料、动力等推算或测算核定；

（4）按照其他合理方法核定。

采用上面所列的一种方法不足以正确核定应纳税所得额或应纳税额的，可以同时采用两种以上的方法核定。采用两种以上方法测算的应纳税额不一致时，可按测算的应纳税额从高核定。

2. 核定应税所得率征收计算

应纳所得税额=应纳税所得额×适用税率

应纳税所得额=应税收入额×应税所得率

或：应纳税所得额=成本（费用）支出额/（1−应税所得率）×应税所得率

实行应税所得率方式核定征收企业所得税的纳税人，经营多业的，无论其经营项目是否单独核算，均由税务机关根据其主营项目确定适用的应税所得率。

应税所得率的幅度标准如表 7-2 所示。

表 7-2　应税所得率的幅度标准

行业	应税所得率/%
农、林、牧、渔业	3～10
制造业	5～15
批发和零售贸易业	4～15
交通运输业	7～15
建筑业	8～20
饮食业	8～25
娱乐业	15～30
其他行业	10～30

纳税人的生产经营范围、主营业务发生重大变化，或者应纳税所得额或应纳税额增减变化达到 20%的，应及时向税务机关申报调整已确定的应纳税额或应税所得率。

三、境外所得税收抵免

境外已纳税额扣除，是避免国际上对同一所得重复征税的一项重要措施。企业取得的下列所得已在境外缴纳的所得税税额，可以从其当期应纳税额中抵免，抵免限额为该项所得依照税法规定计算的应纳税额；超过抵免限额的部分，可以在以后 5 个年度内，用每年度抵免限额抵免当年应抵税额后的余额进行抵补：

（1）居民企业来源于中国境外的应税所得。

（2）非居民企业在中国境内设立机构、场所，取得发生在中国境外但与该机构、场所有实际联系的应税所得。

已在境外缴纳的所得税税额，是指来源于中国境外的所得依照中国境外税收法律以及相关规定应当缴纳并已经实际缴纳的企业所得税性质的税款。企业依照企业所得税法的规定抵免企业所得税税额时，应当提供中国境外税务机关出具的税款所属年度的有关纳税凭证。

抵免限额是指企业来源于中国境外的所得依照我国税法规定计算的应纳税额，除国务院财政、税务主管部门另有规定外，采用分国不分项的计算原则，其计算公式如下：

某国（地区）所得税抵免限额＝中国境内、境外所得依照《企业所得税法》及实施条例规定计算的应纳税总额×来源于某国（地区）的应纳税所得额÷中国境内、境外应纳税所得总额

据以计算上述公式中的“应纳税总额”的税率，一般为法定税率 25%。

现行境外所得税收抵免政策对于鼓励我国企业“走出去”起到了积极作用。但随着国家“一带一路”倡议的实施以及我国企业境外投资日益增加，现行分国抵免法已经难以完全适应新的发展形势需要。自 2017 年 1 月 1 日起，企业可以自行选择按国（地区）别分别计算［即“分国（地区）不分项”，也称分国抵免法］，或者不按国（地区）别汇总计算［即“不分国（地区）不分项”，也称综合抵免法］其来源于境外

的应纳税所得额，并按照规定的税率，分别计算其可抵免境外所得税税额和抵免限额。上述方式一经选择，5 年内不得改变。

实行综合抵免法，对同时在多个国家投资的企业可以统一计算抵免限额，有利于平衡境外不同国家（地区）间的税负，增加企业可抵免税额，有效降低企业境外所得总体税收负担。同时，综合抵免依然遵守限额抵免原则，不会侵蚀所得税税基。

【例 7-4】某企业 2022 年度境内应纳税所得额为 100 万元，适用 25%的企业所得税税率。另外，该企业分别在 A、B 两国设有分支机构（我国与 A、B 两国已经缔结避免双重征税协定），在 A 国分支机构的应纳税所得额为 30 万元，A 国企业所得税税率为 20%；在 B 国的分支机构的应纳税所得额为 50 万元，B 国企业所得税税率为 30%。两个分支机构在 A、B 两国分别缴纳了 6 万元和 15 万元的企业所得税。

要求：计算该企业汇总时在我国应缴纳的企业所得税税额。

【解析】

（1）该企业按我国税法计算的境内、境外所得的应纳税额。

应纳税额=（100+30+50）×25%=45（万元）

（2）A、B 两国的扣除限额。

A 国扣除限额=45×［30÷（100+30+50）］≈7.5（万元）

B 国扣除限额=45×［50÷（100+30+50）］≈12.5（万元）

在 A 国缴纳的所得税为 6 万元，低于扣除限额 7.5 万元，可全额扣除。

在 B 国缴纳的所得税为 15 万元，高于扣除限额 12.5 万元，其超过扣除限额的部分 2.5 万元当年不能扣除。

（3）汇总时在我国应缴纳的所得税=45-6-12.5=26.5（万元）

四、非居民企业应纳税额的计算

对于在中国境内未设立机构、场所的，或者虽设立机构、场所，但取得的所得与其所设机构、场所没有实际联系的非居民企业的所得，按照下列方法计算应纳税所得额：

（1）股息、红利等权益性投资收益和利息、租金、特许权使用费所得，以收入全额为应纳税所得额。

（2）转让财产所得，以收入全额减除财产净值后的余额为应纳税所得额。财产净值是指财产的计税基础减除已经按照规定扣除的折旧、折耗、摊销、准备金等后的余额。

（3）其他所得，参照前两项规定的方法计算应纳税所得额。

【例 7-5】某外国公司在中国境内未设立机构、场所，2022 年取得境内甲公司支付的贷款利息收入 100 万元，取得乙公司支付的财产转让收入 80 万元，该项财产净值 60 万元。2022 年该外国公司在我国应缴纳的企业所得税是多少？

【解析】

应纳企业所得税=（100+80-60）×10%=12（万元）

五、非居民企业所得税核定征收办法

非居民企业因会计账簿不健全，资料残缺难以查账，或者其他原因不能准确计算并据实申报其应纳税所得额的，税务机关有权采取以下方法核定其应纳税所得额。

1. 按收入总额核定应纳税所得额

应纳税所得额=收入总额×经税务机关核定的利润率

2. 按成本费用核定应纳税所得额

应纳税所得额=成本费用总额÷（1-经税务机关核定的利润率）×经税务机关核定的利润率

3. 按经费支出换算收入核定应纳税所得额

应纳税所得额=经费支出总额÷（1-经税务机关核定的利润率-营业税税率）×经税务机关核定的利润率

4. 税务机关可按照以下标准确定非居民企业的利润率

（1）从事承包工程作业、设计和咨询劳务的，利润率为15%~30%；

（2）从事管理服务的，利润率为30%~50%；

（3）从事其他劳务或劳务以外经营活动的，利润率不低于15%。

第六节　企业所得税的征收管理

一、特别纳税调整

特别纳税调整是指企业与其关联方之间的业务往来，不符合独立交易原则而减少企业或者其关联方应纳税收入或者所得额的，税务机关有权按照合理方法调整。企业与其关联方共同开发、受让无形资产，或者共同提供、接受劳务发生的成本，在计算应纳税所得额时应当按照独立交易原则进行分摊。

关联方是指与企业有关联关系的企业、其他组织或者个人。

（1）在资金、经营、购销等方面存在直接或者间接的控制关系。

（2）直接或者间接地同为第三者控制。

（3）在利益上具有相关联的其他关系。

独立交易原则，是指没有关联关系的交易各方，按照公平成交价格和营业常规进行业务往来遵循的原则。

二、源泉扣缴

（1）对非居民企业在中国境内未设立机构、场所的，或者虽设立机构、场所但取得的所得与其所设机构、场所没有实际联系的所得应缴纳的所得税实行源泉扣缴，以支付人为扣缴义务人。税款由扣缴义务人在每次支付或者到期应支付时，从支付或者到期应支付的款项中扣缴。

对非居民企业在中国境内取得工程作业和劳务所得应缴纳的所得税，税务机关可以指定工程价款或者劳务费的支付人为扣缴义务人。

（2）依照税法规定应当扣缴的所得税，扣缴义务人未依法扣缴或者无法履行扣缴义务的，由纳税人在所得发生地缴纳。纳税人未依法缴纳的，税务机关可以从该纳税人在中国境内其他收入项目的支付人应付的款项中，追缴该纳税人的应纳税款。

（3）扣缴义务人每次代扣的税款，应当自代扣之日起七日内缴入国库，并向所在地的税务机关报送扣缴企业所得税报告表。

三、纳税地点

（1）除税收法律、行政法规另有规定外，居民企业以企业登记注册地为纳税地点；但登记注册地在境外的，以实际管理机构所在地为纳税地点。其中企业注册登记地，是指企业依照国家有关规定登记注册的住所地。

（2）居民企业在中国境内设立不具有法人资格的营业机构的，应当汇总计算并缴纳企业所得税。企业汇总计算并缴纳企业所得税时，应当统一核算应纳税所得额，具体办法由国务院财政、税务主管部门另行制定。

（3）非居民企业在中国境内设立机构、场所的，应当就其所设机构、场所取得的来源于中国境内的所得，以及发生在中国境外但与其所设机构、场所有实际联系的所得，以机构、场所所在地为纳税地点。

（4）非居民企业在中国境内未设立机构、场所的，或者虽设立机构、场所，但取得的所得与其所设机构、场所没有实际联系的所得，以扣缴义务人所在地为纳税地点。

（5）除国务院另有规定外，企业之间不得合并缴纳企业所得税。

四、纳税期限

企业所得税按年计征，分月或者分季预缴，年终汇算清缴，多退少补。

企业所得税的纳税年度，自公历每年1月1日起至12月31日止。企业在一个纳税年度的中间开业，或者由于合并、关闭等原因终止经营活动，使该纳税年度的实际经营期不足12个月的，应当以其实际经营期为一个纳税年度。企业清算时，应当以清算期间作为一个纳税年度。

企业无论盈利或者亏损，都应当自月份或者季度终了之日起15日内，向税务机关报送预缴企业所得税纳税申报表，预缴税款。自年度终了之日起5个月内，向税务机关报送年度企业所得税纳税申报表，并汇算清缴，结清应缴应退税款。

企业在报送企业所得税纳税申报表时，应当按照规定附送财务会计报告和其他有关资料。

企业在年度中间终止经营活动的，应当自实际经营终止之日起60日内，向税务机关办理当期企业所得税汇算清缴。

本章小结

思考与练习题

一、单项选择题

1. 按照《企业所得税法》和实施条例规定，下列各项中属于非居民企业的是（　　）。

A. 在黑龙江省工商局登记注册的企业

B. 在美国注册但实际管理机构在哈尔滨的外资独资企业

C. 在美国注册的企业设在苏州的办事处

D. 在黑龙江省注册但在中东开展工程承包的企业

2. 2022年3月1日，某大型工业企业以经营租赁方式租入固定资产使用，租期1年，一次性交付租金12万元；6月1日以融资租赁方式租入机械设备一台，租期2年，当年支付租金15万元。公司计算当年企业应纳税所得额时应扣除的租赁费用为（　　）万元（不包括以折旧方式扣除的部分）。

A. 10　　B. 12　　C. 15　　D. 27

3. 某企业（增值税一般纳税人）2022年由于管理不善，库存的一批外购材料丢失，该批材料是数月前从农业生产者手中收购取得的农产品，用于生产税率为13%的产品，已抵扣进项税额，账面成本31 500元，保险公司审理后同意赔付30 000元，税务机关接受了该企业资产损失的专项申报，在企业所得税前可扣除的损失金额为（　　）元。

A. 1 500　　B. 4 650　　C. 5 595　　D. 5 000

4. 某企业2022年度境内所得应纳税所得额为400万元，全年已预缴税款25万元，来源于境外某国税前所得100万元，境外实纳税款20万元，该企业当年汇算清缴应补（退）的税款为（　　）万元。

A. 50　　B. 60　　C. 70　　D. 80

5. 某白酒生产企业因扩大生产规模新建厂房，由于自有资金不足，2022年1月1日向银行借入长期借款1笔，金额为3 000万元，贷款年利率是4.2%。2022年1月1日该厂房开始建设，9月30日房屋交付使用，不考虑折旧问题，则2022年度该企业可以在税前直接扣除的该项借款费用是（　　）万元。

A. 126　　B. 10.5　　C. 94.5　　D. 31.5

6. 某批发兼零售的小型微利企业，2022年度自行申报营业收入总额350万元、成本费用总额370万元，当年亏损20万元。经税务机关审核，该企业申报的收入总额无法核实，成本费用核算正确，依据规定对其采取核定征收。应税所得税率为8%，该小型微利企业2022年度应缴纳企业所得税为（　　）万元。

A. 0　　B. 8.04　　C. 1.61　　D. 0.804

7. 纳税人在计算企业所得税应纳税所得额时，企业发生的下列项目中，不超过规定比例的部分准予在税前扣除，超过部分，准予在以后纳税年度结转扣除的是（　　）。

A. 职工福利费　　B. 工会经费

C. 职工教育经费　　D. 社会保险费

8. 下列单位不属于企业所得税纳税人的是（　　）。

A. 股份制企业　　B. 合伙企业

C. 外商投资企业　　D. 有经营所得的其他组织

9. 某居民企业2022年度发生借款利息费用18万元，其中包括向银行借款200万元的全年借款利息12万元，向某非金融企业（非关联方）借款75万元的全年借款利息6万元。已知银行同期同类贷款利率为6%。该企业在计算2022年应纳税所得额时可扣除的利息费用是（　　）万元。

A. 18　　B. 16.5　　C. 12　　D. 6

10. A公司一直执行5年亏损弥补的规定，其2016—2022年未弥补亏损前的应纳税所得额见下表，A公司2022年应该缴纳企业所得税（　　）万元。（A公司企业所得税税率为25%）

年份	2016	2017	2018	2019	2020	2021	2022
应纳税所得额	-300	-200	-100	0	200	50	800

A. 125　　B. 112.5　　C. 75　　D. 200

二、多项选择题

1. 企业缴纳的下列保险金可以在税前直接扣除的有（　　）。

A. 为特殊工种的职工支付的人身安全保险费

B. 为没有工作的董事长夫人缴纳的社会保险费用

C. 为投资者或者职工支付的商业养老分红型保险费

D. 企业为投资者支付的在国务院财政、税务主管部门规定的范围和标准内的补充养老保险

2. 根据《企业所得税法》的规定，在计算企业所得税应纳税所得额时，下列项目不得在企业所得税税前扣除的有（　　）。

A. 外购货物管理不善发生的损失　　B. 违反法律被司法部门处以的罚金

C. 非广告性质的赞助支出　　D. 银行按规定加收的罚息

3. 下列各选项中，属于企业所得税征收范围的有（　　）。

A. 居民企业来源于境外的所得

B. 设立机构、场所的非居民企业，其机构、场所来源于中国境内的所得

C. 未设立机构、场所的非居民企业来源于中国境外的所得

D. 居民企业来源于中国境内的所得

4. 根据《企业所得税法》的规定，以下适用25%税率的是（　　）。

A. 在中国境内的居民企业

B. 在中国境内设有机构、场所，且所得与其机构、场所有关联的非居民企业

C. 在中国境内设有机构、场所，但所得与其机构、场所没有实际联系的非居民企业

D. 在中国境内未设立机构、场所的非居民企业

5. 纳税人下列行为应视同销售确认所得税收入的有（　　）。

A. 将货物用于投资　　B. 将商品用于捐赠

C. 将产品用于集体福利　　D. 将产品用于在建工程

6. 下列税金中，可在企业所得税前扣除的有（　　）。

A. 可抵扣的增值税　　B. 土地增值税

C. 房产税　　D. 资源税

7. 确定企业所得税税前扣除项目时应遵循的原则有（　　）。

A. 确定性原则　　B. 相关性原则

C. 权责发生制原则　　D. 谨慎性原则

8. 下列支出中，在符合真实性交易原则的前提下，可以从企业所得税应纳税所得额中直接据实扣除的有（　　）。

A. 违约金　　B. 诉讼费用

C. 提取未付的职工工资　　D. 实际发生的业务招待费

三、判断题

1. 纳税人发生年度亏损的，可以用下一纳税年度的所得弥补；下一纳税年度的所得不足弥补的，可以逐年延续弥补，但是延续弥补期最长不得超过5年。这里说的亏损，是指会计利润小于零。（　　）

2. 对于在中国境内未设立机构、场所的非居民企业，其来源于中国境内的所得应缴纳的企业所得税，由支付人在每次支付或者到期支付时，从支付或者到期应支付的款项中扣缴。（　　）

3. 纳税人接受捐赠的货币性收入属于应税收入，纳税人接受捐赠的非货币性资产不属于应税收入。（　　）

4. 企业在汇总计算缴纳企业所得税时，其境外营业机构的亏损可以抵减境内营业机构的盈利。（　　）

5. 制造业企业开发新技术、新产品、新工艺发生的研究开发费用，未形成资产计入当期损益的，在按规定据实扣除的基础上，按照研究开发费用的100%加计扣除；形成无形资产的，不得加计摊销。（　　）

6. 企业在纳税年度内发生亏损，则无须向税务机关报送预缴所得税申报表、年度企业所得税申报表、财务会计报告和税务机关规定应当报送的其他资料。（　　）

四、计算题

1. 某市制造业企业为增值税一般纳税人，为居民企业。2022年度发生相关业务如下：

（1）销售产品取得不含税销售额8 000万元，债券利息收入240万元（其中国债利息收入30万元）；应扣除的销售成本4 800万元，缴纳增值税600万元、城市维护建设税及教育附加60万元。

（2）发生销售费用1 400万元，其中广告费用800万元、业务宣传费用450万元；发生财务费用200万元，其中支付向某企业流动资金周转借款2 000万元一年的借款利息160万元（同期银行贷款利率为6%）；发生管理费用1 100万元，其中业务招待费支出100万元，用于新产品、新工艺研制而实际支出的研究开发费用300万元（单独核算管理）。

（3）2020 年度、2021 年度经税务机关确认的亏损额分别为 70 万元和 40 万元。

要求：计算该企业 2022 年度实际应缴纳的企业所得税。

2. 某企业为居民企业，职工人数 320 人。2022 年发生经营业务如下：

（1）取得产品销售收入 4 000 万元；

（2）发生产品销售成本 2 600 万元；

（3）发生销售费用 770 万元（其中广告费 650 万元）、管理费用 480 万元（其中业务招待费 25 万元）、财务费用 60 万元；

（4）税金及附加 40 万元；

（5）营业外收入 80 万元，营业外支出 50 万元（含通过公益性社会团体向贫困山区捐款 30 万元，支付税收滞纳金 6 万元）；

（6）计入成本、费用中的实发工资总额 200 万元、拨缴职工工会经费 5 万元、发生职工福利费 31 万元、发生职工教育经费 18 万元。

要求：计算该企业 2022 年度应纳的企业所得税。

3. 某制造业上市公司自 2021 年起被认定为高新技术企业，2022 年度取得主营业务收入 48 000 万元、其他业务收入 2 000 万元、营业外收入 1 000 万元、投资收益 500 万元，发生主营业务成本 25 000 万元、其他业务成本 1 000 万元、营业外支出 1 500 万元、税金及附加 4 000 万元、管理费用 3 000 万元、销售费用 10 000 万元、财务费用 1 000 万元，实现年度利润总额 6 000 万元。当年发生的相关具体业务如下：

（1）广告费支出 8 000 万元。

（2）业务招待费支出 350 万元。

（3）实发工资 6 000 万元。

（4）拨缴职工工会经费 150 万元，发生职工福利费 900 万元、职工教育经费 490 万元。

（5）管理费用中专门用于新产品研发的费用 2 000 万元，独立核算管理。

（6）计提资产减值损失准备金 1 500 万元，该资产减值损失准备金未经税务机关核定。

（7）公司取得的投资收益中包括国债利息收入 200 万元。

（8）向民政部门捐赠 800 万元用于救助贫困儿童。

（其他相关资料：各扣除项目均已取得有效凭证，相关优惠已办理必要手续）

要求：根据上述资料，按照下列顺序计算各题，并计算出合计数。

（1）广告费支出应调整的应纳税所得额；

（2）业务招待费支出应调整的应纳税所得额；

（3）工会经费、职工福利费和职工教育经费应调整的应纳税所得额；

（4）研发费用应调整的应纳税所得额；

（5）资产减值损失准备金应调整的应纳税所得额（说明理由）；

（6）投资收益应调整的应纳税所得额；

（7）向民政部门捐赠应调整的应纳税所得额；

（8）该公司 2022 年应缴纳企业所得税税额。

4. 某非制造业企业2022年资产总额是2 960万元，在职职工人数75人，全年经营业务如下：①取得销售收入2 340万元，销售成本1 010万元。②发生销售费用642万元（其中广告费390万元）；管理费用410万元（其中业务招待费13万元；专门用于新产品研发的费用64万元，独立核算管理）；财务费用58万元（其中现金折扣19万元）。③销售税金172万元（含增值税125万元）。④营业外收入82万元，营业外支出49万元（含通过公益性社会团体向贫困山区捐款30万元，支付税收滞纳金7万元）。⑤计入成本、费用中的实发工资总额148万元、拨缴职工工会经费4万元、支出职工福利费25万元、支出职工教育经费10万元。要求：根据上述资料，计算该企业2022年应缴纳的企业所得税。

5. 境内制造业企业2022年发生下列业务：

（1）销售产品收入2 200万元；

（2）接受捐赠材料一批，取得赠出方开具的增值税专用发票，注明价款10万元，增值税1.3万元；甲企业找一运输公司将该批材料运回企业，取得的增值税专用发票上列示不含税支付运费0.3万元；

（3）转让一项商标所有权，取得营业外收入60万元（不含税）；

（4）收取当年让渡资产使用权的专利实施许可费，取得其他业务收入10万元（不含税）；

（5）取得国债利息2万元；直接投资境内另一居民企业，分得红利50万元；

（6）全年销售成本1 000万元；税金及附加100万元；

（7）全年销售费用500万元，含广告费400万元；全年管理费用205万元，含业务招待费80万元；全年财务费用45万元；

（8）全年营业外支出40万元，含通过县级以上政府部门对灾区捐款20万元；直接对私立小学捐款10万元；违反政府规定被工商局罚款2万元；

其他资料：①企业当年发生新技术研究开发费，单独归集记账发生额80万元，尚未计入期间费用和损益；②企业当年购置并实际使用节能节水设备一台，取得并认证了增值税专用发票，注明价款90万元，增值税11.7万元，已按照规定入账并计提了折旧。

要求计算：

（1）该企业当年的会计利润总额；

（2）该企业对收入的纳税调整额；

（3）该企业对广告费用的纳税调整额；

（4）该企业对业务招待费的纳税调整额；

（5）该企业对营业外支出的纳税调整额；

（6）该企业当年的应纳税所得额；

（7）该企业应纳的所得税额。

6. 某电器制造业企业为增值税一般纳税人，2022年度会计自行核算取得营业收入25 400万元、营业外收入3 000万元、投资收益1 000万元，扣除营业成本12 000万元、营业外支出1 000万元、税金及附加300万元、管理费用6 000万元、销售费用5 000万元、财务费用2 000万元。2023年初聘请某会计师事务所进行审计，发现如下问题：

（1）销售费用中含广告费 3 000 万元

（2）管理费用中含业务招待费 500 万元。

（3）上年结转未抵扣的广告费 850 万元。

（4）管理费用中专门用于新产品研发的费用 2 000 万元，独立核算管理。

（5）计入成本、费用的实发工资 8 000 万元。拨缴职工工会经费 150 万元，发生职工福利费 1 200 万元、职工教育经费 690 万元。

（6）2022 年以年利率 6%向无关联关系的甲公司借款 5 000 万元，支付利息 300 万元计入财务费用，金融机构同期同类贷款利率为 5%。

（7）营业外支出中含通过中国青少年发展基金会援建希望小学捐款 400 万元，并取得合法票据。

（8）购进属于《安全生产专用设备企业所得税优惠目录》规定的安全生产专用设备，取得增值税专用发票，注明价款 500 万元，进项税额 65 万元。

（其他相关资料：各扣除项目均已取得有效凭证，相关优惠已办理必要手续）

要求：根据上述资料，按照下列顺序计算各题，并计算出合计数。

（1）该企业 2022 年度的会计利润总额；

（2）业务招待费支出应调整的应纳税所得额；

（3）广告费支出应调整的应纳税所得额；

（4）研发费应调整的应纳税所得额；

（5）工会经费，职工福利费和职工教育经费应调整的应纳税所得额；

（6）利息支出应调整的应纳税所得额；

（7）公益捐赠应调整的应纳税所得额；

（8）该企业 2022 年度的应纳税所得额；

（9）该企业 2022 年度的应缴纳的企业所得税税额。

第七章练习题答案

【案例分析】

第八章 个人所得税

■学习目标

通过本章的学习，理解个人所得税的含义及特点；掌握居民纳税人和非居民纳税人的划分标准；熟练掌握个人所得税的征收范围及各种应税所得之间的区别、税率的适用；在此基础上，重点掌握个人所得税的不同的应税所得的计税方法和特定收入的计税方法以及应纳税额的计算；了解个人所得税的征收管理。

■导入案例

居民个人张某在某省会城市工作，其 2022 年的收入与部分支出情况如下：①每月工资 10 000 元，含按国家标准缴纳的“三险一金”2 500 元。②因在工作城市无住房，每月以 2 000 元的租金在单位附近租房居住；每月为位于外地的首套住房偿还贷款 4 000 元。③12 月从单位领取年终奖 30 000 元，选择单独计税（其他相关资料：相关专项附加扣除均由张某 100%扣除，张某已向单位报送其专项附加扣除信息）。什么是个人所得税？张某应怎样计算个人所得税？从税收筹划角度出发，(1) 在住房贷款利息专项附加扣除与住房租金专项附加扣除两项扣除中，哪项扣除对他更有利？(2) 张某对其年终奖选择单独纳税或并入综合所得合并纳税，哪种方式对他更有利？

第一节 个人所得税概述

一、个人所得税的概念

个人所得税是以自然人取得的各类应税所得为征税对象而征收的一种所得税，是政府利用税收对个人收入进行调节的一种手段。个人所得税的征税对象不仅包括个人还包括具有自然人性质的企业。

二、个人所得税的发展历程

个人所得税是世界各国普遍开征的一个税种，最早诞生于18世纪的英国，它在调节收入分配、缓解贫富悬殊、促进社会稳定、增加财政收入等方面发挥了积极的作用，被称为经济调节的“内在稳定器”。

我国的个人所得税法诞生于1980年，1980年9月10日第五届全国人民代表大会第三次会议审议通过了《中华人民共和国个人所得税法》（以下简称《个人所得税法》），并同时公布实施。1986年和1987年，国务院根据我国社会经济发展的状况，为了有效调节社会成员收入水平的差距，分别发布了《中华人民共和国城乡个体工商业户所得税暂行条例》和《中华人民共和国个人收入调节税暂行条例》，从而形成了我国对个人所得课税有三个税收法律、法规并存的状况。1993年10月31日第八届全国人民代表大会常务委员会第四次会议通过了《关于修改〈中华人民共和国个人所得税法〉的决定》，同时公布了修改后的《个人所得税法》，自1994年1月1日起施行。之后的1999年8月、2005年10月、2007年6月、2007年12月、2011年6月，全国人大常委会相继对1993年颁布的《个人所得税法》进行了微调。2018年8月31日，第十三届全国人民代表大会常务委员会第五次会议通过了第七次修正，自公布之日起施行。同时修订了《中华人民共和国个人所得税法实施条例》，自2019年1月1日起施行。

三、个人所得税的特点

（一）实行混合征收

世界各国的个人所得税制大体分为三种类型：分类征收制、综合征收制和混合征收制。分类征收制，是将纳税人不同来源、性质的所得项目，分别规定不同的税率征税；综合征收制，是对纳税人全年的各项所得加以汇总，就其总额进行征税；混合征收制，是对纳税人不同来源、性质的所得先分别按照不同的税率征税，然后将全年的各项所得进行汇总征税。三种不同的征收模式各有其优缺点。目前我国个人所得税已初步建立分类与综合相结合的征收模式，即混合征收制。

（二）累进税率与比例税率并用

我国现行个人所得税根据各类个人所得的不同性质和特点，对综合所得、经营所得，采用累进税率；对于利息、股息、红利所得，财产租赁所得，财产转让所得和偶然所得，采用比例税率。

（三）采取全员全额扣缴申报和自行申报两种纳税方法

对纳税人的应纳税额分别采用由支付单位全员全额扣缴申报和纳税人自行申报两种方法，这样既便于税收征管、控制税源、防止漏税和逃税，又有利于增强纳税人的纳税意识。

第二节　个人所得税的基本要素

一、个人所得税纳税义务人与扣缴义务人

（一）纳税义务人

个人所得税的纳税义务人，包括中国公民、个体工商业户、个人独资企业、合伙企业投资者以及在中国有所得的外籍人员（包括无国籍人员，下同）和香港、澳门、台湾同胞。上述纳税义务人依据住所和居住时间两个标准，区分为居民个人和非居民个人，分别承担不同的纳税义务。

1. 居民个人

居民个人负有无限纳税义务，其所取得的应纳税所得，无论是来源于中国境内还是中国境外任何地方，都要在中国缴纳个人所得税。根据《个人所得税法》规定，居民个人是指在中国境内有住所，或者无住所而一个纳税年度内在中国境内居住累计满183天的个人。

所谓在中国境内有住所，是指因户籍、家庭、经济利益关系而在中国境内习惯性居住。这里所说的习惯性居住，是判定纳税义务人属于居民还是非居民的一个重要依据。它是指个人因学习、工作、探亲等原因消除之后，没有理由在其他地方继续居留时所要回到的地方。而不是指实际居住或在某一个特定时期内的居住地。一个纳税人因学习、工作、探亲、旅游等原因，原来是在中国境外居住，但是在这些原因消除之后，如果必须回到中国境内居住的，则中国为该人的习惯性居住地。尽管该纳税义务人在一个纳税年度内，甚至连续几个纳税年度，都未在中国境内居住过1天，他仍然是中国居民个人，应就其来源于中国境内的所得和来源中国境外的所得向中国缴纳个人所得税。

所谓一个纳税年度内在境内居住累计满183天，是指在一个纳税年度（即公历1月1日起至12月31日止，下同）内，在中国境内居住累计满183天。在计算居住天数时，按照个人在中国境内累计停留的天数计算，在中国境内停留的当天满24小时的，计入中国境内居住天数，在中国境内停留的当天不足24小时的，不计入中国境内居住天数。

2. 非居民个人

非居民个人，是指不符合居民个人判定标准（条件）的纳税义务人。非居民个人承担有限纳税义务，即仅就其从中国境内取得的所得，向中国缴纳个人所得税。《个人所得税法》规定，非居民个人是“在中国境内无住所又不居住或者无住所而一个纳税年度内在中国境内居住累计不满183天的个人”。

（1）在中国境内无住所的个人，在中国境内居住累计满183天的年度连续不满六年的，经向主管税务机关备案，其来源于中国境外且由境外单位或者个人支付的所得，免予缴纳个人所得税；在中国境内居住累计满183天的任一年度中有一次离境超过30天的，其在中国境内居住累计满183天的年度的连续年限重新起算。

也就是说，在中国境内无住所的个人，一个纳税年度在中国境内累计居住满183天的，如果此前六年在中国境内每年累计居住天数都满183天而且没有任何一年单次离境超过30天，该纳税年度来源于中国境内、境外所得应当缴纳个人所得税；如果此

前六年的任一年在中国境内累计居住天数不满 183 天或者单次离境超过 30 天，该纳税年度来源于中国境外且由境外单位或者个人支付的所得，免予缴纳个人所得税。

所称此前六年，是指该纳税年度的前一年至前六年的连续六个年度，此前六年的起始年度自 2019 年（含）以后年度开始计算。

（2）在中国境内无住所的个人，在一个纳税年度内在中国境内居住累计不超过 90 天的，其来源于中国境内的所得，由境外雇主支付并且不由该雇主在中国境内的机构、场所负担的部分，免予缴纳个人所得税。

中国境内无住所的个人纳税义务表如表 8-1 所示。

表 8-1　中国境内无住所的个人纳税义务表

项目	来源于境外所得		来源于境内所得	
	境外单位支付	境内单位支付	境外单位支付	境内单位支付
居住未满 90 天	免征	免征	免征	征收
居住未满 183 天	免征	免征	征收	征收
居住超过 183 天未满 6 年	免征	征收	征收	征收
居住满 6 年及以上	征收	征收	征收	征收

（二）扣缴义务人

个人所得税以所得人为纳税人，以支付所得的单位或者个人为扣缴义务人。扣缴义务人向个人支付应税款项时，应当依照个人所得税法规定预扣或者代扣税款，按时缴库，并专项记载备查。

二、个人所得税征税对象

居民个人取得下列第一次至第四次所得（以下称综合所得），按纳税年度合并计算个人所得税；非居民个人取得下列第一次至第四次所得，按月或者按次分项计算个人所得税。纳税人取得下列第五项至第九项所得，依照税法规定分别计算个人所得税。

（一）工资、薪金所得

工资、薪金所得，是指个人因任职或者受雇而取得的工资、薪金、奖金、年终加薪、劳动分红、津贴、补贴以及任职或者受雇有关的其他所得。

根据我国目前个人收入的构成情况，规定对于一些不属于工资、薪金性质的补贴、津贴或者不属于纳税人本人工资、薪金所得项目的收入，不予征税。这些项目包括：

（1）独生子女补贴；

（2）执行公务员工资制度未纳入基本工资总额的补贴、津贴差额和家属成员的副食品补贴；

（3）托儿补助费；

（4）差旅费津贴、误餐补助。其中，误餐补助是指按照财政部规定，个人因公在城区、郊区工作，不能在工作单位或返回就餐的，根据实际误餐顿数，按规定的标准领取的误餐费。注意，单位以误餐补助名义发给职工的补助、津贴不能包括在内。

（二）劳务报酬所得

劳务报酬所得，指个人从事劳务取得的所得，包括从事设计、装潢、安装、制图、化验、测试、医疗、法律、会计、咨询、讲学、翻译、审稿、书画、雕刻、影视、录音、录像、演出、表演、广告、展览、技术服务、介绍服务、经纪服务、代办服务以及其他劳务取得的所得。

在实际操作过程中，工资、薪金所得与劳务报酬所得易于混淆。两者的主要区别在于：工资、薪金所得是属于非独立个人劳务活动，即在机关、团体、学校、部队、企业、事业单位及其他组织中任职、受雇而得到的报酬；而劳务报酬所得，则是个人独立从事各种技艺、提供各项劳务取得的报酬。

个人担任公司董事、监事，且不在公司任职、受雇的，取得的董事费按“劳务报酬所得”项目缴纳个人所得税；个人在公司（包括关联公司）任职、受雇，同时兼任董事、监事的，应将董事费、监事费与个人工资收入合并，统一按“工资、薪金所得”项目缴纳个人所得税。在商品营销活动中，企业和单位对营销业绩突出人员以培训班、研讨会、工作考察等名义组织旅游活动，通过免收差旅费、旅游费对个人实行的营销业绩奖励（包括实物、有价证券等），应根据所发生费用全额计入营销人员应税所得，依法征收个人所得税，并由提供上述费用的企业和单位代扣代缴。注意，对企业雇员享受的此类奖励，应与当期的工资薪金合并，按照“工资、薪金所得”项目征收个人所得税；对其他人员享受的此类奖励，应作为当期的劳务收入，按照“劳务报酬所得”项目征收个人所得税。

（三）稿酬所得

稿酬所得，是指个人因其作品以图书、报刊形式出版、发表而取得的所得。将稿酬所得独立划归一个征税项目，而对不以图书、报刊形式出版、发表的翻译、审稿、书画所得归为劳务报酬所得，主要是考虑了出版、发表作品的特殊性。①它是一种依靠较高智力创作的精神产品；②它具有普遍性；③它与社会主义精神文明和物质文明密切相关；④它的报酬相对偏低。因此，稿酬所得应当与一般劳务报酬相对区别，并给予适当优惠照顾。

（四）特许权使用费所得

特许权使用费所得，是指个人提供专利权、商标权、著作权、非专利技术以及其他特许权的使用权取得的所得。提供著作权的使用权取得的所得不包括稿酬所得。

（五）经营所得

经营所得是指：

（1）个体工商户从事生产、经营活动取得的所得；个人独资企业投资人、合伙企业的个人合伙人来源于境内注册的个人独资企业、合伙企业生产、经营的所得。

（2）个人依法从事办学、医疗、咨询以及其他有偿服务活动取得的所得。

（3）个人对企业、事业单位承包经营、承租经营以及转包、转租取得的所得。

对企事业单位的承包经营、承租经营所得，是指个人承包经营或承租经营以及转包、转租取得的所得。承包项目可分多种，如生产经营、采购、销售、建筑安装等各种承包。转包包括全部转包或部分转包。

（4）个人从事其他生产、经营活动取得的所得。

例如，个人因从事彩票代销业务而取得所得；从事个体出租车运营的出租车驾驶员取得的收入，都应按照“经营所得”项目缴纳个人所得税。这里所说的从事个体出租车运营是指出租车属个人所有，但挂靠出租汽车经营单位或企事业单位，驾驶员向挂靠单位缴纳管理费的；或出租汽车经营单位将出租车所有权转移给驾驶员的，出租车驾驶员从事客货运营取得的收入。如果出租车不属于个人所有，出租汽车经营单位对出租车驾驶员采取单车承包或承租方式运营，出租车驾驶员从事客货运营取得的收入，则按“工资、薪金所得”项目征税。

还需要注意的是：个体工商户和从事生产、经营的个人，取得与生产、经营活动无关的其他各项应税所得，应分别按照其他应税项目的有关规定，计算征收个人所得税。如取得银行存款的利息所得、对外投资取得的股息所得，应按“利息、股息、红利所得”项目的规定单独计征个人所得税。个人独资企业、合伙企业的个人投资者以企业资金为本人、家庭成员及其相关人员支付与企业生产经营无关的消费性支出及购买汽车、住房等财产性支出，视为企业对个人投资者利润分配，并入投资者个人的生产经营所得，依照“经营所得”项目计征个人所得税。

（六）利息、股息、红利所得

利息、股息、红利所得是指个人拥有债权、股权而取得的利息、股息、红利所得。

除个人独资企业、合伙企业以外的其他企业的个人投资者，以企业资金为本人、家庭成员及相关人员支付与生产经营无关的消费性支出以及购买汽车、住房等财产性支出，视为企业对个人投资者的红利分配，按“利息、股息、红利所得”项目计征个人所得税。

纳税年度内个人投资者从其投资企业（个人独资企业、合伙企业除外）借款，在该纳税年度终了后既不归还，又未用于企业生产经营的，其未归还的借款可视为企业对个人投资者的红利分配，按“利息、股息、红利所得”项目计征个人所得税。

（七）财产租赁所得

财产租赁所得，是指个人出租不动产、机器设备、车船以及其他财产取得的所得。个人取得的财产转租收入，属于“财产租赁所得”的征税范围，由财产转租人缴纳个人所得税。

（八）财产转让所得

财产转让所得，是指个人转让有价证券、股权、合伙企业中的财产份额、不动产、机器设备、车船以及其他财产取得的所得。

在现实生活中，个人进行的财产转让主要是个人财产所有权的转让。财产转让实际上是一种买卖行为，当事人双方通过签订、履行财产转让合同，形成财产买卖的法律关系，使出让财产的个人从对方取得价款（收入）或其他经济利益。财产转让所得因其性质的特殊性，需要单独列举项目征税。对个人取得的各项财产转让所得，除转让境内上市公司股票取得的所得外，都要计征个人所得税。

（九）偶然所得

偶然所得，是指个人得奖、中奖、中彩以及其他偶然性质的所得。得奖是指参加各种有奖竞赛活动，取得名次得到的奖金；中奖、中彩是指参加各种有奖活动，如有奖销售、有奖储蓄，或者购买彩票，经过规定程序，抽中、摇中号码而取得的奖金。偶然所得应缴纳的个人所得税税款，一律由发奖单位或机构代扣代缴。

注意：企业在销售商品（产品）和提供服务过程中向个人赠送礼品，属于下列情形之一的，不征收个人所得税：①企业通过价格折扣、折让方式向个人销售商品（产品）和提供服务；②企业在向个人销售商品（产品）和提供服务的同时给予赠品，如通信企业对个人购买手机赠话费、入网费，或者购话费赠手机等；③企业对累积消费达到一定额度的个人按消费积分反馈礼品。但是，企业对累积消费达到一定额度的顾客，给予额外抽奖机会，个人的获奖所得，按照“偶然所得”项目计征个人所得税。

个人所得的形式，包括现金、实物、有价证券和其他形式的经济利益；所得为实物的，应当按照取得的凭证上所注明的价格计算应纳税所得额，无凭证的实物或者凭证上所注明的价格明显偏低的，参照市场价格核定应纳税所得额；所得为有价证券的，根据票面价格和市场价格核定应纳税所得额；所得为其他形式的经济利益的，参照市场价格核定应纳税所得额。

个人取得的所得，难以界定应纳税所得项目的，由国务院税务主管部门确定。

注意：个人所得税各项所得间部分内容较为相似且易混淆，个人所得税易混淆内容如表 8-2 所示。

表 8-2　个人所得税易混淆内容

收入		对应计征项目
营销业绩奖励	奖励雇员	工资、薪金所得
	奖励非雇员	劳务报酬所得
取得的董事费	在公司（包括关联公司）任职、受雇，同时兼任董事、监事的	工资、薪金所得
	担任公司董事、监事，但不在公司任职、受雇的	劳务报酬所得
出租车驾驶员从事客货运营取得的收入	出租车不属于个人所有，出租汽车经营单位对出租车驾驶员采取单车承包或承租方式运营	工资、薪金所得
	出租车属个人所有，但挂靠出租汽车经营单位或企事业单位，驾驶员向挂靠单位缴纳管理费的	经营所得
	出租汽车经营单位将出租车所有权转移给驾驶员的	
在报纸、杂志上发表作品取得的所得	任职、受雇于报纸、杂志等单位的记者、编辑等专业人员发表作品	工资、薪金所得
	任职、受雇于报纸、杂志等单位的其他人员发表作品	稿酬所得
	出版社的专业作者撰写、编写或翻译的作品，由本社以图书形式出版	
拍卖所得	作者将自己的文字作品手稿原件或复印件公开拍卖	特许权使用费所得
	拍卖别人的作品手稿或拍卖除文字作品手稿原件及复印件外的其他财产	财产转让所得
以企业资金为投资者支付与企业生产经营无关的消费性支出及购买汽车、住房等财产性支出、借款	个人独资企业、合伙企业的个人投资者以企业资金为本人、家庭成员及其相关人员支付或购买	经营所得
	个人独资企业、合伙企业以外的其他企业的个人投资者以企业资金为本人、家庭成员及其相关人员支付或购买	利息、股息、红利所得
	关于个人投资者从其投资的企业（个人独资企业、合伙企业除外）借款，在该纳税年度终了后既不归还，又未用于企业生产经营的	
	企业以企业资金为本企业除投资者以外的雇员支付或购买	工资、薪金所得
分红	劳动分红	工资、薪金所得
	股份分红	利息、股息、红利所得

三、所得来源地的确定

除国务院财政、税务主管部门另有规定外，下列所得，不论支付地点是否在中国境内，均为来源于中国境内的所得：

（1）因任职、受雇、履约等在中国境内提供劳务取得的所得；

（2）将财产出租给承租人在中国境内使用而取得的所得；

（3）许可各种特许权在中国境内使用而取得的所得；

（4）转让中国境内的不动产等财产或者在中国境内转让其他财产取得的所得；

（5）从中国境内企业、事业单位、其他组织以及居民个人取得的利息、股息、红利所得。

在中国境内无住所的个人，一个纳税年度在中国境内累计居住满 183 天的，如果此前六年在中国境内每年累计居住天数都满 183 天而且没有任何一年单次离境超过 30 天，该纳税年度来源于中国境内、境外所得应当缴纳个人所得税；如果此前六年的任一年在中国境内累计居住天数不满 183 天或者单次离境超过 30 天，该纳税年度来源于中国境外且由境外单位或者个人支付的所得，免予缴纳个人所得税。所称此前 6 年，是指该纳税年度的前 1 年至前 6 年的连续 6 个年度，此前 6 年的起始年度自 2019 年（含）以后年度开始计算。

在中国境内无住所的个人，在一个纳税年度内在中国境内居住累计不超过 90 天的，其来源于中国境内的所得，由境外雇主支付并且不由该雇主在中国境内的机构、场所负担的部分，免予缴纳个人所得税。

四、个人所得税税率

（一）综合所得适用税率

综合所得适用 3%至 45%的七级超额累进税率（见表 8-3）。

表 8-3　综合所得个人所得税税率表（居民个人适用）

级数	全年应纳税所得额	税率/%	速算扣除数/元
1	不超过 36 000 元的	3	0
2	超过 36 000 元至 144 000 元的部分	10	2 520
3	超过 144 000 元至 300 000 元的部分	20	16 920
4	超过 300 000 元至 420 000 元的部分	25	31 920
5	超过 420 000 元至 660 000 元的部分	30	52 920
6	超过 660 000 元至 960 000 元的部分	35	85 920
7	超过 960 000 元的部分	45	181 920

注：1. 本表所称全年应纳税所得额是指依照《个人所得税法》的规定，居民个人取得综合所得以每一纳税年度收入额减除费用 6 万元以及专项扣除、专项附加扣除和依法确定的其他扣除后的余额。

2. 非居民个人取得工资、薪金所得，劳务报酬所得，稿酬所得和特许权使用费所得，依照本表按月换算后计算应纳税额。

（二）经营所得适用税率

经营所得适用 5%至 35%的五级超额累进税率（见表 8-4）。

表 8-4 经营所得个人所得税税率表

级数	全年应纳税所得额	税率/%	速算扣除数/元
1	不超过 30 000 元的	5	0
2	超过 30 000 元至 90 000 元的部分	10	1 500
3	超过 90 000 元至 300 000 元的部分	20	10 500
4	超过 300 000 元至 500 000 元的部分	30	40 500
5	超过 500 000 元的部分	35	65 500

注：本表所称全年应纳税所得额是指依照《个人所得税法》的规定，以每一纳税年度的收入总额减除成本、费用以及损失后的余额。

值得注意的是，由于目前实行承包（租）经营的形式较多，分配方式也不相同，因此，承包、承租人按照承包、承租经营合同（协议）规定取得所得的适用税率也不一致。

（1）承包、承租人对企业经营成果不拥有所有权，仅是按合同（协议）规定取得一定所得的，其所得按“工资、薪金所得”项目征税，纳入年度综合所得适用 3%~45%的七级超额累进税率。

（2）承包、承租人按合同（协议）的规定只向发包、出租方交纳一定费用后，企业经营成果归其所有的，承包、承租人取得的所得，按“经营所得”项目，适用 5%~35%的五级超额累进税率征税。

（三）其他所得适用税率

利息、股息、红利所得，财产租赁所得，财产转让所得和偶然所得，适用比例税率，税率为 20%。

五、个人所得税的税收优惠

（1）下列各项个人所得，免征个人所得税：

①省级人民政府、国务院部委和中国人民解放军军以上单位，以及外国组织、国际组织颁发的科学、教育、技术、文化、卫生、体育、环境保护等方面的奖金。

②国债和国家发行的金融债券利息。

③按照国家统一规定发给的补贴、津贴。

④福利费、抚恤金、救济金。

⑤保险赔款。

⑥军人的转业费、复员费、退役金。

⑦按照国家统一规定发给干部、职工的安家费、退职费、基本养老金或者退休费、离休费、离休生活补助费。

⑧依照有关法律规定应予免税的各国驻华使馆、领事馆的外交代表、领事官员和其他人员的所得；这个所得是指依照《中华人民共和国外交特权与豁免条例》和《中华人民共和国领事特权与豁免条例》规定免税的所得。

⑨中国政府参加的国际公约、签订的协议中规定免税的所得；

⑩国务院规定的其他免税所得，由国务院报全国人民代表大会常务委员会备案。

（2）有下列情形之一的，可以减征个人所得税，具体幅度和期限，由省、自治区、直辖市人民政府规定，并报同级人民代表大会常务委员会备案：

①残疾、孤老人员和烈属的所得；

②因自然灾害遭受重大损失的。

国务院可以规定其他减税情形，报全国人民代表大会常务委员会备案。

第三节　个人所得税应纳税额的计算

个人所得税应纳税额等于应纳税所得额乘以适用税率。应纳税所得额是个人所得税的计税依据，它不等同于收入，需要从收入中对基本生活支出、取得收入付出的代价等进行扣除。由于个人所得税的应税项目不同，并且取得某项所得所需费用也不相同，因此，计算个人应纳税所得额，需按不同应税项目分项计算。各项所得的应纳税应依照税法规定的费用扣除标准和税率，分别计算。

一、居民个人综合所得应纳税额的计算

（一）居民个人综合所得的应纳税所得额

居民个人的综合所得，以每一纳税年度的收入额减除费用六万元以及专项扣除、专项附加扣除和依法确定的其他扣除后的余额，为应纳税所得额。

（1）工资、薪金所得全额计入收入额；劳务报酬所得、特许权使用费所得以收入减除20%的费用后的余额为收入额；稿酬所得的收入额在减除20%的费用基础上再减按70%计算。

（2）专项扣除，包括居民个人按照国家规定的范围和标准缴纳的基本养老保险、基本医疗保险、失业保险等社会保险费和住房公积金等。

（3）专项附加扣除，包括子女教育、继续教育、大病医疗、住房贷款利息或者住房租金、赡养老人、3岁以下婴幼儿照护等支出。

①子女教育。

纳税人的子女接受全日制学历教育的相关支出，按照每个子女每月1 000元的标准定额扣除。学历教育包括义务教育（小学、初中教育）、高中阶段教育（普通高中、中等职业、技工教育）、高等教育（大学专科、大学本科、硕士研究生、博士研究生教育）。

年满3岁至小学入学前处于学前教育阶段的子女，按照每个子女每月1 000元的标准定额扣除。

父母可以选择由其中一方按扣除标准的100%扣除，也可以选择由双方分别按扣除标准的50%扣除，具体扣除方式在一个纳税年度内不能变更。

纳税人子女在中国境外接受教育的，纳税人应当留存境外学校录取通知书、留学签证等相关教育的证明资料备查。

②继续教育。

纳税人在中国境内接受学历（学位）继续教育的支出，在学历（学位）教育期间按照每月400元定额扣除。同一学历（学位）继续教育的扣除期限不能超过48个月。纳税人接受技能人员职业资格继续教育、专业技术人员职业资格继续教育的支出，在取得相关证书的当年，按照3 600元定额扣除。

个人接受本科及以下学历（学位）继续教育，符合规定扣除条件的，可以选择由

其父母扣除，也可以选择由本人扣除。

纳税人接受技能人员职业资格继续教育、专业技术人员职业资格继续教育的，应当留存相关证书等资料备查。

③大病医疗。

在一个纳税年度内，纳税人发生的与基本医保相关的医药费用支出，扣除医保报销后个人负担（指医保目录范围内的自付部分）累计超过15 000元的部分，由纳税人在办理年度汇算清缴时，在80 000元限额内据实扣除。

纳税人及其配偶、未成年子女发生的医药费用支出，按上述规定分别计算扣除额。

纳税人发生的医药费用支出可以选择由本人或者其配偶扣除；未成年子女发生的医药费用支出可以选择由其父母一方扣除。

纳税人应当留存医药服务收费及医保报销相关票据原件（或者复印件）等资料备查。医疗保障部门应当向患者提供在医疗保障信息系统记录的本人年度医药费用信息查询服务。

④住房贷款利息。

纳税人本人或者配偶单独或者共同使用商业银行或者住房公积金个人住房贷款为本人或者其配偶购买中国境内住房，发生的首套住房贷款利息支出，在实际发生贷款利息的年度，按照每月1 000元的标准定额扣除，扣除期限最长不超过240个月。纳税人只能享受一次首套住房贷款的利息扣除。

所称首套住房贷款是指购买住房享受首套住房贷款利率的住房贷款。

经夫妻双方约定，可以选择由其中一方扣除，具体扣除方式在一个纳税年度内不能变更。

夫妻双方婚前分别购买住房发生的首套住房贷款，其贷款利息支出，婚后可以选择其中一套购买的住房，由购买方按扣除标准的100%扣除，也可以由夫妻双方对各自购买的住房分别按扣除标准的50%扣除，具体扣除方式在一个纳税年度内不能变更。

纳税人应当留存住房贷款合同、贷款还款支出凭证备查。

⑤住房租金。

纳税人在主要工作城市没有自有住房而发生的住房租金支出，可以按照以下标准定额扣除：

a. 直辖市、省会（首府）城市、计划单列市以及国务院确定的其他城市，扣除标准为每月1 500元；

b. 除第一项所列城市以外，市辖区户籍人口超过100万的城市，扣除标准为每月1 100元；市辖区户籍人口不超过100万的城市，扣除标准为每月800元。

纳税人的配偶在纳税人的主要工作城市有自有住房的，视同纳税人在主要工作城市有自有住房。

市辖区户籍人口，以国家统计局公布的数据为准。

所称主要工作城市是指纳税人任职受雇的直辖市、计划单列市、副省级城市、地级市（地区、州、盟）全部行政区域范围；纳税人无任职受雇单位的，为受理其综合所得汇算清缴的税务机关所在城市。

夫妻双方主要工作城市相同的，只能由一方扣除住房租金支出。

住房租金支出由签订租赁住房合同的承租人扣除。

纳税人及其配偶在一个纳税年度内不能同时分别享受住房贷款利息和住房租金专项附加扣除。

纳税人应当留存住房租赁合同、协议等有关资料备查。

⑥赡养老人。

纳税人赡养一位及以上被赡养人的赡养支出，统一按照以下标准定额扣除：

a. 纳税人为独生子女的，按照每月 2 000 元的标准定额扣除；

b. 纳税人为非独生子女的，由其与兄弟姐妹分摊每月 2 000 元的扣除额度，每人分摊的额度不能超过每月 1 000 元。可以由赡养人均摊或者约定分摊，也可以由被赡养人指定分摊。约定或者指定分摊的须签订书面分摊协议，指定分摊优先于约定分摊。具体分摊方式和额度在一个纳税年度内不能变更。

本办法所称被赡养人是指年满 60 岁的父母，以及子女均已去世的年满 60 岁的祖父母、外祖父母。

⑦3 岁以下婴幼儿照护。

为婴幼儿出生的当月至年满 3 周岁的前一个月，按照每个婴幼儿每月 1 000 元的标准定额扣除。父母可以选择其中一方按扣除标准的 100%扣除，也可以选择由双方分别按扣除标准的 50%扣除，具体扣除方式在一个纳税年度内不能变更。

（4）其他扣除，包括个人缴付符合国家规定的企业年金、职业年金，个人购买符合国家规定的商业健康保险、税收递延型商业养老保险的支出，以及国务院规定可以扣除的其他项目。

个人根据国家有关政策规定缴付的年金个人缴费部分，在不超过本人缴费工资计税基数的 4%标准内的部分，暂从个人当期的应纳税所得额中扣除。

对个人购买符合规定的商业健康保险产品的支出，允许在当年（月）计算应纳税所得额时予以税前扣除，扣除限额为 2 400 元/年（200 元/月）。

个人将其所得对教育、扶贫、济困等公益慈善事业进行捐赠，捐赠额未超过纳税人申报的应纳税所得额百分之三十的部分，可以从其应纳税所得额中扣除；国务院规定对公益慈善事业捐赠实行全额税前扣除的，从其规定。

所称个人将其所得对教育、扶贫、济困等公益慈善事业进行捐赠，是指个人将其所得通过中国境内的公益性社会组织、国家机关向教育、扶贫、济困等公益慈善事业的捐赠；所称应纳税所得额，是指计算扣除捐赠额之前的应纳税所得额。

注意：专项扣除、专项附加扣除和依法确定的其他扣除，以居民个人一个纳税年度的应纳税所得额为限额；一个纳税年度扣除不完的，不结转以后年度扣除。

（二）居民个人综合所得的应纳税额

居民个人综合所得应纳税额的计算公式为：

应纳税额=∑(每一级数的全年应纳税所得额×对应级数的适用税率)

=(全年收入额-60 000 元-专项扣除-享受的专项附加扣除-享受的其他扣除)×适用税率-速算扣除数

【例 8-1】在某省会城市工作的居民个人梁某，2022 年取得扣除“三险一金”后的税前工资薪金 150 000 元；利用工作之余接受专业技术人员职业资格继续教育并于当年 3 月取得相关证书；由于没有自有住房，每月需要支付租金 2 000 元。除此之外，梁某不享受其他专项附加扣除和税法规定的其他扣除。计算梁某当年应纳个人所得税税额。

（1）应纳税所得额＝150 000－60 000－3 600－1 500×12＝68 400（元）

（2）应纳税额＝68 400×10%－2 520＝4 320（元）

【例8-2】居民个人夏某，2022年1月～12月每月取得税前工资收入25 000元，其中自己负担的符合规定标准的“三险一金”每月3 500元；劳务报酬收入50 000元；稿酬收入20 000元。夏某有两个上小学的女儿，且与妻子约定均由其100%扣除子女教育专项附加扣除；夏某为独生子，父母健在且均已年满60岁。计算夏某当年应纳个人所得税税额。

（1）应纳税所得额＝25 000×12＋50 000×（1－20%）＋20 000×（1－20%）×70%－60 000－3 500×12－1 000×2×12－2 000×12＝201 200（元）

（2）应纳税额＝201 200×20%－16 920＝23 320（元）

（三）居民个人综合所得预扣预缴方法

居民个人取得综合所得，按年计算个人所得税；有扣缴义务人的，由扣缴义务人按月或者按次预扣预缴税款。居民个人向扣缴义务人提供有关信息并依法要求办理专项附加扣除的，扣缴义务人应当按照规定在工资、薪金所得按月预扣预缴税款时予以扣除，不得拒绝。纳税人同时从两处以上取得工资、薪金所得，并由扣缴义务人减除专项附加扣除的，对同一专项附加扣除项目，在一个纳税年度内只能选择从一处取得的所得中减除。享受大病医疗专项附加扣除的纳税人，由其在次年3月1日至6月30日内，自行向汇缴地主管税务机关办理汇算清缴申报时扣除。

（1）扣缴义务人向居民个人支付工资、薪金所得时，应当按照累计预扣法计算预扣税款，并按月办理扣缴申报。

累计预扣法，是指扣缴义务人在一个纳税年度内预扣预缴税款时，以纳税人在本单位截至当前月份工资、薪金所得累计收入减除累计免税收入、累计减除费用、累计专项扣除、累计专项附加扣除和累计依法确定的其他扣除后的余额为累计预扣预缴应纳税所得额，适用个人所得税预扣率表一（见表8-5），计算累计应预扣预缴税额，再减除累计减免税额和累计已预扣预缴税额，其余额为本期应预扣预缴税额。余额为负值时，暂不退税。纳税年度终了后余额仍为负值时，由纳税人通过办理综合所得年度汇算清缴，税款多退少补。

具体计算公式如下：

本期应预扣预缴税额＝（累计预扣预缴应纳税所得额×预扣率－速算扣除数）－累计减免税额－累计已预扣预缴税额

累计预扣预缴应纳税所得额＝累计收入－累计免税收入－累计减除费用－累计专项扣除－累计专项附加扣除－累计依法确定的其他扣除

其中：累计减除费用，按照5 000元/月乘以纳税人当年截至本月在本单位的任职受雇月份数计算。

注意：①对一个纳税年度内首次取得工资、薪金所得的居民个人，扣缴义务人在预扣预缴个人所得税时，可按照5 000元/月乘以纳税人当年截至本月月份数计算累计减除费用。②正在接受全日制学历教育的学生因实习取得劳务报酬所得的，扣缴义务人预扣预缴个人所得税时，可按规定的累计预扣法计算并预扣预缴税额。

表 8-5　个人所得税预扣率表一

（居民个人工资、薪金所得预扣预缴适用）

级数	累计预扣预缴应纳税所得额	预扣率/%	速算扣除数/元
1	不超过 36 000 元	3	0
2	超过 36 000 元至 144 000 元的部分	10	2 520
3	超过 144 000 元至 300 000 元的部分	20	16 920
4	超过 300 000 元至 420 000 元的部分	25	31 920
5	超过 420 000 元至 660 000 元的部分	30	52 920
6	超过 660 000 元至 960 000 元的部分	35	85 920
7	超过 960 000 元的部分	45	181 920

【例 8-3】居民个人林某 2022 年每月取得工资收入 11 000 元，每月由任职单位扣缴的符合规定标准的“三险一金”1 500 元。与姐姐和弟弟共同赡养 60 岁以上的父母，约定由林某分摊赡养老人专项附加扣除每月 800 元；全年均享受住房贷款利息专项附加扣除。请计算林某的工资薪金扣缴义务人 2022 年 1 月、2 月、12 月预扣预缴的税款金额。（林某已向扣缴义务人提供有关信息并依法要求办理专项附加扣除）

①2022 年 1 月：

累计预扣预缴应纳税所得额＝累计收入－累计免税收入－累计减除费用－累计专项扣除－累计专项附加扣除－累计依法确定的其他扣除

＝11 000－5 000－1 500－（800+1 000）＝2 700（元）

1 月应预扣预缴税额＝2 700×3%－0＝81（元）

②2022 年 2 月：

累计预扣预缴应纳税所得额＝累计收入－累计免税收入－累计减除费用－累计专项扣除－累计专项附加扣除－累计依法确定的其他扣除

＝11 000×2－5 000×2－1 500×2－（800+1 000）×2＝5 400（元）

2 月应预扣预缴税额＝（5 400×3%－0）－81＝81（元）

③2022 年 12 月：

累计预扣预缴应纳税所得额＝累计收入－累计免税收入－累计减除费用－累计专项扣除－累计专项附加扣除－累计依法确定的其他扣除

＝11 000×12－5 000×12－1 500×12－（800+1 000）×12＝32 400（元）

12 月应预扣预缴税额＝（32 400×3%－0）－81×11＝81（元）

（2）扣缴义务人向居民个人支付劳务报酬所得、稿酬所得、特许权使用费所得时，应当按照以下方法按次或者按月预扣预缴税款。

①劳务报酬所得、稿酬所得、特许权使用费所得以收入减除费用后的余额为收入额；其中，稿酬所得的收入额减按 70%计算。

②减除费用：预扣预缴税款时，劳务报酬所得、稿酬所得、特许权使用费所得每次收入不超过 4 000 元的，减除费用按 800 元计算；每次收入 4 000 元以上的，减除费用按收入的 20%计算。

③应纳税所得额：劳务报酬所得、稿酬所得、特许权使用费所得，以每次收入额

为预扣预缴应纳税所得额，计算应预扣预缴税额。劳务报酬所得适用个人所得税预扣率表二（见表 8-6），稿酬所得、特许权使用费所得适用 20%的比例预扣率。

表 8-6 个人所得税预扣率表二

（居民个人劳务报酬所得预扣预缴适用）

级数	预扣预缴应纳税所得额	预扣率/%	速算扣除数/元
1	不超过 20 000 元	20	0
2	超过 20 000 元至 50 000 元的部分	30	2 000
3	超过 50 000 元的部分	40	7 000

④劳务报酬所得、稿酬所得、特许权使用费所得每次收入分别按照下列方法确定：

a. 属于一次性收入的，以取得该项收入为一次。

就劳务报酬而言，从事设计、安装、装潢、制图、化验、测试等劳务，往往是接受客户的委托，按照客户的要求，完成一次劳务后取得收入。因此，是属于只有一次性的收入，应以每次提供劳务取得的收入为一次。

就稿酬而言，以每次出版、发表取得的收入为一次。具体又可细分为：同一作品再版取得的所得，应视作另一次稿酬所得；同一作品先在报刊上连载，然后再出版，或先出版，再在报刊上连载的，应视为两次稿酬所得，即连载作为一次，出版作为另一次；同一作品在报刊上连载取得收入的，以连载完成后取得的所有收入合并为一次；同一作品在出版和发表时，以预付稿酬或分次支付稿酬等形式取得的稿酬收入，应合并计算为一次；同一作品出版、发表后，因添加印数而追加稿酬的，应与以前出版、发表时取得的稿酬合并计算为一次。

就特许权使用费而言，以某项使用权的一次转让所取得的收入为一次。如果该次转让取得的收入是分笔支付的，则应将各笔收入相加为一次的收入。

b. 属于同一项目连续性收入的，以一个月内取得的收入为一次。例如，某歌手与一卡拉 OK 厅签约，在一定时期内每天到卡拉 OK 厅演唱一次，每次演出后付酬 200 元。在计算其劳务报酬所得时，应视为同一事项的连续性收入，以其 1 个月内取得的收入为一次预扣预缴个人所得税，而不能以每天取得的收入为一次。

⑤计算公式。

劳务报酬所得应预扣预缴税额＝预扣预缴应纳税所得额×预扣率－速算扣除数

稿酬所得、特许权使用费所得应预扣预缴税额＝预扣预缴应纳税所得额×20%

【例 8-4】某演员一次取得表演收入 50 000 元，请计算预扣预缴个人所得税税额。

应预扣预缴税额＝预扣预缴应纳税所得额×预扣率－速算扣除数

＝50 000×（1－20%）×30%－2 000＝10 000（元）

【例 8-5】某高校教授在四川日报发表一篇评论文章，取得稿酬 1 800 元；在西南财大出版社出版一部专著取得稿酬 30 000 元，请计算预扣预缴个人所得税税额。

四川日报应预扣预缴税额＝预扣预缴应纳税所得额×20%

＝（1 800－800）×70%×20%＝140（元）

西南财大出版社应预扣预缴税额＝预扣预缴应纳税所得额×20%

＝30 000×（1－20%）×70%×20%＝3 360（元）

（四）居民个人综合所得年终汇算清缴

年度预扣预缴税额与年度应纳税额不一致的，由居民个人于次年3月1日至6月30日向主管税务机关办理综合所得年度汇算清缴，税款多退少补。居民个人办理年度综合所得汇算清缴时，应当依法计算劳务报酬所得、稿酬所得、特许权使用费所得的收入额，并入年度综合所得计算应纳税款，税款多退少补。

【例8-6】中国公民章先生在A公司任职，2022年1月~12月每月在A公司取得税前工资薪金收入15 000元，无免税收入；每月由A公司扣缴的符合规定标准的“三险一金”2 000元；从1月份开始享受子女教育和赡养老人专项附加扣除共计为3 000元，无其他扣除。另外，2022年3月取得劳务报酬收入3 000元，稿酬收入2 000元；6月取得劳务报酬收入48 000元，特许权使用费收入3 600元。请计算章先生综合所得被预扣预缴及汇算清缴多退少补的个人所得税。

1. 工资薪金所得预扣预缴计算过程

（1）2022年1月。

累计预扣预缴应纳税所得额=累计收入-累计免税收入-累计减除费用-累计专项扣除-累计专项附加扣除-累计依法确定的其他扣除

=15 000-5 000-2 000-3 000=5 000（元）

1月应预扣预缴税额=5 000×3%-0=150（元）

（2）2022年2月。

累计预扣预缴应纳税所得额=累计收入-累计免税收入-累计减除费用-累计专项扣除-累计专项附加扣除-累计依法确定的其他扣除

=15 000×2-5 000×2-2 000×2-3 000×2=10 000（元）

2月应预扣预缴税额=（10 000×3%-0）-150=150（元）

按照上述方法以此类推，计算得出李先生各月个人所得税预扣预缴情况（见表8-7）。

表8-7　2022年1月至12月工资薪金个人所得税预扣预缴计算表 金额单位：元

月份	工资薪金收入	费用扣除标准	专项扣除	专项附加扣除	应纳税所得额	税率	速算扣除数	累计应预扣预缴税额	当月应预扣预缴税额
1月	15 000	5 000	2 000	3 000	5 000	3%	0	150	150
2月	15 000	5 000	2 000	3 000					
累计	30 000	10 000	4 000	6 000	10 000	3%	0	300	150
3月	15 000	5 000	2 000	3 000					
累计	45 000	15 000	6 000	9 000	15 000	3%	0	450	150
4月	15 000	5 000	2 000	3 000					
累计	60 000	20 000	8 000	12 000	20 000	3%	0	600	150
5月	15 000	5 000	2 000	3 000					
累计	75 000	25 000	10 000	15 000	25 000	3%	0	750	150
6月	15 000	5 000	2 000	3 000					
累计	90 000	30 000	12 000	18 000	30 000	3%	0	900	150
7月	15 000	5 000	2 000	3 000					

表8-7(续)

月份	工资薪金收入	费用扣除标准	专项扣除	专项附加扣除	应纳税所得额	税率	速算扣除数	累计应预扣预缴税额	当月应预扣预缴税额
累计	105 000	35 000	14 000	21 000	35 000	3%	0	1 050	150
8 月	15 000	5 000	2 000	3 000					
累计	120 000	40 000	16 000	24 000	40 000	10%	2 520	1 480	430
9 月	15 000	5 000	2 000	3 000					
累计	135 000	45 000	18 000	27 000	45 000	10%	2 520	1 980	500
10 月	15 000	5 000	2 000	3 000					
累计	150 000	50 000	20 000	30 000	50 000	10%	2 520	2 480	500
11 月	15 000	5 000	2 000	3 000					
累计	165 000	55 000	22 000	33 000	55 000	10%	2 520	2 980	500
12 月	15 000	5 000	2 000	3 000					
累计	180 000	60 000	24 000	36 000	60 000	10%	2 520	3 480	500

2. 其他综合所得（劳务报酬、稿酬、特许权使用费所得）预扣预缴个人所得税计算过程

（1）2022 年 3 月，取得劳务报酬收入 3 000 元，稿酬收入 2 000 元。

①劳务报酬所得应预扣预缴税额＝预扣预缴应纳税所得额×预扣率－速算扣除数＝（3 000－800）×20%－0＝440（元）

②稿酬所得应预扣预缴应纳税所得额＝预扣预缴应纳税所得额×20%＝（2 000－800 元）×70%×20%＝168（元）

（2）2022 年 6 月，取得劳务报酬 48 000 元，特许权使用费所得 3 600 元。

①劳务报酬所得应预扣预缴税额＝预扣预缴应纳税所得额×预扣率－速算扣除数＝48 000×（1－20%）×30%－2 000＝9 520（元）

②特许权使用费所得预扣预缴应纳税所得额＝（3 600－800）×20%＝560（元）

3. 综合所得汇算清缴

（1）全年收入额＝工资、薪金所得收入＋劳务报酬所得收入＋稿酬所得收入＋特许权使用费所得收入＝15 000×12＋（3 000＋48 000）×（1－20%）＋2 000×（1－20%）×70%＋3 600×（1－20%）＝180 000＋40 800＋1 120＋2 880＝224 800（元）

（2）综合所得应纳税所得额＝年收入额－6 万元－专项扣除－专项附加扣除－依法确定的其他扣除＝224 800－60 000－（2 000×12）－（3 000×12）＝104 800（元）

（3）应纳税额＝应纳税所得额×税率－速算扣除数＝104 800×10%－2 520＝7 960（元）

（4）预扣预缴税额＝工资、薪金所得预扣预缴税额＋劳务报酬所得预扣预缴税额＋稿酬所得预扣预缴税额＋特许权使用费所得预扣预缴税额＝3 480＋（440＋9 520）＋168＋560＝14 168（元）

（5）年度汇算应补退税额＝应纳税额－预扣预缴税额＝7 960－14 168＝－6 208（元）

二、非居民个人取得工资、薪金所得，劳务报酬所得，稿酬所得和特许权使用费所得应纳税额的计算

非居民个人取得工资、薪金所得，劳务报酬所得，稿酬所得和特许权使用费所得，有扣缴义务人的，由扣缴义务人按月或者按次代扣代缴税款，不办理汇算清缴。

扣缴义务人向非居民个人支付工资、薪金所得，劳务报酬所得，稿酬所得和特许权使用费所得时，应当按以下方法按月或者按次代扣代缴个人所得税：

（1）非居民个人的工资、薪金所得，以每月收入额减除费用5 000元后的余额为应纳税所得额。

（2）劳务报酬所得、稿酬所得、特许权使用费所得，以每次收入额为应纳税所得额。其中，劳务报酬所得、稿酬所得、特许权使用费所得以收入减除20%的费用后的余额为收入额。稿酬所得的收入额减按70%计算。

（3）非居民个人取得工资、薪金所得，劳务报酬所得，稿酬所得和特许权使用费所得适用按月换算后的非居民个人月度税率表（见表8-8）计算应纳税额，计算公式为：

每月或每次应纳税额=应纳税所得额×适用税率-速算扣除数

表8-8　非居民个人工资、薪金所得，劳务报酬所得，稿酬所得，特许权使用费所得个人所得税税率表

级数	应纳税所得额	税率/%	速算扣除数/元
1	不超过3 000元的	3	0
2	超过3 000元至12 000元的部分	10	210
3	超过12 000元至25 000元的部分	20	1 410
4	超过25 000元至35 000元的部分	25	2 660
5	超过35 000元至55 000元的部分	30	4 410
6	超过55 000元至80 000元的部分	35	7 160
7	超过80 000元的部分	45	15 160

【8-7】某美国专家（非居民纳税人）临时来华，在某外商投资企业工作，2022年5月取得由该外商投资企业发放的税前工资收入20 000元人民币，此外还受某高校邀请担任英语竞赛评委取得劳务报酬8 000元人民币。请计算当月应纳个人所得税税额。

（1）该外商投资企业扣缴该美国专家当月工资、薪金所得应纳税额

=（20 000-5 000）×20%-1 410=1 590（元）

（2）该高校扣缴该美国专家当月劳务报酬所得应纳税额

=8 000×（1-20%）×10%-210=430（元）

三、经营所得应纳税额的计算

纳税人取得经营所得，按年计算个人所得税，以每一纳税年度的收入总额减除成本、费用以及损失后的余额，为应纳税所得额。

所称成本、费用，是指生产、经营活动中发生的各项直接支出和分配计入成本的间接费用以及销售费用、管理费用、财务费用；所称损失，是指生产、经营活动中发生的固定资产和存货的盘亏、毁损、报废损失，转让财产损失，坏账损失，自然灾害等不可抗力因素造成的损失以及其他损失。

取得经营所得的个人，没有综合所得的，计算其每一纳税年度的应纳税所得额时，应当减除费用6万元、专项扣除、专项附加扣除以及依法确定的其他扣除。专项附加扣除在办理汇算清缴时减除。

从事生产、经营活动，未提供完整、准确的纳税资料，不能正确计算应纳税所得额的，由主管税务机关核定应纳税所得额或者应纳税额。

个人独资企业的投资者以全部生产经营所得为应纳税所得额；合伙企业的投资者按照合伙企业的全部生产经营所得和合伙协议约定的分配比例确定应纳税所得额，合伙协议没有约定分配比例的，以全部生产经营所得和合伙人数量平均计算每个投资者的应纳税所得额。

个体工商户业主、个人独资企业和合伙企业自然人投资者本人的费用扣除标准，为60 000元/年，其工资薪金支出不得税前扣除。

经营所得应纳税额由纳税人在月度或者季度终了后15日内向税务机关报送纳税申报表，并预缴税款；在取得所得的次年3月31日前办理汇算清缴。

自2021年1月1日至2022年12月31日，对个体工商户年纳税所得额不超过100万元的部分，在现行优惠政策基础上，减半征收个人所得税。

经营所得应纳税额的计算公式：

应纳税额=全年应纳税所得额×适用税率-速算扣除数

=（全年收入总额-成本、费用以及损失）×适用税率-速算扣除数

【例8-8】某小型运输公司系个体工商户，账证齐全，2022年取得全年经营收入520 000元，准许扣除的当年成本、费用（不含业主工资）及损失共计为320 000元。1~11月累计已预缴个人所得税20 600元。除经营所得外，业主本人没有综合所得，有一个上小学的孩子，并由其100%扣除子女教育专项附加扣除，无其他扣除。请计算该个体工商户2022年度办理汇算清缴多退少补的税款。

（1）全年应纳税所得额=520 000-320 000-60 000-12 000=128 000（元）

（2）全年应缴纳个人所得税=(128 000×20%-10 500)×50%

=15 100×50%=7 550（元）

（3）该个体工商户2022年度应申请的个人所得税退税额=20 600-7 550

=13 050（元）

四、财产租赁所得应纳税额的计算

财产租赁所得，以一个月内取得的收入为一次。个人出租财产取得的财产租赁收入，在计算缴纳个人所得税时，应依次扣除以下费用：

1. 财产租赁过程中缴纳的税费。在确定财产租赁的应纳税所得额时，纳税人在出租财产过程中缴纳的税金和教育费附加，可持完税（缴款）凭证，从其财产租赁收入中扣除。

2. 由纳税人负担的该出租财产实际开支的修缮费用。允许扣除的修缮费用，要能

够提供有效、准确凭证，以每次800元为限，一次扣除不完的，准予在下一次继续扣除，直到扣完为止。

3. 税法规定的费用扣除标准。每次收入不超过4 000元的，减除费用800元；4 000元以上的，减除20%的费用，其余额为应纳税所得额。

财产租赁所得应纳税额的计算公式为：

（1）每次（月）收入不超过4 000元的：

应纳税额=[每次(月)收入额-准予扣除项目-修缮费用(800元为限)-800]×20%

（2）每次（月）收入超过4 000元的：

应纳税额=[每次(月)收入额-准予扣除项目-修缮费用(800元为限)]×(1-20%)×20%

【例8-9】小张于2022年1月将其自有的面积为120平方米的房屋按市场价出租给王某居住，租期1年。小张每月取得的租金收入3 600元，全年租金收入43 200元。计算小张全年租金收入应缴纳的个人所得税。(不考虑其他税费)

财产租赁收入以每月内取得的收入为一次，个人按市场价格出租的居民住房取得的所得减按10%的税率征税。

因此，小张每月及全年应纳税额为：

（1）每月应纳税额=（3 600-800）×10%=280（元）

（2）全年应纳税额=280×12=3 360（元）

假定上例中，当年3月因下水道堵塞找人修理，发生修理费用1 000元，有维修部门的正式收据，则3月、4月和全年的应纳税额为：

（1）3月份应纳税额=（3 600-800-800）×10%=200（元）

（2）4月份应纳税额=（3 600-200-800）×10%=260（元）

（3）全年应纳税额=280×10+200+260=3 260（元）

在实际征税过程中，有时会出现财产租赁所得的纳税人不明确的情况。对此，在确定财产租赁所得纳税人时，应以产权凭证为依据。无产权凭证的，由主管税务机关根据实际情况确定纳税人。如果产权所有人死亡，在未办理产权继承手续期间，该财产出租且有租金收入的，以领取租金的个人为纳税人。

五、财产转让所得应纳税额的计算

财产转让所得，按照一次转让财产的收入额减除财产原值和合理费用后的余额，为应纳税所得额。财产原值，是指：

（1）有价证券，为买入价以及买入时按照规定交纳的有关费用；

（2）建筑物，为建造费或者购进价格以及其他有关费用；

（3）土地使用权，为取得土地使用权所支付的金额、开发土地的费用以及其他有关费用；

（4）机器设备、车船，为购进价格、运输费、安装费以及其他有关费用。

（5）其他财产，参照前款规定的方法确定财产原值。

纳税人未提供完整、准确的财产原值凭证，不能按照上述方法确定财产原值的，由主管税务机关核定财产原值。

合理费用，是指卖出财产时按照规定支付的有关税费。

财产转让所得应纳税额的计算公式为：

应纳税额=应纳税所得额×适用税率

=（收入总额-财产原值-合理税费）×20%

【例 8-10】张某建房一幢，造价 38 000 元，支付费用 3 000 元。该人转让房屋，售价 64 000 元，在卖房过程中按规定支付交易费等有关费用 3 500 元，请计算其应缴纳的个人所得税。

（1）应纳税所得额=财产转让收入-财产原值-合理费用

=64 000-（38 000+3 000）-3 500

=19 500（元）

（2）应纳税额=19 500×20%=3 900（元）

对个人转让上市公司股票取得的所得暂免征收个人所得税；但对转让上市公司限售股取得的所得应缴纳个人所得税。自 2018 年 11 月 1 日（含）起，对个人转让新三板挂牌公司非原始股取得的所得，暂免征收个人所得税。对个人转让新三板挂牌公司原始股取得的所得，按照“财产转让所得”，适用 20%的比例税率征收个人所得税。

个人转让自用 5 年以上并且是家庭唯一生活用房取得的所得，免征个人所得税。

六、利息、股息、红利所得和偶然所得

利息、股息、红利所得，以支付利息、股息、红利时取得的收入为一次；偶然所得，以每次取得该项收入为一次。

利息、股息、红利所得和偶然所得应纳税额的计算公式为：

应纳税额=应纳税所得额×适用税率=每次收入额×20%

自 2008 年 10 月 9 日起暂免征收居民储蓄存款利息的个人所得税。

个人从公开发行和转让市场取得的上市公司股票，持股期限超过 1 年的，股息红利所得暂免征收个人所得税；个人从公开发行和转让市场取得的上市公司股票，持股期限在 1 个月以内（含 1 个月）的，其股息红利所得全额计入应纳税所得额；持股期限在 1 个月以上至 1 年（含 1 年）的，暂减按 50%计入应纳税所得额。

【例 8-11】中国公民梁某于 2021 年 9 月以 60 000 元购买上海证券交易所的某境内上市公司的股票 10 000 股。2022 年 3 月，该上市公司宣布实施每股 0. 8 元的分红决定，梁某在 2022 年 5 月将上述股票以 70 000 元的价格转让，请计算梁某上述行为应缴纳的个人所得税。

梁某转让境内上市公司股票取得的所得暂免征收个人所得税；获得分红的股息红利所得，持股期限在 1 个月以上至 1 年（含 1 年）的，暂减按 50%计入应纳税所得额。

梁某上述行为应纳个人所得税=10 000×0. 8×50%×20%=800（元）

七、应纳税额计算中的特殊问题处理

（一）关于全年一次性奖金、中央企业负责人年度绩效薪金延期兑现收入和任期奖励的政策

（1）全年一次性奖金是指行政机关、企事业单位等扣缴义务人根据其全年经济效益和对雇员全年工作业绩的综合考核情况，向雇员发放的一次性奖金。一次性奖金也包括年终加薪、实行年薪制和绩效工资办法的单位根据考核情况兑现的年薪和绩效工资。

①居民个人取得全年一次性奖金，在2023年12月31日前，可选择不并入当年综合所得，以全年一次性奖金收入除以12个月得到的数额，按照按月换算后的综合所得税率表（以下简称月度税率表，见表8-9），确定适用税率和速算扣除数，单独计算纳税，由扣缴义务人发放时代扣代缴。计算公式为：

应纳税额=全年一次性奖金收入×适用税率-速算扣除数

在一个纳税年度内，对每一个纳税人，该计税办法只允许采用一次。

雇员取得除全年一次性奖金以外的其他各种名目奖金，如半年奖、季度奖、加班奖、先进奖、考勤奖等，一律与当月工资、薪金收入合并，按税法规定缴纳个人所得税。

②居民个人取得全年一次性奖金，也可以选择并入当年综合所得计算纳税。

表8-9　按月换算后的综合所得税率表

级数	应纳税所得额	税率/%	速算扣除数/元
1	不超过3 000元的	3	0
2	超过3 000元至12 000元的部分	10	210
3	超过12 000元至25 000元的部分	20	1 410
4	超过25 000元至35 000元的部分	25	2 660
5	超过35 000元至55 000元的部分	30	4 410
6	超过55 000元至80 000元的部分	35	7 160
7	超过80 000元的部分	45	15 160

【例8-12】居民个人高某2019年12月取得全年的含税年终奖金72 000元，高某选择不并入当年综合所得计税，请计算其年终奖金应缴纳的个人所得税。

①年终奖金适用的税率和速算扣除数如下：

72 000÷12=6 000（元）

按照月度税率表，确定适用税率和速算扣除数为10%、210元。

②应纳税额=72 000×10%-210=6 990（元）。

（2）中央企业负责人取得年度绩效薪金延期兑现收入和任期奖励，在2021年12月31日前，参照上述居民个人取得全年一次性奖金的计税规定执行；2022年1月1日之后的政策另行明确。

【例8-13】本章导入案例计算分析如下：

①选择享受住房租金专项附加扣除对他更有利。

理由：住房租金专项附加扣除标准每月1 500元>住房贷款利息专项附加扣除标准每月1 000元，因此选择享受住房租金专项附加扣除对他更有利。

②选择单独计税对他更有利。

理由：

综合所得应纳税所得额=10 000×12-60 000-2 500×12-1 500×12=12 000（元）

综合所得应缴纳个人所得税=12 000×3%-0=360（元）

年终奖按12个月分摊后，每月的奖金=30 000÷12=2 500（元），适用3%的税率。

年终奖应纳所得税额=30 000×3%-0=900（元）

单独计税时，当年合计应纳所得税额=360+900=1 260（元）；合并计税时，当年合计应纳所得税额=（12 000+30 000）×10%-2 520=1 680（元）。因此，选择单独计税时，合计全年应纳税额更少，对他更有利。

（二）关于个人领取企业年金、职业年金的政策

个人达到国家规定的退休年龄，领取的企业年金、职业年金，不并入综合所得，全额单独计算应纳税款。其中按月领取的，适用月度税率表计算纳税；按季领取的，平均分摊计入各月，按每月领取额适用月度税率表计算纳税；按年领取的，适用综合所得税率表计算纳税。

个人因出境定居而一次性领取的年金个人账户资金，或个人死亡后，其指定的受益人或法定继承人一次性领取的年金个人账户余额，适用综合所得税率表计算纳税。对个人除上述特殊原因外一次性领取年金个人账户资金或余额的，适用月度税率表计算纳税。

（三）关于解除劳动关系、提前退休、内部退养的一次性补偿收入的政策

（1）个人与用人单位解除劳动关系取得一次性补偿收入（包括用人单位发放的经济补偿金、生活补助费和其他补助费），在当地上年职工平均工资 3 倍数额以内的部分，免征个人所得税；超过 3 倍数额的部分，不并入当年综合所得，单独适用综合所得税率表，计算纳税。

（2）个人办理提前退休手续而取得的一次性补贴收入，应按照办理提前退休手续至法定离退休年龄之间实际年度数平均分摊，确定适用税率和速算扣除数，单独适用综合所得税率表，计算纳税。计算公式：

应纳税额=｛［（一次性补贴收入÷办理提前退休手续至法定退休年龄的实际年度数）-费用扣除标准］×适用税率-速算扣除数｝×办理提前退休手续至法定退休年龄的实际年度数

（3）个人办理内部退养手续而取得的一次性补贴收入，应按办理内部退养手续后至法定离退休年龄之间的所属月份进行平均，并与领取当月的“工资、薪金”所得合并后减除当月费用扣除标准，以余额为基数按照月度税率表，确定适用税率和速算扣除数，再将当月工资、薪金加上取得的一次性收入，减去费用扣除标准，按确定的适用税率和速算扣除数计征个人所得税。

（四）关于单位低价向职工售房的政策

单位按低于购置或建造成本价格出售住房给职工，职工因此而少支出的差价部分，不并入当年综合所得，以差价收入除以 12 个月得到的数额，按照月度税率表确定适用税率和速算扣除数，单独计算纳税。计算公式为：

应纳税额=职工实际支付的购房价款低于该房屋的购置或建造成本价格的差额×适用税率-速算扣除数

（五）关于保险营销员、证券经纪人佣金收入的政策

保险营销员、证券经纪人取得的佣金收入，属于劳务报酬所得，以不含增值税的收入减除 20%的费用后的余额为收入额，收入额减去展业成本以及附加税费后，并入当年综合所得，计算缴纳个人所得税。保险营销员、证券经纪人展业成本按照收入额的 25%计算。

扣缴义务人向保险营销员、证券经纪人支付佣金收入时，应按照规定的累计预扣法计算预扣税款。

（六）两个以上的个人共同取得同一项所得的计税问题

两个以上的个人共同取得同一项目收入的，应当对每个人取得的收入分别按照个人所得税法的规定计算纳税。

（七）境外所得的税额扣除

在对纳税人的境外所得征税时，会存在其境外所得已在来源国家或者地区缴纳过个人所得税。为了避免双重征税，我国在对纳税人的境外所得行使税收管辖权时，对该所得在境外已纳税额采取了分不同情况从应征税额中予以扣除的做法。

税法规定，居民个人从中国境外取得的所得，可以从其应纳税额中抵免已在境外缴纳的个人所得税税额，但抵免额不得超过该纳税人境外所得依照税法规定计算的应纳税额。

具体解释如下：

（1）已在境外缴纳的个人所得税税额，是指居民个人来源于中国境外的所得，依照该所得来源国家（地区）的法律应当缴纳并且实际已经缴纳的所得税税额。

注意，居民个人申请抵免已在境外缴纳的个人所得税税额，应当提供境外税务机关出具的税款所属年度的有关纳税凭证。

（2）纳税人境外所得依照税法规定计算的应纳税额，是居民个人抵免已在境外缴纳的综合所得、经营所得以及其他所得的所得税税额的限额（以下简称抵免限额）。除国务院财政、税务主管部门另有规定外，来源于中国境外一个国家（地区）的综合所得抵免限额、经营所得抵免限额以及其他所得抵免限额之和，为来源于该国家（地区）所得的抵免限额。

也就是说，境外税款抵免限额的计算采用的是分国分项计算、分国汇总的方法。

（3）居民个人在中国境外一个国家（地区）实际已经缴纳的个人所得税税额，低于依照前款规定计算出的来源于该国家（地区）所得的抵免限额的，应当在中国缴纳差额部分的税款；超过来源于该国家（地区）所得的抵免限额的，其超过部分不得在本纳税年度的应纳税额中抵免，但是可以在以后纳税年度来源于该国家（地区）所得的抵免限额的余额中补扣。补扣期限最长不得超过5年。

第四节　个人所得税的征收管理

个人所得税的纳税办法，全国通用实行的有自行申报纳税和全员全额扣缴申报纳税两种。

一、自行申报纳税

自行申报纳税，是由纳税人自行在税法规定的纳税期限内，向税务机关申报取得的应税所得项目和数额，如实填写个人所得税年度自行纳税申报表，并按照税法规定计算应纳税额，据此缴纳个人所得税的一种方法。

（一）纳税人应依法办理纳税申报

有下列情形之一的，纳税人应当依法办理纳税申报：

（1）取得综合所得需要办理汇算清缴；

（2）取得应税所得没有扣缴义务人；

（3）取得应税所得，扣缴义务人未扣缴税款；

（4）取得境外所得；

（5）因移居境外注销中国户籍；

（6）非居民个人在中国境内从两处以上取得工资、薪金所得；

（7）国务院规定的其他情形。

（二）取得综合所得需要办理汇算清缴的纳税申报

取得综合所得且符合下列情形之一的纳税人，应当依法办理汇算清缴：

（1）从两处以上取得综合所得，且综合所得年收入额减除专项扣除后的余额超过6万元；

（2）取得劳务报酬所得、稿酬所得、特许权使用费所得中一项或者多项所得，且综合所得年收入额减除专项扣除的余额超过6万元；

（3）纳税年度内预缴税额低于应纳税额；

（4）纳税人申请退税。

需要办理汇算清缴的纳税人，应当在取得所得的次年3月1日至6月30日内，向任职、受雇单位所在地主管税务机关办理纳税申报，并报送“个人所得税年度自行纳税申报表”。纳税人有两处以上任职、受雇单位的，选择向其中一处任职、受雇单位所在地主管税务机关办理纳税申报；纳税人没有任职、受雇单位的，向户籍所在地或经常居住地主管税务机关办理纳税申报。

纳税人办理综合所得汇算清缴，应当准备与收入、专项扣除、专项附加扣除、依法确定的其他扣除、捐赠、享受税收优惠等相关的资料，并按规定留存备查或报送。

纳税人办理汇算清缴退税或者扣缴义务人为纳税人办理汇算清缴退税的，税务机关审核后，按照国库管理的有关规定办理退税。纳税人申请退税时提供的汇算清缴信息有错误的，税务机关应当告知其更正；纳税人更正的，税务机关应当及时办理退税。扣缴义务人未将扣缴的税款解缴入库的，不影响纳税人按照规定申请退税，税务机关应当凭纳税人提供的有关资料办理退税。

（三）取得经营所得的纳税申报

个体工商户业主、个人独资企业投资者、合伙企业个人合伙人、承包承租经营者个人以及其他从事生产、经营活动的个人取得经营所得，按年计算个人所得税，由纳税人在月度或季度终了后15日内，向经营管理所在地主管税务机关办理预缴纳税申报，并报送“个人所得税经营所得纳税申报表（A表）”。在取得所得的次年3月31日前，向经营管理所在地主管税务机关办理汇算清缴，并报送“个人所得税经营所得纳税申报表（B表）”；从两处以上取得经营所得的，选择向其中一处经营管理所在地主管税务机关办理年度汇总申报，并报送“个人所得税经营所得纳税申报表（C表）”。

（四）取得应税所得，扣缴义务人未扣缴税款的纳税申报

纳税人取得应税所得，扣缴义务人未扣缴税款的，应当区别以下情形办理纳税申报：

（1）居民个人取得综合所得的，按照上述（二）办理。

（2）非居民个人取得工资、薪金所得，劳务报酬所得，稿酬所得，特许权使用费所得的，应当在取得所得的次年6月30日前，向扣缴义务人所在地主管税务机关办理纳税申报，并报送“个人所得税自行纳税申报表（A表）”。有两个以上扣缴义务人均未扣缴税款的，选择向其中一处扣缴义务人所在地主管税务机关办理纳税申报。

非居民个人在次年6月30日前离境（临时离境除外）的，应当在离境前办理纳税申报。

（3）纳税人取得利息、股息、红利所得，财产租赁所得，财产转让所得和偶然所得的，应当在取得所得的次年6月30日前，按相关规定向主管税务机关办理纳税申报，并报送“个人所得税自行纳税申报表（A表）”。

税务机关通知限期缴纳的，纳税人应当按照期限缴纳税款。

（五）取得境外所得的纳税申报

居民个人从中国境外取得所得的，应当在取得所得的次年3月1日至6月30日内，向中国境内任职、受雇单位所在地主管税务机关办理纳税申报；在中国境内没有任职、受雇单位的，向户籍所在地或中国境内经常居住地主管税务机关办理纳税申报；户籍所在地与中国境内经常居住地不一致的，选择其中一地主管税务机关办理纳税申报；在中国境内没有户籍的，向中国境内经常居住地主管税务机关办理纳税申报。

（六）因移居境外注销中国户籍的纳税申报

纳税人因移居境外注销中国户籍的，应当在申请注销中国户籍前，向户籍所在地主管税务机关办理纳税申报，进行税款清算。

（1）纳税人在注销户籍年度取得综合所得的，应当在注销户籍前，办理当年综合所得的汇算清缴，并报送“个人所得税年度自行纳税申报表”。尚未办理上一年度综合所得汇算清缴的，应当在办理注销户籍纳税申报时一并办理。

（2）纳税人在注销户籍年度取得经营所得的，应当在注销户籍前，办理当年经营所得的汇算清缴，并报送“个人所得税经营所得纳税申报表（B表）”。从两处以上取得经营所得的，还应当一并报送“个人所得税经营所得纳税申报表（C表）”。尚未办理上一年度经营所得汇算清缴的，应当在办理注销户籍纳税申报时一并办理。

（3）纳税人在注销户籍当年取得利息、股息、红利所得，财产租赁所得，财产转让所得和偶然所得的，应当在注销户籍前，申报当年上述所得的完税情况，并报送“个人所得税自行纳税申报表（A表）”。

（4）纳税人有未缴或者少缴税款的，应当在注销户籍前，结清欠缴或未缴的税款。纳税人存在分期缴税且未缴纳完毕的，应当在注销户籍前，结清尚未缴纳的税款。

（5）纳税人办理注销户籍纳税申报时，需要办理专项附加扣除、依法确定的其他扣除的，应当向税务机关报送“个人所得税专项附加扣除信息表”“商业健康保险税前扣除情况明细表”“个人税收递延型商业养老保险税前扣除情况明细表”等。

（七）非居民个人在中国境内从两处以上取得工资、薪金所得的纳税申报

非居民个人在中国境内从两处以上取得工资、薪金所得的，应当在取得所得的次月15日内，向其中一处任职、受雇单位所在地主管税务机关办理纳税申报，并报送“个人所得税自行纳税申报表（A表）”。

（八）纳税申报方式

纳税人可以采用远程办税端、邮寄等方式申报，也可以直接到主管税务机关申报。

（九）其他有关问题

（1）纳税人办理自行纳税申报时，应当一并报送税务机关要求报送的其他有关资料。首次申报或者个人基础信息发生变化的，还应报送“个人所得税基础信息表（B表）”。

（2）纳税人在办理纳税申报时需要享受税收协定待遇的，按照享受税收协定待遇有关办法办理。

二、全员全额扣缴申报纳税

个人所得税以所得人为纳税人，以支付所得的单位或者个人为扣缴义务人。扣缴义务人向个人支付应税款项时（包括现金支付、汇拨支付、转账支付和以有价证券、实物以及其他形式的支付），应当依照个人所得税法规定预扣或者代扣税款，按时缴库，并专项记载备查。同时应当按照国家规定办理全员全额扣缴申报，并向纳税人提供其个人所得和已扣缴税款等信息。

全员全额扣缴申报，是指扣缴义务人在代扣税款的次月 15 日内，向主管税务机关报送其支付所得的所有个人的有关信息、支付所得数额、扣除事项和数额、扣缴税款的具体数额和总额以及其他相关涉税信息资料。

（一）实行个人所得税全员全额扣缴申报的应税所得

实行个人所得税全员全额扣缴申报的应税所得包括：

（1）工资、薪金所得；

（2）劳务报酬所得；

（3）稿酬所得；

（4）特许权使用费所得；

（5）利息、股息、红利所得；

（6）财产租赁所得；

（7）财产转让所得；

（8）偶然所得。

（二）不同项目所得扣缴方法

不同项目所得扣缴方法如下：

（1）扣缴义务人向居民个人支付工资、薪金所得时，应当按照累计预扣法计算预扣税款，并按月办理扣缴申报。

（2）扣缴义务人向居民个人支付劳务报酬所得、稿酬所得、特许权使用费所得时，应当按次或者按月预扣预缴税款。

（3）扣缴义务人向非居民个人支付工资、薪金所得，劳务报酬所得，稿酬所得和特许权使用费所得时，应当按月或者按次代扣代缴税款。

非居民个人在一个纳税年度内税款扣缴方法保持不变，达到居民个人条件时，应当告知扣缴义务人基础信息变化情况，年度终了后按照居民个人有关规定办理汇算清缴。

（4）扣缴义务人支付利息、股息、红利所得，财产租赁所得，财产转让所得或者偶然所得时，应当按次或者按月代扣代缴税款。

（三）扣缴义务人的责任与义务

扣缴义务人的责任与义务包括：

（1）支付工资、薪金所得的扣缴义务人应当于年度终了后两个月内，向纳税人提供其个人所得和已扣缴税款等信息。纳税人年度中间需要提供上述信息的，扣缴义务人应当提供。

纳税人取得除工资、薪金所得以外的其他所得，扣缴义务人应当在扣缴税款后，及时向纳税人提供其个人所得和已扣缴税款等信息。

（2）扣缴义务人应当按照纳税人提供的信息计算税款、办理扣缴申报，不得擅自更改纳税人提供的信息。

扣缴义务人发现纳税人提供的信息与实际情况不符的，可以要求纳税人修改。纳税人拒绝修改的，扣缴义务人应当报告税务机关，税务机关应当及时处理。

纳税人发现扣缴义务人提供或者扣缴申报的个人信息、支付所得、扣缴税款等信息与实际情况不符的，有权要求扣缴义务人修改。扣缴义务人拒绝修改的，纳税人应当报告税务机关，税务机关应当及时处理。

（3）扣缴义务人对纳税人提供的“个人所得税专项附加扣除信息表”，应当按照规定妥善保存备查。

（4）扣缴义务人应当依法对纳税人报送的专项附加扣除等相关涉税信息和资料保密。

（5）对扣缴义务人按照规定扣缴的税款，按年付给2%的手续费。不包括税务机关、司法机关等查补或者责令补扣的税款。

扣缴义务人领取的扣缴手续费可用于提升办税能力、奖励办税人员。

（6）扣缴义务人依法履行代扣代缴义务，纳税人不得拒绝。纳税人拒绝的，扣缴义务人应当及时报告税务机关。

（7）扣缴义务人有未按照规定向税务机关报送资料和信息、未按照纳税人提供信息虚报虚扣专项附加扣除、应扣未扣税款、不缴或少缴已扣税款、借用或冒用他人身份等行为的，依照《中华人民共和国税收征收管理法》等相关法律、行政法规处理。

（四）代扣代缴期限

扣缴义务人每月或者每次预扣、代扣的税款，应当在次月15日内缴入国库，并向税务机关报送“个人所得税扣缴申报表”。

扣缴义务人首次向纳税人支付所得时，应当按照纳税人提供的纳税人识别号等基础信息，填写“个人所得税基础信息表（A表）”，并于次月扣缴申报时向税务机关报送。

扣缴义务人对纳税人向其报告的相关基础信息变化情况，应当于次月扣缴申报时向税务机关报送。

本章小结

思考与练习题

一、单项选择题

1. 根据《个人所得税法》的相关规定，下列各选项中，属于专项扣除的是（　　）。

A. 基本医疗保险　　B. 继续教育支出

C. 符合规定的商业健康保险　　D. 符合规定的企业年金

2. 下列选项中所得，属于个人所得税"工资、薪金所得"应税项目的有（　　）。

A. 甲公司会计张某利用每周末到乙事务所做业余审计助理的兼职所得

B. 李某出差取得的规定标准的差旅费津贴

C. 任职于杂志社的记者王某在本单位杂志上发表作品取得的所得

D. 某高校车教授兼任某公司董事取得的董事费所得

3. 下列选项中属于稿酬所得的项目是（　　）。

A. 记者在本单位刊物发表文章取得的报酬

B. 提供著作权的使用权而取得的报酬

C. 将国外的作品翻译出版取得的报酬

D. 书画家出席笔会现场书写作画的出场费收入

4. 以下选项中符合个人所得税专项附加扣除规定的是（　　）。

A. 纳税人子女在中国境内接受高中教育的支出，按照每月 400 元（每年 4 800 元）定额扣除

B. 可扣除的首套房贷款利息是指购买唯一住房的住房贷款利息

C. 夫妻双方主要工作城市相同的，只能由一方扣除住房租金支出

D. 纳税人可同时分别享受住房贷款利息专项附加扣除和住房租金专项附加扣除

5. 我国某居民个人 8 月取得偶然所得 3 000 元，当即将偶然所得中的 1 000 元通过国家机关捐赠给贫困地区（取得捐赠证明），则应缴纳的个人所得税为（　　）元。

A. 500　　B. 400　　C. 420　　D. 600

6. 根据《个人所得税法》的相关规定，下列各选项专项附加扣除中，必须按年扣除的是（　　）。

A. 子女教育支出　　B. 住房贷款利息支出

C. 赡养老人支出　　D. 大病医疗支出

7. 某高校车教授，10 月受某上市公司邀请于每周末去该公司演讲一次，一共 4 次，每次该公司支付车某 3 000 元报酬。该上市公司 10 月应预扣预缴车某个人所得税（　　）元。

A. 1 760　　B. 1 920　　C. 480　　D. 440

8. 某股份公司投资人潘某 10 月从该公司借款 5 万元用于其个人消费，到年底仍未归还。则潘某借用的该款项应按（　　）计征个人所得税。

A. 工资、薪金所得　　B. 利息、股息、红利所得

C. 财产转让所得　　D. 经营所得

9. 扣缴义务人向居民个人支付工资、薪金所得时，应当按照累计预扣法计算预扣税款，并按（　　）办理扣缴申报。

A. 次　　B. 年　　C. 季　　D. 月

10. 中国公民曾某是一名专业作家，8 月出版一部短篇小说，取得稿酬 50 000 元；当月，该小说在另一报社连载，共计连载 31 期，每期报社支付曾某稿酬 1 000 元。就上述所得，曾某共被预扣预缴个人所得税（　　）元。

A. 6 468　　B. 9 072　　C. 9 240　　D. 13 960

二、多项选择题

1. 下列选项中关于个人所得税税制模式的表述，正确的有（　　）。

A. 实行分类征收制模式便于征收管理，但不利于平衡纳税人税负

B. 实行综合征收制模式征收管理相对复杂，但有利于平衡纳税人税负

C. 我国目前个人所得税已初步建立分类与综合相结合的征收模式

D. 我国目前个人所得税是综合征收模式

2. 根据《个人所得税法》的相关规定，下列各选项中，属于居民个人的有（　　）。

A. 中国境内无住所，但一个纳税年度内在中国境内居住累计满 183 天的个人

B. 在中国境内无住所又不居住的个人

C. 在中国境内无住所，且在境内居住超过 90 天但不满 183 天的个人

D. 中国境内有住所的个人

3. 根据《个人所得税法》的相关规定，居民个人取得的下列各项所得中，属于综合所得的有（　　）。

A. 工资、薪金所得　B. 稿酬所得　　C. 财产转让所得　D. 经营所得

4. 下列个人收入，应按照“特许权使用费所得”项目缴纳个人所得税的有（　　）。

A. 个人提供著作权的使用权取得的所得

B. 作家公开拍卖自己的文字作品手稿复印件的收入

C. 作家公开拍卖自己写作时用过的金笔的收入

D. 电视剧编剧从电视剧制作中心获得的剧本使用费收入

5. 实行个人所得税全员全额扣缴申报的应税所得有（　　）。

A. 劳务报酬所得　　B. 个人独资企业经营所得

C. 财产转让所得　　D. 个体工商户经营所得

6. 根据《个人所得税法》的相关规定，纳税人年满 3 岁的子女接受学前教育和学历教育的相关支出，按照每个子女每月 1 000 元的标准定额扣除。下列选项中关于扣除的相关表述正确的有（　　）。

A. 父母可以选择由其中一方按扣除标准的 100%扣除

B. 父母可以选择由双方分别按扣除标准的 50%扣除

C. 父母可以选择由双方分别按扣除标准的 60%、40%扣除

D. 具体扣除方式在一个纳税年度内不能变更

三、计算题

1. 居民个人刘某为独生子，2022 年交完社保和住房公积金后共取得税前工资收入 25 万元，劳务报酬收入 6 万元，稿酬收入 1 万元。李某有两个上小学的小孩且均由其扣除子女教育专项附加扣除，刘某的父母健在且均已年满 60 岁。请计算刘某当年应纳的个人所得税税额。

2. 居民个人林某 2022 年每月取得税前工资收入 11 000 元，每月由任职单位扣缴的符合规定标准的"三险一金"1 500 元。与姐姐和弟弟共同赡养 60 岁以上的父母，约定由林某分摊赡养老人专项附加扣除每月 800 元；全年均享受住房贷款利息专项附加扣除。请计算林某的工资薪金扣缴义务人 2022 年 1 月、2 月、12 月预扣预缴的税款金额。(林某已向扣缴义务人提供有关信息并依法要求办理专项附加扣除)

3. 某高校教授马某 10 月在成都日报发表一篇评论文章，取得稿酬 3 000 元；在电子科大出版社出版一部专著取得稿酬 50 000 元，请马某所获稿酬在 10 月应预扣预缴的个人所得税税额。

4. 中国公民易某在 A 公司任职，2022 年取得的收入情况如下：

(1) A 公司每月支付其工资 35 000 元，且为其缴纳社会保险费和住房公积金，易某每月自己负担的符合规定标准的"三险一金"合计为 3 500 元。

(2) 8 月因出版一本专著取得 15 万元的稿酬。

(3) 9 月将自己的一项专利权许可他人使用，取得收入 20 000 元。

(其他相关资料：易某的独生女在读全日制硕士研究生一年级，其与妻子约定由易某 100%扣除子女教育支出；易某父母年纪均已过 60 岁且易某是独生子)

要求：根据上述资料，计算下列各题。

(1) A 公司 1 月至 2 月预扣预缴易某工资、薪金的个人所得税。

(2) 易某取得稿酬所得被预扣预缴的个人所得税。

(3) 易某将专利权许可他人使用，被预扣预缴的个人所得税。

(4) 易某综合所得应缴纳的个人所得税。

第八章练习题答案

【案例分析】

第九章　印花税和契税

■学习目标

理解印花税和契税的纳税人、征税对象和税率，掌握印花税和契税应纳税额的计算，了解其申报缴纳。

■导入案例

甲公司与乙公司签订货物买卖合同，请从税收筹划角度出发分析以下两种不同签订合同的方法，哪种更有利？（1）合同中约定不含税金额为500万元，税率为13%，税额为65万元，总价为565万元，开具增值税专用发票。（2）合同中约定含税总价金额为565万元，税率为13%，开具增值税专用发票。什么是印花税？印花税计税依据是什么？

第一节　印花税

一、印花税概述

印花税是对在经济活动和经济交往中书立、领受具有法律效力的凭证的行为征收的一种税。其因采用在应税凭证上粘贴印花税票作为完税的标志而得名。

印花税是一个很古老的税种，1624年始创于荷兰，由于其取微用宏，简便易行，欧美各国竞相效法，成为世界上普遍采用的一个税种。

我国现行印花税的基本法律规范是2021年6月10日第十三届全国人民代表大会常务委员会第二十九次会议通过，并于2022年7月1日起施行的《中华人民共和国印花税法》（以下简称《印花税法》）。征收印花税有利于增加财政收入，有利于配合和加强经济合同的监督管理，有利于在对外经济交往中维护我国的权益，有利于提高纳税人自觉纳税的法治观念，也有利于监督管理其他应纳税种。

二、印花税的基本要素

（一）印花税的纳税人和扣缴义务人

1. 纳税人

印花税的纳税人包括在中华人民共和国境内书立应税凭证、进行证券交易的单位和个人，以及在中华人民共和国境外书立在境内使用的应税凭证的单位和个人。

应税凭证，是指印花税税目税率表（见表9-1）列明的合同、产权转移书据和营业账簿。证券交易，是指转让在依法设立的证券交易所、国务院批准的其他全国性证券交易场所交易的股票和以股票为基础的存托凭证。证券交易印花税对证券交易的出让方征收，不对受让方征收。

2. 扣缴义务人

纳税人为境外单位或者个人，在境内有代理人的，以其境内代理人为扣缴义务人；在境内没有代理人的，由纳税人自行申报缴纳印花税，具体办法由国务院税务主管部门规定。

证券登记结算机构为证券交易印花税的扣缴义务人，应当向其机构所在地的主管税务机关申报解缴税款以及银行结算的利息。

表9-1 印花税税目税率表

<table>
<tr><th colspan="2">税目</th><th>税率</th><th>备注</th></tr>
<tr><td rowspan="11">合同（指书面合同）</td><td>借款合同</td><td>借款金额的万分之零点五</td><td>指银行业金融机构、经国务院银行业监督管理机构批准设立的其他金融机构与借款人（不包括同业拆借）的借款合同</td></tr>
<tr><td>融资租赁合同</td><td>租金的万分之零点五</td><td></td></tr>
<tr><td>买卖合同</td><td>价款的万分之三</td><td>指动产买卖合同（不包括个人书立的动产买卖合同）</td></tr>
<tr><td>承揽合同</td><td>报酬的万分之三</td><td></td></tr>
<tr><td>建设工程合同</td><td>价款的万分之三</td><td></td></tr>
<tr><td>运输合同</td><td>运输费用的万分之三</td><td>指货运合同和多式联运合同（不包括管道运输合同）</td></tr>
<tr><td>技术合同</td><td>价款、报酬或者使用费的万分之三</td><td>不包括专利权、专有技术使用权转让书据</td></tr>
<tr><td>租赁合同</td><td>租金的千分之一</td><td></td></tr>
<tr><td>保管合同</td><td>保管费的千分之一</td><td></td></tr>
<tr><td>仓储合同</td><td>仓储费的千分之一</td><td></td></tr>
<tr><td>财产保险合同</td><td>保险费的千分之一</td><td>不包括再保险合同</td></tr>
</table>

表9-1(续)

税目		税率	备注
产权转移书据	土地使用权出让书据	价款的万分之五	转让包括买卖（出售）、继承、赠与、互换、分割
	土地使用权、房屋等建筑物和构筑物所有权转让书据（不包括土地承包经营权和土地经营权转移）	价款的万分之五	
	股权转让书据（不包括应缴纳证券交易印花税的）	价款的万分之五	
	商标专用权、著作权、专利权、专有技术使用权转让书据	价款的万分之三	
营业账簿		实收资本（股本）、资本公积合计金额的万分之二点五	
证券交易		成交金额的千分之一	对证券交易的出让方征收，不对受让方征收

（二）印花税的征税范围

印花税只对税法列举的应税品目征税，包括合同、产权转移书据、营业账簿和证券交易四大类，具体包括15个子目。

1. 合同

合同是民事主体之间设立、变更、终止民事法律关系的协议，当事人订立合同，可以采用书面形式、口头形式或者其他形式。属于印花税征税范围的合同是指书面合同，书面形式是合同书、信件、电报、电传、传真等可以有形地表现所载内容的形式。以电子数据交换、电子邮件等方式能够有形地表现所载内容，并可以随时调取查用的数据电文，视为书面形式。

应税合同具体包括借款合同、融资租赁合同、买卖合同、承揽合同、建设工程合同、运输合同、技术合同、租赁合同、保管合同、仓储合同、财产保管合同。

（1）借款合同是借款人向贷款人借款，到期返还借款并支付利息的合同，即借款人向银行业金融机构、经国务院银行业监督管理机构批准设立的其他金融机构借款（不包括同业拆借），到期返还借款并支付利息的合同。

（2）融资租赁合同是出租人根据承租人对出卖人、租赁物的选择，向出卖人购买租赁物，提供给承租人使用，承租人支付租金的合同。

（3）买卖合同是出卖人转移标的物的所有权于买受人，买受人支付价款的合同，属于印花税征税范围的是动产买卖合同（不包括个人书立的动产买卖合同）。

（4）承揽合同是承揽人按照定作人的要求完成工作，交付工作成果，定作人支付报酬的合同。

（5）建设工程合同是承包人进行工程建设，发包人支付价款的合同。建设工程合同包括工程勘察、设计、施工合同。

（6）运输合同是承运人将旅客或者货物从起运地点运输到约定地点，旅客、托运人或者收货人支付票款或者运输费用的合同，包括客运合同、货运合同和多式联运合同，属于印花税征税范围的是货运合同和多式联运合同（不包括管道运输合同）。

（7）技术合同是当事人就技术开发、转让、许可、咨询或者服务订立的确立相互之间权利和义务的合同，不包括专利权、专有技术使用权转让书据。

（8）租赁合同是出租人将租赁物交付承租人使用、收益，承租人支付租金的合同。

（9）保管合同是保管人保管寄存人交付的保管物，并返还该物的合同。

（10）仓储合同是保管人储存存货人交付的仓储物，存货人支付仓储费的合同。

（11）保险合同是投保人与保险人约定保险权利义务关系的协议，不包括再保险合同。投保人是指与保险人订立保险合同，并按照合同约定负有支付保险费义务的人。保险人是指与投保人订立保险合同，并按照合同约定承担赔偿或者给付保险金责任的保险公司。

财产保险是以财产及其有关利益为保险标的的保险。

2. 产权转移书据

产权转移书据具体包括土地使用权出让书据、土地使用权、房屋等建筑物和构筑物所有权转让书据（不包括土地承包经营权和土地经营权转移）、股权转让书据（不包括应缴纳证券交易印花税的）、商标专用权、著作权、专利权、专有技术使用权转让书据。转让包括买卖（出售）、继承、赠与、互换、分割。

3. 营业账簿

营业账簿仅指记载资金的账簿。

4. 证券交易

证券交易，是指转让在依法设立的证券交易所、国务院批准的其他全国性证券交易场所交易的股票和以股票为基础的存托凭证。

（三）印花税的税率

印花税采用比例税率，共分五档，即千分之一、万分之五、万分之三、万分之二点五和万分之零点五，具体见表 9-1。

（四）印花税的税收优惠

下列凭证免征印花税：

（1）应税凭证的副本或者抄本；

（2）依照法律规定应当予以免税的外国驻华使馆、领事馆和国际组织驻华代表机构为获得馆舍书立的应税凭证；

（3）中国人民解放军、中国人民武装警察部队书立的应税凭证；

（4）农民、家庭农场、农民专业合作社、农村集体经济组织、村民委员会购买农业生产资料或者销售农产品书立的买卖合同和农业保险合同；

（5）无息或者贴息借款合同、国际金融组织向中国提供优惠贷款书立的借款合同；

（6）财产所有权人将财产赠与政府、学校、社会福利机构、慈善组织书立的产权转移书据；

（7）非营利性医疗卫生机构采购药品或者卫生材料书立的买卖合同；

（8）个人与电子商务经营者订立的电子订单。

根据国民经济和社会发展的需要，国务院对居民住房需求保障、企业改制重组、破产、支持小型微型企业发展等情形可以规定减征或者免征印花税，报全国人民代表大会常务委员会备案。

三、印花税的计算

（一）印花税的计税依据

1. 计税依据的一般规定

（1）应税合同的计税依据，为合同所列的金额，不包括列明的增值税税款；

（2）应税产权转移书据的计税依据，为产权转移书据所列的金额，不包括列明的增值税税款；

（3）应税营业账簿的计税依据，为账簿记载的实收资本（股本）、资本公积合计金额；

（4）证券交易的计税依据，为成交金额。

2. 计税依据的特殊规定

（1）应税合同、产权转移书据未列明金额的，印花税的计税依据按照实际结算的金额确定。计税依据按照前款规定仍不能确定的，按照书立合同、产权转移书据时的市场价格确定；依法应当执行政府定价或者政府指导价的，按照国家有关规定确定。

（2）证券交易无转让价格的，按照办理过户登记手续时该证券前一个交易日收盘价计算确定计税依据；无收盘价的，按照证券面值计算确定计税依据。

（3）同一应税凭证载有两个以上税目事项并分别列明金额的，按照各自适用的税目税率分别计算应纳税额；未分别列明金额的，从高适用税率。

（4）同一应税凭证由两方以上当事人书立的，按照各自涉及的金额分别计算应纳税额。

（5）已缴纳印花税的营业账簿，以后年度记载的实收资本（股本）、资本公积合计金额比已缴纳印花税的实收资本（股本）、资本公积合计金额增加的，按照增加部分计算应纳税额。

（二）应纳税额的计算方法

印花税的应纳税额按照计税依据乘以适用税率计算，计算公式如下：

应纳税额=计税依据×适用税率

【例 9-1】A 公司主要从事建筑工程机械的生产制造，2022 年 10 月发生以下业务：

（1）签订钢材采购合同一份，不含增值税采购金额 5 000 万元，签订建筑工程机械销售合同一份，不含增值税销售金额 9 000 万元。

（2）与丁银行签订一份为期 1 年的借款合同，注明借款本金 2 000 万元，利息 110 万元。

（3）与铁路部门签订一份合同，载明不含增值税运输费及保管费共计 30 万元。

其他相关资料：上述合同增值税税款均单独列明。

要求：根据上述资料，按照下列顺序计算回答问题，如有计算，需计算出合计数。

（1）该公司 2022 年 10 月签订的购销合同应缴纳的印花税。

（2）该公司 2022 年 10 月与丁银行签订的借款合同应缴纳的印花税。

（3）该公司 2022 年 10 月与铁路部门签订的合同应缴纳的印花税。

【解析】

（1）该公司签订的购销合同应缴纳的印花税 =（5 000×0.3‰+9 000×0.3‰）×10 000=42 000（元）。

（2）借款合同以借款金额（而非借款利息）为计税依据，该公司与丁银行签订的借款合同应缴纳的印花税＝2 000×0.05‰×10 000＝1 000（元）。

（3）与铁路部门签订的合同运费和保管费未分别列明，从高适用税率，按仓储保管合同适用1‰的税率贴花。该公司与铁路部门签订的合同应缴纳印花税＝30×10 000×1‰＝300（元）。

【例9-2】本章导入案例的计算分析如下：

根据税法的规定，应税合同的计税依据为合同所列的金额，不包括列明的增值税税款。印花税纳税人在签订合同时最好在合同中列明不含税的价款、增值税税款，这样就可以把不含税价款作为计税依据，从而计算应纳印花税额，否则把合同中含税价款作为计税依据，从而计算应纳印花税额。

（1）甲、乙公司各应纳印花税额＝5 000 000×0.3‰＝1 500（元）

（2）甲、乙公司各应纳印花税额＝5 650 000×0.3‰＝1 695（元）

第一种签订合同的方法比第二种好，因此应选择第一种方法。

四、印花税的征收管理

（一）纳税义务发生时间

印花税的纳税义务发生时间为纳税人书立应税凭证或者完成证券交易的当日。

证券交易印花税扣缴义务发生时间为证券交易完成的当日。

（二）纳税期限

印花税按季、按年或者按次计征。实行按季、按年计征的，纳税人应当自季度、年度终了之日起十五日内申报缴纳税款；实行按次计征的，纳税人应当自纳税义务发生之日起十五日内申报缴纳税款。

证券交易印花税按周解缴。证券交易印花税扣缴义务人应当自每周终了之日起五日内申报解缴税款以及银行结算的利息。

（三）缴纳方式

印花税可以采用粘贴印花税票或者由税务机关依法开具其他完税凭证的方式缴纳。

印花税票粘贴在应税凭证上的，由纳税人在每枚税票的骑缝处盖戳注销或者画销。印花税票由国务院税务主管部门监制。

（四）纳税地点

纳税人为单位的，应当向其机构所在地的主管税务机关申报缴纳印花税；纳税人为个人的，应当向应税凭证书立地或者纳税人居住地的主管税务机关申报缴纳印花税。

不动产产权发生转移的，纳税人应当向不动产所在地的主管税务机关申报缴纳印花税。

第二节　契税

引言

居民甲有两套住房，将一套出售给居民乙，成交价格为100 000元；将另一套两室住房与居民丙交换成两处一室住房，并支付给丙换房差价款50 000元。请问什么是契税？试计算甲、乙、丙相关行为应缴纳的契税。

一、契税概述

契税是在土地使用权、房屋所有权的权属转移过程中，向取得土地使用权、房屋所有权的单位和个人征收的一种税。因房产的产权发生转移，一般都要书立契约，契约因此而得名。

我国现行契税法的基本规范，是 1997 年 7 月 7 日国务院发布并于同年 10 月 1 日开始施行的《中华人民共和国契税暂行条例》(以下简称《契税暂行条例》)。

征收契税有利于增加地方财政收入，有利于保护合法产权，避免产权纠纷。

二、契税的基本要素

(一) 契税的征税对象

契税是以境内转移土地、房屋权属为征税对象。具体包括以下内容：

(1) 国有土地使用权的出让。国有土地使用权出让是指土地使用者向国家交付土地使用权出让费用，国家将国有土地使用权在一定年限内让与土地使用者的行为。

(2) 土地使用权的转让。土地使用权的转让是指土地使用者以出售、赠予、交换或者其他方式将土地使用权转移给其他单位和个人的行为。土地使用权的转让不包括农村集体土地承包经营权的转移。

(3) 房屋买卖。房屋买卖，是以货币为媒介，出卖者向购买者过渡房产所有权的交易行为。以房产抵债或实物交换房屋，以房产作投资或作股权转让视同买卖房屋。以自有房产作股投入本人独资经营的企业，免契税。因为以自有的房地产投入本人独资经营的企业，产权所有人和使用权使用人未发生变化，不需办理房产变更手续，也不办理契税手续。

(4) 房屋赠予。房屋赠予是指房屋所有者将其房屋无偿转让给受赠者的行为。

(5) 房屋交换。房屋交换是指房屋所有者之间相互交换房屋的行为。

(二) 契税的纳税人

契税的纳税义务人是境内转移土地、房屋权属，承受的单位和个人。境内是指中华人民共和国实际税收行政管辖范围内。土地、房屋权属是指土地使用权和房屋所有权。单位是指企业单位、事业单位、国家机关、军事单位和社会团体以及其他组织。个人是指个体经营者及其他个人，包括中国公民和外籍人员。

(三) 契税的税率

契税实行 3%~5%的幅度税率。实行幅度税率是考虑到我国经济发展的不平衡，各地经济差别较大的实际情况。具体适用的税率由各省、自治区、直辖市人民政府根据各地的实际情况在 3%~5%的幅度范围内确定。

(四) 契税的计税依据

契税的计税依据为不动产的不含增值税价格。由于土地、房屋权属转移方式不同，定价方法不同，因而具体计税依据根据不同情况分为以下几种：

(1) 国有土地使用权出让、土地使用权出售、房屋买卖，以成交价格为计税依据。成交价格是指土地、房屋权属转移合同确定的价格，包括承受着应交付的货币、实物、无形资产或者其他经济利益。

(2) 土地使用权赠予、房屋赠予，由征收机关参照土地使用权出售、房屋买卖的市场价格核定。对于《中华人民共和国继承法》规定的法定继承人继承土地、房屋权属，不征契税。非法定继承人根据遗嘱承受死者生前的土地、房屋权属，属于赠与行为，应征收契税。

（3）土地使用权交换、房屋交换的计税依据，为所交换的土地使用权、房屋的价格差额。当交换价格相当时，免征契税；当交换价格不等时，由多交付的货币、实物、无形资产或者其他经济利益的一方缴纳契税。

（4）以划拨方式取得土地使用权，经批准转让房地产时，由房地产转让者补交契税。计税依据为补交的土地使用权出让费用或者土地收益。

（5）房屋附属设施征收契税的依据：

①采取分期付款方式购买房屋附属设施土地使用权、房屋所有权的，应按合同规定的总价款计征契税。

②承受的房屋附属设施权属如为单独计价的，按照当地确定的适用税率征收契税；如与房屋统一计价的，适用与房屋相同的契税税率。

（6）当成交价格明显低于市场价格且无正当理由的，或者所交换土地使用权、房屋的价格的差额明显不合理且无正当理由的，征收机关可以参照市场价格核定计税依据。

（五）契税的税收优惠

（1）国家机关、事业单位、社会团体、军事单位承受土地、房屋用于办公、教育、医疗、科研和军事设施的，免征契税。

（2）城镇职工按规定第一次购买公有住房，免征契税。

自2000年11月29日起，对各类公有制单位为解决职工住房而采取集资建房方式建成的普通住房，或由单位购买的普通商品住房，经当地县级以上人民政府房改部门批准、按照国家房改政策出售给本单位职工的，如属职工首次购买住房，均可免征契税。

对于个人购买普通住房且该住房属于家庭唯一住房的，减半征收契税。对个人购买90平方米及以下普通住房的，且该住房属于家庭唯一住房的，减按1%税率征收契税。

（3）因不可抗力灭失住房而重新购买住房的，酌情减免。不可抗力是指自然灾害、战争等不可预见、不可避免，并不能克服的客观情况。

（4）土地、房屋被县级以上人民政府征用、占用后，重新承受土地、房屋权属的，由省级人民政府确定是否减免。

（5）承受荒山、荒沟、荒丘，荒滩土地使用权，并用于农、林、牧、渔业生产的、免征契税。

（6）经外交部确认，依照我国有关法律规定以及我国缔结或参加的双边和多边条约或协定，应当予以免税的外国驻华使馆、领事馆、联合国驻华机构及其外交代表、领事官员和其他外交人员承受土地、房屋权属。

经批准减征、免征契税的纳税人，改变有关土地、房屋的用途的，就不再属于减征、免征契税范围，并且应当补缴已经减征、免征的税款。

三、契税的计算方法和征收管理

（一）契税的计算方法

契税应纳税额依照省、自治区、直辖市人民政府确定的适用税率和税法规定的计税依据计算征收。其计算公式为：

应纳税额＝计税依据×税率

根据引言案例计算如下：（假定税率为4%）

（1）甲应纳契税＝50 000×4%＝2 000（元）

（2）乙应纳契税＝100 000×4%＝4 000（元）

（3）丙不缴纳契税

（二）契税的征收管理

（1）纳税义务发生时间。纳税人在签订土地、房屋权属转移合同的当天，或者取得其他具有土地、房屋权属转移合同性质凭证的当天为纳税义务发生时间。

（2）纳税期限和纳税地点。纳税人应当自纳税义务发生之日起10日内，向土地、房屋所在地的契税征收机关办理纳税申报，并在契税征收机关核定的期限内缴纳税款，索取完税凭证。纳税人出具契税完税凭证，土地管理部门、房产管理部门才能办理变更登记手续。

本章小结

思考与练习题

一、选择题

1. 甲企业将货物卖给乙企业，双方订立了购销合同，丙企业作为该合同的担保人，丁先生作为证人，戊单位作为鉴定人，则该购销合同的合同印花税的纳税人为（　　）。

A. 甲、乙企业

B. 甲、乙企业和戊单位

C. 甲、乙企业和丙企业

D. 甲、乙企业、戊单位、丙企业、丁先生

2. 下列合同中，属于印花税的纳税范围的有（　　）。

A. 融资租赁合同　　B. 家庭财产两全保险合同

C. 电网与用户之间的合同　　D. 发电厂与电网之间签订的销售合同

3. 下列各项中，应当征收契税的有（　　）。

A. 以房产抵债　　B. 将房产赠予他人

C. 以房产作投资　　D. 子女继承父母房产

4. 下列选项中关于契税征管制度的表述，正确的是（　　）。

A. 对承受国有土地使用权所支付的土地出让金应计征契税

B. 非法定继承人根据遗嘱承受死者生前的房屋权属免征契税

C. 对个人购买普通住房且该住房属于家庭唯一住房的免征契税

D. 以自有房产作股权投资于本人独资经营的企业应按房产的市场价格缴纳契税

5. 下列各选项中，契税计税依据可由征收机关核定的是（　　）。

A. 土地使用权出售　　B. 国有土地使用权出让

C. 土地使用权赠予　　D. 以划拨方式取得土地使用权

二、计算题

1. 某企业 2019 年 2 月开业，当年发生以下有关业务事项：领受房屋产权证、工商营业执照、土地使用证各 1 件；与其他企业订立转移专用技术使用权书据 1 份，所载金额 100 万元；订立产品购销合同 1 份，所载金额为 200 万元；订立借款合同 1 份，所载金额为 400 万元；企业记载资金的账簿，“实收资本”“资本公积”为 800 万元；其他营业账簿 10 本。试计算该企业当年应缴纳的印花税税额。

2. 居民甲有两套住房，将一套出售给居民乙，成交价格为 300 000 元；将另一套两室住房与居民丙交换成两处一室住房，并支付给居民丙换房差价款 90 000 元。试计算甲、乙、丙相关行为应缴纳的契税（假定税率为 4%）。

第九章练习题答案

【案例分析】

第十章 土地增值税

■学习目标

通过本章的学习，了解开征土地增值税的目的以及相关原则和政策，掌握各个税种的税制要素以及应纳税额的计算；掌握各个税种的税收优惠和征收管理办法。

■导入案例

某市一家房地产开发公司2019年开发工程项目并取得不含增值税收入1.6亿元。该项目成本费用情况如下：

（1）受让土地费用：土地出让金700万元，过户费等费用1万元。

（2）房地产开发成本：土地拆迁补偿费用50万元，水文地质勘探费用20万元，建筑安装工程费用4 580万元，基础设施费800万元，公共设施配套费用600万元，开发间接费用50万元，合计6 100万元。

（3）房地产开发费用：分摊管理费用120万元，销售费用50万元，财务费用150万元（利息支出不能按转让房地产项目计算分摊）。当地政府规定的开发费用扣除比例为10%。

（4）当月应缴增值税800万元。

什么是土地增值税？请计算各项业务应纳土地增值税。

第一节　土地增值税概述

一、土地增值税的概念

土地增值税是对有偿转让国有土地使用权、地上建筑物及其附着物的单位和个人，就其转让所取得的增值额征收的一种税。

现行土地增值税的基本规范，是1993年12月13日国务院颁布的《中华人民共和国土地增值税暂行条例》（以下简称《土地增值税暂行条例》）。

二、我国土地增值税的特点

（一）以转让房地产的增值额为计税依据

土地增值税的增值额是纳税人转让房地产的收入减除规定的准予扣除项目金额后的余额。准予扣除的项目包括相关成本、费用、税金及其他扣除项目，因此，土地增值税的增值额与企业所得税类似而与增值税不同。

（二）征税面比较广

凡在我国境内转让房地产并取得增值收入的单位和个人，除税法规定免税的外，均应按照税法规定缴纳土地增值税。

（三）实行超率累进税率

土地增值税的税率采用四级超率累进税率，以增值率为累进依据。增值率是增值额与扣除项目金额的比率，增值率高，适用税率高，多纳税；增值率低，适用税率低，少纳税。

（四）实行按次征收

土地增值税是在房地产的转让环节征收，实行按次征收，每转让一次就征收一次土地增值税，这一点与营业税有些类似。

三、土地增值税的作用

（一）规范土地和房地产市场交易秩序

过去涉及房地产交易市场的税收，主要有营业税、企业所得税、个人所得税、契税等，对转让房地产收益只能起到一般的调节作用，对房地产交易因土地增值所获得的过高收入起不到特殊的调节作用。为扭转这一局面，国家开征了土地增值税，以促进房地产业和整个国民经济的健康发展。

（二）抑制房地产投机和炒卖活动，合理调节土地增值收益

由于土地增值税以转让房地产收入的增值额为计税依据，并实行超率累进税率，对增值多的多征，对增值少的少征，对炒买炒卖房地产获取暴利者，则要用高税率进行调节，遏制投机者牟取暴利的行为，维护国家整体利益。

城市土地属国家所有，新中国成立以来，国家在城市建设方面投入了大量资金，搞了许多基础设施建设，这是土地增值的一个重要因素。对这部分土地增值收益，国家理应参与土地增值收益分配，并取得较大份额。征收土地增值税有利于减少国家土

地资源增值收益的流失，同时促进房地产业的正常发展。

（三）增加国家财政收入

第三产业是我国今后需要重点发展的产业，在第三产业中，房地产业是高附加值的产业，开征土地增值税能对土地增值的过高收入进行调节，并为增加国家财政收入开辟新税源。土地增值税收入属于地方财政收入，地方可集中财力用于地方经济建设。同时，开征土地增值税可以规范土地增值收益的分配制度，统一各地土地增值收益收费标准。

第二节　土地增值税的基本要素

一、土地增值税的纳税人

土地增值税的纳税义务人为转让国有土地使用权、地上的建筑及其附着物（以下简称转让房地产）并取得收入的单位和个人。单位包括各类企业、事业单位、国家机关和社会团体及其他组织。个人包括个体经营者。

一切行政企事业单位和个人，不论是企业、事业单位、国家机关、社会团体及其他组织，还是个人，不论经济性质是国有企业、集体企业、私营企业、股份制企业、个体经营者，还是联营企业、合资企业、合作企业、外商独资企业，外国企业，不论是中国公民还是外籍个人，也不论是专营还是兼营房地产开发业务的，只要有偿转让房地产，都是土地增值税的纳税人，应当就其取得的土地增值收益按规定缴纳土地增值税。

二、土地增值税的征税对象

土地增值税的征税对象是纳税人有偿转让国有土地使用权、地上的建筑及其附着物的产权所取得的增值额。增值额是纳税人转让房地产取得的收入减除税法规定的扣除项目金额后的余额。

国有土地，是指按国家法律规定属于国家所有的土地。地上的建筑物，是指建于土地上的一切建筑物，包括地上地下的各种附属设施。附着物，是指附着于土地上的不能移动，一经移动即遭损坏的物品。有偿转让房地产是指以出售或者其他方式有偿转让房地产的行为，不包括以继承、赠予方式无偿转让房地产的行为。

（一）土地增值税征税范围的界定

准确界定土地增值税的征税范围十分重要。属于土地增值税征收范围的房地产必须同时符合以下三个条件：

1. 转让的土地使用权必须是国有土地使用权

转让土地的使用权是否为国家所有，是判定是否属于土地增值税征税范围的标准之一。根据《中华人民共和国宪法》和《中华人民共和国土地管理法》的规定，城市的土地属于国家所有，农村和城市郊区的土地除由法律规定属于国家所有的以外，属于集体所有。国家为了公共利益，可以依照法律规定对集体土地实行征用，依法被征用后的土地属于国家所有。对于属于国家所有的土地，其土地使用权在转让时，按照

《土地增值税暂行条例》规定，属于土地增值税的征税范围。而集体所有的土地是不得自行转让的，只有根据有关法律规定，由国家征用以后变为国家所有时，才能进行转让。对于违法转让集体土地的行为，应在有关部门补办土地征用或出让手续变为国家所有之后，再纳入土地增值税的征税范围。

2. 土地使用权和房屋产权必须发生权属转让

土地使用权、地上的建筑物及其附着物的产权是否发生转让是判定是否属于土地增值税征税范围的标准之二。只有当房地产的产权发生变更时才纳入土地增值税的征税范围，凡土地使用权、房产产权未转让的，不征收土地增值税。比如房地产的出租、抵押等。

国有土地使用权出让所取得的收入不属于土地增值税的征税范围。国有土地使用权出让，是指国家以土地所有者的身份将土地使用权在一定年限内让与土地使用者，并由土地使用者向国家支付土地使用权出让金的行为，属于土地买卖的一级市场。土地使用权出让的出让方是国家，国家凭借土地的所有权向土地使用者收取土地的租金。出让的目的是实行国有土地的有偿使用制度，合理开发、利用、经营土地，因此，土地使用权的出让不属于土地增值税的征税范围。而国有土地使用权的转让是指土地使用者通过出让等形式取得土地使用权后，将土地使用权再转让的行为，包括出售、交换和赠予，它属于土地买卖的二级市场。土地使用权转让，其地上的建筑物、其他附着物的所有权随之转让。土地使用权的转让，属于土地增值税的征税范围。

3. 转让房地产必须是有偿转让

是否取得收入是判定是否属于土地增值税征税范围的标准之三。对于房地产的权属发生了变更，但权属人并没有取得收入的行为，如以继承、赠予等方式无偿转让房地产的行为不属于土地增值税的征税范围。需要强调的是，无论是单独转让国有土地使用权，还是房屋产权与国有土地使用权一并转让的，只要取得收入，均属于土地增值税的征税范围，应对之征收土地增值税。

（二）若干具体情况的判定

1. 房地产出售

出售房地产包括三种具体的情形：

（1）出售国有土地使用权，又称地产开发行为，是指土地使用者通过出让方式，向政府缴纳了土地出让金，有偿受让土地使用权后，仅对土地进行通水、通电、通路和平整地面等土地开发，不进行房产开发，即所谓“将生地变熟地”，然后直接将空地出售出去。这属于国有土地使用权的有偿转让并取得收入，应纳入土地增值税的征税范围。

（2）取得国有土地使用权后进行房屋开发建造然后出售，又称房地产开发行为。卖房的同时，土地使用权也随之发生转让，既发生了产权的转让又取得了收入，所以应纳入土地增值税的征税范围。

（3）存量房地产的买卖，是指已经建成并已投入使用的房地产，其房屋所有人将房屋产权和土地使用权一并转让给其他单位和个人，实际上就是旧房或建筑物的出售行为。按照国家有关的房地产法律和法规，这种行为应当到有关部门办理房产产权和土地使用权的转移变更手续；原土地使用权属于无偿划拨的，还应到土地管理部门补交土地出让金。这种情况既发生了产权的转让又取得了收入，应纳入土地增值税的征税范围。

不论哪种情况，房地产出售因其同时符合上述三个标准，所以属于土地增值税的征税范围。

2. 以继承、赠予方式转让房地产的

房地产的继承是指房产的原产权所有人、依照法律规定取得土地使用权的土地使用人死亡以后，由其继承人依法承受死者房产产权和土地使用权的民事法律行为。

房地产的赠予是指房产所有人、土地使用权所有人将自己所拥有的房地产无偿地交给其他人的民事法律行为。但这里的“赠予”仅指以下情况：

（1）房产所有人、土地使用权所有人将房屋产权、土地使用权赠予直系亲属或承担直接赡养义务人的。

（2）房产所有人、土地使用权所有人通过中国境内非营利的社会团体、国家机关将房屋产权、土地使用权赠予教育、民政和其他社会福利、公益事业的。社会团体是指中国青少年发展基金会、希望工程基金会、宋庆龄基金会、减灾委员会、中国红十字会、中国残疾人联合会、全国老年基金会、老区促进会以及经民政部门批准成立的其他非营利的公益性组织。

由于房地产的继承、赠与行为只发生了房地产产权的转让，但作为房产所有人、土地使用权的所有人并没有因为权属的转让而取得任何收入，属于无偿转让房地产的行为，所以不属于土地增值税的征税范围。

3. 房地产的出租

房地产的出租是指房产的产权所有人、依照法律规定取得土地使用权的土地使用人，将房产、土地使用权租赁给承租人使用，由承租人向出租人支付租金的行为。房地产的出租，出租人虽取得了收入，但没有发生房产产权、土地使用权的转让。因此，不属于土地增值税的征税范围。

4. 房地产的抵押

房地产的抵押是指房地产的产权所有人、依法取得土地使用权的土地使用人作为债务人或第三人向债权人提供不动产作为清偿债务的担保而不转移权属的法律行为。在房地产抵押期间，房产的产权所有人、土地使用权人仍能对房地产行使占有、使用、收益等权利，没有发生权属的变更，因此，不属于土地增值税的征税范围。待抵押期满后，视该房地产是否转移占有而确定是否征收土地增值税。对于以房地产抵债而发生房地产权属转让的，应纳入土地增值税的征税范围。

5. 房地产的交换

房地产的交换是指一方以房地产与另一方的房地产进行交换的行为。由于房地产的交换既发生了房产产权、土地使用权的转移，交换双方又取得了实物形态的收入，因此属于土地增值税的征税范围。但对个人之间互换自有居住用房地产的，经当地税务机关核实，可以免征土地增值税。

6. 以房地产进行投资、联营

对于以房地产进行投资、联营的，投资、联营的一方以土地（房地产）作价入股进行投资或作为联营条件，将房地产转让到所投资、联营的企业中时，暂免征收土地增值税。对投资、联营企业将上述房地产再转让的，应征收土地增值税。

但所投资、联营的企业从事房地产开发的，或者房地产开发企业以其建造的商品房进行投资、联营的，应当征收土地增值税。

7. 合作建房

对于一方出地，一方出资金，双方合作建房，建成后按比例分房自用的，暂免征收土地增值税；建成后转让的，应征收土地增值税。

8. 企业兼并转让房地产

在企业兼并中，对被兼并企业将房地产转让到兼并企业中的，暂免征收土地增值税。

9. 房地产的代建房行为

这种行为是指房地产开发公司代客户进行房地产的开发，开发完成后向客户收取代建收入的行为。对于房地产开发公司而言，虽然取得了收入，但没有发生房地产权属的转移，其收入属于劳务收入性质，故不属于土地增值税的范围。

10. 房地产的重新评估

这种情况下，房地产虽然有增值，但其没有发生房地产权属的转移，房产产权、土地使用权人也未取得收入，所以不属于土地增值税的征税范围。

三、土地增值税的税率

土地增值税实行四级超率累进税率，最低税率为30%，最高税率为60%。

（1）增值额未超过扣除项目金额50%的部分，税率为30%。

（2）增值额超过扣除项目金额50%、未超过扣除项目金额100%的部分，税率为40%。

（3）增值额超过扣除项目金额100%、未超过扣除项目金额200%的部分，税率为50%。

（4）增值额超过扣除项目金额200%的部分，税率为60%。

上述所列四级超率累进税率，每级“增值额未超过扣除项目金额”的比例，均包括本比例数。土地增值税四级超率累进税率表如表10-1所示。

表10-1 土地增值税四级超率累进税率表

级数	增值额与扣除项目金额的比率	税率/%	速算扣除系数/%
1	不超过50%的部分	30	0
2	超过50%~100%的部分	40	5
3	超过100%~200%的部分	50	15
4	超过200%的部分	60	35

第三节 转让房地产增值额的确定

土地增值税的计税依据是增值额，增值额是指纳税人转让房地产所取得的收入减除规定的扣除项目金额后的余额。由于计算土地增值税是以增值额与扣除项目金额的比率大小分级累进计算征收的，增值额与扣除项目金额的比率越大，适用的税率越高，缴纳的税款越多，因此，准确核算增值额是很重要的。

一、应税收入的确定

纳税人转让房地产取得的应税收入为不含增值税收入，应包括转让房地产的全部价款及有关的经济收益。从收入的形式来看，包括货币收入、实物收入和其他收入。

二、扣除项目的确定

扣除项目涉及的增值税进项税额，允许在销项税额中计算抵扣的，不计入扣除项目，不允许在销项税额中计算抵扣的，可以计入扣除项目。

（一）取得土地使用权所支付的金额（适用新建房转让和存量房地产转让）

取得土地使用权所支付的金额包括两方面的内容：

（1）纳税人为取得土地使用权所支付的地价款。如果是以协议、招标、拍卖等出让方式取得土地使用权的，地价款为纳税人所支付的土地出让金；如果是以行政划拨方式取得土地使用权的，地价款为按照国家有关规定补交的土地出让金；如果是以转让方式取得土地使用权的，地价款为向原土地使用权人实际支付的地价款。

（2）纳税人在取得土地使用权时按国家统一规定缴纳的有关费用。这是指纳税人在取得土地使用权过程中为办理有关手续，按国家统一规定缴纳的有关登记、过户手续费。

（二）房地产开发成本（适用新建房转让）

房地产开发成本是指纳税人房地产开发项目实际发生的成本，包括土地的征用及拆迁补偿费、前期工程费、建筑安装工程费、基础设施费、公共配套设施费、开发间接费用等。

（1）土地征用及拆迁补偿费，包括土地征用费、耕地占用税、劳动力安置费及有关地上、地下附着物拆迁补偿的净支出、安置动迁用房支出等。

（2）前期工程费，包括规划、设计、项目可行性研究和水文、地质、勘察、测绘、“三通一平”等支出。

（3）建筑安装工程费，指以出包方式支付给承包单位的建筑安装工程费，以自营方式发生的建筑安装工程费。

（4）基础设施费，包括开发小区内道路、供水、供电、供气、排污、排洪、通信、照明、环卫、绿化等工程发生的支出。

（5）公共配套设施费，包括不能有偿转让的开发小区内公共配套设施发生的支出。

（6）开发间接费用，指直接组织、管理开发项目发生的费用，包括工资、职工福利费、折旧费、修理费、办公费、水电费、劳动保护费、周转房摊销等。

（三）房地产开发费用（适用新建房转让）

房地产开发费用是指与房地产开发项目有关的销售费用、管理费用和财务费用。在计算土地增值税时，作为扣除项目的房地产开发费用，不是按纳税人房地产开发项目实际发生的费用进行扣除，而按我国《土地增值税暂行条例实施细则》的标准进行扣除。

我国《土地增值税暂行条例实施细则》规定，财务费用中的利息支出，凡能够按转让房地产项目计算分摊并提供金融机构证明的，允许据实扣除，但最高不能超过按商业银行同类同期贷款利率计算的金额。其他房地产开发费用，按取得土地使用权所支付的金额和房地产开发成本两项金额之和的5%以内计算扣除。凡不能按转让房地产项目计算分摊利息支出或不能提供金融机构证明的，房地产开发费用按取得土地使用权所支付的金额和房地产开发成本两项金额之和的10%以内计算扣除。计算扣除的具体比例，由各省、自治区、直辖市人民政府规定。

（1）纳税人能够按转让房地产项目计算分摊利息支出，并能提供金融机构的贷款证明的：

允许扣除的房地产开发费用=利息+（取得土地使用权所支付的金额+房地产开发成本）×5%以内（注：利息最高不能超过按商业银行同类同期贷款利率计算的金额）

（2）纳税人不能按转让房地产项目计算分摊利息支出或不能提供金融机构贷款证明的：

允许扣除的房地产开发费用=（取得土地使用权所支付的金额+房地产开发成本）×10%以内

（四）与转让房地产有关的税金（适用新建房转让和存量房地产转让）

与转让房地产有关的税金是指在转让房地产时缴纳的城市维护建设税、印花税。因转让房地产缴纳的教育费附加、地方教育附加，视同税金予以扣除。

（五）其他扣除项目（适用房地产开发企业的新建房转让）

对从事房地产开发的纳税人可按取得土地使用权所支付的金额和房地产开发成本两项金额之和，加计20%的扣除。

其他扣除项目=（取得土地使用权所支付的金额+房地产开发成本）×20%

此优惠只适用于从事房地产开发的纳税人，除此之外的其他纳税人不适用。这样规定的目的是为了抑制炒买炒卖房地产的投机行为，保护正常开发投资者的积极性。

（六）旧房及建筑物的评估价格（适用存量房地产转让）

旧房及建筑物的评估价格是指在转让已使用的房屋及建筑物时，由政府批准设立的房地产评估机构评定的重置成本价乘以成新度折扣率后的价格。评估价格须经当地税务机关确认。重置成本价是指对旧房及建筑物，按转让时的建材价格及人工费用计算，建造同样面积、同样层次、同样结构、同样建设标准的新房及建筑物所需花费的成本费用。成新度折扣率是指按旧房的新旧程度作一定比例的折扣。

评估价格=重置成本价×成新度折扣率

纳税人转让旧房的，应按房屋及建筑物的评估价格、取得土地使用权所支付的地价款和按国家统一规定缴纳的登记、过户手续费等有关费用。对取得土地使用权时未支付地价款或不能提供已支付的地价款凭据的，在计征土地增值税时不允许扣除。

转让旧房及建筑物时缴纳的税金及附加，具体包括城市维护建设税、印花税和教育费附加。

纳税人转让旧房及建筑物，凡不能取得评估价格，但能提供购房发票的，经当地税务部门确认，扣除项目（取得土地使用权所支付的金额、旧房及建筑物的评估价格）的金额，可按发票所载金额并从购买年度起至转让年度止每年加计5%计算。计算扣除项目时“每年”按购房发票所载日期起至售房发票开具之日止，每满12个月计一年；超过一年，未满12个月但超过6个月的，可以视同为一年。

对纳税人购房时缴纳的契税，凡能提供契税完税凭证的，准予作为“与转让房地产有关的税金”予以扣除，但不作为加计5%的基数。

对于转让旧房及建筑物，既没有评估价格，又不能提供购房发票的，地方税务机关可以根据《中华人民共和国税收征收管理法》第35条的规定，实行核定征收。

三、特殊规定

在实际房地产交易活动中，有些纳税人由于不能准确提供房地产转让价格或扣除项目金额，致使增值额不准确，直接影响应纳税额的计算和缴纳。

因此，税法规定纳税人有下列情形之一的，按照房地产评估价格计算征收。房地产评估价格是指由政府批准设立的房地产评估机构根据相同地段、同类房地产进行综合评定的价格。

（1）隐瞒、虚报房地产成交价格的，是指纳税人不报或有意低报转让土地使用权、地上建筑物及其附着物价款的行为。隐瞒、虚报房地产成交价格，应由评估机构参照同类房地产的市场交易价格进行评估。税务机关根据评估价格确定转让房地产的收入。

（2）提供扣除项目金额不实的，是指纳税人在纳税申报时不据实提供扣除项目金额的行为。提供扣除项目金额不实的，应由评估机构按照房屋重置成本价乘以成新度折扣率计算的房屋成本价和取得土地使用权时的基准地价进行评估。税务机关根据评估价格确定扣除项目金额。

（3）转让房地产的成交价格低于房地产评估价格，又无正当理由的，是指纳税人申报的转让房地产的实际成交价低于房地产评估机构评定的交易价，纳税人又不能提供凭据或无正当理由的行为。转让房地产的成交价格低于房地产评估价格，又无正当理由的，由税务机关参照房地产评估价格确定转让房地产的收入。

第四节　土地增值税应纳税额的计算

一、土地增值税的计算步骤

1. 计算增值额

增值额=转让房地产所取得的收入额-准予扣除项目金额

2. 计算增值率

增值率=增值额÷扣除项目金额

3. 依据增值率确定适用税率和速算扣除系数

4. 依据适用税率计算应纳税额

按照纳税人转让房地产所取得的增值额和规定的税率计算征收。土地增值税的计算公式是：应纳税额=$\sum$（每级距的增值额×适用税率）。

但在实际工作中，分步计算比较烦琐，一般可以采用速算扣除法计算。即：计算土地增值税税额，可按增值额乘以适用的税率减去扣除项目金额乘以速算扣除系数的简便方法计算。

应纳税额=增值额×适用税率-扣除项目金额×速算扣除系数

具体公式如下：

（1）增值额未超过扣除项目金额50%：

土地增值税税额=增值额×30%

(2) 增值额超过扣除项目金额 50%，未超过 100%：

土地增值税税额=增值额×40%-扣除项目金额×5%

(3) 增值额超过扣除项目金额 100%，未超过 200%：

土地增值税税额=增值额×50%-扣除项目金额×15%

(4) 增值额超过扣除项目金额 200%：

土地增值税税额=增值额×60%-扣除项目金额×35%

公式中的 5%、15%、35%分别为二、三、四级的速算扣除系数。

二、应纳税额的计算举例

【例 10-1】本章导入案例计算如下：

【解析】

第一步，计算增值额。

(1) 扣除项目金额：

①土地支付金额=700+1=701 (万元)

②房地产开发成本=6 100 (万元)

③房地产开发费用=(701+6 100)×10%=680. 1 (万元)

④税费：

城市维护建设税、教育费附加和地方教育附加=800×(7%+3%+2%)=96 (万元)

⑤加计扣除费用=(701+6 100)×20%=1 360. 2 (万元)

扣除项目金额合计=701+6 100+680. 1+96+1 360. 2=8 937. 3 (万元)

第二步，计算增值率。

增值额=16 000-8 937. 3=7 062. 7 (万元)

增值率=7 062. 7÷8 937. 3≈79. 02%

第三步，依据增值率确定适用税率和速算扣除系数。

增值额超过扣除项目金额 50%，未超过 100%，适用税率 40%，速算扣除系数 5%。

第四步，依据适用税率计算应纳税额。

应纳土地增值税=7 062. 7×40%-8 937. 3×5%=2 378. 215 (万元)

【例 10-2】成都某公司内有一幢 2006 年自己建造的临街办公楼，于 2019 年 3 月转让此办公楼，该办公楼面积为 6 000 平方米，当时造价 1 000 万元，经国家批准设立的房地产评估机构评定该楼重置成本价为 3 000 万元（来自评估报告），成新度折扣率为六成新，转让前为取得土地使用权支付土地出让金和有关费用 500 万元，转让时取得不含增值税收入5 400万元，城市维护建设税税率 7%，教育费附加征收比率 3%，地方教育附加征收比率为 2%；印花税税率 0. 5‰。计算各项业务应纳土地增值税。

【解析】

取得土地使用权支付的土地出让金=500 万元

房地产评估价格=3 000×60%=1 800 (万元)

与转让房地产有关的税金=5 400×5%×(7%+3%+2%)+5 400×0. 5‰

=32. 4+2. 7=35. 1 (万元)

扣除项目金额=500+1 800+35. 1=2 335. 1 (万元)

增值额 = 5 400 − 2 335.1 = 3 064.9（万元）

增值率 = 3 064.9 ÷ 2 335.1 ≈ 131.25%

应纳税额 = 3 064.9 × 50% − 2 335.1 × 15% = 1 182.185（万元）

第五节　土地增值税的税收优惠和申报缴纳

一、土地增值税的税收优惠

（一）建造普通标准住宅的税收优惠

纳税人建造普通标准住宅出售，增值额未超过扣除项目金额 20%的，免征土地增值税。所谓“普通标准住宅”，是指按所在地一般民用住宅标准建造的居住用住宅。高级公寓、别墅、度假村等不属于普通标准住宅。2005 年 6 月 1 日起，普通标准住宅应同时满足：住宅小区建筑容积率在 1.0 以上；单套建筑面积在 120 平方米以下；实际成交价格低于同级别土地上住房平均交易价格 1.2 倍以下。各省、自治区、直辖市要根据实际情况，制定本地区享受优惠政策普通住房具体标准。允许单套建筑面积和价格标准适当浮动，但向上浮动的比例不得超过上述标准的 20%。纳税人建造普通标准住宅出售，增值额未超过扣除项目金额 20%的，免征土地增值税；增值额超过扣除项目金额 20%的，应就其全部增值额按规定计税。

对于纳税人既建造普通标准住宅又进行其他房地产开发的，应分别核算增值额。不分别核算增值额或不能准确核算增值额的，其建造的普通标准住宅不能适用此项免税规定。

（二）国家征用收回的房地产的税收优惠

因国家建设需要依法征用、收回的房地产，免征土地增值税。

这里所说的“因国家建设需要依法征用、收回的房地产”，是指因城市实施规划、国家建设的需要而被政府批准征用的房产或收回的土地使用权。

（三）公租房的税收优惠

对企事业单位、社会团体以及其他组织转让旧房作为公共租赁住房房源且增值额未超过扣除项目金额的 20%，免征土地增值税。

二、土地增值税的纳税期限

土地增值税的纳税人应在转让房地产合同签订后的 7 日内，到房地产所在地主管税务机关办理纳税申报，并向税务机关提交房屋及建筑物产权、土地使用权证书，土地转让、房产买卖合同，房地产评估报告及其他与转让房地产有关的资料。纳税人因经常发生房地产转让而难以在每次转让后申报的，经税务机关审核同意后，可以定期进行纳税申报，具体期限由税务机关根据情况确定。

对纳税人在项目全部竣工结算前转让房地产取得的收入，由于涉及成本确定或其他原因，而无法据以计算土地增值税的可以预征土地增值税，待该项目全部竣工、办理结算后再进行清算，多退少补，具体办法由各省、自治区、直辖市地方税务局根据当地情况制定。

三、土地增值税的纳税地点

土地增值税的纳税人应向房地产所在地主管税务机关办理纳税申报，并在税务机关核定的期限内缴纳土地增值税。房地产所在地是指房地产的坐落地。纳税人转让的房地产坐落在两个或两个以上地区的，应按房地产所在地分别申报纳税。在实际工作中，纳税地点的确定又可分为以下两种情况：①纳税人是法人的。当转让的房地产坐落地与其机构所在地或经营所在地一致时，则在办理税务登记的原管辖税务机关申报纳税即可；如果转让的房地产坐落地与其机构所在地或经营所在地不一致时，则应在房地产坐落地所管辖的税务机关申报纳税。②纳税人是自然人的。当转让的房地产坐落地与其居住所在地一致时，则在住所所在地税务机关申报纳税；当转让的房地产坐落地与其居住所在地不一致时，在办理过户手续所在地的税务机关申报纳税。

四、房地产开发企业土地增值税清算

自 2007 年 2 月 1 日起，各省税务机关可按以下规定对房地产开发企业土地增值税进行清算。各省税务机关可依据以下规定并结合当地实际情况制定具体清算管理办法。

（一）土地增值税的清算单位

土地增值税以国家有关部门审批的房地产开发项目为单位进行清算，对于分期开发的项目，以分期项目为单位清算。

开发项目中同时包含普通住宅和非普通住宅的，应分别计算增值额。

（二）土地增值税的清算条件

1. 符合下列情形之一的，纳税人应进行土地增值税的清算

（1）房地产开发项目全部竣工、完成销售的；

（2）整体转让未竣工决算房地产开发项目的；

（3）直接转让土地使用权的。

2. 符合下列情形之一的，主管税务机关可要求纳税人进行土地增值税清算

（1）已竣工验收的房地产开发项目，已转让的房地产建筑面积占整个项目可售建筑面积的比例在 85%以上，或该比例虽未超过 85%，但剩余的可售建筑面积已经出租或自用的；

（2）取得销售（预售）许可证满三年仍未销售完毕的；

（3）纳税人申请注销税务登记但未办理土地增值税清算手续的；

（4）省税务机关规定的其他情况。

（三）非直接销售和自用房地产的收入确定

（1）房地产开发企业将开发产品用于职工福利、奖励、对外投资、分配给股东或投资人、抵偿债务、换取其他单位和个人的非货币性资产等，发生所有权转移时应视同销售房地产，其收入按下列方法和顺序确认：

①按本企业在同一地区、同一年度销售的同类房地产的平均价格确定；

②由主管税务机关参照当地当年、同类房地产的市场价格或评估价值确定。

（2）房地产开发企业将开发的部分房地产转为企业自用或用于出租等商业用途时，

如果产权未发生转移，不征收土地增值税，在税款清算时不列收入，不扣除相应的成本和费用。

（四）土地增值税的扣除项目

（1）房地产开发企业办理土地增值税清算时计算与清算项目有关的扣除项目金额，应根据《土地增值税暂行条例》第六条及其实施细则第七条的规定执行。除另有规定外，扣除取得土地使用权所支付的金额、房地产开发成本、费用及与转让房地产有关税金，须提供合法有效凭证；不能提供合法有效凭证的，不予扣除。

（2）房地产开发企业办理土地增值税清算所附送的前期工程费、建筑安装工程费、基础设施费、开发间接费用的凭证或资料不符合清算要求或不实的，地方税务机关可参照当地建设工程造价管理部门公布的建安造价定额资料，结合房屋结构、用途、区位等因素，核定上述四项开发成本的单位面积金额标准，并据以计算扣除。具体核定方法由省税务机关确定。

（3）房地产开发企业开发建造的与清算项目配套的居委会和派出所用房、会所、停车场（库）、物业管理场所、变电站、热力站、水厂、文体场馆、学校、幼儿园、托儿所、医院、邮电通信等公共设施，按以下原则处理：

①建成后产权属于全体业主所有的，其成本、费用可以扣除；

②建成后无偿移交给政府、公用事业单位用于非营利性社会公共事业的，其成本、费用可以扣除；

③建成后有偿转让的，应计算收入，并准予扣除成本、费用。

（4）房地产开发企业销售已装修的房屋，其装修费用可以计入房地产开发成本。

房地产开发企业的预提费用，除另有规定外，不得扣除。

（5）属于多个房地产项目共同的成本费用，应按清算项目可售建筑面积占多个项目可售总建筑面积的比例或其他合理的方法，计算确定清算项目的扣除金额。

（五）土地增值税清算应报送的资料

符合上述第（二）条第 1 项规定的纳税人，须在满足清算条件之日起 90 日内到主管税务机关办理清算手续；符合上述第（二）条第 2 项规定的纳税人，须在主管税务机关限定的期限内办理清算手续。

纳税人办理土地增值税清算应报送以下资料：

（1）房地产开发企业清算土地增值税书面申请、土地增值税纳税申报表；

（2）项目竣工决算报表、取得土地使用权所支付的地价款凭证、国有土地使用权出让合同、银行贷款利息结算通知单、项目工程合同结算单、商品房购销合同统计表等与转让房地产的收入、成本和费用有关的证明材料；

（3）主管税务机关要求报送的其他与土地增值税清算有关的证明材料等。

纳税人委托税务中介机构审核鉴证的清算项目，还应报送中介机构出具的“土地增值税清算税款鉴证报告”。

（六）土地增值税清算项目的审核鉴证

税务中介机构受托对清算项目审核鉴证时，应按税务机关规定的格式对审核鉴证情况出具鉴证报告。对符合要求的鉴证报告，税务机关可以采信。

税务机关要对从事土地增值税清算鉴证工作的税务中介机构在准入条件、工作程序、鉴证内容、法律责任等方面提出明确要求，并做好必要的指导和管理工作。

（七）土地增值税的核定征收

房地产开发企业有下列情形之一的，税务机关可以参照与其开发规模和收入水平相近的当地企业的土地增值税税负情况，按不低于预征率的征收率核定征收土地增值税：

（1）依照法律、行政法规的规定应当设置但未设置账簿的；

（2）擅自销毁账簿或者拒不提供纳税资料的；

（3）虽设置账簿，但账目混乱或者成本资料、收入凭证、费用凭证残缺不全，难以确定转让收入或扣除项目金额的；

（4）符合土地增值税清算条件，未按照规定的期限办理清算手续，经税务机关责令限期清算，逾期仍不清算的；

（5）申报的计税依据明显偏低，又无正当理由的。

（八）清算后再转让房地产的处理

在土地增值税清算时未转让的房地产，清算后销售或有偿转让的，纳税人应按规定进行土地增值税的纳税申报，扣除项目金额按清算时的单位建筑面积成本费用乘以销售或转让面积计算。

单位建筑面积成本费用=清算时的扣除项目总金额÷清算的总建筑面积

本章小结

思考与练习题

一、选择题

1. 下列项目不属于土地增值税征税范围的有（　　）。

A. 以收取出让金的方式出让国有土地使用权

B. 以继承方式转让房地产

C. 以出售方式转让国有土地使用权

D. 以收取租金的方式出租房地产

2. 土地增值税的最高税率为（　　）%。

A. 20　　B. 30　　C. 50　　D. 60

3. 按照土地增值税有关规定，纳税人提供扣除项目金额不实的，在计算土地增值税时，应按照（　　）。

A. 税务部门估定的价格扣除

B. 税务部门与房地产主管部门协商的价格扣除

C. 房地产评估价格扣除

D. 房地产原值减除30%后的余值扣除

4. 旧房及建筑物的评估价格是指在转让已使用的房屋及建筑物时，由政府批准设立的房地产评估机构评定的（　　）乘以成新度折扣率后的价格。

A. 原价　　　　B. 重置成本

C. 折余价值　　　　D. 市场价格

5. 下列各选项中，纳税人应进行土地清算的有（　　）。

A. 房地产开发项目全部竣工、完成销售的

B. 取得销售（预售）许可证满三年仍未销售完毕的

C. 整体转让未竣工决算房地产开发项目的

D. 直接转让土地使用权

6. 下列选项中对自然人转让房地产纳税地点的说法正确的是（　　）。

A. 转让房地产坐落地与其居住所在地一致的，应在住所所在地税务机关申报纳税

B. 转让房地产坐落地与其居住所在地一致的，则应在办理过户手续所在地的税务机关申报纳税

C. 转让房地产坐落地与其居住所在地不一致的，则应在办理过户手续所在地的税务机关申报纳税

D. 转让房地产坐落地与其居住所在地不一致的，则应在住所所在地的税务机关申报纳税

二、判断题

1. 土地增值税的征税对象是纳税人有偿转让土地使用权、地上的建筑及其附着物的产权所取得的增值额。（　　）

2. 土地增值税的增值额是纳税人转让房地产的收入减除规定的准予扣除项目金额后的余额。（　　）

3. 某房地产公司将待售的花园别墅中的一栋赠给某影视明星，由于该房地产公司未取得收入，则不缴纳土地增值税。（　　）

4. 《土地增值税暂行条例实施细则》规定，财务费用中的利息支出，凡能够按转让房地产项目计算分摊并提供金融机构证明的，并没有任何限制。（　　）

5. 纳税人建造普通标准住宅出售，增值额未超过扣除项目金额20%的，免征土地增值税。（　　）

6. 房地产开发企业开发建造的与清算项目配套的居委会和派出所用房、会所、停车场（库）、物业管理场所、变电站、热力站、水厂、文体场馆、学校、幼儿园、托儿所、医院、邮电通信等公共设施，建成后产权属于全体业主所有的，不计收入，其成本、费用也不可以扣除。（　　）

三、计算题

2016 年某国有商业企业利用库房空地进行住宅商品房开发，按照国家有关规定补交土地出让金 2 840 万元，缴纳相关税费 160 万元；住宅开发成本 2 800 万元；房地产开发费用中的利息支出为 300 万元（不能提供金融机构证明）；当年住宅全部销售完毕，取得不含增值税销售收入共计 19 000 万元；缴纳城市维护建设税、教育费附加、地方教育附加 1 064 万元，缴纳印花税 9.5 万元。已知：该公司所在省人民政府规定的房地产开发费用的计算扣除比例为 10%。计算该企业销售住宅应缴纳的土地增值税税额。

第十章练习题答案

【案例分析】

第十一章 房产税、城镇土地使用税和耕地占用税

■学习目标

通过本章的学习，学生应了解城市房产税、城镇土地使用税和耕地占用税的特点、作用；重点掌握城市房产税、城镇土地使用税和耕地占用税的征税范围、税率及应税税额的计算；理解城市房产税、城镇土地使用税和耕地占用税的优惠政策，熟悉各税种的征收管理环节。

■导入案例

某企业2019年度共计拥有土地65 000平方米，其中子弟学校占地3 000平方米、幼儿园占地1 200平方米、企业内部绿化占地2 000平方米。2019年度的上半年企业共有房产原值4 000万元（不含子弟学校、幼儿园的房产原值300万元），7月1日起企业将原值200万元、占地面积400平方米的一栋仓库出租给某商场存放货物，租期1年，每月不含税租金收入1.5万元。8月10日对委托施工单位建设的生产车间办理验收手续，由在建工程转入固定资产原值500万元（城镇土地使用税4元/平方米；房产税计算余值的扣除比例20%）。

该企业当年应缴纳的房产税、城镇土地使用税是多少？

第一节 房产税

一、房产税概述

（一）房产税的概念

房产税是以房产为征税对象，依据房产价格或房产租金收入向房产所有人或经营

人征收的一种财产税。

房产税是一种历史悠久的税种，最早始于周朝“廛布”。唐朝开征的“间架税”、清初的“市廛输钞”以及清末和国民党政府的“房捐”等，均属房产税的范畴。新中国成立后，1950 年 1 月，政务院公布了《全国税政实施要则》，规定全国统一征收房产税和地产税。同年 6 月，为简并税种，调整税收，将房产税和地产税合并为房地产税。1951 年 8 月政务院公布了《城市房地产税暂行条例》。1973 年工商税制改革时，把对企业征收的城市房地产税并入工商税，只对有房产的个人、外商独资企业和房产管理部门继续征收城市房地产税。

1984 年进行工商税制全面改革，重新恢复对房产征税。1986 年 9 月 15 日，国务院正式发布了《中华人民共和国房产税暂行条例》（以下简称《房产税暂行条例》），从当年 10 月 1 日开始施行。各省、自治区、直辖市人民政府根据该条例规定，先后制定了施行细则。至此，房产税又在全国范围内全面征收。

征收房产税有利于地方政府筹集财政收入，有利于加强房产管理。

（二）房产税的特点

1. 房产税属于财产税中的个别财产税

财产税按征收方式分类，可分为一般财产税与个别财产税。一般财产税也称综合财产税，是对纳税人拥有的财产综合课征的税收。个别财产税，也称特种财产税，是对纳税人所有的土地、房屋、资本或其他财产分别课征的税收。我国现行房产税属于个别财产税。

2. 征税范围限于城镇的经营性房屋

房产税的征税范围是在城市、县城、建制镇和工矿区，不涉及农村。农村的房屋，大部分是农民居住用房，为了不增加农民负担，对农村的房屋没有纳入征税范围。另外，对某些拥有房屋但自身没有纳税能力的单位，如国家拨付行政经费、事业经费和国防经费的单位自用的房产，税法也通过免税的方式将这类房屋排除在征税范围之外。

3. 区别房屋的经营使用方式规定征税办法

拥有房屋的单位和个人，既可以自己使用房屋，又可以把房屋用于出租、出典。房产税根据纳税人经营形式的不同，确定对房屋征税既可以按房产计税余值征收，又可以按租金收入征收，使其符合纳税人的经营特点，便于平衡税收负担和征收管理。

二、房产税的基本要素

（一）纳税义务人

房产税以在征税范围内的房屋产权所有人为纳税人。具体为：

（1）产权属国家所有的，由经营管理单位纳税；产权属集体和个人所有的，由集体单位和个人纳税。

（2）产权出典的，由承典人依照房产余值缴纳房产税。所谓产权出典，是指产权所有人将房屋、生产资料等的产权，在一定期限内典当给他人使用，而取得资金的一种融资业务。由于在房屋出典期间，产权所有人已无权支配房屋，因此，由对房屋具有支配权的承典人为纳税人。

（3）产权所有人、承典人不在房屋所在地的，或者产权未确定及租典纠纷未解决的，由房产代管人或者使用人纳税。

对租典纠纷尚未解决的房产，规定由代管人或使用人为纳税人，其主要目的在于加强征收管理，保证房产税及时入库。

（4）无租使用其他单位房产的应税单位和个人，依照房产余值代缴纳房产税。

（5）自2009年1月1日起，外商投资企业、外国企业和组织以及外籍个人，依照《房产税暂行条例》缴纳房产税。

（二）征税对象

房产税的征税对象是房产。所谓房产，是指有屋面和围护结构（有墙或两边有柱），能够遮风避雨，可供人们在其中生产、学习、工作、娱乐、居住或贮藏物资的场所。包括与房屋不可分割的各种附属设备或一般不单独计价的配套设施。

房地产开发企业建造的商品房，在出售前，不征收房产税；但对出售前房地产开发企业已使用或出租、出借的商品房应按规定征收房产税。

（三）征税范围

房产税的征税范围为：城市、县城、建制镇和工矿区。

（1）城市是指国务院批准设立的市。

（2）县城是指县人民政府所在地的地区。

（3）建制镇是指经省、自治区、直辖市人民政府批准设立的建制镇。

（4）工矿区是指工商业比较发达、人口比较集中、符合国务院规定的建制镇标准但尚未设立建制镇的大中型工矿企业所在地。开征房产税的工矿区须经省、自治区、直辖市人民政府批准。

房产税的征税范围不包括农村，这主要是为了减轻农民的负担。因为农村的房屋，除农副业生产用房外，大部分是农民居住用房。对农村房屋不纳入房产税征税范围，有利于农业发展，繁荣农村经济，有利于社会稳定。

（四）税率

我国现行房产税采用的是比例税率。由于房产税的计税依据分为从价计征和从租计征两种形式，所以房产税的税率也有两种：一种是按房产原值一次减除10%~30%后的余值计征的，税率为1.2%；另一种是按房产出租的租金收入计征的，税率为12%。自2008年3月1日起，对个人出租住房，不分用途减按4%的税率征收房产税。

（五）税收优惠

房产税的税收优惠是根据国家政策需要和纳税人的负担能力制定的。由于房产税属地方税，因此给予地方一定的减免权限，有利于地方因地制宜处理问题。

目前，房产税的税收优惠政策主要有：

（1）国家机关、人民团体、军队自用的房产免征房产税。但上述免税单位的出租房产以及非自身业务使用的生产、营业用房，不属于免税范围。

（2）由国家财政部门拨付事业经费的单位，如学校、医疗卫生单位、托儿所、幼儿园、敬老院、文化、体育、艺术这些实行全额或差额预算管理的事业单位所有的，本身业务范围内使用的房产免征房产税。企业办的各类学校、医院、托儿所、幼儿园自用的房产，比照上述规定，免征房产税。

（3）宗教寺庙、公园、名胜古迹自用的房产免征房产税。

（4）个人所有非营业用的房产免征房产税。

（5）对增值税小规模纳税人可以在50%的税额幅度内减征房产税。

（6）经财政部批准免税的其他房产。

三、房产税应纳税额的计算

（一）计税依据

房产税的计税依据是房产的计税价值或房产的租金收入。按照房产计税价值征税的，称为从价计征；按照房产租金收入计征的，称为从租计征。

1. 从价计征

《房产税暂行条例》规定，房产税依照房产原值一次减除10%～30%后的余值计算缴纳。各地扣除比例由当地省、自治区、直辖市人民政府确定。

（1）房产原值是指纳税人按照会计制度规定，在账簿固定资产科目中记载的房屋原价。因此，凡按会计制度规定在账簿中记载有房屋原价的，应以房屋原价按规定减除一定比例后作为房产余值计征房产税；没有记载房屋原价的，按照上述原则，并参照同类房屋确定房产原值，按规定计征房产税。

值得注意的是：自2009年1月1日起，对依照房产原值计税的房产，不论是否记载在会计账簿固定资产科目中，均应按照房屋原价计算缴纳房产税。房屋原价应根据国家有关会计制度规定进行核算。对纳税人未按国家会计制度规定核算并记载的，应按规定予以调整或重新评估。

自2010年12月21日起，对按照房产原值计税的房产，无论会计上如何核算，房产原值均应包含地价，包括为取得土地使用权支付的价款、开发土地发生的成本费用等。宗地容积率低于0.5的，按房产建筑面积的2倍计算土地面积并据此确定计入房产原值的地价。

（2）房产原值应包括与房屋不可分割的各种附属设备或一般不单独计算价值的配套设施。主要有：暖气、卫生、通风、照明、煤气等设备；各种管线，如蒸汽、压缩空气、石油、给水排水等管道及电力、电信、电缆导线；电梯、升降机、过道、晒台等。属于房屋附属设备的水管、下水道、暖气管、煤气管等应从最近的探视井或三通管起，计算原值；电灯网、照明线从进线盒连接管起，计算原值。

从2006年1月1日起，为了维持和增加房屋的使用功能或使房屋满足设计要求凡以房屋为载体，不可随意移动的附属设备和配套设施，如给排水、采暖、消防、中央空调、电气及智能化楼宇设备等，无论在会计核算中是否单独记账与核算，都应计入房产原值，计征房产税。对于更换房屋附属设备和配套设施的，在将其价值计入房产原值时，可扣减原来相应设备和设施的价值；对附属设备和配套设施中易损坏、需要经常更换的零配件，更新后不再计入房产原值。

（3）纳税人对原有房屋进行改建、扩建的，要相应增加房屋的原值。

（4）对投资联营的房产，在计征房产税时应予以区别对待。对于以房产投资联营，投资者参与投资利润分红，共担风险的，按房产余值作为计税依据计征房产税；对以房产投资，收取固定收入，不承担联营风险的，实际是以联营名义取得房产租金，应根据《房产税暂行条例》的有关规定由出租方按租金收入计缴房产税。

（5）自2009年12月1日起，融资租赁的房产，由承租人自融资租赁合同约定开始日的次月起依照房产余值缴纳房产税。合同未约定开始日的，由承租人自合同签订的次月起依照房产余值缴纳房产税。

（6）2007 年 1 月 1 日起，对居民住宅区内业主共有的经营性房产，由实际经营（包括自营和出租）的代管人或使用人缴纳房产税。其中自营的，依照房产原值减除 10%~30%后的余值计征，没有房产原值或不能将业主共有房产与其他房产的原值准确划分开的，由房产所在地地方税务机关参照同类房产核定房产原值；出租的，依照租金收入计征。

（7）凡在房产税征收范围内的具备房屋功能的地下建筑，包括与地上房屋相连的地下建筑以及完全建在地面以下的建筑、地下人防设施等，均应当依照有关规定征收房产税。

上述具备房屋功能的地下建筑是指有屋面和维护结构，能够遮风避雨，可供人们在其中生产、经营、工作、学习、娱乐、居住或储藏物资的场所。自用的地下建筑，按以下方式计税：

①工业用途房产，以房屋原价的 50%~60%作为应税房产原值：

应纳房产税的税额=应税房产原值×［1-（10%~30%）］×1.2%

②商业和其他用途房产，以房屋原价的 70%~80%作为应税房产原值：

应纳房产税的税额=应税房产原值×［1-（10%~30%）］×1.2%

房屋原价折算为应税房产原值的具体比例，由各省、自治区、直辖市和计划单列市财政和地方税务部门在上述幅度内自行确定

③对于与地上房屋相连的地下建筑，如房屋的地下室、地下停车场、商场的地下部分等，应将地下部分与地上房屋视为一个整体按照地上房屋建筑的有关规定计算征收房产税。

（8）对出租房产，租赁双方签订的租赁合同约定有免收租金期限的，免收租金期间由产权所有人按照房产原值缴纳房产税。

2. 从租计征

《房产税暂行条例》规定，房产出租的，以不含增值税的房产租金收入为房产税的计税依据。

所谓房产的租金收入，是房屋产权所有人出租房产使用权所得的报酬，包括货币收入和实物收入。

如果是以劳务或者其他形式为报酬抵付房租收入的，应根据当地同类房产的租金水平，确定一个标准租金额从租计征。

出租的地下建筑，按照出租地上房屋建筑的有关规定计算征收房产税。

（二）应纳税额的计算方法

房产税的计税依据有两种，与之相适应的应纳税额计算也分为两种：一是从价计征的计算；二是从租计征的计算。

1. 从价计征的计算

从价计征是按房产的原值减除一定比例后的余值计征，其计算公式为：

应纳税额=应税房产原值×(1-扣除比例)× 1.2%

【例 11-1】本章导入案例企业应缴纳的房产税计算如下：

自用房产（不含委托建设的生产车间）从价计税：

（4 000-200）×（1-20%）×1.2%=36.48（万元）

企业办的各类学校、托儿所、幼儿园自用的房产免征房产税。

下半年出租仓库，则上半年 1~6 月共 6 月的使用期按房产余值计税：

200×（1-20%）×1.2%÷12×6=0.96（万元）

出租仓库按7月至当年底共6个月租金收入计税：

1.5×6×12%=1.08（万元）

在建工程完工转入的房产应自办理验收手续之次月起计税，故应从9月计至年底共4个月：

500×（1-20%）×1.2%/12×4=1.6（万元）

2019年应缴纳房产税=36.48+0.96+1.08+1.6=40.12（万元）

2. 从租计征的计算

从租计征是按房产的租金收入计征，其计算公式为：

应纳税额=租金收入×12%（或4%）

【例11-2】某公司出租房屋3间，年租金收入为30 000元（不含增值税），适用税率为12%。请计算其应纳房产税税额。

【解析】

应纳税额=30 000×12% =3 600（元）

四、房产税的征收管理

（一）纳税义务发生时间

（1）纳税人将原有房产用于生产经营，从生产经营之月起缴纳房产税。

（2）纳税人自行新建房屋用于生产经营，从建成之次月起缴纳房产税。

（3）纳税人委托施工企业建设的房屋，从办理验收手续之次月起缴纳房产税。

（4）纳税人购置新建商品房，自房屋交付使用之次月起缴纳房产税。

（5）纳税人购置存量房，自办理房屋权属转移、变更登记手续，房地产权属登记机关签发房屋权属证书之次月起，缴纳房产税。

（6）纳税人出租、出借房产，自交付出租、出借房产之次月起，缴纳房产税。

（7）房地产开发企业自用、出租、出借本企业建造的商品房，自房屋使用或交付之次月起，缴纳房产税。

（8）自2009年1月1日起，纳税人因房产的实物或权利状态发生变化而依法终止房产税纳税义务的，其应纳税款的计算应截止到房产的实物或权利状态发生变化的当月末。

（二）纳税期限

房产税实行按年计算、分期缴纳的征收方法，具体纳税期限由省、自治区、直辖市人民政府确定。

（三）纳税地点

房产税在房产所在地缴纳。房产不在同一地方的纳税人，应按房产的坐落地点分别向房产所在地的税务机关纳税。

（四）纳税申报

房产税的纳税人应按照条例的有关规定，及时办理纳税申报，并如实填写“房产税纳税申报表”。

第二节 城镇土地使用税

一、城镇土地使用税概述

城镇土地使用税是以国有土地或集体土地为征税对象，对拥有土地使用的单位和个人征收的一种税。

早在新中国成立初期，我国就开征了地产税。1951 年地产税与房产税合并为城市房地产税。1973 年简化税制时，将对国内企业征收的房地产税并入了工商税。我国长期以来对非农业用地基本上实行行政划拨、无偿、无限期使用的办法。这种土地无偿使用制度造成了土地资源的极大浪费。为此，1984 年第二步利改税时草拟了《土地使用税暂行条例（草案）》，将地产税从城市房地产税中划出，改名为土地使用税。1988 年国务院发布了《中华人民共和国城镇土地使用税暂行条例》，并于当年 11 月 1 日起施行。2006 年 12 月 31 日，国务院颁布了新修改的《中华人民共和国城镇土地使用税暂行条例》（以下简称《城镇土地使用税暂行条例》），从 2007 年 1 月 1 日起施行。2013 年 12 月 7 日根据《国务院关于修改部分行政法规的决定》再次修订。征收城镇土地使用税是为了合理利用城镇土地，调节土地级差收入，提高土地使用效益，加强土地管理。

二、城镇土地使用税的基本要素

（一）纳税义务人

在城市、县城、建制镇、工矿区范围内使用土地的单位和个人，为城镇土地使用税（以下简称土地使用税）的纳税人。

所称单位，包括国有企业、集体企业、私营企业、股份制企业、外商投资企业、外国企业以及其他企业和事业单位、社会团体、国家机关、军队以及其他单位；所称个人，包括个体工商户以及其他个人。

城镇土地使用税的纳税人通常包括以下几类：

（1）拥有土地使用权的单位和个人。

（2）拥有土地使用权的单位和个人不在土地所在地的，其土地的实际使用人和代管人为纳税人。

（3）土地使用权未确定或权属纠纷未解决的，其实际使用人为纳税人。

（4）土地使用权共有的，共有各方都是纳税人，由共有各方分别纳税。

几个人或几个单位共同拥有一块土地的使用权，这块土地的城镇土地使用税的纳税人应是对这块土地拥有使用权的每一个人或每一个单位。他们应以其实际使用的土地面积占总面积的比例，分别计算缴纳土地使用税。例如，某城市的甲与乙共同拥有一块土地的使用权，这块土地面积为 1 500 平方米，甲实际使用 1/3，乙实际使用 2/3，则甲应是其所占的土地 500 平方米（1 500×1/3）的城镇土地使用税的纳税人，乙是其所占的土地 1 000 平方米（1 500×2/3）的城镇土地使用税的纳税人。

（5）在城镇土地使用税征税范围内，承租集体所有建设用地的，由直接从集体经济组织承租土地的单位和个人，缴纳城镇土地使用税。

（二）征税范围

城镇土地使用税的征税范围，包括在城市、县城、建制镇和工矿区内的国家所有和集体所有的土地。

上述城市、县城、建制镇和工矿区分别按以下标准确认：

（1）城市是指经国务院批准设立的市。

（2）县城是指县人民政府所在地。

（3）建制镇是指经省、自治区、直辖市人民政府批准设立的建制镇。

（4）工矿区是指工商业比较发达，人口比较集中，符合国务院规定的建制镇标准，但尚未设立建制镇的大中型工矿企业所在地。工矿区的设立须经省、自治区、直辖市人民政府批准。

建立在城市、县城、建制镇和工矿区以外的工矿企业不需要缴纳城镇土地使用税。

（三）税率

城镇土地使用税采用定额税率，即采用有幅度的差别税额，按大、中、小城市和县城、建制镇、工矿区分别规定每平方米土地使用税年应纳税额。具体标准如下：

（1）大城市 1.5～30 元。

（2）中等城市 1.2～24 元。

（3）小城市 0.9～18 元。

（4）县城、建制镇、工矿区 0.6～12 元。

大、中、小城市以公安部门登记在册的非农业正式户口人数为依据，按照国务院颁布的《城市规划条例》中规定的标准划分。人口在 50 万以上者为大城市；人口在 20 万～50 万为中等城市；人口在 20 万以下者为小城市，如表 11-1 所示。

表 11-1　城镇土地使用税税率表

级别	人口/人	每平方米税额/元
大城市	50 万以上	1.5～30
中等城市	20 万～50 万	1.2～24
小城市	20 万以下	0.9～18
县城、建制镇、工矿区		0.6～12

各省、自治区、直辖市人民政府可根据市政建设情况和经济繁荣程度在规定税额幅度内，确定所辖地区的适用税额幅度。经济落后地区，土地使用税的适用税额标准可适当降低，但降低额不得超过上述规定最低税额的 30%。经济发达地区的适用税额标准可以适当提高，但须报财政部批准。

土地使用税规定幅度税额主要考虑到我国各地区存在着悬殊的土地级差收益，同一地区内不同地段的市政建设情况和经济繁荣程度也有较大的差别。把土地使用税税额定为幅度税额，拉开档次，而且每个幅度税额的差距规定为 20 倍。这样，各地政府在划分本辖区不同地段的等级，确定适用税额时有选择余地，便于具体划分和确定。幅度税额还可以调节不同地区、不同地段之间的土地级差收益，尽可能地平衡税负。

（四）税收优惠

1. 法定免缴城镇土地使用税的优惠项目

（1）国家机关、人民团体、军队自用的土地。这部分土地是指这些单位本身的办公用地和公务用地。如国家机关、人民团体的办公楼用地，军队的训练场用地等。

（2）由国家财政部门拨付事业经费的单位自用的土地。这部分土地是指这些单位本身的业务用地。如学校的教学楼、操场、食堂等占用的土地。

（3）宗教寺庙、公园、名胜古迹自用的土地。宗教寺庙自用的土地，是指举行宗教仪式等的用地和寺庙内的宗教人员生活用地。

公园、名胜古迹自用的土地，是指供公共参观游览的用地及其管理单位的办公用地。

以上单位的生产、经营用地和其他用地，不属于免税范围，应按规定缴纳土地使用税，如公园、名胜古迹中附设的营业单位如影剧院、饮食部、茶社、照相馆使用的土地。

（4）市政街道、广场、绿化地带等公共用地。

（5）直接用于农、林、牧、渔业的生产用地。这部分土地是指直接从事种植养殖、饲养的专业用地，不包括农副产品加工场地和生活办公用地。

（6）经批准开山填海整治的土地和改造的废弃土地，从使用的月份起免缴土地使用税5~10年。具体免税期限由各省、自治区、直辖市地方税务局在《城镇土地使用税暂行条例》规定的期限内自行确定。

（7）对非营利性医疗机构、疾病控制机构和妇幼保健机构等卫生机构自用的土地，免征城镇土地使用税。对营利性医疗机构自用的土地自2000年起免征城镇土地使用税3年。

（8）企业办的学校、医院、托儿所、幼儿园，其用地能与企业其他用地明确区分的，免征城镇土地使用税。

（9）免税单位无偿使用纳税单位的土地（如公安、海关等单位使用铁路、民航等单位的土地），免征城镇土地使用税。纳税单位无偿使用免税单位的土地，纳税单位应照章缴纳城镇土地使用税。纳税单位与免税单位共同使用、共有使用权土地上的多层建筑，对纳税单位可按其占用的建筑面积占建筑总面积的比例计征城镇土地使用税。

（10）对行使国家行政管理职能的中国人民银行总行（含国家外汇管理局）所属分支机构自用的土地，免征城镇土地使用税。

（11）为了体现国家的产业政策，支持重点产业的发展，对石油、电力、煤炭等能源用地，民用港口、铁路等交通用地和水利设施用地，三线调整企业、盐业、采石场、邮电等一些特殊用地划分了征免税界限和给予政策性减免税照顾。

2. 由省、自治区、直辖市税务局确定土地的征免税项目

（1）个人所有的居住房屋及院落用地；

（2）房产管理部门在房租调整改革前经租的居民住房用地；

（3）免税单位职工家属的宿舍用地；

（4）集体和个人办的各类学校、医院、托儿所、幼儿园用地。

（5）对增值税小规模纳税人可以在50%的税额幅度内减征城镇土地使用税。

三、城镇土地使用税应纳税额的计算

（一）计税依据

城镇土地使用税以纳税人实际占用的土地面积为计税依据，土地面积计量标准为每平方米；即税务机关根据纳税人实际占用的土地面积，按照规定的税额计算应纳税额，向纳税人征收土地使用税。

纳税人实际占用的土地面积按下列办法确定：

（1）由省、自治区、直辖市人民政府确定的单位组织测定土地面积的，以测定的面积为准。

（2）尚未组织测量，但纳税人持有政府部门核发的土地使用证书的，以证书确认的土地面积为准。

（3）尚未核发土地使用证书的，应由纳税人申报土地面积，据以纳税，待核发土地使用证以后再作调整。

（4）对在城镇土地使用税征税范围内单独建造的地下建筑用地，按规定征收城镇土地使用税。其中，已取得地下土地使用权证的，按土地使用权证确认的土地面积计算应征税款；未取得地下土地使用权证或地下土地使用权证上未标明土地面积的，按地下建筑垂直投影面积计算应征税款。对上述地下建筑用地暂按应征税款的50%征收城镇土地使用税。

（二）应纳税额的计算方法

城镇土地使用税的应纳税额可以通过纳税人实际占用的土地面积乘以该土地所在地段的适用税额求得。其计算公式为：

全年应纳税额=实际占用应税土地面积（平方米）×适用税额

【例11-3】本章导入案例企业应缴纳的城镇土地使用税计算如下：

企业办的学校、幼儿园，其用地能与企业其他用地明确区分的，可免缴城镇土地使用税，但企业内部绿化用地照章征收城镇土地使用税。

应纳税额 =（65 000-3 000-1 200）×4 = 243 200（元）

四、城镇土地使用税的征收管理

（一）纳税期限

城镇土地使用税实行按年计算、分期缴纳的征收方法，具体纳税期限由省、治区、直辖市人民政府确定。

（二）纳税义务发生时间

（1）纳税人购置新建商品房，自房屋交付使用之次月起，缴纳城镇土地使用税。

（2）纳税人购置存量房，自办理房屋权属转移、变更登记手续，房地产权属登记机关签发房屋权属证书之次月起，缴纳城镇土地使用税。

（3）纳税人出租、出借房产，自交付出租、出借房产之次月起，缴纳城镇土地使用税。

（4）以出让或转让方式有偿取得土地使用权的，应由受让方从合同约定交税时间的次月起缴纳城镇土地使用税；合同未约定交付时间的，由受让方从合同签订的次月起缴纳城镇土地使用税。

（5）纳税人新征用的耕地，自批准征用之日起满1年时开始缴纳土地使用税。

（6）纳税人新征用的非耕地，自批准征用次月起缴纳土地使用税。

（7）自2009年1月1日起，纳税人因土地的权利发生变化而依法终止城镇使用税纳税义务的，其应纳税款的计算应截止到土地权利发生变化的当月末。

（三）纳税地点和征收机构

城镇土地使用税在土地所在地缴纳。纳税人使用的土地不属于同一省、自治区、直辖市管辖的，由纳税人分别向土地所在地的税务机关缴纳土地使用税；在同一省、自治区、直辖市管辖范围内，纳税人跨地区使用的土地，其纳税地点由各省、自治区、直辖市税务局确认。

土地使用税由土地所在地的税务机关征收，其收入纳入地方财政预算管理。土地使用税征收工作涉及面广，政策性较强，在税务机关负责征收的同时，还必须注意加强同国土管理、测绘等有关部门的联系，及时取得土地的权属资料，沟通情况，共同协作把征收管理工作做好。

（四）纳税申报

城镇土地使用税的纳税人应按照条例的有关规定及时办理纳税申报，并如实填写“城镇土地使用税纳税申报表”。

第三节　耕地占用税

一、耕地占用税概述

（一）耕地占用税的概念

耕地占用税是国家对占用耕地建房或从事非农业建设的单位和个人，依其实际占用耕地的面积，按照规定税额一次性征收的一种税。它属于对特定土地资源占用课税。开征耕地占用税对保护国土资源，促进农业可持续发展，以及强化耕地管理，保护农民的切身利益等，都具有十分重要的意义。现行耕地占用税法的基本规范，是2018年12月29日第十三届全国人民代表大会常务委员会第七次会议通过的《中华人民共和国耕地占用税法》（以下简称《耕地占用税法》），自2019年9月1日起施行。

（二）耕地占用税的特点

耕地占用税作为一个出于特定目的、对特定的土地资源课征的税种，与其他税种相比具有比较鲜明的特点，主要表现在：

1. 兼具资源税与特定行为税的性质

耕地占用税以占用农用耕地建房或从事其他非农用建设的行为为征税对象，以约束纳税人占用耕地的行为、促进土地资源的合理运用为课征目的，除具有资源占用税的属性外，还具有明显的特定行为税的特点。

2. 采用地区差别税率

耕地占用税采用地区差别税率，根据不同地区的具体情况，分别制定差别税率，以适应我国地域辽阔、各地区之间耕地质量差别较大、人均占有耕地面积相差悬殊的具体情况，具有因地制宜的特点。

3. 在占用耕地环节一次性课征

耕地占用税在纳税人获准占用耕地的环节征收，除对获准占用耕地后超过两年未使用者须加征耕地占用税外，此后不再征收耕地占用税。因而，耕地占用税具有一次性征收的特点。

4. 税收收入专用于耕地开发与改良

耕地占用税收入按规定应用于建立发展农业专项基金，主要用于开展宜耕土地开发和改良现有耕地之用，因此，具有“取之于地、用之于地”的补偿性特点。

二、耕地占用税的基本要素

（一）纳税义务人

耕地占用税的纳税义务人，是占用耕地建设建筑物、构筑物或从事非农业建设的单位和个人。

所称单位，包括国有企业、集体企业、私营企业、股份制企业、外商投资企业、外国企业以及其他企业和事业单位、社会团体、国家机关、军队以及其他单位；所称个人，包括个体工商户以及其他个人。

（二）征税范围

耕地占用税的征税范围包括纳税人为建房或从事其他非农业建设而占用的国家所有和集体所有的耕地。

所谓“耕地”是指种植农作物的土地，包括菜地、园地。其中，园地包括花圃、苗圃、茶园、果园、桑园和其他种植经济林木的土地。

占用鱼塘及其他农用土地建房或从事其他非农业建设，也视同占用耕地，必须依法征收耕地占用税。占用已开发从事种植、养殖的滩涂、草场、水面和林地等从事非农业建设，由省、自治区、直辖市本着有利于保护土地资源和生态平衡的原则，结合具体情况确定是否征收耕地占用税。

占用耕地建设农田水利设施的，不缴纳耕地占用税。

（三）税率

由于在我国的不同地区之间人口和耕地资源的分布极不均衡，有些地区人口稠密，耕地资源相对匮乏；而有些地区则人烟稀少，耕地资源比较丰富。各地区之间的经济发展水平也有很大差异。考虑到不同地区之间客观条件的差别以及与此相关的税收调节力度和纳税人负担能力方面的差别，耕地占用税在税率设计上采用了地区差别定额税率。税率规定如下：

（1）人均耕地不超过 1 亩（1 亩=666.67 平方米，下同）的地区（以县、自治县、不设区的市、市辖区为单位，下同），每平方米为 10~50 元。

（2）人均耕地超过 1 亩但不超过 2 亩的地区，每平方米为 8~40 元。

（3）人均耕地超过 2 亩但不超过 3 亩的地区，每平方米 6~30 元。

（4）人均耕地超过 3 亩以上的地区，每平方米 5~25 元。

各地区耕地占用税的适用税额，由省、自治区、直辖市人民政府根据人均耕地面积和经济发展等情况，在前款规定的税额幅度内提出，报同级人民代表大会常务委员会决定，并报全国人民代表大会常务委员会和国务院备案。各省、自治区、直辖市耕地占用税适用税额的平均水平，不得低于本法所附《各省、自治区、直辖市耕地占用税平均税额表》（见表 11-2）规定的平均税额。

在人均耕地低于零点五亩的地区，省、自治区、直辖市可以根据当地经济发展情况，适当提高耕地占用税的适用税额，但提高的部分不得超过上述确定的适用税额的 50%。

占用基本农田的，应当按照上述规定确定的当地适用税额，加按 150%征收。

表 11-2　各省、自治区、直辖市耕地占用税平均税额表　　金额单位：元

地区	每平方米/平均税额
上海	45
北京	40
天津	35
江苏、浙江、福建、广东	30
辽宁、湖北、湖南	25
河北、安徽、江西、山东、河南、重庆、四川	22.5
广西、海南、贵州、云南、陕西	20
山西、吉林、黑龙江	17.5
内蒙古、西藏、甘肃、青海、宁夏、新疆	12.5

（四）税收优惠

1. 免征耕地占用税

（1）军事设施、学校、幼儿园、社会福利机构、医疗机构占用耕地，免征耕地占用税。

（2）农村烈士遗属、因公牺牲军人遗属、残疾军人以及符合农村最低生活保障条件的农村居民，在规定用地标准以内新建自用住宅，免征耕地占用税。

2. 减征耕地占用税

（1）铁路线路、公路线路、飞机场跑道、停机坪、港口、航道、水利工程占用耕地，减按每平方米 2 元的税额征收耕地占用税。

（2）农村居民占用耕地新建住宅，按照当地适用税额减半征收耕地占用税。

农村烈士家属、残疾军人、鳏寡孤独以及革命老根据地、少数民族聚居区和边远贫困山区生活困难的农村居民，在规定用地标准以内新建住宅缴纳耕地占用税确有困难的，经所在地乡（镇）人民政府审核，报经县级人民政府批准后，可以免征或者减征耕地占用税。

（3）上述第（1）、第（2）规定免征或者减征耕地占用税后，纳税人改变原占地用途，不再属于免征或者减征耕地占用税情形的，应当按照当地适用税额补缴耕地占用税。

（4）对增值税小规模纳税人可以在 50%的税额幅度内减征耕地占用税。

（5）农村居民在规定用地标准以内占用耕地新建自用住宅，按照当地适用税额减半征收耕地占用税；其中农村居民经批准搬迁，新建自用住宅占耕地不超过原宅基地面积的部分，免征耕地占用税。

三、耕地占用税应纳税额的计算

（一）计税依据

耕地占用税以纳税人实际占用耕地的面积为计税依据，以平方米为计量单位。

（二）应纳税额的计算方法

耕地占用税以纳税人实际占用的耕地面积为计税依据，按规定的适用税额一次性征收。其计算公式为：

应纳税额=实际占用耕地面积（平方米）×适用定额税率

【例 11-4】假设某市一家企业新占用 18 600 平方米耕地用于工业建设，所占耕地适用的定额税率为 20 元/平方米。计算该企业应纳的耕地占用税。

【解析】

应纳税额 = 18 600×20 = 372 000（元）

四、耕地占用税的征收管理

耕地占用税由税务机关负责征收。耕地占用税的纳税义务发生时间为纳税人收到自然资源主管部门办理占用耕地手续的书面通知的当日。纳税人应当自纳税义务发生之日起 30 日内申报缴纳耕地占用税。自然资源主管部门凭耕地占用税完税凭证或者免税凭证和其他有关文件发放建设用地批准书。

纳税人因建设项目施工或地质勘查临时占用耕地，应当依照税法的规定缴纳耕地占用税。纳税人在批准临时占用耕地期满之日起一年内依法复垦，恢复种植条件的，全额退还已经缴纳的耕地占用税。

占用园地、林地、草地、农田水利用地、养殖水面、渔业水域滩涂以及其他农用地建设建筑物、构筑物或者从事非农业建设的，比照税法的规定缴纳耕地占用税。占用上述农用地建设直接为农业生产服务的生产设施的，不缴纳耕地占用税。

税务机构应当与相关部门建立耕地占用税涉税信息共享机制和工作配合机制。县级以上地方人民政府自然资源、农业农村、水利等相关部门应定期向税务机关提供农用地转用、临时占地等信息，协助税务机关加强耕地占用税征收管理。

税务机关发现纳税人的纳税申报数据资料异常或纳税人未按规定期限申报纳税的，可以提请相关部门进行复核，相关部门应当自收到税务机关复核申请之日起 30 日内向税务机关出具复核意见。

本章小结

思考与练习题

一、选择题

1. 下列房屋及建筑物中，属于房产税征税范围的是（　　）。

A. 农村的居民住房　　B. 建在室外的露天游泳池

C. 个人拥有的市区经营性用房　　D. 尚未使用或出租而待售的商品房

2. 某公司办公大楼原值30 000万元，2019年2月28日将其中部分闲置房间出租，租期2年。出租部分房产原值5 000万元，租金每年1 000万元。当地规定房产原值减除比例为20%，2019年该公司应缴纳房产税（　　）。

A. 288万元　　B. 340万元　　C. 348万元　　D. 360万元

3. 下列土地中，免征城镇土地使用税的是（　　）。

A. 营利性医疗机构自用的土地

B. 公园内附设照相馆使用的土地

C. 生产企业使用海关部门的免税土地

D. 公安部门无偿使用铁路企业的应税土地

4. 2019年年底某会计师事务所与政府机关因各自办公所需共同购得一栋办公楼，占地面积5 000平方米，建筑面积40 000平方米，楼高10层，政府机关占用7层。该楼所在地城镇土地使用税的年税额为5元/平方米，则该会计师事务所与政府机关2019年共计应缴纳城镇土地使用税（　　）。

A. 7 500元　　B. 17 500元　　C. 25 000元　　D. 200 000元

5. 下列耕地占用的情形中，属于免征耕地占用税的是（　　）。

A. 医院占用耕地　　B. 建厂房占用鱼塘

C. 高尔夫球场占用耕地　　D. 商品房建设占用林地

6. 村民张某2018年起承包耕地面积3 000平方米。2019年将其中300平方米用于新建住宅，其余耕地仍和去年一样使用，即700平方米用于种植药材，2 000平方米用于种植水稻。当地耕地占用税税率为25元/平方米，张某应缴纳的耕地占用税为（　　）。

A. 3 750元　　B. 7 500元　　C. 12 500元　　D. 25 000元

7. 下列各选项中，符合房产税暂行条例规定的有（　　）。

A. 将房屋产权出典的，承典人为纳税人

B. 将房屋产权出典的，产权所有人为纳税人

C. 房屋产权未确定的，房产代管人或使用人为纳税人

D. 产权所有人不在房产所在地的，房产代管人或使用人为纳税人

8. 下列可以成为城镇土地使用税纳税人的有（　　）。

A. 拥有土地使用权的单位和个人　　B. 土地的实际使用人

C. 土地的代管人　　D. 共有土地使用权的各方

二、计算题

位于建制镇的某公司主要经营农产品种植、销售业务，公司占地3万平方米，其中农产品的种植用地2.5万平方米，职工宿舍和办公用地0.5万平方米；房产原值300万元。公司6月30日签订房屋租赁合同一份，将价值50万元的办公室从7月1日起出租给他人使用，租期12个月，月租0.2万元，每月收不含增值税租金1次（其他相关资料：①适用城镇土地使用税税率每平方米5元；②公司所在省规定计算房产余值的扣除比例为30%）。

要求：计算公司当年应缴纳的房产税和城镇土地使用税。

第十一章练习题答案

【案例分析】

第十二章 车船税和车辆购置税

■学习目标

通过本章的学习，学生应了解车船税和车辆购置税的特点、作用；重点掌握车船税和车辆购置税的征税范围、税率及应税税额的计算。理解车船税和车辆购置税的优惠政策，熟悉各税种的征收管理环节。

■导入案例

某公司于2019年7月份购买了一辆轿车，当年车被盗，但是这辆轿车已经缴纳车船税。请问，该公司能否申请退还这辆被盗车辆的车船税？

【解析】

根据《中华人民共和国车船税税法实施细则》的规定，在一个纳税年度内，已经完税的车船被盗抢、报废、灭失的，纳税人可以凭有关管理机关出具的证明和完税证明，向纳税人所在地的税务机关申请退还自被盗抢、报废、灭失月份起，到该纳税年度终了期间的税款。因此，该公司可以凭相关手续去税务机关办理退还被盗车辆的车船税款手续。

第一节 车船税

车船税法是指国家制定的用以调整车船税征收与缴纳之间权利及义务关系的法律规范。现行车船税法的基本规范，是2011年2月25日，由中华人民共和国第十一届全国人民代表大会常务委员会第十九次会议通过的《中华人民共和国车船税法》（以下简称《车船税法》），自2012年1月1日起施行。

一、车船税概述

（一）车船税的概念

车船税是以车船为征税对象，向拥有车船的单位和个人征收的一种税。

（二）车船税的作用

1. 为地方政府筹集财政资金，支持交通运输事业发展

改革开放以来，我国的交通业发展迅速，运输紧张状况大为缓解，但矛盾依然存在。开征车船税，能够将分散在车船人手中的部分资金集中起来，增加地方财源，增加对交通运输建设的财政投入，加快交通运输业的发展。

2. 有利于车船的管理与合理配置

随着经济发展，社会拥有车船的数量急剧增加，开征车船税后，购置、使用车船越多，应缴纳的车船税越多，促使纳税人加强对自己拥有的车船的管理和核算，改善资源配置，合理使用车船。

3. 有利于调节财富差异

车船税除了筹集地方财政收入外，另一重要功能是对个人拥有的财产或财富（如轿车、游艇等）进行调节，缓解财富分配不公。

二、车船税的基本要素

（一）纳税义务人

车船税的纳税义务人，是指在中华人民共和国境内，车辆、船舶（以下简称车船）的所有人或者管理人，应当依照《车船税法》的规定缴纳车船税。从事机动车第三者责任强制保险业务的保险机构为机动车的车船税扣缴义务人，应当在收取保险费时依法代收车船税，并出具代收税款凭证。

（二）征税范围

车船税的征收范围，是指依法应当在我国车船管理部门登记的车船；依法不需要在车船管理部门登记，在单位内部场所行驶或者作业的机动车辆和船舶。

（三）税目与税率

车船税实行定额税率，即对征税的车船规定单位固定税额（见表 12-1）。

车辆的具体适用税额由省、自治区、直辖市人民政府依照车船税法所附车船税税目税额表规定的税额幅度和国务院的规定确定。

船舶的具体适用税额由国务院在车船税法所附车船税税目税额表规定的税额幅度内确定（见表 12-1）。

表 12-1　车船税税目税额表

名称	目录	计税单位	年基准税额/元	备注
乘用车按发动机气缸容量（排气量分档）	1.0 升（含）以下的	每辆	60~360	核定载客人数 9 人（含）以下
	1.0 升以上至 1.6 升（含）的		300~540	
	1.6 升以上至 2.0 升（含）的		360~660	
	2.0 升以上至 2.5 升（含）的		660~1 200	
	2.5 升以上至 3.0 升（含）的		1 200~2 400	
	3.0 升以上至 4.0 升（含）的		2 400~3 600	
	4.0 升以上的		3 600~5 400	
商用车	客车	每辆	480~1 440	核定载客人数 9 人以上（包括电车）
	货车	整备质量每吨	16~120	包括半挂牵引车、挂车、客货两用汽车、三轮汽车和低速载货汽车等
挂车		整备质量每吨	按照货车税额的 50%计算	
其他车辆	专用作业车	整备质量每吨	16~120	不包括拖拉机
	轮式专用机械车	整备质量每吨	16~120	
摩托车		每辆	36~180	
船舶	机动船舶	净吨位每吨	3~6	拖船、非机动驳船分别按机动船舶税额50%计算
	游艇	艇身长度每米	600~2 000	

（1）机动船舶，具体适用税额为：

①净吨位小于或者等于 200 吨的，每吨 3 元。

②净吨位 201 吨~2 000 吨的，每吨 4 元。

③净吨位 2 001 吨~10 000 吨的，每吨 5 元。

④净吨位 10 001 吨及其以上的，每吨 6 元。

拖船按照发动机功率每 1 千瓦折合净吨位 0.67 吨计算征收车船税。

（2）游艇，具体适用税额为：

①艇身长度不超过 10 米的游艇，每米 600 元。

②艇身长度超过 10 米但不超过 18 米的游艇，每米 900 元。

③艇身长度超过 18 米但不超过 30 米的游艇，每米 1 300 元。

④艇身长度超过 30 米的游艇，每米 1 800 元。

⑤辅助动力帆艇，每米 600 元。

游艇艇身长度是游艇的总长。

（3）车船税法及其实施条例涉及的整备质量、净吨位、艇身长度等计税单位，有尾数的一律按照含尾数的计税单位据实计算车船税应纳税额。

（4）车船税法及其实施条例所涉及的排气量、整备质量、核定载客人数、净吨位、千瓦、艇身长度，以车船登记管理部门核发的车船登记证书或者行驶证所载数据为准。

依法不需要办理登记的车船和依法应当登记而未办理登记或者不能提供车船登记证书、行驶证的车船，以车船出厂合格证明或者进口凭证标注的技术参数、数据为准；不能提供车船出厂合格证明或者进口凭证的，由主管税务机关参照国家相关标准核定，没有国家相关标准的参照同类车船核定。

（四）税收优惠

1. 法定减免

（1）捕捞、养殖渔船，是指在渔业船舶管理部门登记为捕捞船或者养殖船的船舶。

（2）军队、武警部队专用的车船，是指按照规定在军队、武警部队车船管理部门登记，并领取军用牌照、武警牌照的车船。

（3）警用车船，是指公安机关、国家安全机关、监狱、劳动教养管理机关和人民法院、人民检察院领取警用牌照的车辆和执行警务的专用船舶。

（4）依照法律规定应当予以免税的外国驻华使馆、领事馆和国际组织驻华机构及其有关人员的车船。

（5）对节约能源，使用新能源的车船可以减征或免征车船税；对受严重自然灾害影响纳税困难以及其他特殊原因确需减、免税的，可以减征或免征车船税。

（6）省、自治区、直辖市人民政府根据当地实际情况，可以对公共交通车船，农村居民拥有并主要在农村地区使用的摩托车、三轮汽车和低速载货汽车定期减征或者免征车船税。

2. 特定减免

（1）经批准临时入境的外国车船和我国香港特别行政区，澳门特别行政区、台湾地区的车船，不征收车船税。

（2）按照规定缴纳船舶吨税的机动船舶，自车船税法实施之日起 5 年内免征车船税。

（3）依法不需要在车船登记管理部门登记的机场、港口铁路站场内部行驶或作业的车船，自车船税法实施之日起 5 年内免征车船税。

三、车船税应纳税额的计算

车船税由税务机关负责征收。

（1）购置的新车船，购置当年的应纳税额自纳税义务发生的当月起按月计算。计算公式为：

应纳税额 =（年应纳税额÷12）×应纳税月份数

应纳税月份数 = 12-纳税义务发生时间（取月份）+ 1

（2）在一个纳税年度内，已完税的车船被盗抢、报废、灭失的，纳税人可以凭有关管理机关出具的证明和完税凭证，向纳税所在地的主管税务机关申请退还自被盗抢、报废、灭失月份起至该纳税年度终了期间的税款。

已办理退税的被盗抢车船失而复得的，纳税人应当从公安机关出具相关证明的当月起计算缴纳车船税。

（3）境内单位和个人租入外国籍船舶的，不征收车船税。境内单位和个人将船舶出租到境外的，应依法征收车船税。

【例 12-1】某企业在 2019 年年初拥有整备质量 10 吨的载货汽车 6 辆和小轿车 4 辆。2019 年 4 月购入整备质量 8 吨的载货汽车挂车 3 辆，当月办理完登记手续；11 月，1 辆小轿车被盗，出具了公安机关证明，如当地载货汽车每吨年税额 60 元，小轿车每辆年税额 360 元，则该企业 2019 年共缴纳多少车船税？

【解析】

挂车按照货车税额的 50%计算车船税；被盗车辆，可向税务机关申请退还被盗月份至年度终了期间的税款。

该企业 2019 年应纳车船税额 = 10×60×6+8×60×50%×3×9/12+360×4-360×2/12 = 5 520（元）

四、车船税的征收管理

（一）纳税期限

车船税纳税义务发生时间为取得车船所有权或者管理权的当月。以购买车船的发票或者其他证明文件所载日期的当月为准。

（二）纳税地点

车船税的纳税地点为车船的登记地或者车船税扣缴义务人所在地。依法不需要办理登记的车船，车船税的纳税地点为车船的所有人或管理人所在地。

（三）纳税申报

车船税按年申报，分月计算，一次性缴纳。纳税年度为公历 1 月 1 日至 12 月 31 日。

（1）税务机关可以在车船登记管理部门、车船检验机构的办公场所集中办理车船税征收事宜。

（2）公安机关交通管理部门在办理车辆相关登记和定期检验手续时，经核查，对没有提供依法纳税或者免税证明的，不予办理相关手续。

（3）已缴纳车船税的车船在同一纳税年度内办理转让过户的，不另纳税，也不退税。

（4）纳税人缴纳车船税时，应当提供反映排气量、整备质量、核定载客人数、净吨位、千瓦、艇身长度等与纳税相关信息的相应凭证以及税务机关根据实际需要要求提供的其他资料。纳税人以前年度已经提供前款所列资料信息的，可以不再提供。

（5）纳税人在购买交强险时，由扣缴义务人代收代缴车船税的，凭注明已收税款信息的交强险保险单，车辆登记地的主管税务机关不再征收该纳税年度的车船税。再次征收的，车辆登记地主管税务机关应予退还。

第二节 车辆购置税

车辆购置税法是指国家制定的用以调整车辆购置税征收与缴纳之间权利及义务关系的法律规范。现行车辆购置税法的基本规范，是2018年12月29日第十三届全国人民代表大会常务委员会第七次会议通过，并于2019年7月1日起施行的《中华人民共和国车辆购置税法》。

一、车辆购置税概述

（一）车辆购置税的概念

车辆购置税是以在中国境内购置规定的车辆为课税对象，在特定的环节向车辆购置者征收的一种税。就其性质而言，属于直接税的范畴。征收车辆购置税有利于合理筹集财政资金，规范政府行为，调节收入差距，也有利于配合打击车辆走私和维护国家权益。

（二）车辆购置税的特点

车辆购置税作为一种特殊税，除具有税收的共同特点外，还有其自身独立的特点：

1. 征收范围和方法单一

作为财产税的车辆购置税，是以购置的特定车辆为课税对象，而不是对所有的财产或消费财产征税，其范围窄，是一种特种财产税。同时，根据纳税人购置应税车辆的计税价格实行从价计征，以价格为计税标准。

2. 征税具有特定目的

车辆购置税具有专门用途，由中央财政根据国家交通建设投资计划，统筹安排。这种有特定目的的税收，可以保证国家财政支出的需要，既有利于统筹合理地安排资金，又有利于保证特定事业和建设支出的需要。

3. 价外征收，税负不发生转嫁

车辆购置税的计税依据中不包含车辆购置税税额，车辆购置税税额是附加在价格之外的，且纳税人即为负税人，税负不发生转嫁。

二、车辆购置税的基本要素

（一）纳税义务人

车辆购置税的纳税人是指在我国境内购置应税车辆的单位和个人。其中购置是指购买、进口、自产、受赠、获奖或者其他方式取得并自用应税车辆的行为。

（二）征税范围

车辆购置税以列举的车辆作为征税对象，未列举的车辆不纳税。其征税范围包括汽车、有轨电车、汽车挂车、排气量超过150毫升的摩托车（以下统称应税车辆）。

地铁、轻轨等城市轨道交通车辆；装载机、平地机、挖掘机、推土机等轮式专用机械车；以及起重机（吊车）、叉车、电动摩托车，不属于应税车辆。

（三）征收方式和税率

车辆购置税实行一次性征收，购置已征车辆购置税的车辆，不再征收车辆购置税。

车辆购置税实行统一比例税率，税率为10%。

（四）税收优惠

（1）外国驻华使馆、领事馆和国际组织驻华机构及其有关人员自用车辆免税。

（2）中国人民解放军和中国人民武装警察部队列入军队武器装备订货计划的车辆免税。

（3）悬挂应急救援专用号牌的国家综合性消防救援车辆免税。

（4）设有固定装置的非运输专用作业车辆免税。

（5）城市公交企业购置的公共汽电车辆。

三、车辆购置税应纳税额的计算

（一）计税依据

1. 购买自用应税车辆计税价格的确定

纳税人购买自用的应税车辆的计税价格为纳税人支付给销售方的全部价款，依据纳税人购买应税车辆时相关凭证载明的价格确定，不含增值税税款。

2. 进口自用应税车辆计税依据的确定

纳税人进口自用的应税车辆以组成计税价格为计税依据，组成计税价格的计算公式为：

组成计税价格=关税完税价格+关税+消费税

进口自用的应税车辆是指纳税人直接从境外进口或委托代理进口自用的应税车辆，不包括境内购买的进口车辆。

3. 自产自用应税车辆计税依据的确定

纳税人自产自用应税车辆的计税价格，按照纳税人生产的同类应税车辆的销售价格确定，不包括增值税税额。

没有同类应税车辆销售价格的，按照组成计税价格确定。组成计税价格计算公式如下：

组成计税价格=成本×（1+成本利润率）

属于应征消费税的应税车辆，其组成计税价格中应加计消费税税额。

上述公式中的成本利润率，由国家税务总局各省、自治区、直辖市和计划单列市税务局确定。

国家税务总局未核定最低计税价格的车辆，计税价格为纳税人提供的有效价格证明注明的价格。有效价格证明注明的价格明显偏低的，主管税务机关有权核定应税车辆的计税价格。

4. 纳税人以受赠、获奖或其他方式取得自用应税车辆计税价格的确定

按照购置应税车辆时相关凭证载明的价格确定，不包括增值税税款。

（二）应纳税额的计算方法

（1）车辆购置税实行从价定率的方法计算应纳税额，计算公式如下：

应纳税额=应税车辆的计税价格×税率

【例12-2】2019年3月宋某从汽车4S店（增值税一般纳税人）购置了轿车一辆供自己使用，支付含增值税的全部价款为240 000元。请计算宋某应缴纳的车辆购置税。

【解析】

应纳税额 = 240 000÷（1+13%）×10% ≈ 21 238.94（元）

【例 12-3】某汽车制造公司将 A 型汽车 3 辆转做本公司固定资产。本公司同类 A 型汽车不含税售价为 170 000 元/辆，请计算该汽车制造公司应缴纳的车辆购置税。

【解析】

应纳税额 = 170 000×3×10% = 51 000（元）

（2）已经办理免税、减税手续的车辆因转让、改变用途等原因不再属于免税、减税范围的，应纳税额计算公式如下：

应纳税额=初次办理纳税申报时确定的计税价格×（1-使用年限×10%）×10%-已纳税额

应纳税额不得为负数。

使用年限的计算方法是，自纳税人初次办理纳税申报之日起，至不再属于免税、减税范围的情形发生之日止。使用年限取整计算，不满一年的不计算在内。

（3）纳税人将已征车辆购置税的车辆退回车辆生产企业或者销售企业的，可以向主管税务机关申请退还车辆购置税。应退税额计算公式如下：

应退税额=已纳税额×（1-使用年限×10%）

应退税额不得为负数。

使用年限的计算方法是，自纳税人缴纳税款之日起，至申请退税之日止。

四、车辆购置税的征收管理

车辆购置税实行一车一申报制度，由税务机关负责征收。

纳税人购置应税车辆，应当向车辆登记地的主管税务机关申报缴纳车辆购置税；购置不需要办理车辆登记的应税车辆的，应当向纳税人所在地的主管税务机关申报缴纳车辆购置税。

车辆购置税的纳税义务发生时间为纳税人购置应税车辆的当日，以纳税人购置应税车辆所取得的车辆相关凭证上注明的时间为准。纳税人应当自纳税义务发生之日起 60 日内申报缴纳车辆购置税。

纳税人应当在向公安机关交通管理部门办理车辆注册登记前，缴纳车辆购置税。

公安机关交通管理部门办理车辆注册登记，应当根据税务机关提供的应税车辆完税或者免税电子信息对纳税人申请登记的车辆信息进行核对，核对无误后依法办理车辆注册登记。

免税、减税车辆因转让、改变用途等原因不再属于免税、减税范围的，纳税人应当在办理车辆转移登记或者变更登记前缴纳车辆购置税。发生转让行为的，受让人为车辆购置税纳税人；未发生转让行为的，车辆所有人为车辆购置税纳税人。

税务机关和公安、商务、海关、工业和信息化等部门应当建立应税车辆信息共享和工作配合机制，及时交换应税车辆和纳税信息资料。

本章小结

思考与练习题

一、选择题

1. 下列各选项中，属于车辆购置税应税行为的有（　　）。

A. 购买使用行为　　　　B. 进口使用行为

C. 受赠使用行为　　　　D. 获奖使用行为

2. 下列车辆，属于车辆购置税征税范围的有（　　）。

A. 排气量 200 毫升的摩托车　　　　B. 汽车

C. 汽车挂车　　　　D. 电动自行车

3. 2019 年 5 月张某从汽车 4S 店（增值税一般纳税人）购置了轿车一辆供自己使用，支付购车款（含增值税）226 000 元，取得汽车 4S 店开具的普通发票；支付代收保险费8 000元并取得保险公司开具的票据。则张某应缴纳的车辆购置税（　　）元。

A. 20 000　　B. 20 708　　C. 22 600　　D. 23 400

4. 姜某于 2018 年 6 月购买一辆小汽车自用，当月缴纳了车辆购置税 2 万元，2019 年 7 月，因该车存在严重质量问题，姜某与厂家协商退货，并向税务机关申请车辆购置税的退税。姜某可得到的车辆购置税退税是（　　）万元。

A. 0.5　　B. 1　　C. 1.8　　D. 2

5. 某船运公司 2019 年度拥有机动船 4 艘，每艘净吨位 3 000 吨；拥有拖船 1 艘，每艘发动机功率 1 500 千瓦。机动船舶车船税年基准税额为：净吨位 201～2 000 吨的，每吨 4 元，净吨位 2 001 吨～10 000 吨的，每吨 5 元。该公司 2019 年度应缴纳的车船税为（　　）元。

A. 61 800　　B. 62 010　　C. 63 000　　D. 64 020

6. 天津市张三 2019 年 1 月购买一辆小轿车，依法缴纳了当年的车船税 660 元，2019 年 3 月底，因工作地点变动，张三将该辆轿车转让给北京市的李四，则下列表述正确的是（　　）。

A. 张三应向天津市税务机关申请退还当年缴纳的 660 元车船税，李四应在北京市缴纳 660 元的车船税

B. 张三应向天津市税务机关申请退还已纳车船税550元，李四应在北京市缴纳3~12月的车船税550元

C. 张三应向天津市税务机关申请退还已纳车船税495元，李四应在北京市缴纳4~12月的车船税495元

D. 当年该轿车既不需要重新缴纳车船税，也不再退税

7. 下列选项中，以“辆”为计税依据计算车船税的有（　　）。

A. 船舶　　B. 摩托车　　C. 客车　　D. 货车

8. 以下选项中关于我国车船税税目税率的表述正确的有（　　）。

A. 车船税实行定额税率

B. 客货两用汽车按照货车征税

C. 货车包括半挂牵引车和挂车

D. 拖船和非机动驳船分别按机动船舶税额的70%计算

二、计算题

1. 某汽车贸易公司2019年6月进口11辆小轿车，海关审定的关税完税价格为25万元/辆，当月销售8辆，取得含税销售收入240万元；2辆公司自用；1辆用于抵偿债务，合同约定的含税价格为30万元。请计算该公司应缴纳的车辆购置税（小轿车关税税率28%，消费税税率9%）。

2. 某机械制造公司2019年拥有货车3辆，每辆货车的整备质量均为1.499吨；挂车1辆，其整备质量为1.2吨；小汽车2辆。已知货车车船税税率为整备质量每吨年基准税额16元，小汽车车船税税率为每辆年基准税额360元。请计算该公司2019年度应缴纳的车船税。

第十二章练习题答案

【案例分析】

第十三章 税收征收管理法

■**学习目标**

税收征收管理是征收和缴纳的有机结合，是税务机关与纳税人双向互动的链条，它们统一于共同的规则——《中华人民共和国税收征收管理法》（以下简称《税收征管法》）。此法系我国税法体系中的重要组成部分，属于税收程序法。通过本章的学习，应当掌握该法的使用范围，掌握税务登记、纳税申报和税款征收、税务检查的相关规定，理解税收征管是征收、管理、检查相互联系、相互补充、相互依存、相互制约的有机体，能够对税收征收管理有一个全面的认识。

■**导入案例**

某商场2011年10月份发生了一次火灾，使商场经营受损，保险公司虽给予赔偿，但赔偿部分仍不足以抵补损失。为扭转局面，该商场的经理没有从经营上想办法，却动起税收的念头。他指示工作人员将部分商品转移到地下仓库，故意给税务人员造成一种修整期间生意冷淡的假象。当税务机关接到举报电话后，立即对该商场的实际经营情况进行详细检查，发现该商场有逃避纳税义务的行为，便责令其在10天内缴纳应纳税款。该商场对税务机关的通知置之不理，且将一部分销售收入通过往来账户挂在与其关系密切的单位的户头上。税务机关便又责令其提供纳税担保，该商场仍然充耳不闻。税务机关为了保证税款入库，便扣押、查封了该商场部分价值相当于税款的商品。请问，该商场的行为属于什么行为，税务机关的处理是否正确，通过本章的学习我们将找到答案。

第一节　税收征收管理法概述

《中华人民共和国税收征收管理法》于1992年9月4日第七届全国人民代表大会常务委员会第二十七次会议通过，1993年1月1日起施行，1995年2月28日第八届全国人民代表大会常务委员会第十二次会议修正。2001年4月28日，第九届全国人民代表大会常务委员会第二十一次会议通过了修订后的《税收征管法》，并于2001年5月1日起施行。2013年和2015年全国人民代表大会常务委员会对《税收征管法》又进行过再次修订。

一、《税收征管法》的立法目的

《税收征管法》第一条规定："为了加强税收征收管理，规范税收征收和缴纳行为，保障国家税收收入、保护纳税人合法权益，推进税收治理现代化，促进经济和社会发展，制定本法。"此条规定对《税收征管法》的立法目的做了高度概括。

二、《税收征管法》的适用范围

《税收征管法》第二条规定："凡依法由税务机关征收的各种税收的征收管理，均适用本法。"这就明确界定了《税收征管法》的适用范围。

我国税收的征收机关有税务、海关、财政等部门，税务机关征收各种工商税收，海关征收关税。《税收征管法》只适用于由税务机关征收的各种税收的征收管理。

值得注意的是，目前还有一部分费由税务机关征收，如教育费附加。这些费不适用《税收征管法》，不能采取《税收征管法》规定的措施，其具体管理办法由各种费的条例和规章决定。

三、《税收征管法》的适用主体

（一）税务行政主体——税务机关

各级税务机关是税收征管法的征管主体，《税收征管法》第五条规定："国务院税务主管部门主管全国税收征收管理工作。各地税务局应当按照国务院规定的税收征收管理范围分别进行征收管理。"《税收征管法》和《中华人民共和国税收征收管理法实施细则》规定："税务机关是指各级税务局、税务分局、税务所和省以下税务局的稽查局。稽查局专司逃税、逃避追缴欠税、骗税、抗税案件的查处。国家税务总局应明确划分税务局和稽查局的职责，避免职责交叉。"上述规定既明确了税收征收管理的行政主体（即执法主体），也明确了《税收征管法》的遵守主体。

（二）税务行政管理相对人——纳税人、扣缴义务人和其他有关单位

《税收征管法》第四条规定："法律，行政法规规定负有纳税义务的单位和个人为纳税人。法律、行政法规规定负有代扣代缴、代收代缴税款义务的单位和个人为扣缴义务人。纳税人、扣缴义务人必须依照法律、行政法规的规定缴纳税款、代扣代缴、代收代缴税款。"第六条第二款规定："纳税人、扣缴义务人和其他有关单位应当按照国家有关规定如实向税务机关提供与纳税和代扣代缴、代收代缴税款有关的信息。"根

据上述规定，纳税人、扣缴义务人和其他有关单位是税务行政管理的相对人，是《税收征管法》的遵守主体，必须按照《税收征管法》的有关规定接受税务管理，享受合法权益。

（三）有关单位和部门

《税收征管法》第五条规定："地方各级人民政府应当依法加强对本行政区域内税收管理工作的领导或者协调，支持税务机关依法执行职务，建立、健全涉税信息提供机制。各有关部门和单位应当支持、协助税务机关依法执行职务。"这说明包括地方各级人民政府在内的有关单位和部门同样是《税收征管法》的遵守主体，必须遵守《税收征管法》的有关规定。

第二节　税务管理

一、税务登记管理

税务登记是税务机关对纳税人的生产、经营活动进行登记并据此对纳税人实施税务管理的一种法定制度。税务登记又称纳税登记，它是税务机关对纳税人实施税收管理的首要环节和基础工作，是征纳双方法律关系成立的依据和证明，也是纳税人必须依法履行的义务。

（一）开业税务登记

从事生产经营的纳税人应当自领取营业执照之日起 30 日内，向生产经营地或者纳税义务发生地的主管税务机关申报办理税务登记，如实填写税务登记表，并按照税务机关的要求提供有关证件、资料。

上款规定以外的纳税人，除国家机关和个人外，应当自纳税义务发生之日起 30 日内，持有关证件向所在地的主管税务机关申报办理税务登记。

个人所得税的纳税人办理税务登记的办法由国务院另行规定。

对于 2016 年 1 月 1 日以后在机构编制、民政部门登记设立并取得统一社会信用代码的纳税人，以 18 位统一社会信用代码为其纳税人识别号，按照现行规定办理税务登记，发放税务登记证件。对已在机构编制、民政部门登记设立并办理税务登记的纳税人，税务部门应积极配合登记机关逐步完成存量代码的转换工作，实现法人及其他组织统一社会信用代码在税务部门的全覆盖。

税务部门与民政部门之间能够建立省级统一的信用信息共享交换平台、政务信息平台、部门间数据接口并实现登记信息实时传递的，由民政部门受理申请，只发放标注统一社会信用代码的社会组织（社会团体、基金会、民办非企业单位）法人登记证，赋予其税务登记证的全部功能，不再另行发放税务登记证件。

（二）扣缴税款登记

扣缴义务人应当自扣缴义务发生之日起 30 日内，向所在地的主管税务机关申报办理扣缴税款登记，领取扣缴税款登记证件；税务机关对已办理税务登记的扣缴义务人，可以只在其税务登记证件上登记扣缴税款事项，不再发给扣缴税款登记证件。

（三）变更税务登记

纳税人税务登记内容发生变化的，应当自工商行政管理机关或者其他机关办理变更登记之日起30日内，持有关证件向原税务登记机关申报办理变更税务登记。

纳税人税务登记内容发生变化，不需要到工商行政管理机关或者其他机关办理变更登记的，应当自发生变化之日起30日内，持有关证件向原税务登记机关申报办理变更税务登记。

（四）注销税务登记

纳税人发生解散、破产、撤销以及其他情形，依法终止纳税义务的，应当在向工商行政管理机关或者其他机关办理注销登记前，持有关证件向原税务登记机关申报办理注销税务登记；按照规定不需要在工商行政管理机关或者其他机关办理注册登记的，应当自有关机关批准或者宣告终止之日起15日内，持有关证件向原税务登记机关申报办理注销税务登记。

纳税人因住所、经营地点变动，涉及改变税务登记机关的，应当在向工商行政管理机关或者其他机关申请办理变更或者注销登记前或者住所、经营地点变动前，向原税务登记机关

纳税人被工商行政管理机关吊销营业执照或者被其他机关予以撤销登记的，应当自营业执照被吊销或者被撤销登记之日起15日内，向原税务登记机关申报办理注销税务登记。

纳税人在办理注销税务登记前，应当向税务机关结清应纳税款、滞纳金、罚款，缴销发票、税务登记证件和其他税务证件。

二、跨区域涉税事项报验管理

（1）纳税人跨省（自治区、直辖市和计划单列市）临时从事生产经营活动的，向机构所在地的税务机关填报“跨区域涉税事项报告表”。

（2）纳税人跨区域经营合同延期的，可以向经营地或机构所在地的税务机关办理报验管理有效期限延期手续。

（3）跨区域报验管理事项的报告、报验、延期、反馈等信息，通过信息系统在机构所在地和经营地的税务机关之间传递，实时共享。

（4）纳税人首次在经营地办理涉税事宜时，向经营地的税务机关报验跨区域涉税事项。

（5）纳税人跨区域经营活动结束后，应当结清经营地税务机关的应纳税款以及其他涉税事项，向经营地的税务机关填报“经营地涉税事项反馈表”。

经营地的税务机关核对“经营地涉税事项反馈表”后，及时将相关信息反馈给机构所在地的税务机关。纳税人不需要另行向机构所在地的税务机关反馈。

（6）机构所在地的税务机关要设置专岗，负责接收经营地的税务机关反馈信息，及时以适当方式告知纳税人，并适时对纳税人已抵减税款、在经营地已预缴税款和应预缴税款进行分析、比对，发现疑点的，及时推送至风险管理部门或者稽查部门组织应对。

三、账簿、凭证管理

从事生产、经营的纳税人应当自领取营业执照或者发生纳税义务之日起 15 日内，按照国家有关规定设置账簿。

生产、经营规模小又确无建账能力的纳税人，可以聘请经批准从事会计代理记账业务的专业机构或者财会人员代为建账和办理账务。

从事生产、经营的纳税人应当自领取税务登记证件之日起 15 日内，将其财务、会计制度或者财务、会计处理办法报送主管税务机关备案。

纳税人使用计算机记账的，应当在使用前将会计电算化系统的会计核算软件、使用说明书及有关资料报送主管税务机关备案。

纳税人建立的会计电算化系统应当符合国家有关规定，并能正确、完整核算其收入或者所得。

扣缴义务人应当自税收法律、行政法规规定的扣缴义务发生之日起 10 日内，按照所代扣、代收的税种，分别设置代扣代缴、代收代缴税款账簿。

账簿、记账凭证、报表、完税凭证、发票、出口凭证以及其他有关涉税资料应当合法、真实、完整。

账簿、记账凭证、报表、完税凭证、发票、出口凭证以及其他有关涉税资料应当保存 10 年；但是，法律、行政法规另有规定的除外。

四、发票管理

税务机关是发票的主管机关，负责发票的印制、领购、开具、取得、保管、缴销的管理和监督。

1. 发票印制管理

增值税专用发票由国务院税务主管部门确定的企业印制；其他发票，按照国务院税务主管部门的规定，分别由省、自治区、直辖市税务局确定企业印制。未经上述规定的税务机关确定，不得印制发票。

2. 发票领购管理

依法办理税务登记的单位和个人，在领取税务登记证后，向主管税务机关申请领购发票。对无固定经营场地或者财务制度不健全的纳税人申请领购发票，主管税务机关有权要求其提供担保人，不能提供担保人的，可以视其情况，要求其提供保证金，并限期缴销发票。对发票保证金应设专户储存，不得挪作他用。纳税人可以根据自己的需要申请领购普通发票。增值税专用发票只限于增值税一般纳税人领购使用。

3. 发票的开具和保管管理

单位、个人在购销商品、提供或者接受经营服务以及从事其他经营活动中，应当按照规定开具、使用、取得发票。

填开发票的单位和个人必须在发生经营业务确认营业收入时开具发票。未发生经营业务一律不准开具发票。

向消费者个人零售小额商品或者提供零星服务的，是否可免予逐笔开具发票，由省税务机关确定。

单位和个人在开具发票时，必须做到按照号码顺序填开，填写项目齐全，内容真实，字迹清楚，全部联次一次打印，内容完全一致，并在发票联和抵扣联加盖发票专用章。

开具发票后，如发生销货退回需开红字发票的，必须收回原发票并注明“作废”字样或取得对方有效证明；如发生销售折让的，必须在收回原发票并注明“作废”字样后重新开具销售发票或取得对方有效证明后开具红字发票。

使用发票的单位和个人应当妥善保管发票。发生发票丢失情形时，应当于发现丢失当日书面报告税务机关，并登报声明作废。

4. 发票发放领用的服务与监管

（1）及时为纳税人提供清晰的发票领用指南。通过印发提示卡或涉税事项告知卡，引导纳税人快速办理发票领用手续。推行免填单、预填单、勾选等方式，补充采集国标行业、登记注册类型等税务机关所需的数据，以核定应纳税种、适用的发票票种、版别及数量，让纳税人切实感受到税务机关的优质服务。

（2）简化发票申领程序。税务机关应根据实际情况，设定统一、规范的发票申领程序，并将发票申领程序公开。申领普通发票原则上取消实地核查，统一在办税服务厅即时办结。一般纳税人申请增值税专用发票（包括增值税专用发票和货物运输业增值税专用发票）最高开票限额不超过 10 万元的，主管税务机关不需事前进行实地查验。可在此基础上适当扩大不需事前实地查验的范围，实地查验的范围和方法由各省税务机关确定。

（3）不断提高发票管理信息化水平。积极探索建立风险监控指标，通过比对分析纳税人的开票信息，及时调整纳税人申领发票的版别和数量。做好网络发票应用工作，推动网络发票数据分析利用，完善网络发票平台实时查询和日常监控管理功能，为社会提供便捷的网络发票信息查询服务。同时，探索电子发票的推广与应用。

五、税控管理

税控管理是指税务机关利用税控装置对纳税人的生产经营情况进行监督和管理，以保障国家税收收入，防止税款流失，提高税收征管工作效率，降低征收成本的各项活动的总称。

《税收征管法》规定：“国家根据税收征收管理的需要，积极推广使用税控装置。纳税人应当按照规定安装、使用税控装置，不得损毁或者擅自改动税控装置。”

六、纳税申报管理

1. 纳税申报的对象

纳税申报的对象包括纳税人和扣缴义务人。纳税人在纳税期内没有应纳税款的，也应当按照规定办理纳税申报。

纳税人享受减税、免税待遇的，在减税、免税期间应当按照规定办理纳税申报。

2. 纳税申报的内容

纳税人、扣缴义务人的纳税申报或者代扣代缴、代收代缴税款报告表的主要内容包括：税种、税目，应纳税项目或者应代扣代缴、代收代缴税款项目，计税依据，扣除项目及标准，适用税率或者单位税额，应退税项目及税额、应减免税项目及税额，应纳税额或者应代扣代缴、代收代缴税额，税款所属期限、延期缴纳税款、欠税、滞纳金等。

3. 纳税申报的方式

（1）直接申报，即直接到税务机关办理纳税申报或者报送代扣代缴、代收代缴税款报告表。

（2）邮寄申报，纳税人采取邮寄方式办理纳税申报的，应当使用统一的纳税申报专用信封，并以邮政部门收据作为申报凭据。邮寄申报以寄出的邮戳日期为实际申报日期。

（3）数据电文方式申报，是指税务机关确定的电话语音、电子数据交换和网络传输等电子方式申报，其申报日期以税务机关计算机网络系统收到该数据电文的时间为准。纳税人采取电子方式办理纳税申报的，应当按照税务机关规定的期限和要求保存有关资料，并定期书面报送主管税务机关。

4. 纳税申报的期限

纳税人、扣缴义务人必须依照法律、行政法规规定或者税务机关依照法律、行政法规的规定确定的申报期限如实办理纳税申报。

纳税人、扣缴义务人按照规定的期限办理纳税申报或者报送代扣代缴、代收代缴税款报告表确有困难，需要延期的，应当在规定的期限内向税务机关提出书面延期申请，经税务机关核准，在核准的期限内办理。

纳税人、扣缴义务人因不可抗力，不能按期办理纳税申报或者报送代扣代缴、代收代缴税款报告表的，可以延期办理；但是，应当在不可抗力情形消除后立即向税务机关报告。税务机关应当查明事实，予以核准。

第三节　税款征收

税款征收是税收征收管理工作中的中心环节，是全部税收征管工作的目的和归宿，在整个税收工作中占据着极其重要的地位。

一、税款征收的原则

（1）税务机关只能依照法律，行政法规的规定征收税款。

（2）税务机关不得违反法律、行政法规的规定开征、停征、多征、少征、提前征收或延续缓征收税款或者摊派税款。

（3）税务机关征收税款必须遵守法定权限和法定程序。

（4）税务机关征收税款或扣押、查封商品、货物或其他财产时必须向纳税人开具完税凭证或开付扣押、查封的收据或清单。

（5）税款、滞纳金、罚款统一由税务机关上缴国库。

（6）税款优先。税务机关征收税款，税收优先于无担保债权，《企业破产法》另有规定的除外；纳税人欠缴的税款发生在纳税人以其财产设定抵押、质押或者纳税人的财产被留置之前的，税收应当先于抵押权、质权、留置权执行；纳税人欠缴税款，同时又被行政机关决定处以罚款、没收违法所得的，税收优先于罚款、没收违法所得。

二、税款征收的方式

税款征收方式是指税务机关根据各税种的不同特点、征纳双方的具体条件而确定的计算征收税款的方法和形式。税款征收的方式主要有：

（一）查账征收

查账征收是由纳税人依据账簿记载，先自行计算缴纳，事后经税务机关查账核实，如有不符时，可多退少补。这种方式一般适用于财务会计制度较为健全，会计记录完整能够认真履行纳税义务的纳税单位。

（二）查定征收

查定征收是指税务机关根据纳税人的生产设备、采用原材料等因素，对其产制的应税产品查实核定产量、销售额并据以征收税款的方式。这种方式一般适用于账册不够健全但是能够控制原材料或进销货的纳税单位。

（三）查验征收

查验征收是指税务机关对纳税人应税商品，通过查验数量，按市场一般销售单价计算其销售收入并据以征税的方式。这种方式一般适用于经营品种比较单一，经营地点、时间和商品来源不固定的纳税单位。

（四）定期定额征收

定期定额征收是指税务机关通过典型调查，逐户确定营业额和所得额并据以征税的方式。这种方式一般适用于无完整考核依据的小型纳税单位。

（五）其他方式

其他方式包括委托代征税款、邮寄纳税、利用网络申报、用IC卡纳税方式。

三、税款征收制度

（一）代扣代缴、代收代缴税款制度

代收代缴是指税务机关根据国家有关规定可以委托有关单位代征少数零星分散的税收。代扣代缴是指由扣缴义务人在特定的环节扣缴税款，并按期向国库或国库经收处解缴。

（二）延期缴纳税款制度

纳税人、扣缴义务人必须按照法律、行政法规规定或者税务机关依照法律、行政法规的规定确定的期限，缴纳或者解缴税款。但是，考虑到纳税人在履行纳税义务的过程中，可能会遇到特殊困难的客观情况，为了保护纳税人的合法权益，《税收征管法》规定："纳税人因有特殊困难，不能按期缴纳税款的，经县以上税务局（分局）局长批准，可以延期缴纳税款，但是最长不得超过三个月。纳税人补缴税款数额较大难以一次缴清的，经县以上税务局（分局）局长批准，可以分期缴纳，但最长不得超过一年。"

（三）税收滞纳金征收制度

纳税人未按照规定期限缴纳税款的，扣缴义务人未按照规定期限解缴税款的，税务机关除责令限期缴纳外，从滞纳税款之日起，按日加收滞纳税款万分之五的滞纳金。

（四）减免税收制度

纳税人可以依照法律、行政法规的规定办理减税、免税、退税。地方各级人民政

府、各级人民政府主管部门、单位和个人违反法律、行政法规规定，擅自做出的减税、免税、退税决定和下达的税收收入指标无效，税务机关不得执行，并向上级税务机关报告。

（五）税额核定制度

纳税人有下列情形之一的，税务机关有权核定其应纳税额：

（1）依照法律、行政法规的规定可以不设置账簿的。

（2）依照法律、行政法规的规定应当设置但未设置账簿的。

（3）擅自销毁账簿或者拒不提供纳税资料的。

（4）虽设置账簿，但账目混乱或者成本资料、收入凭证、费用凭证残缺不全，难以查账的。

（5）发生纳税义务，未按照规定的期限办理纳税申报，经税务机关责令限期申报，逾期仍不申报的。

（6）纳税人申报的计税依据明显偏低，又无正当理由的。

（六）税收调整制度

这里所说的税收调整制度，主要指的是关联企业的税收调整制度。

纳税人与关联方之间的业务往来，应当按照独立企业之间的业务往来收取或者支付价款、费用；不按照独立企业之间的业务往来收取或者支付价款、费用，而减少其应纳税的收入或者所得额的，税务机关有权进行合理调整。

（1）按照独立企业之间进行的相同或者类似业务活动的价格。

（2）按照再销售给无关联关系的第三者的价格所应取得的收入和利润水平。

（3）按照成本加合理的费用和利润。

（4）按照其他合理的方法。

调整期限：纳税人与其关联企业未按照独立企业之间的业务往来支付价款、费用的，税务机关自该业务往来发生的纳税年度起 3 年内进行调整；有特殊情况的，可以自该业务往来发生的纳税年度起 10 年内进行调整。

（七）税收保全措施

税收保全措施是指税务机关对可能由于纳税人的行为或者某种客观原因，致使以后税款的征收不能保证或难以保证的案件，采取限制纳税人处理或转移商品、货物或其他财产的措施。

《税收征管法》规定：税务机关有根据认为纳税人有不履行纳税义务可能的，可以在规定的纳税期之前，责令限期缴纳税款；在限期内发现纳税人有明显的转移、隐匿其应纳税的商品、货物以及其他财产迹象的，税务机关应责令其提供纳税担保。如果纳税人不能提供纳税担保，经县级以上税务局（分局）局长批准，税务机关可以采取下列税收保全措施：

（1）书面通知纳税人开户银行或者其他金融机构冻结纳税人的金额相当于应纳税款的存款、汇款；

（2）扣押、查封纳税人的价值相当于应纳税款的商品、货物或者其他财产。

税务机关采取上述规定的措施应当书面通知纳税人并制作现场笔录。

纳税人在前款规定的限期内缴纳税款的，税务机关必须立即解除税收保全措施；限期期满仍未缴纳税款或者缴纳不足的，经县以上税务局（分局）局长批准，税务机关可以书面通知纳税人开户银行或者其他金融机构从其冻结的存款、汇款中扣缴税款，或者依法拍卖或者变卖所扣押、查封的商品、货物或者其他财产，以拍卖或者变卖所得抵缴税款。

个人及其所扶养家属维持生活必需的住房和用品，不在税收保全措施的范围之内。

纳税人在限期内已缴纳税款，税务机关未立即解除税收保全措施，使纳税人的合法利益遭受损失的，税务机关应当承担赔偿责任。

税务机关采取税收保全措施的期限一般不得超过6个月；案情重大复杂的，经国务院税务主管部门批准可以延长一次，但延长期限不超过6个月。

(八) 税收强制执行措施

税收强制执行措施是指当事人不履行法律、行政法规规定的义务，有关国家机关采用法定的强制手段，强迫当事人履行义务的行为。强制执行措施与税收保全措施不同，它不是通过提前征收来实现防止和杜绝纳税人逃避纳税义务的目的，而是在纳税人未履行纳税义务的情况下对纳税人、扣缴义务人采取的一种特别措施。

《税收征管法》规定：纳税人、扣缴义务人未按照规定的期限缴纳或者解缴税款，纳税担保人未按照规定的期限缴纳所担保的税款，由税务机关责令限期缴纳，逾期仍未缴纳的，经县以上税务局（分局）局长批准，税务机关可以采取下列强制执行措施：

（1）书面通知其开户银行或者其他金融机构划拨其存款、汇款至缴清税款为止；

（2）扣押、查封、依法拍卖或者变卖其价值相当于应纳税款的商品、货物或者其他财产，以拍卖或者变卖所得抵缴税款。

税务机关采取强制执行措施时，对上述所列纳税人、扣缴义务人、纳税担保人未缴纳的税收利息同时强制执行。

税务机关采取上述规定的强制执行措施应当书面通知纳税人、扣缴义务人、纳税担保人，并制作现场笔录。

对纳税人、扣缴义务人、纳税担保人的财产实施强制执行有困难的，税务机关可以依法提请纳税人、扣缴义务人、纳税担保人所在地或者财产所在地人民法院执行。

个人及其所扶养家属维持生活必需的住房和用品，不在强制执行措施的范围之内。

(九) 欠税清缴制度

（1）纳税人欠缴税款未结清，又不提供纳税担保的，税务机关可以决定不准纳税人或者其法定代表人、主要税收利益相关人出境；税务机关立案查处涉嫌重大税收违法情形的，可以决定不准纳税人或者其法定代表人、财产实际拥有者或者管理者、直接责任人出境。

对决定不准出境的人员，税务机关应当按照规定及时通知出入境边防检查机关予以协助，或者提请公安机关出入境管理机构不予签发出（国）境证件。

（2）纳税人有合并、分立情形的，应当向税务机关报告，并依法缴清税款。纳税人合并时未缴清税款的，应当由合并后的纳税人继续履行未履行的纳税义务；纳税人分立时未缴清税款的，分立后的纳税人对未履行的纳税义务应当承担连带责任。

（3）未缴清税款的纳税人的财产赠予他人或者被继承的，以受赠人或者继承人为缴纳税款的责任人，但以其所受赠或者继承的财产为限。

（4）公司解散未清缴税款的，原有限责任公司的股东、股份有限公司的控股股东，以及公司的实际控制人以出资额为限，对欠缴税款承担清偿责任。

（5）欠缴税款数额较大的纳税人在处分其不动产或者大额资产之前，应当向税务机关报告。

（十）税款的退还和追征制度

（1）税款的退还。纳税人超过应纳税额缴纳的税款，自结算缴纳税款之日起 5 年内可以向税务机关要求退还多缴的税款并加算银行同期存款利息，税务机关及时查实后应当立即退还；涉及从国库中退库的，依照法律、行政法规中有关国库管理的规定退还。

税务机关发现纳税人多缴税款的，应当自发现之日起 10 日内办理退还手续；纳税人发现多缴税款，要求退还的，税务机关应当自接到纳税人退还申请之日起 30 日内查实并办理退还手续。

（2）税款的追征。因纳税人、扣缴义务人过失造成少报、少缴税款的，税务机关在 5 年内可以要求纳税人、扣缴义务人补缴税款。

对未办理纳税申报以及逃避缴纳税款、抗税、骗税的，税务机关在 15 年内可以追征其未缴或者少缴的税款或者所骗取的税款。

第四节　税务检查

税务检查是税务机关根据税收法律、行政法规的规定对纳税人、扣缴义务人履行纳税义务和扣缴义务的情况进行审查监督的活动。对税务机关而言，通过税务检查有利于征税机关及时了解和发现纳税主体履行义务的情况及存在的问题，检查税收征收管理的质量，有利于税务机关对税收征收管理实行有效的控制。对纳税人而言，税务检查有利于其防微杜渐，增强依法纳税意识，提高其经营管理水平。

一、税务检查的职责

（1）税务机关在履行税额确认、税务稽查及其他管理职责时有权进行下列税务检查：

①检查纳税人的账簿、会计凭证、报表和有关资料，检查扣缴义务人代扣代缴、代收代缴税款相关账簿、会计凭证和有关资料。检查自然人纳税人取得收入的单位与纳税相关的账簿和资料。对实行计算机记账的，有权进入相关应用系统，对电子会计资料进行检查，纳税人应当按照税务机关的要求提供数据接口和查询权限；应用系统不能满足检查需要的，纳税人或者软件所有人应当提供与应用系统相关的源代码等软件技术支持。

②到纳税人的生产、经营场所和货物存放地检查纳税人应纳税的商品、货物或者其他财产，检查扣缴义务人与代扣代缴、代收代缴税款有关的经营情况。

③责成纳税人、扣缴义务人提供与纳税或者代扣代缴、代收代缴税款有关的文件、证明材料和有关资料。

④询问纳税人、扣缴义务人以及其他涉税当事人与纳税或者代扣代缴、代收代缴税款有关的问题和情况。

⑤到车站、码头、机场、邮政企业，及其分支机构检查纳税人托运、邮寄应纳税

商品、货物或者其他财产。

⑥经县以上税务局（分局）局长批准，凭全国统一格式的检查存款、汇款账户许可证明，查询纳税人、扣缴义务人在银行或者其他金融机构的存款、汇款及证券交易结算资金账户。税务机关在调查税收违法案件时，经设区的市、自治州以上税务局（分局）局长批准，可以查询案件涉嫌人员的存款、汇款及证券交易结算资金账户。税务机关查询所获得的资料，不得用于税收以外的用途。

⑦到网络交易平台提供机构检查网络交易情况，到网络交易支付服务机构检查网络交易支付情况。

⑧到纳税人、扣缴义务人和纳税担保人的财物受托人处检查财物委托情况。

⑨检查涉嫌取得虚假发票的非纳税单位和个人的发票使用情况。

⑩检查未登记为生产、经营场所却用于生产、经营的场所。

⑪到相关部门查询、复制纳税人财产登记情况及身份信息。

（2）纳税人、扣缴义务人必须接受税务机关依法进行的税务检查，如实反映情况，提供有关资料，不得拒绝、隐瞒。

（3）税务机关依法进行税务检查时，有权向有关单位和个人调查纳税人、扣缴义务人和其他当事人与纳税或者代扣代缴、代收代缴税款有关的情况，有关单位和个人有义务向税务机关如实提供有关资料及证明材料。

（4）纳税人涉嫌逃避缴纳税款等税收违法行为的，税务机关应当立案查处。

税务机关在调查税收违法案件时，纳税人以锁门、锁柜等方式隐藏涉税证据或者财产、物品拒绝检查的，经县以上税务局（分局）局长批准，可以强行进入纳税人生产、经营场所，或者对纳税人所持或者控制的涉税财物、账簿凭证、资料等强行开封、开锁，实施强制检查、调取证据。税务机关实施强制检查、调取证据，应当在公安机关协助和保护下进行，公安机关应当予以协助和保护。

对与案件有关的情况和资料，可以记录、录音、录像、照相和复制。

（5）税务机关派出的人员进行税务检查时，应当出示税务检查证和税务检查通知书，并有责任为被检查人保守秘密；未出示税务检查证和税务检查通知书的，被检查人有权拒绝检查。

二、税务检查的形式和方法

（一）税务检查的形式

（1）重点检查。重点检查指对公民举报、上级机关交办或有关部门转来的有偷税行为或偷税嫌疑的，纳税申报与实际生产经营情况有明显不符的纳税人及有普遍逃税行为的行业的检查。

（2）分类计划检查。分类计划检查指根据纳税人历来纳税情况、纳税人的纳税规模及税务检查间隔时间的长短等综合因素，按事先确定的纳税人分类、计划检查时间及检查频率而进行的检查。

（3）集中性检查。集中性检查指税务机关在一定时间、一定范围内，统一安排、统一组织的税务检查，这种检查一般规模比较大，如以前年度的全国范围内的税收、财务大检查就属于这类检查。

（4）临时性检查。临时性检查指由各级税务机关根据不同的经济形势、偷逃税趋势、税收任务完成情况等综合因素，在正常的检查计划之外安排的检查。如行业性解剖、典型调查性的检查等。

（5）专项检查。专项检查指税务机关根据税收工作实际，对某一税种或税收征收管理某一环节进行的检查。比如增值税一般纳税专项检查、漏征漏管户专项检查等。

（二）税务检查的方法

税务检查方法是指税务机关根据国家法律法规，对纳税义务人、扣缴义务人履行纳税义务、扣缴义务的情况进行检查时，所采取的检查顺序、步骤、形式等程序的总称。

税务检查方法包括全查法、抽查法、顺查法、逆查法、现场检查法、调账检查法、比较分析法、控制计算法、审阅法、核对法、观察法、外调法、盘存法、交叉稽核法。

第五节　法律责任

一、违反税务管理基本规定行为的法律责任

（1）纳税人有下列行为之一的，由税务机关责令限期改正，可以处2 000元以下的罚款；情节严重的，处2 000元以上1万元以下的罚款：

①未按照规定的期限申报办理税务登记、变更或者注销登记的；

②未按照规定设置、保管账簿或者保管会计凭证和有关资料的；

③未按照规定将会计核算软件、使用说明书及有关资料报送税务机关备查的；

④未按照规定将其全部银行账号向税务机关报告的；

⑤未按照规定安装、使用税控装置，或者损毁或者擅自改动税控装置的；

⑥未按照规定向税务机关报送涉税信息的。

（2）纳税人不办理税务登记的，由税务机关责令限期改正；逾期不改正的，经税务机关提请，由工商行政管理机关吊销其营业执照。

（3）纳税人未按照规定使用税务登记证件，或者转借、涂改、损毁、买卖、伪造税务登记证件的，处2 000元以上1万元以下的罚款；情节严重的，处1万元以上5万元以下的罚款。

二、扣缴义务人违反账簿、凭证管理的法律责任

扣缴义务人未按照规定设置、保管代扣代缴、代收代缴税款账簿或者保管代扣代缴、代收代缴税款会计凭证及有关资料的，由税务机关责令限期改正，可以处2 000元以下的罚款；情节严重的，处2 000元以上5 000元以下的罚款。

三、纳税人、扣缴义务人未按照规定进行纳税申报的法律责任

纳税人未按照规定的期限办理纳税申报和报送纳税资料的，或者扣缴义务人未按照规定的期限向税务机关报送代扣代缴、代收代缴税款报告表和有关资料的，由税务机关责令限期改正，可以处2 000元以下的罚款；情节严重的，可以处2 000元以上1万元以下的罚款。

四、逃避缴纳税款的法律责任

纳税人采取欺骗、隐瞒手段进行虚假纳税申报或者不申报，逃避缴纳税款的，由税务机关追缴其不缴或者少缴的税款，并处不缴或者少缴的税款50%以上3倍以下的罚款；涉嫌犯罪的，移送司法机关依法处理。

扣缴义务人采取前款所列手段，不缴或者少缴已扣、已收税款，由税务机关追缴其不缴或者少缴的税款，并处不缴或者少缴税款的50%以上3倍以下的罚款；涉嫌犯罪的，移送司法机关依法处理。

五、进行虚假申报或不进行申报行为的法律责任

纳税人、扣缴义务人编造虚假计税依据的，由税务机关责令限期改正，并处5万元以下的罚款。

纳税人、扣缴义务人因过失违反税收法律、行政法规，造成未缴或者少缴税款的，税务机关除按照规定追缴其未缴或者少缴的税款外，并处未缴或者少缴税款的50%以下的罚款。

纳税人、扣缴义务人自法律、行政法规规定或者税务机关依照法律、行政法规的规定确定的申报缴纳税款期限届满之日起至税务检查前办理修正申报，并缴纳税款的，处补缴税款的20%以下的罚款。

六、欠税的法律责任

纳税人、扣缴义务人欠缴应纳税款，采取转移或者隐匿财产的手段，妨碍税务机关追缴欠缴的税款的，由税务机关追缴欠缴的税款，并处欠缴税款50%以上3倍以下的罚款；涉嫌犯罪的，移送司法机关依法处理。

纳税人、扣缴义务人办理了纳税申报或者税务机关向纳税人、扣缴义务人送达了税额确认通知书，但在规定期限内不缴或者少缴应纳或者应解缴的税款，经税务机关责令限期缴纳，逾期仍未缴纳的，税务机关除依照规定采取强制执行措施追缴其不缴或者少缴的税款外，可以处不缴或者少缴的税款50%以上3倍以下的罚款。纳税人有特殊困难不能及时完全履行纳税义务的，税务机关可以与纳税人达成执行协议，约定分阶段履行；纳税人采取补救措施的，可以减免加处的罚款或者滞纳金。

七、骗取出口退税的法律责任

以假报出口或者其他欺骗手段，骗取国家出口退税款，由税务机关追缴其骗取的退税款，并处骗取税款1倍以上5倍以下的罚款；涉嫌犯罪的，移送司法机关依法处理。对骗取国家出口退税款的，税务机关可以在规定期间内停止为其办理出口退税。

八、欺骗手段取得税收优惠资格的法律责任

纳税人以欺骗手段取得税收优惠资格的，税务机关应当取消其税收优惠资格，并处5万元以下的罚款；导致不缴或者少缴税款的，依照本法第九十七条逃避缴纳税款规定处理。涉嫌犯罪的，移送司法机关依法处理。

税务机关取消纳税人税收优惠资格后，应当及时通知其登记管理机关。

九、抗税的法律责任

以暴力、威胁方法拒不缴纳税款的，是抗税，除由税务机关追缴其拒缴的税款外，并处 20 万元以下的罚款；涉嫌犯罪的，移送司法机关依法处理。

十、扣缴义务人不履行扣缴义务的法律责任

扣缴义务人应扣未扣、应收而不收税款的，由税务机关向纳税人追缴税款，对扣缴义务人处应扣未扣、应收未收税款 50%以上 1 倍以下的罚款。

十一、不配合税务机关依法检查的法律责任

纳税人、扣缴义务人逃避、拒绝或者以其他方式阻挠税务机关检查的，由税务机关责令改正，可以处 1 万元以下的罚款；情节严重的，处 1 万元以上 5 万元以下的罚款。

十二、违反发票管理的法律责任

伪造、变造发票的，由税务机关没收违法所得和作案工具，处 50 万元以下的罚款；非法买卖、非法代开发票的，由税务机关没收违法所得，处 50 万元以下的罚款；涉嫌犯罪的，移送司法机关依法处理。

虚构、虚增交易，开具或者接受与经营交易事实不符的发票或者抵扣列支凭证的，构成虚开发票。虚开发票的，处虚开税额 2 倍以下罚款；涉嫌犯罪的，移送司法机关依法处理。

十三、有税收违法行为而拒不接受税务机关处理的法律责任

从事生产、经营的纳税人、扣缴义务人有本法规定的税收违法行为，拒不接受税务机关处理的，税务机关可以收缴其发票或者停止向其发售发票。

十四、银行及其他金融机构拒绝配合税务机关依法执行职务的法律责任

纳税人、扣缴义务人的开户银行或者其他金融机构拒绝接受税务机关依法检查纳税人、扣缴义务人存款账户，或者拒绝执行税务机关做出的冻结存款或者扣缴税款的决定，或者在接到税务机关的书面通知后帮助纳税人、扣缴义务人转移存款，造成税款流失的，由税务机关处 10 万元以上 50 万元以下的罚款，对直接负责的主管人员和其他直接责任人员处 1 000 元以上 10 000 元以下的罚款。

负有提供涉税信息协助义务和其他协助义务的纳税人、扣缴义务人以及其他有关单位和个人未按照本法规定履行提供涉税信息和其他协助义务的，经税务机关责令限期改正逾期仍不改正的，由税务机关对其处 2 000 元以上 1 万元以下的罚款；造成国家税款重大损失的，处 10 万元以下的罚款。

十五、税务机关、税务人员未依法执行职务的法律责任

(1) 税务机关违反规定擅自改变税收征收管理范围和税款入库预算级次的，责令限期改正，对直接负责的主管人员和其他直接责任人员依法给予警告、记过或者记大

过的处分；情节严重的，给予降级、撤职或者开除的处分。

（2）税务人员徇私舞弊，对依法应当移交司法机关追究刑事责任的不移交的，依法给予处分；情节严重涉嫌犯罪的，移送司法机关依法处理。

（3）税务机关、税务人员查封、扣押纳税人个人及其所扶养家属维持生活必需的住房和用品的，责令退还，依法给予处分；涉嫌犯罪的，移送司法机关依法处理。

（4）税务人员与纳税人、扣缴义务人勾结，唆使或者协助纳税人、扣缴义务人有违反本法规定的行为的，依法给予处分；涉嫌犯罪的，移送司法机关依法处理。

（5）税务人员利用职务上的便利，收受或者索取纳税人、扣缴义务人财物或者谋取其他不正当利益的，依法给予处分；涉嫌犯罪的，移送司法机关依法处理。

（6）税务人员徇私舞弊或者玩忽职守，不征或者少征应征税款，致使国家税收遭受重大损失的，依法给予处分；涉嫌犯罪的，移送司法机关依法处理。

（7）税务人员滥用职权，故意刁难纳税人、扣缴义务人的，调离税收工作岗位，并依法给予处分。

（8）税务人员对控告、检举税收违法违纪行为的纳税人、扣缴义务人以及其他检举人进行打击报复的，依法给予处分；涉嫌犯罪的，移送司法机关依法处理。

（9）违反法律、行政法规的规定提前征收、延缓征收或者摊派税款的，由其上级机关或者行政监察机关责令改正，对直接负责的主管人员和其他直接责任人员依法给予处分。

（10）违反法律、行政法规的规定，擅自做出税收的开征、停征或者减税、免税、退税、补税以及其他同税收法律、行政法规相抵触的决定的，除依照本法规定撤销其擅自做出的决定外，补征应征未征税款，退还不应征收而征收的税款，并由上级机关和行政监察机关对于直接负责的主管人员和其他直接责任人员给予处分；涉嫌犯罪的，移送司法机关依法处理。

（11）税务人员在征收税款或者查处税收违法案件时，未按照本法规定进行回避的，对直接负责的主管人员和其他直接责任人员，依法给予处分。

（12）未按照本法规定为纳税人、扣缴义务人、检举人保密的，对直接负责的主管人员和其他直接责任人员，由所在单位或者有关单位依法给予处分。

此外，行政处罚，罚款额在 5 000 元以下的，可以由县以下税务分局、税务所决定。

本章小结

思考与练习题

一、单项选择题

1.《税收征管法》及其实施细则规定，从事生产、经营的纳税人应当自领取（　　）之日起15日内，设置账簿。

A. 税务登记证　　B. 发票领购簿　　C. 营业执照　　C. 财务专用章

2. 查定征收一般适用于（　　）。

A. 经营品种比较单一，经营地点、时间和商品来源不固定的纳税单位

B. 无完整考核依据的小型纳税单位

C. 小额、零散税源的征收

D. 账册不够健全，但是能够控制原材料或进销货的纳税单位

3. 税务检查的形式有（　　）。

A. 不定项检查　　B. 全部检查　　C. 抽取样本检查　　D. 重点检查

4. 某城市税务分局对辖区内一家内资企业进行税务检查时，发现该企业故意少缴营业税58万元，遂按相关执法程序对该企业做出补缴营业税、城市维护建设税并加收滞纳金（滞纳时间50天）和罚款（与各自的税款等额）的处罚决定。该企业于当日接受了税务机关的处罚，补缴的营业税、城市维护建设税及滞纳金、罚款合计为（　　）。

A. 1 215 100元　　B. 1 216 115元　　C. 1 241 200元　　D. 1 256 715元

5. 纳税人被工商行政管理机关吊销营业执照的，应当自营业执照被吊销之日起（　　）日内，向税务机关申请办理注销登记。

A. 10　　B. 15　　C. 20　　D. 30

二、多项选择题

1. 根据《税收征管法》规定，下列选项中属于税收保全措施的有（　　）。

A. 书面通知纳税人开户银行或者其他金融机构冻结纳税人的金额相当于应纳税款的存款

B. 扣押、查封纳税人的价值相当于应纳税款的商品、货物或者其他财产，以拍卖所得抵缴税款

C. 书面通知纳税人开户银行或者其他金融机构从其存款中扣缴税款

D. 扣押、查封纳税人的价值相当于应纳税款的商品、货物或者其他财产

2. 税务机关征收税款的方式有（　　）。

A. 查账征收　　B. 查验征收　　C. 查定征收　　D. 定期定额征收

3. 税务检查方法有（　　）。

A. 全查法　　B. 抽查法　　C. 审阅法　　D. 顺查法

4. 除按照规定不需要发给税务登记证件的外，纳税人办理下列（　　）事项时，必须持税务登记证件。

A. 开立银行账户　　B. 纳税申报

C. 领购发票　　D. 缴纳税款

5. 下列各选项中，不适用《税收征收管理法》的是（　　）。

A. 关税　　B. 海关代征的消费税

C. 房产税　　D. 教育费附加

第十三章练习题答案

【案例分析】

参考文献

[1] 中国注册会计协会. 税法 [M]. 北京：中国财政经济出版社，2022.

[2] 刘颖. 2022 年注册会计师考试应试指导及全真模拟测试（轻松过关）[M]. 北京：北京经济科学出版社，2022.

[3] 全国税务师职业资格考试教材编写组. 税法（I）[M]. 北京：中国税务出版社，2022.

[4] 全国税务师职业资格考试教材编写组. 税法（II）[M]. 北京：中国税务出版社，2022.

[5] 梁俊娇. 税法 [M]. 8 版. 北京：中国人民大学出版社，2021.

[6] 梁俊娇. 税法学习指导书 [M]. 8 版. 北京：中国人民大学出版社，2021.

[7] 马海涛. 中国税制 [M]. 11 版. 北京：中国人民大学出版社，2021.

[8] 王红云. 税法 [M]. 11 版. 北京：中国人民大学出版社，2021.

[9] 曹越，谭光荣，曹燕萍. 税法 [M]. 4 版. 北京：中国人民大学出版社，2021.

[10] 梁文涛. 税法 [M]. 6 版. 北京：中国人民大学出版社，2022.

[11] 徐孟洲，徐阳光. 税法 [M]. 7 版. 北京：中国人民大学出版社，2019.

[12] http://www.chinatax.gov.cn/（国家税务总局官网）

[13] http://www.ctaxnews.net.cn/paper/pc/layout/202205/17/node_01.html（中国税务报网络报官网）